"一带一路"

国际出版合作发展报告

（第一卷）

主编　魏玉山
副主编　王　珺　黄逸秋

中国书籍出版社
China Book Press

图书在版编目（CIP）数据

"一带一路"国际出版合作发展报告. 第一卷 / 魏玉山主编. -- 北京：中国书籍出版社，2019.9
ISBN 978-7-5068-7164-8

Ⅰ.①一⋯ Ⅱ.①魏⋯ Ⅲ.①出版业—国际合作—研究报告—世界 Ⅳ.①G239.1

中国版本图书馆CIP数据核字(2019)第196551号

"一带一路"国际出版合作发展报告. 第一卷

魏玉山　主编

责任编辑	朱琳　宋然　毕磊　张文
责任印制	孙马飞　马　芝
封面设计	东方美迪
出版发行	中国书籍出版社
地　　址	北京市丰台区三路居路97号（邮编：100073）
电　　话	（010）52257143（总编室）　　（010）52257140（发行部）
电子邮箱	eo@chinabp.com.cn
经　　销	全国新华书店
印　　厂	河北省三河市顺兴印务有限公司
开　　本	787毫米×1092毫米　1/16
字　　数	436千字
印　　张	34.5
版　　次	2019年9月第1版　2019年9月第1次印刷
书　　号	ISBN 978-7-5068-7164-8
定　　价	152.00元

版权所有　翻印必究

前　言

《"一带一路"国际出版合作发展报告（第一卷）》（以下简称《报告》）历时一年的精心打磨，终于和读者见面了！这是国内第一本聚焦"一带一路"国际出版业交流合作的行业研究报告。

今年是"一带一路"倡议提出的第六年，六年来，我国与"一带一路"相关国家在基建、经贸、文化等各领域的合作硕果累累。2016—2018年，我国与"一带一路"相关国家签订版权贸易协议数量的增幅达到86.5%，我国对"一带一路"相关国家的版权输出数量占版权输出总量的比例由41%增加到55%。截至目前，我国已与83个"一带一路"相关国家开展图书、电子出版物、网络文学等方面的版权贸易，合作国家遍及亚洲、欧洲、非洲、大洋洲、北美洲和南美洲，占与我国签署共建"一带一路"合作文件国家总量的近三分之二。这份成绩也见证了习近平总书记提出的"加强国际合作，共建'一带一路'，实现共赢发展"的初衷。

目前，我国与"一带一路"相关国家的出版业合作已经广泛开展，但是合作存在一定的阶段性特征，过程中浮现出一些问题，对"一带一路"相关国家出版业进行系统深入研究，为国家相关部门的政策制定提供依据，为国内出版机构开展"一带一路"合作提供参考和指导成为当务之急。在此背景下，中国新闻出版研究院自2018年9月着手开展了"一带一路"国际出版合作相关情况的研究工作，并召开了专题研讨会，就《报告》编辑出版的重要性、可行性，广泛征求"一带一路"政策研究专家，国际问题、文化传播领域专家，"一带一路"相关国家语言方面的外语专家，以及出版走出去专家的意见并取得广泛共识。2018年9月底，《报告》编撰工作正式启动。

作为"一带一路"国际出版合作发展系列报告的第一卷，本书选取了21个"一带一路"相关国家和地区，并对各国的相关政策法规、图书出版、报刊出版、数字出版、全民阅读等情况进行整体梳理。这些国家分别代表了出版业较发达的国家、有一定出版基础的国家以及出版业比较薄弱的国家三种类型，符合"一带一路"国家出版业的发展现状和特点。《报告》还收集了三个典型案例，从不同角度展现我国在"一带一路"国际出版合作方面的成果。另外，《报告》还将各国的基本情况整理成表格作为本书附录，方便读者参考对比。

目前，与我国签署"一带一路"合作协议的国家多达130余个，要同时对这些国家的出版情况进行研究与出版，是我们力所不及的，因此我们拟分几批逐渐完成，陆续出版。我们也欢迎有志于此的人士，与我们一同努力，共同推进此事业。

在本书的写作过程中，中国新闻出版研究院集结了北京大学、北京外国语大学、上海外国语大学、对外经贸大学、五洲传播出版社、中国人民大学出版社、接力出版社、上海新闻出版发展公司以及法兰克福书展等机构的作者队伍，凭借其多年从事中外传媒与出版业研究、版权贸易一线经验和对相关国家出版市场的了解，将这些国家出版业的真实情况条分缕析、精彩呈现。21个国家和地区报告的参考文献均来源于该国相关管理部门、行业权威研究机构和媒体，国家基本情况来源于我国外交部网站，保证了资料和数据的权威性、准确性及可延续性。

《报告》由中国新闻出版研究院院长魏玉山审阅、统稿，中国新闻出版研究院王珺、黄逸秋、甄云霞组稿。衷心地希望《报告》能够为"一带一路"国际出版合作的进一步开展提供一些有益的借鉴和参考,为相关研究开阔新的视野和思路。虽课题组同志倾尽全力,但因所涉及国家较多,疏漏之处在所难免,敬请读者批评指正。

《"一带一路"国际出版合作发展报告》课题组

2019年9月5日

目 录

主报告 / 001

服务"一带一路"倡议 推动出版交流合作高质量发展 / 003
  一、"一带一路"相关国家的出版业发展呈现差异化特点 / 004
  二、"一带一路"出版交流合作面临历史性契机 / 006
  三、"一带一路"出版交流合作多措并举、成效初显 / 008
  四、推动"一带一路"出版交流合作走上高质量发展之路 / 014

国别报告 / 019

阿拉伯国家出版业发展报告 / 021
  一、出版业发展背景 / 021
  二、出版业主要管理机构及主要国家出版相关法律 / 023
  三、图书业发展近况 / 028
  四、期刊业发展近况 / 033
  五、阿拉伯人的阅读习惯 / 034
  六、主要文学奖项概览 / 036
  七、中国与阿拉伯国家出版业交流合作情况 / 038

阿根廷出版业发展报告 / 042

　　一、出版业发展背景 / 043

　　二、图书业发展情况 / 054

　　三、报刊业发展情况 / 066

　　四、中国与阿根廷出版业交流合作情况 / 071

奥地利出版业发展报告 / 075

　　一、出版业发展背景 / 075

　　二、图书出版业发展情况 / 087

　　三、报刊业发展情况 / 092

　　四、中奥出版业交流合作情况 / 099

巴西出版业发展报告 / 102

　　一、出版市场背景 / 102

　　二、出版业运作方式 / 104

　　三、出版业的管理部门 / 106

　　四、阅读习惯和图书馆 / 107

　　五、出版市场发展现状 / 108

　　六、畅销书及出版商 / 118

　　七、中巴出版业交流情况 / 119

白俄罗斯出版业发展报告 / 123

　　一、出版情况 / 125

　　二、相关企业情况 / 132

　　三、阅读推广情况 / 137

波兰出版业发展报告 / 139

  一、出版业发展背景 / 139

  二、图书业发展情况 / 149

  三、报刊业发展情况 / 163

  四、中波出版业交流合作情况 / 167

哈萨克斯坦出版业发展报告 / 169

  一、出版情况 / 170

  二、发行情况 / 173

  三、出版企业情况 / 178

  四、人才培养情况 / 179

捷克出版业发展报告 / 181

  一、出版业发展背景 / 181

  二、图书业发展概况 / 194

  三、报刊业发展概况 / 205

老挝出版业发展报告 / 211

  一、出版业发展背景 / 211

  二、图书业发展情况 / 216

  三、报刊业发展情况 / 220

  四、中老出版业交流合作情况 / 224

  五、结语 / 226

罗马尼亚出版业发展报告 / 229

  一、出版业发展背景 / 229

二、出版业发展状况 / 243

三、期刊业发展状况 / 253

四、中罗出版业交流合作情况 / 253

五、结语 / 257

马来西亚出版业发展报告 / 259

一、出版业发展背景 / 261

二、出版市场结构及法规 / 262

三、图书出版及细分市场情况 / 268

四、出版国际贸易及与中国出版业的合作情况 / 279

南非出版业发展报告 / 285

一、出版业发展背景 / 286

二、图书业发展情况 / 292

三、报刊业发展情况 / 300

四、中国与南非出版业交流合作情况 / 303

泰国出版业发展报告 / 308

一、出版业发展背景 / 308

二、图书业发展情况 / 313

三、报刊业发展情况 / 316

四、中泰出版业交流合作情况 / 319

乌克兰出版业发展报告 / 322

一、出版物出版情况 / 323

二、出版物发行情况 / 327

三、出版物进出口情况 / 329

四、相关机构、人员情况 / 329

五、书展、国民阅读情况 / 332

六、出版相关立法情况 / 333

希腊出版业发展报告 / 336

一、出版业发展背景 / 337

二、图书业发展情况 / 343

三、报刊业发展情况 / 345

四、中希图书出版业交流合作情况 / 347

五、未来发展 / 348

新加坡出版业发展报告 / 350

一、出版业发展背景 / 351

二、出版市场结构及法规 / 354

三、图书出版及细分市场分析 / 361

四、出版国际贸易及与中国出版业的合作情况 / 374

匈牙利出版业发展报告 / 380

一、出版业发展背景 / 380

二、图书业发展情况 / 387

三、报刊业发展情况 / 401

伊朗出版业发展报告 / 406

一、出版业发展背景 / 406

二、出版业发展状况 / 410

三、报刊出版业现状 / 415

　　四、中伊出版业交流合作情况 / 421

以色列出版业发展报告 / 425

　　一、出版业发展背景 / 425

　　二、图书出版业现状 / 427

　　三、以色列建国 70 年来出版业发展趋势 / 434

　　四、中以出版业交流合作情况 / 440

印度尼西亚出版业发展报告 / 443

　　一、出版业发展背景及市场结构 / 444

　　二、图书出版及细分市场情况 / 448

　　三、出版国际贸易及与中国出版业的合作情况 / 457

越南出版业发展报告 / 470

　　一、出版业发展背景 / 470

　　二、图书业发展情况 / 483

　　三、报刊业发展情况 / 488

　　四、中越出版业交流合作情况 / 492

案例 / 497

2017—2018 年"一带一路"共建国家出版合作体建立与发展报告 / 499

　　一、合作体的功能定位和运营机制 / 499

　　二、2017—2018 年合作体工作成绩 / 500

三、合作体 2019 年工作规划 / 510

以童书为媒，讲好中国故事 / 512
　　一、接力出版社埃及分社的成立 / 513
　　二、在埃及建立分社的经验 / 516
　　三、接力出版社的未来规划 / 522

外语版"文化中国"丛书走进"一带一路"中东欧国家 / 525
　　一、用一套书建起一个海外书业主流传播平台 / 526
　　二、在非英语世界重点拓展中东欧"一带一路"国家 / 528
　　三、在中东欧国家主流渠道上举办外语版"文化中国"丛书
　　　　推广活动 / 529
　　四、结语 / 530

附录 / 533

主报告

服务"一带一路"倡议
推动出版交流合作高质量发展

甄云霞　王珺

2013 年，习近平总书记提出共建"一带一路"倡议。时至今日，顺应时代发展之需、全球治理变革之要的"一带一路"倡议获得越来越多国家热烈响应，截至 2019 年 7 月底，我国已经与 136 个国家和 30 个国际组织签署了 194 份共建"一带一路"合作文件。"一带一路"朋友圈越来越大，共建"一带一路"正在成为我国参与全球开放合作、改善全球经济治理体系、促进全球共同发展繁荣、推动构建人类命运共同体的中国方案。我国政府成立了推进"一带一路"倡议工作领导小组，提出了"一带一路"倡议的核心理念、建设目标，搭建了顶层框架，明确了合作内容，出台了一系列文件，推动"一带一路"倡议由愿景一步步变为现实。

共建"一带一路"已夯实垒台、立柱架梁，转入落地生根、开花结果的全面推进阶段，在公路、铁路、港口、航空、电力管网等基础设施建设以及能源资源开发、国际产能合作、经贸合作园区建设等领域，出现一大批具有示范性和带动性的重大项目和工程。与此同时，我国与"一带一路"相关国家和地区的文化领域的交流合作也正在有序进行，出版作为文化领域必不可少的组成部分，在讲好"一带一路"和中国故事，促进民心相通，提升我国文化的国际影响力，推动文明交流互鉴，引领"一带一路"国际合作等方面发挥着不可或缺的重要作用。

一、"一带一路"相关国家的出版业发展呈现差异化特点

"一带一路"相关国家分属不同的区域，其经济、政治、文化、教育状况差别很大，出版基础不均衡，因此出版业的发展处于不同的阶段，在法律法规、阅读习惯、出版机构的建制、出版市场的规模等各方面都千差万别。

在文化产业相对发达的国家，其与出版相关的法律法规比较完善，国民养成了良好的阅读习惯，出版业经历了长期稳定的发展，具有很好的基础。 在法律法规方面，《宪法》《新闻法》《版权法》及出版物送缴、进出口管理、阅读推广、对外推广译介等的设计较为全面，自上而下对出版有完备的法律与行政规定来维护行业秩序。以波兰为例，2005 年，波兰发起阅读推广计划，通过资助等手段鼓励国民提高阅读素养，政府机构、行业协会、图书馆的体系建设都很完善成熟，为出版业的发展奠定了良好的基础。自 1991 年以来，近十几年间，波兰整体的出版一直呈现增长的态势，2015 年波兰的出版社数量超过 46400 家，2017 年图书年出版种数达到 36260 种，具备很强的出版能力。同时，文化与外交部门通力合作，将众多优秀波兰作品推向海外并翻译出版。

又如，匈牙利的国民受教育水平整体较高，在文化领域领先世界水平，尤其是文学、音乐等方面成就耀眼；匈牙利是国际出版商协会的创始国之一，也是欧洲历史上较早拥有自己出版业的国家，图书出版业是匈牙利最大的文化产业；匈牙利国民的阅读热情仅次于波兰，超过法国，在欧洲位居前列；出版市场经历了高速发展期和繁荣期，虽受全球经济环境的影响，近几年有所萎缩，但相对仍然平稳。

以色列是中东地区工业化和经济发展程度最高的国家，拥有优质的大学教育；1949 年加入《伯尔尼公约》，1955 年加入《世界版权公约》；政府对出版行业制定了一系列的扶持和资助政策，促进了出版企业的发展；

出版业已形成较为成熟的出版发行模式，出版品种数一直保持平稳增长。

东南亚的新加坡、马来西亚，近几十年经济发展迅猛，经济的发达带来文化的繁荣，出版行业也一度呈现蓬勃发展的态势；阅读习惯正在逐渐养成，尤其是马来西亚，政府为了推动出版业的发展，促进全民阅读，采取了多方面的激励措施，吉隆坡被联合国教科文组织选为2020年的世界图书之都；新加坡出版业的国际化程度比较高，许多国际出版机构在该国设有分支机构；由于该地区华人较多，中文出版物的出版是重要的组成部分。

在这些国家中，有些国家与我国的版权贸易、出版合作比较广泛，具备固定的合作对象和领域，为进一步深入合作打下了较好的基础，如波兰、匈牙利、以色列、新加坡、马来西亚等；也有一些国家，出版业总体比较发达，虽然因为地域和文化差异，与我国的出版还未开展全面合作，但是版权贸易的数量总体呈增长的趋势，如奥地利、希腊、捷克等。

有些国家，具备一定的文化或出版产业基础，但是由于一些历史原因，文化的发展受到一定限制，出台了一些文化、新闻出版相关的法律法规，但是还不够健全，与我国出版机构有一些交流合作，但是还没有广泛开展，需要进一步巩固拓展。如东欧的俄语国家，白俄罗斯、哈萨克斯坦、乌克兰等，经济处于转型之中，具有独特的历史、文化积淀，政府对出版业制定了一些相关制度和规定，如实行国家订购制度或义务上缴文献制度，对行业实行较为严格的监管；出版业的地域和机构集中度较高；受经济因素的影响，近几年各国出版市场均有所衰退，表现在出版物销售下滑、出版机构减少、书店等发行机构减少等方面。

西亚、北非的阿语地区，包括阿联酋、沙特阿拉伯、黎巴嫩、摩洛哥、埃及、伊朗等国家，虽然受殖民统治的影响，各国出版业与原殖民国保持着千丝万缕的联系，但已经具备了相对的独立性，开拓了属于自己国家的出版业；各国基本上都制定了出版、版权相关法律，建立了行业协会，为出版业的发展奠定了一定的基础；但是近些年由于政局不稳定，导致文化发展缺乏良好的环境，出版业也受到一定影响。

一些新兴国家，在经济或地域等方面具有发展优势，这些国家的经济、政治、文化都处于上升通道，为出版业创造了良好的发展环境。南非作为新兴国家的典型代表，在法律政策方面，通过版权保护、减税，鼓励出版业的发展，致力于推进投资自由化，对外资进入国内出版市场限制不多；政府大力发展国民教育，通过投资支持基础教育设施建设；虽然由于历史原因，其阅读人口基数不大，但是阅读正在日益成为趋势；图书市场受其历史与政治体制发展影响，具有独特的方面，如宗教、种族题材类图书较受欢迎，图书零售业为少数销售商垄断等。

还有一些国家，文化发展比较落后，出版业基础薄弱，我国与其出版交流合作多为单向的版权贸易输出或者支持援助，发展很不平衡。如在泰国、老挝、柬埔寨，以及非洲的一些国家和地区，出版业法律法规不健全，有的出版市场尚未成熟，行业发展缓慢，有的甚至没有形成自己独立的出版业，从事出版活动的机构很少。近些年，尤其是"一带一路"倡议提出以来，国内掀起向这些国家投资的热潮，助推当地经济迅速发展，办厂、办店、旅游娱乐等发展迅速，但是由于这些国家的经济发展基础薄弱，产业投资和服务性消费还没有带动文化、出版的发展，出版业在很大程度上仍然依赖于其他国家的投资和援助，因此，需要进一步抓住"一带一路"倡议的机遇，促进本国经济、文化发展，拓展出版业的发展空间。

二、"一带一路"出版交流合作面临历史性契机

当下，"一带一路"已成为最受欢迎的全球公共产品，也是目前前景最好的国际合作平台。共建"一带一路"倡议及其核心理念已写入联合国、二十国集团、亚太经合组织以及其他区域组织等有关文件中。"一带一路"国际合作成为政策的必然要求和世界发展的主旋律。

随着我国"一带一路"国际合作与交流的不断发展，加强我国文化软实力建设，促进我国国际传播能力的不断提升成为当前我国国际交流合作工作的重心之一。在这样的环境下，"一带一路"出版交流合作迎来了历史性的发展契机。

（一）出版交流合作是共建"一带一路"的重要组成部分

自2013年以来，共建"一带一路"倡议以政策沟通、设施联通、贸易畅通、资金融通和民心相通为主要内容扎实推进，与"一带一路"相关国家在基础设施建设、经济贸易、金融资本等各个方面，都开展了全面合作，取得明显成效，一批具有标志性的成果开始显现，参与各国得到了实实在在的好处，释放了发展潜力，进一步提升了各国对"一带一路"倡议的认同与支持。

共建"一带一路"，不仅要建设经济纽带，精神文化的建设也是重要方面，这是民心相通的人文基础。但是，相较于基础设施工程建设、经贸合作的大踏步前进，"一带一路"文化交流滞后，文化服务、出版传媒服务没有及时跟进，远远落后于其他领域的融合程度，我国新闻出版业在"一带一路"相关国家和地区的影响力、传播力低于经贸影响力。

因此，我国出版业应与时俱进，通过"一带一路"平台和契机，与相关各国出版机构全面展开国际交流合作，以此为基础，增进共融共通，进一步提升"一带一路"相关国家民众对我国国家形象的认知度和美誉度。

（二）出版交流合作为"一带一路"交流合作提供保障和支撑

文化搭台，经济唱戏。自古以来，图书在中国传统文化的传播，包括在丝绸之路的文化传承、经济往来中，一直扮演非常重要的角色。出版交流合作为经贸打下文化基础，既要随经贸同行，也要先于经贸，走在经贸前面，才能稳稳为经贸合作打下民心基础、文化基础，形成文化认同、价值认同。

然而，由于多种原因，有的国家民众对"一带一路"倡议存在错误认知，对我国与相关国家进一步加强合作产生了不利影响。因此,出版应承担起新的历史使命,发挥其在传播中的独特优势,建立文明交流的新纽带,运用宽领域、多角度、深入持久的叙事方式,引导"一带一路"国家的人民之间形成足够的文化认同,弥合相互之间价值观的差异,增进理解,形成"一带一路"相关国家在政治、经济、文化上的凝聚力和合力,为共建"一带一路"注入新动力。

(三)出版交流合作助推"一带一路"倡议行稳致远

以政策沟通为先导,签署共建"一带一路"政府间合作文件的国家和国际组织在不断增加,专业领域对接合作有序推进,国际经济合作走廊和通道建设取得明显进展;贸易与投资自由化便利化水平不断提升,中国与沿线国家货物贸易与服务贸易进出口总额持续增长;金融机构合作水平稳步提升,新型国际投融资模式在不断探索尝试,多边金融合作支撑作用显现;直接投资、国际产能合作、第三方市场合作等合作方式为形成普惠发展、共享发展的产业链、供应链、服务链起到了积极推动作用,为沿线国家加快发展持续赋能。

当前,"一带一路"合作推进快,出版交流合作应全面、及时跟进,正确传递和阐释"一带一路"倡议的精神,讲好中国同"一带一路"相关国家共商、共建、共享的共同发展故事,这对推动"一带一路"走向深入意义重大。在全面开展基建、经贸合作的同时,促进文化领域的互相融通,充分发挥出版的对外传播功能,以图书出版、合作出版、数字平台建设、会展交流、人员往来等多种方式,将共建"一带一路"不同阶段的成果、经验,不断形成理念、思想,沉淀下来,使得中国声音传播得更深更远,才能确保"一带一路"走深走实、行稳致远。

三、"一带一路"出版交流合作多措并举、成效初显

随着出版交流合作在"一带一路"相关国家的开展,国内多数出版单

位都积极参与了"一带一路"国际出版合作，并且已初具规模，形成了一系列的合作模式，在相关国家和地区产生了一定的影响力。

（一）出版交流合作多措并举，形式多样

当前我国与"一带一路"相关国家的出版交流合作的总体方式和途径，基本可概括为多措并举，包括出版物的出口、图书版权贸易、设立海外出版分支机构、开展工程项目、增进人员交流、搭建书展合作平台等，在合作领域和方式方面不断推陈出新。

出版物的出口是重要的出版合作途径。一方面，通过国内外的图书进出口代理，如中图、国图、厦门外图等，或者巡回展销，面向"一带一路"相关国家市场，销售中外文图书和期刊；如《少年文摘》杂志，作为我国首批走出去期刊之一，打入东南亚市场，海外最高期发行量为1.80万册，系新加坡期刊发行量冠军；又如，举办"一带一路"国家图书巡回展、东南亚图书巡回展等，进行我国主题出版类图书的展示和交易。另一方面，对于网络发行比较发达的国家，通过跨境电商出口的方式，如亚马逊、阿里巴巴国际店铺等，进行国内出版物的线上出口贸易。

版权贸易是最重要、最普遍的出版合作方式。伴随着越来越多的国家加入"一带一路"倡议，我国出版机构与相关国家开展合作的积极性不断提升，我国与"一带一路"相关国家的版权贸易数量逐步增加，范围逐步扩大，产品类型丰富，合作机构数量不断增加。2018年，我国与相关国家签订的版权贸易协议从2016年的3808项增加到7100余项，3年间增加约3300项，增幅达到86.50%。我国已与83个"一带一路"相关国家开展图书、电子出版物、网络文学等方面的版权贸易，涉及语种50多个，合作国家遍及亚洲、欧洲、非洲、大洋洲、北美洲和南美洲，占与我国签署共建"一带一路"合作文件国家总量的近三分之二。我国与"一带一路"相关国家版权贸易产品类型丰富，图书种类繁多。2018年，我国与"一带一路"相关国家版权贸易涉及图书、电子出版物、录音、录像、电影、

电视节目、软件等多种产品形态，覆盖我国新闻出版统计制度明确的全部版权贸易类型。其中，图书是版权贸易的核心产品，占年输出版权数量的92.90%，占引进数量的97.60%。同年，我国有224个出版行业机构与83个国家的200余个机构签署了版权输出协议，同时有168个国内机构与53个"一带一路"相关国家的130多个机构签署版权引进协议，国内机构遍布全国29个省级行政地区。

深入推进本土化，在国外建立出版相关机构或平台。在本土化方面，国内主要出版单位纷纷在"一带一路"相关国家建立分支机构，寻求开拓更多的渠道，致力于打造全方位的中外出版交流合作平台。一是成立海外分社或编辑部，利用当地的出版资源开发更适合当地市场和读者的出版产品；二是在当地设立书店、书架或相关平台，拓展出版发行渠道，使国内的优秀出版物能够到达更广泛的受众。如中国出版集团所属出版社在国外建立多个海外编辑部，中国人民大学出版社的6家海外分支机构，社科文献出版社的俄罗斯分社，接力出版社的埃及分社，安徽的黎巴嫩时代未来有限责任公司，人民天舟在摩洛哥、阿联酋的海外分公司、书店，北方联合出版传媒集团的罗马尼亚分社，中南传媒的越南分社，北京师范大学出版社的约旦分社，中国社会科学出版社的智利分社等，还有五洲传播出版社的中国书架、山东友谊出版社有限公司的尼山书屋、北京出版集团"十月作家居住地"平台、云南新华书店集团有限公司的中华乡愁书院等。

依托地域或产品优势，开展出版合作项目。除了在"一带一路"相关国家建立分支机构、开厂设店之外，国内各出版机构更是充分发挥本社出版优势，与国外相关机构开展形式多样的合作项目。社会科学文献出版社的中国人文社科学术交流平台，高等教育出版社有限公司的当代科技前沿专著系列、Frontiers in China 英文学术期刊、体验汉语泰国中小学系列教材等出版物海外推广项目，中国教育图书进出口有限公司的中国当代优秀类型文学走出去基地项目，中国电子书库（易阅通海外平台），中国国际图书贸易集团有限公司"一带一路"沿线国家图书馆拓展项目，中国人民大学出版社依托"一带一路"共建国家出版合作体开展的东南亚中国主题图书翻译合作出版项目，北京求是园文化传播有限公司的中国主题图书翻译出版项目，天津市出版对外贸易公司的出版文化进出口平台，北方联合出版传媒（集团）股份有限公司的盛京满绣立体化出版工程，吉林出版集团股份有限公司的"绘本中国"原创精品国际出版项目，安徽少年儿童出版社的"立体中国 立体丝路"立体书项目，宁夏智慧宫文化传媒有限公司的"一带一路"沿线国家阿拉伯语数据库建设等项目，形成了出版产品、载体、渠道、方式的立体化合作形态。

出版机构和人员的往来互动越来越密切。为了增进"一带一路"相关国家出版机构的相互了解，签订合作协议，建立出版合作体，互设出版和文化交流中心，开展出版机构的交流互访，学术研讨等。如，中东欧国家出版联盟、"一带一路"共建国家出版合作体等；在人员交流方面，由中华出版促进会组织举办了丝路国家新闻出版行业人员培训计划，周边国家新闻出版行业人员来华培训项目等。

搭建展会平台，充分拓展推广渠道。国际书展作为与"一带一路"相关国家开展出版交流合作的重要渠道，日益受到重视。从2016年开始，中东欧16国、摩洛哥、罗马尼亚陆续成为北京国际图书博览会的主宾国，而国内出版机构也积极参与相关国家的书展，并精心组织了丰富多彩的中国主宾国活动。同时，各出版机构通过搭建展会平台，将国内优秀的图书推广到"一带一路"相关国家。如，上海外文图书有限公司的"阅读上海"中文图书全球联展，上海新闻出版发展有限公司的外文版中国文化图书海外出版发行工程，上海炫动汇展文化传播有限公司"幻彩丝路"中国动漫海外推广平台，福建省出版对外贸易有限责任公司的中国（福建）图书展销会，广西师范大学出版社集团有限公司的"艺术之桥"跨界文化艺术交流平台等。借助书展和相关活动，各国出版机构拓展了合作平台，加深了共识，达成更广泛、深入、全面的版权贸易合作。

（二）走出去工程、项目发挥重要推动作用

近些年，国家新闻出版主管部门设立了一系列的资助项目，包括丝路书香工程、中国图书对外推广计划、经典中国国际出版工程、中国当代作品翻译工程、学术外译工程等，有力地促进中国与"一带一路"相关国家之间的出版合作，尤其是"一带一路"倡议提出以来，在政府有关部门的大力推动下，中国与"一带一路"相关国家之间的出版文化合作交流已初具规模。

作为出版业服务国家"一带一路"倡议的重大项目，丝路书香工程是我国唯一一个专门针对"一带一路"相关国家翻译出版我国优秀作品的出版项目，自2015年实施以来，资助项目语种已经从最初的30个增加到2018年的42个，4年间增加了40%。丝路书香工程从2015年至今资助了近1700个图书翻译项目，涉及51个语种，覆盖70多个"一带一路"相关国家和地区。2015—2018年，承担丝路书香重点翻译资助项目的我国出版机构从84家增加到158家，年增幅都在10%以上；已经完成翻译出版任务的国外出版机构达到119家，其中，有10个国家的13家出版社已完成10个及以上项目的翻译出版工作，成为我国图书在当地市场的重要"代言人"。以重点企业为主体开展的重点项目成为双方扩宽合作领域和丰富合作方式的有益尝试。2014—2017年，共有36家出版单位参与丝路书香工程企业类项目58项，涉及汉语教材推广、重点图书展会、数字出版产品、国际营销渠道、人才培养项目、出版本土化、国际合作出版等7大类别。

中国图书对外推广计划作为我国实施的第一个国家级图书对外翻译资助项目，自实施之初就支持向俄罗斯、新加坡、波兰、罗马尼亚等国家翻译出版我国优秀作品，从2015年起，支持"一带一路"相关国家的力度逐步加大，已经从当年的12个相关国家增加到2018年的32个，面向阿

联酋和约旦的项目更是在 2018 年第一次获得支持。

中国当代作品翻译工程、中国作协当代文学对外翻译工程，专注于资助我国当代文学作品的对外版权贸易。以中国作协当代文学对外翻译工程为例，2019 年资助了 20 种诗歌、小说、儿童文学、传记等不同文体类型的当代文学经典作品，翻译输出到俄罗斯、乌克兰、意大利、波兰、埃及、越南、泰国、蒙古国等"一带一路"国家，为我国当代文学的对外传播搭建了重要平台。

（三）多方参与，主体多元

参与"一带一路"出版合作的机构有政府部门、行业组织，也有出版、印刷、发行企业和文化、科技公司等，呈现多元化、多样化态势。

特别是民营出版企业、文化科技公司也响应"一带一路"倡议，积极参与与相关国家的出版交流合作。如尚斯在俄罗斯建立出版社和尚斯博库书店，收购哈萨克斯坦等国的出版机构，开拓俄语区市场；北京求是园文化发展有限公司开设格鲁吉亚分社，致力于搭建我国与俄语国家和地区的出版交流合作平台；北京龙之脊文化传播有限公司在菲律宾马尼拉成立文化传播有限公司，以中国传统文化为教学内容，面向菲民众教授汉语；昆明新知集团有限公司先后在柬埔寨、老挝、马来西亚、缅甸、斯里兰卡开设华文书店；阅文、晋江、掌阅等网络公司将我国的优秀网络文学输出到东南亚等多个国家和地区。这些民营出版企业的积极参与，为我国与"一带一路"相关国家和地区出版业全面深入开展交流合作做出了非常重要的贡献。

（四）影响力日益彰显，出版合作效果初步显现

经过近些年的发展，"一带一路"国际出版合作由早期的周边国家，扩展到大部分的亚洲、欧洲国家，以及非洲、美洲、大洋洲的部分国家，影响力区域范围不断扩展，走出去的图书和项目得到外方出版机构的广泛认可，取得了较好的传播效果，尤其是在文学、少儿、政治、经济类图书

走出去领域的成绩斐然。

文学、少儿图书为走出去的重点图书类别，占据版权贸易的较大比例，一些畅销书或类型文学风靡多国。继莫言之后，刘慈欣、曹文轩的作品分别被译成多个语种，被越来越多的"一带一路"国家和地区不断引进，不仅使得中国原创科幻文学、儿童文学在世界出版史上写下浓墨重彩的一笔，更通过我国文学文化领域的优秀作品的感召，让"一带一路"相关国家的民众接触、了解到我国当代的文学创作风格和文化底蕴。同时，一系列当代文学作品，被翻译输出到"一带一路"相关国家，在当地取得不错的销量，获得当地读者和主流媒体的关注。

政治、经济题材的主题出版类图书也深受国外读者欢迎。一批介绍习近平治国理政理念、反映当代中国发展和治理观念的图书，以及反映中国特色社会主义经济建设成就，阐释"一带一路"国际合作理念的主题图书，受到许多国家读者的持续关注与热议。

四、推动"一带一路"出版交流合作走上高质量发展之路

"一带一路"出版交流合作取得成绩的同时，也存在一些问题，只有通过顶层设计实现统筹管理，通过深入调研落实"一国一策"合作模式，开展双边与多边合作，进行人才培养和数字化平台建设，才能促进"一带一路"国际出版交流的持续顺利展开。

（一）"一带一路"出版交流合作虽见成效，但问题仍待解决

"一带一路"出版交流合作已积极推动了五年多时间，期间有五方面问题亟待解决。

第一，出版交流合作投入大，交叉多。"一带一路"倡议作为政策热点和发展趋势，吸引相关政府部门、行业组织和机构纷纷介入，投入大量人力、物力、财力，开展面向"一带一路"相关国家的出版合作，导致工程项目交叉重复，针对性不强，缺乏统一的宏观规划和布局。

第二，出版交流合作重数量，轻质量。相关部门只注重对版权贸易、出版投资项目数量的考核，没有把走出去效果作为考核指标，导向性存在偏差，导致出版合作的效果不持久，落地不生根。很多图书虽然走出了国门，却无法进入当地的主流图书市场，版权合作流于形式，没有带来应有的社会效益。

第三，出版交流合作的区域不均衡。由于前期基础工作的差异，我国与"一带一路"不同国家和地区的出版交流合作的程度参差不齐，与"一带一路"经贸的全面合作严重不匹配。总体来说，亚洲及周边国家较多，而欧洲（除俄罗斯外）、非洲、拉美等地区的国家较少，如韩国、泰国等，与我国版权贸易往来频繁，出版行业交流与合作日益深入，合作领域不断拓宽，合作形式更加多元，合作层次和水平持续加深。而在南美洲、非洲等一些国家，如阿根廷、巴西等，由于经济、地缘、语言等多方面因素，与我国出版界的直接交流层次较浅，频率也不高，甚至有不少国家还未覆盖，存在空白。

第四，出版内容与形式的交流合作不均衡。我国与"一带一路"相关国家，尤其是欧洲发达国家的版权贸易中，文学、少儿类图书的版权输出和引进的数量都比较多，而科技类图书相对较少。与发展中国家，以及经济落后国家的出版交流合作，大部分仍局限于纸质图书的合作，数字出版产品的合作很少，甚至没有。这种出版合作内容与形式的不均衡，导致合作领域不够全面、程度不够深入，制约了出版交流合作的进一步发展。

第五，出版交流合作人才缺乏。由于"一带一路"涉及国家众多，我国与许多国家的出版交流合作还处于初期甚至探索阶段，对许多国家市场缺乏深入了解，缺少足够的版贸人员，导致出版交流合作的开展不够顺畅，特别是对于版权市场还不太成熟的国家和地区，面临着小语种人才紧缺、翻译质量堪忧、版权收益微薄等问题，严重制约了"一带一路"出版交流合作的发展进度和效果。

（二）推动"一带一路"出版交流合作高质量发展

总体来说，我国与"一带一路"相关国家的出版合作还处在成长期，面临多方面问题，国家出版走出去主管部门应制定宏观规划，提高走出去工作的全局性、计划性，推动其走上循序渐进、有条不紊、良性发展的轨道。

强化顶层设计和统筹管理。建议由中宣部牵头，制定出版走出去总体规划，统筹推动，相关部门分头落实，在总体规划的框架下开展出版交流合作。要建立科学的、可操作的出版走出去考核体系，对走出去工程项目进行全面评估，并以此来作为指导走出去的依据，加强对出版国际合作的绩效评估。拓展"一带一路"出版合作的区域覆盖面。在已经开展版权贸易的国家中，应发挥国内外出版机构的不同优势，固定合作区域，规避恶性竞争，净化市场环境；而对于目前还没有开展出版交流合作的国家，还存在大片的蓝海，广阔天地，大有可为，应鼓励相关出版机构加强与这些国家和地区的联系沟通，创新出版走出去的方式和途径。

因地制宜，实施"一国一策"合作模式。根据不同国家和地区的发展差异，因应不同的状况，采取针对性的"一国一策"，这个"策"既有不同合作模式的"策"，也有内容类型的"策"。对于周边国家，可利用人文相近、地缘相通、商脉相连的优势，寻找亚洲文明的共性与共识，探索不同文明之间的对话基础及交流互鉴方式，求同存异、合作共赢，促进双边、多边新闻出版市场共同发展繁荣。对于发达国家，应聚焦共建"一带一路"中的资本合作、智能数字出版等高端领域，主动用市场的方式调节版权贸易合作的内容和形式，更加注重提升合作图书的内容质量，完善走出去产品结构，增强主流渠道认可度和主流人群认知度。对于发展中国家，一方面，由于其民族和信仰的不同，与我国的文化之间存在较大差异，我们应承认这种差异的存在，尊重其文化的多元性和多样性；另一方面，这些国家经济基础比较薄弱，可结合我国对外援助项目，帮助其出版基础设施建设和人才培养。对新兴国家，突出双边合作经济基础、社会基础和民意基础，有针对性地开展项目合作，拓宽合作领域，深化合作基础。对海外华文市场，充分发挥当地出版机构桥梁纽带作用，建立共同开发的合作机制，开发推广适合当地阅读和消费习惯的产品，推动出版物出版发行，为中华文化传播夯实牢靠的支撑点。

注重开展双边性和多边性的出版交流合作。中方在"一带一路"出版交流合作中，倾向于版权的主动输出，而相关国家和地区往往处于被动接受的位置，在项目运作的过程中，缺乏双方的交流互动。因此，应通过政策的引导，鼓励国内出版单位从当前的自说自话阶段，逐渐进化过渡到原创话语、设置议题阶段，从单向逐渐转变为双向互动的交流、传播模式，着眼于交流互鉴，共融共通，以构建人类命运共同体为目标凝聚共识。同时，在内容上加强多领域的互动与合作。出版业是内容产业的核心层，文化、学术、思想上的交流与碰撞是出版内容不断丰富和多向流动的基础和源头。共建"一带一路"倡议背景下的我国出版行业应冲破自身行业局限，主动与其他文化、学术、思想领域加强交流与合作，以民心相通为目标，提高议题的设置和话语权的掌控能力，与出版文化之外的"朋友圈"形成合力，促进各个领域在文化层面的交流融通，最终服务于共建"一带一路"宏伟目标。

大力投入资金进行人才培养和建设。出版交流合作，归根到底是人与人之间的沟通。因此，人才的培养是重中之重，要大力投入资金、出台政策，加强精细化人才建设。首先，加大对国内出版机构相关人才的培训力度。相关管理部门可定期组织培训，及时传达相关政策、信息，同时，与"一带一路"相关国家增进沟通，加强交流，从而通过建立长期的合作机制，培养版权贸易人才。其次，放眼全球，网罗优秀人才。通过优惠政策吸引全球各类人才，尤其是熟悉当地文化、语言、政策投资环境，拥有深厚人脉的人才加入到我国国际出版合作的队伍。最后，依托高校及其他教育机构，积极储备翻译人才、谈判人才。要未雨绸缪，做好长远规划，使人才的储备紧跟出版走出去的步伐。

抢占数字出版高地，提高网络传播力。随着信息技术尤其是移动互联网的快速发展，原本以西方发达国家为主导的、以传统媒体为核心所建立的世界舆论格局面临着剧烈变化。加大对于新媒体平台传播的各项投入、构建媒体融合时代的舆论影响力进而实现新一轮的话语权力争夺成为不同国家所选择的一致路径。在这方面，要充分发挥数字出版企业的优势，鼓励其积极走出去，为其优秀内容的走出去搭建平台，提供渠道和支持；设立数字出版走出去扶持工程，通过资金和项目扶持，拓展我国与"一带一路"相关国家在数字出版领域的合作；鼓励和推动网络文学、在线出版、学术期刊等全媒体数字出版产品内容的版权合作。

（作者单位：中国新闻出版研究院）

国别报告

阿拉伯国家出版业发展报告

李世峻　李旭　黄鑫

一、出版业发展背景

（一）"阿拉伯国家"界定

通常意义上的阿拉伯国家有22个，主要分布在西亚和北非地区。如将其按所在地区进行细分，则可大致分为三部分：包含伊拉克、科威特、沙特阿拉伯、巴林、卡塔尔、阿拉伯联合酋长国、阿曼等7个国家的海湾地区，包含叙利亚、约旦、黎巴嫩、巴勒斯坦等4个国家的地中海东岸沙姆地区，包含埃及、突尼斯、阿尔及利亚、利比亚、摩洛哥、苏丹、索马里、吉布提、毛里塔尼亚、科摩罗等10个国家的北非阿拉伯诸国。另外，地处阿拉伯半岛最南端的也门也属于阿拉伯国家。

阿拉伯语是所有阿拉伯国家的官方和通用语言，同时，沙姆地区和北非地区也使用法语，也有部分国家也将其作为官方语言。海湾地区通用语言则以阿拉伯语和英语为主。阿拉伯国家有着相近的文化传统和风俗习惯，绝大多数阿拉伯人信奉伊斯兰教，但其在国家及个人层面对宗教的理解和保守程度则千差万别。对阿拉伯国家而言，语言和宗教都对其出版业产生了巨大影响，尤其在如沙特阿拉伯这样以宗教为纲的国家，其出版物被要求不可违背伊斯兰教教义，并且致力于维护和推崇伊斯兰教的地位和作用。

因此，对阿拉伯国家出版业的讨论，总体而言是无法与伊斯兰教剥离开来的。另外，阿拉伯国家的政体同样千差万别，有实行共和制的埃及，共和分权制的黎巴嫩，也有实行国王君主制的沙特阿拉伯，还有半独立政体的巴勒斯坦。宗教和政体无疑会对一国出版业产生深远影响，这一点在实行共和分权制的黎巴嫩体现得淋漓尽致。根据黎巴嫩1943年独立时《民族宪章》之规定，总统由基督教马龙派担任，总理由伊斯兰教逊尼派担任，议长由伊斯兰教什叶派担任，具体在黎巴嫩出版法中则体现为"不允许贬损任何一种宗教""不允许非政治出版社出版含有政治色彩的研究报道"，从而使黎巴嫩这一领土面积不大的中东小国成为出版业相对独立、开放并带有客观及多元色彩的地区"大国"。

总而言之，阿拉伯国家虽然有着相似的文化传统和风俗习惯，但各个国家之间的差异同样存在。经济发展程度、政体、殖民历史、语言、宗教等都是影响各阿拉伯国家出版业的重要因素。

（二）阿拉伯国家出版业的历史及现状概览

总体而言，阿拉伯国家出版业的发展最早可以追溯至18世纪。当时，法国对埃及进行殖民统治，在埃及建立了阿拉伯世界第一家新闻出版社。虽然早期阿拉伯国家出版业的发展与殖民统治紧密相关，但彼时民族主义者业已开始积极开拓属于自己国家的出版业，以推动民族独立解放运动的发展。经过两百多年的发展，阿拉伯世界出版业日趋成熟，且具有鲜明的地区特色。新闻媒体领域，有在21世纪初因报道基地组织头目本·拉登而为人熟知的半岛电视台以及后来居上的阿拉比亚电视台等兼具地区和国际影响力的电视台；也有像《中东报》和《生活报》等在当地具有重要影响的报纸。然而，当下的阿拉伯国家出版业仍面临如内部市场流通不畅、官方数据统计缺位等挑战。"Hafryat"网上有一篇题为《统计数据缺位威胁阿拉伯国家出版业和图书业的发展》的报告①，主要谈及当今阿拉伯世界缺乏对于图书出版数量、销量、人均阅读量等官方数据的统计，这对于阿拉伯国家图书出版业发展产生了不利的影响。文中还提到，阿拉伯出版商协会会长穆罕默德·拉沙德在2018年5月举办的一场题为"图书业——挑战与未来展望"的讲座中指出："如果有人就图书出版量这个简单的问题向我们发问，我们无法给出准确的答复。"②此外，阿拉伯世界近年来饱受政局动荡的影响，多个地区爆发武装冲突，致使其文化产业缺乏相对稳定的发展环境，同时使针对图书出版业进行有关统计的复杂性、困难性和严峻性大幅增长。因此，本研究在进行过程中也面临相关数据匮乏，部分现有数据陈旧的难题，但并不妨碍其对现阶段阿拉伯国家图书出版业整体情况的反应和体现。

二、出版业主要管理机构及主要国家出版相关法律

（一）"阿拉伯出版商协会"概况

为了加强阿拉伯国家间的协作，维护各国主权和领土完整，广泛开展经济文化等各个领域的合作，阿拉伯国家联盟（简称"阿盟"）于1945年正式成立。在这一体系下，专门成立了阿拉伯出版商协会，旨在推动阿拉伯国家出版业的合作与发展，为促进各国出版商交流和阿拉伯图书推介提供更多、更大、更优的平台，以振兴阿拉伯文化。以下是对该组织的详细介绍。

1. 组织结构

1995年4月12至13日，于贝鲁特召开的阿拉伯出版商大会正式宣布协会成立，总部设在开罗，秘书处则设在贝鲁特，协会在阿拉伯国家联盟

---

① ［埃］塞米哈·法耶兹：《数据的缺失威胁阿拉伯国家的图书出版与传播》，2018年5月，"Hafryat"网（https://www.hafryat.com/ar/نشر-وتوزيع-الكتاب-العربي-يهدده-غياب-الإحصاء-في-الوطن-العربي）。

② 同上。

框架下运行。协会成员由阿拉伯各国图书出版商组成,现共有862名成员。协会下设两大主要机构:联合大会和董事会。董事会共25人,其中13人来自不同阿拉伯国家的出版联盟,12人为联合大会成员,联合大会成员根据不同国家在协会中的代表数量进行确定。

2. 目标职能

阿拉伯出版商协会的主要目标集中体现在以下四个方面:对阿拉伯出版业而言,制定出版标准,提高出版水平,策划组织阿拉伯图书展,为推介阿拉伯图书提供更多、更大、更优的平台;建立阿拉伯图书出版数据库,实现阿拉伯图书出版业联网管理。对出版商而言,协会要为出版商提供更多的交流合作平台,紧密出版商与协会的来往与联系,维护出版商的合法权益。对阿拉伯作家而言,协会有责任维护阿拉伯作家的合法权利,尤其应注重保护其知识产权不受侵犯。对于阿拉伯文化而言,协会要承担起继承和发扬阿拉伯文化,振兴阿拉伯语的重任,依靠图书出版业向全世界宣传阿拉伯文化的瑰宝。

除了提高阿拉伯大众的阅读率、降低社会文盲率等先天职责以外,该协会还承担起规划和统筹管理阿拉伯国家书展这一重要职责。例如,2010年,由于阿尔及尔书展禁止埃及出版商参展,阿拉伯出版商协会做出中止阿尔及尔书展的决定,协会董事会也未出席此次书展。

综合以上,阿拉伯出版商联盟在促进阿拉伯国家出版业发展的事业中起到了重要作用,在维护出版商权利,为出版商提供交流与合作平台,以及推动阿拉伯图书流动,建立阿拉伯图书数据库等方面做出了突出贡献。

近年来,包括五洲传播出版社在内,我国已有越来越多的重要出版社与该协会建立了战略合作关系,以期共同推进双方图书出版业的发展。

(二)阿拉伯国家出版相关法律

虽然阿拉伯出版商协会在阿拉伯国家联盟框架下运行,其会员基本覆盖整个阿拉伯世界，但协会所制定的相关条例并不能干涉具体国家出版相关法律的制定，而仅限于协会内部的管理与统筹，以帮助协会的正常运行，因此并不具备法律效力。阿拉伯国家联盟所覆盖的每个国家都有相应的出版相关法律，涉及内容众多，本文难以对22个阿拉伯国家的出版法一一进行搜集和探讨，故选取了几个具有代表性的国家，以期呈现阿拉伯国家的出版相关法律概况。

1. 阿联酋出版相关法律

自20世纪60年代发现丰富的石油资源以来，阿联酋发生了巨大变化，阿联酋的经济支柱从原来的采珠业转变为石油业。经济水平的快速提高，也促使阿联酋努力提升自身的现代化、国际化程度。在文化领域，阿联酋也相对开放，虽然是伊斯兰国家，但其并未在《印刷与出版法》中刻意强调维护伊斯兰教，而仅在第七十一条中提到"禁止出版带有煽动性质和抹黑伊斯兰教的内容"[①]，整体论调是尊重言论自由和出版自由。同时，受阿联酋酋长制世袭政体的影响，阿联酋出版相关法律中强调要维护最高领袖及酋长的领导地位，不允许随意评论或者批评酋长。此外，一些诸如出版机构必须取得许可证明、维护国家最高利益、维护阿拉伯文化等在各阿拉伯国家出版相关法律中均能找到的条例也同样存在。

2. 沙特阿拉伯出版相关法律

相对而言，以往的沙特阿拉伯是整个阿拉伯伊斯兰世界中最为传统与保守，并且在恪守伊斯兰教教义领域最为严格的国家。可以说，伊斯兰教进入并影响着该国政治、经济、文化等各个领域。故沙特在文化出版领域的保守不难理解。现行沙特阿拉伯《媒体条例》的前言提到："沙特新闻出版政策从其所要求的原则和目标出发，这一政策源自本国人民所信仰的伊斯兰教，这一政策的目的在于加强人民内心对于真主的信仰，并且提高

---

① 阿联酋第（15）号《印刷与出版法》1980年版（阿拉伯语），第25页，第（71）条。

人民的精神文化水平……"①不难看出,奠定沙特出版相关法律的核心基调即对伊斯兰教地位的维护。值得指出的是,尽管整体氛围趋于保守,沙特阿拉伯的出版业发展却并不滞后,整个社会在民众精神及娱乐生活单一的环境下催生出对图书、报刊等文字读物十分强劲的需求,这一点从每年利雅得国际书展和吉达国际书展的火热程度可见一斑。此外,沙特在其《媒体条例》第九条规定"必须重视儿童教育,引导其进行娱乐活动"②,第十八条指出"要照顾青年人才,在物质和道德上鼓励他们,并保证他们达到理想水平"③。上述两条均提到出版物要重视对于未成年人以及青年人才的培养,而其独到之处,在于本文所涉及的其他阿拉伯国家出版相关法律并未提到类似内容。

应注意到,近年来,沙特举国正在锐意改革,随着"2030愿景"的提出和文化事业的蓬勃发展,沙特正努力推动国家朝着更加现代、多元的方向发展,虽然进展并不迅速,对文化领域的开放也还任重道远,但可以预见,在不远的将来沙特这一孕育了伊斯兰文明的沙漠古国也将在出版事业中迸发出新的活力,向世界呈现新的面貌。

3. 黎巴嫩《出版法》

黎巴嫩是中东地区西化程度最高的国家之一,实行三权分立的议会民主制,总统是国家元首,内阁行使行政权,议会行使立法权。另外,根据1943年独立时的《民族宪章》规定,总统由基督教马龙派担任,总理由伊斯兰教逊尼派担任,议长由伊斯兰教什叶派担任。可见,黎巴嫩的《出版法》不会突出对于伊斯兰教的维护,同时,其开放程度更高于阿联酋。黎巴嫩1952年版出版法基本原则第一条便规定"新闻社,出版社,印刷厂都是自由的,任何人都有使用不同媒介表达其观点的自由和权利,但是这一权利

---

① 沙特阿拉伯第(169)号《媒体条例》1981年版(阿拉伯语),第2页。
② 同上书,第4页,第(9)条。
③ 同上书,第7页,第(18)条(2)。

需要在法律范围内行使"。另外，1952年版出版法第一章第二十九条中提到："出版物中不能含有贬损任何一种宗教的内容"，但是这一条例在这之后的1962年版和1977年版出版法中均未出现（可能废除）。此外，受教派分权的影响，这三个版本的出版法中都规定了"不允许非政治出版社出版含有政治色彩的研究报道"[1]，为了防止其对于政体的影响。一直以来，黎巴嫩都被视为"阿拉伯印刷厂"，其出版业走在阿拉伯国家前列，出版业也相对自由开放，包括阿拉伯统一研究中心、阿拉伯科学出版社、阿拉伯思想基金、阿拉伯翻译组织等在内的当今阿拉伯世界几大主要出版社均位于该国首都贝鲁特。

4. 埃及《出版法》

埃及乃至整个北非地区都不是传统阿拉伯文明的发祥地，阿拉伯人于公元640年进入埃及，开启了其阿拉伯化和伊斯兰化的进程，在此之前历经了波斯、罗马的统治，而此后又被奥斯曼帝国统治，经历过英法殖民统治，因此，埃及本土文化也是杂糅各家，文化则具有多样性和包容性。现行埃及《出版法》同样并未特别强调对伊斯兰教的维护，其第一章提到："国家应关注道德、人民素质和公共秩序、高水平的教育、宗教和民族价值观、科学事实、阿拉伯文化以及人民的历史和文化遗产。"第二章则提到："内阁有权抵制在埃及散布仇恨的出版物，以及可能扰乱公共安全的宗教出版物。"[2] 这两处的"宗教"并不特指伊斯兰教，仅是一个泛指概念。另外，埃及是近现代阿拉伯文学的发祥地，这里诞生了一批兼具地区和世界影响力的作家，比如1988年诺贝尔文学奖的获得者纳吉布·马哈福兹。在阿拉伯世界亦有"埃及写书，黎巴嫩印书，伊拉克读书"之说，故文学的繁荣在一定意义上带动了埃及出版业的发展，也顺势造就了其《出版法》

---

[1] 黎巴嫩《出版法》1952年版（阿拉伯语），第1~7页。
[2] 埃及最高出版委员会：《埃及印刷品观察－法律研究》，2012年版（阿拉伯语），第15页第（20）章。

对言论和表达自由的重视。

5. 摩洛哥《出版与传播法》

摩洛哥《出版与传播法》具有非常悠久的历史，自1914年发布，至今已有超过100年的历史，该法在1958年时进行了第一次修订，之后随着时代的变迁，摩洛哥文化部与立法部门一起，在1973年和2002年对该法律进行了相关修订。

该国现行《出版与传播法》以保障报纸和期刊的出版、印刷、传播以及图书的销售自由为基本原则，也涉及出版物的传播细则、管理和监管部门的执行方法、出版物销售方式、出版印刷社获得授权的门槛、出版商需对社会承当怎样的责任、一些特殊情况的处理方式、出版社法人应当承担的责任与义务等各个不同的方面，十分详细。

与其余阿拉伯国家不同的是，摩洛哥《出版与传播法》没有鲜明的伊斯兰特色。摩洛哥虽然是一个君主立宪制国家，其政治思想却具有鲜明的西化特点，社会开放程度较高，伊斯兰教并不会对大众的思想进行强制束缚，对宗教信仰的选择是摩洛哥公民的自由。总体而言，摩洛哥《出版与传播法》与西方法律有着许多相似之处，受宗教的影响并不显著。

而同为北非国家的阿尔及利亚与突尼斯则与埃及、摩洛哥有着总体相近的风格，享有相对广泛的出版和言论自由。

总体而言，若按出版自由度高低对阿拉伯国家进行划分，大致可以做出如下排序：北非地区、沙姆地区、海湾地区，除宗教对于本国的出版法有明显影响的沙特阿拉伯以外，其余国家宗教对出版法的影响尚属有限。

三、图书业发展近况

（一）图书销售额统计

正如上文提及，阿拉伯国家普遍缺少对于图书销售的相关统计数据。因此，查找各个国家的图书销量显得尤为困难。鉴于此，本文选择阿拉伯世界最具代表性和影响力的两大国际书展——开罗国际书展和沙迦国际书展的图书销售额数据进行分析，相关数据如下：

表1　开罗国际书展图书销量统计

年份	2018[①]	2017[②]	2016
销量（美元）	78031	111634	暂无

数据来源：开罗国际书展官方网站

表2　沙迦国际书展图书销量统计

年份	2017[③]	2016[④]	2015[⑤]
销量（美元）	56083417	47934544	36752130

数据来源：沙迦国际书展官方网站

由表1可见，埃及本国图书销售额在二年以来呈明显颓势。近十年来，作为阿拉伯国家传统书展的代表，开罗国际书展在书价上涨、盗版书猖獗以及社会缺乏稳定性的背景下，发展态势逐渐放缓。自2017年以来，埃镑对美元汇率开始下跌，埃及国民经济受"阿拉伯之春"的余温影响始终一蹶难振，更对图书销售带来消极影响。此外，笔者曾于2018年对开罗国际书展进行实地走访，发现最受读者青睐的图书种类呈现出宗教图书、

---

① 开罗国际书展官网：http://www.cairobookfair.org.eg/2018/02/03/الصادرات-الجامعية-للعالم-ا/ ادبية/عمل.
② https://www.dostor.org/1305920。
③ [埃]艾哈迈德·曼苏尔：《第34届开罗国际书展落下帷幕》（阿拉伯语），2015年11月，"第七日"（https://www.youm7.com/story/2015/11/14/اختتامات-فعاليات-معرض-القاهرة-الدولي-للكتاب -في-دورته）。
④ 《2017沙迦国际书展接待238万名参观者，图书销售额达5600万美元》，2017年11月21日，"西部财经"（http://www.xibucaijing.com/2017/1121/6585.html）。
⑤ 同上。

小说类消遣图书各占一端的总体态势。与之形成鲜明对比的是，以沙迦国际书展为代表的海湾国家书展图书销售额近年来呈明显增长态势。这无疑得益于阿联酋稳定的政局、开放包容的国内环境，以及王室成员的大力支持。总体而言，包括沙迦国际书展、阿布扎比国家书展、利雅得国际书展、吉达国际书展等在内的海湾阿拉伯国家书展近年来发展势头迅猛，有着巨大的发展潜能。

（二）图书出版数量统计

根据最新数据显示，阿拉伯国家年均图书出版数量介于 50000~75000 之间（该数据仍存在争议），单种阿拉伯图书的平均印数约在 1000~2000 册之间。

表3 2012—2014年阿拉伯国家图书出版种数统计[①]

年份	2012	2013	2014
种数（种）	30000~40000	30000~40000	30000~40000

数据来源：费萨尔国王公益中心官网

由上表可见，2012—2014年间阿拉伯国家图书出版种数基本保持稳定，其中2014年埃及图书出版量为22000种。遗憾的是，2014年至今的阿拉伯国家图书销售量尚没有确切数据可寻。

另外，透过联合国教科文组织发布的各国图书出版数量统计报告，主要阿拉伯国家图书出版量可以得到一定意义上的呈现，虽然统计年份有所出入，仍可以管窥特定时期阿拉伯国家图书出版的整体情况：

---

① 费萨尔国王公益中心官网：https://www.alfaisalmag.com/?p=2987。

表4[①]　1993—2000年部分阿拉伯国家图书出版量

国家	种数	数据年份
埃及	9022	2000年
沙特阿拉伯	3900	1996年
黎巴嫩	3686	2004年
叙利亚	1138	2005年
摩洛哥	918	1996年
突尼斯	720	1996年
阿尔及利亚	670	1996年
约旦	511	1996年
阿联酋	293	1993年
卡塔尔	209	1996年
科威特	196	1992年
巴勒斯坦	114	1996年
巴林	40	1996年
利比亚	26	1994年
阿曼	7	1996年

其中图书出版量排名世界前五十位的国家有三个，分别为埃及、沙特阿拉伯和黎巴嫩。另外，宗教图书始终是阿拉伯国家图书出版中的一个大类，阿拉伯国家出版业报告显示的宗教类图书占总出版物比重见下表：

[①]《书即是书，无论纸质还是电子：世界的图书制造》（阿拉伯语），"商队"（沙特阿拉伯电子期刊）（https://qafilah.com/ar/صناعة-الكتاب-في-العالم/）。

表5① 阿拉伯国家宗教类图书占总出版物比重

年份	2012	2013	2014
比重（%）	43	40	44

数据来源：阿拉伯国家出版业报告

如表所示，2012—2014年间宗教类图书连续三年均占据阿拉伯国家总出版物比重中的第一位。而考虑到阿拉伯国家普遍所带有先天宗教属性，可以预见该数据在过去、当下及未来一段时期内均不曾也不会发生根本性变化。

同时，不同种类的图书在图书销售市场所占比重在不同阿拉伯国家各有差异，地域、历史、语言、文化以及现代化程度等都是影响该比重不可忽视的要素。在宏观层面，阿拉伯国家不同类别图书所占有的市场比重大致可以按照宗教类、文学类、历史类、少儿类、工具类、教育类的顺序进行排序；在微观层面，以北非地区和海湾地区为例，被誉为"阿拉伯思想家摇篮"的摩洛哥王国图书市场向来以思想、哲学类图书占据主流地位，而伊斯兰教"两圣寺"的所在地沙特阿拉伯王国则由同伊斯兰教有关的各类图书占据市场的较大份额。值得注意的是，随着全球化进程在阿拉伯世界的推进，以及阿拉伯国家自身现代化程度的不断提高，近年来，部分阿拉伯国家也出现了由反映自身时代变迁、外部世界变化的文学类图书占据畅销榜单前排，以及心理学、"成功学"、经济学等有助于满足读者自我发展需求的图书充斥大小书店的潮流和趋势。此外，国家的政策性导向也对特定时期各阿拉伯国家不同种类的图书需求产生较大影响。以刚刚宣布将汉语教学纳入国民教育体系的沙特阿拉伯为例，从决议公布至今，短短数月之内，沙特境内对于有关汉语入门、汉语基础、中国文化等有关题材

---

① 数据来源：https://www.youm7.com/story/2018/10/1/تقرير-حركة-النشر-في-الوطن-العربي-كشف/3972281/الرسوم-المئوية-بها-تلت

的文化和教育类图书需求骤增,更为我国未来对沙特乃至海湾地区的图书传播与出版合作提供了不应忽视的机会与动力。

四、期刊业发展近况

阿拉伯世界各国在期刊、报刊领域各有特色,发展水平和层次也不尽相同。本文选择具有代表性的埃及和海湾地区期刊业做介绍和分析。

(一)埃及

在当前埃及的三大日报中,《金字塔报》是最大的官方媒体,担负着舆论导向的重大责任,并且已形成了一个庞大的报业集团,旗下包括以日报和《金字塔晚报》为主的16份报纸,以及用阿、英、法等文字出版的10多种周刊杂志,同时还有社科类研究丛书和战略发展报告出版发行。目前,《金字塔报》的日发行量约为110万份,日出40版,周五出50版以上,发行量占全埃及报业市场的55%,周五则占65%。该报覆盖中东国家、海湾地区。此外,该报还在伦敦和纽约同时出英文国际版,版面在国内编排好后通过卫星信号发往印刷地点,之后在欧洲和北美发行。1988年曾被"世界报纸指南组织"评为最佳国际报纸之一。

《共和国报》和《消息报》是埃及另外两家国有大报。已故埃及总统萨达特曾多年担任《共和国报》主编,《共和国报》也一直为执政党阿拉伯社会主义联盟(后改为民族民主党)掌握,由解放出版社在开罗出版。每天出对开20多版,发行30万~44万份,星期四另出周刊。《消息报》自创刊以来就一直保持了其大众化特色,每天出20版,周六还增加版面。该报内容广泛,囊括了时政、社会新闻和各类知识性、实用性文章;报纸通常配发大量新闻图片,图片质量甚至略高于《金字塔报》,因此很受读者欢迎,其日发行量高达100万份。

(二)海湾地区

近年来,海湾阿拉伯国家报业发展稳定且迅速,以阿联酋和沙特阿拉伯最具代表性。作为商业化和开放度最高的海湾国家，阿联酋在新闻管控上较为宽松，主管部门公开表示"阿联酋的报业享有广泛的自由，不受任何事前的监督"。近年来，阿联酋主流报刊有《联合报》《白亚努日报》《体育与青年》周刊、《海湾日报》、英文报《今日海湾》等。

此外，沙特阿拉伯作为地区新闻和出版大国，虽然新闻和言论自由度不比邻国，但其依然坐拥多份在中东乃至世界都具有影响力的重要报刊，如《利雅得报》《中东报》《祖国报》《欧卡兹报》《目标》等报纸和刊物。其中，《利雅得报》是利雅得地区第一家亲政府的沙特日报，创刊于1965年。2007年，该报日发行量约15万份，至今已成为沙特精英阶层最为重视的日报。《中东报》是一份国际化报刊，总部位于英国伦敦。2005年，纽约时报称其为"该地区最古老和最有影响力的报纸"。2004年，该报日发行量约23万份。该报往往被誉为"领先的阿拉伯日报"，据估计，它是阿拉伯世界日报发行量最大的报纸。而《祖国报》则是沙特国内旗帜鲜明坚持自由主义的报刊之一，创刊于2000年，在伦敦、纽约、安曼、开罗都有报社。其创刊之初只是一份地方报刊，后迅速发展进入国内畅销报刊前三名。

值得注意的是，同世界各国一样，阿拉伯世界的传统报纸和刊物都面临来自通信科技和新媒体的严峻挑战。无论在脸书占据主流的埃及，还是推特制控的沙特等海湾国家，越来越多的中、青年开始选择通过社交网络关注新闻、获取信息，电子报刊也正在取代纸质刊物的位置，悄然改变着阿拉伯国家读者的阅读习惯。

五、阿拉伯人的阅读习惯

阿拉伯世界长期以来流行着一句俗语——"埃及写书，黎巴嫩印书，伊拉克读书"。鉴于伊拉克仍深陷武装冲突和国家重建的困扰，本文不对其进行讨论，就埃及和黎巴嫩而言，两国依旧是阿拉伯世界图书出版业的支柱。同时，这两个国家国民平均阅读时长和阅读量均高于其他阿拉伯国家。

《今日俄罗斯》于 2016 年发布了阿拉伯国家阅读报告，该调查报告的样本数量为 14.80 万人，从中可得出两个主要信息：阿拉伯国家读者更喜欢阅读小说，专刊、报纸、连环画的阅读兴趣也较高。2016 年人均阅读量最高的五个国家依次为黎巴嫩、埃及、摩洛哥、阿联酋、约旦。

表6　2016 年阿拉伯国家纸质图书阅读类型偏好

图书类别	小说	专刊	报纸	连环画	其他
比重（%）	20	20	17	14	28

数据来源：2016 年阿拉伯国家阅读报告

联合国教科文组织 2003 年发布的文化发展报告显示，阿拉伯人年平均阅读量要少于一本书，平均每 80 个阿拉伯人才读一本书。而根据《今日俄罗斯》发布的 2016 年阿拉伯国家阅读报告，阿拉伯人均阅读量要少于 1/4 页。

此外，Synovate 公司在 2008 年围绕阿拉伯国家人均阅读时间进行统计并得到以下数据：

表7　阿拉伯国家人均阅读时间

国家	埃及	摩洛哥	突尼斯	沙特阿拉伯	黎巴嫩
阅读时间（分钟/天）	40	40	35	34	31
国家	黎巴嫩	埃及	摩洛哥	沙特阿拉伯	
阅读时间（分钟/月）	588	540	506	378	

数据来源：Synovate 公司 2008 年统计

阿拉伯思想基金 2011 年发布的文化发展报告则显示，2011 年，阿拉伯人均阅读时间为 6 分钟。

从上述数据中可以看到，阿拉伯人阅读时间以及阅读量并不突出，加上近十年来阿拉伯地区政局动荡的加剧，部分国家人民的基本日常生活都很难得到保障，文化消费显得尤为奢侈。而埃及、黎巴嫩等地区阅读大国人民阅读水平也有所下降。但是，在海湾地区，以阿联酋、沙特等国为例，由于近年来致力于从依赖石油的单一经济发展模式逐步向多元经济转型，国家也大力发展文化产业，鼓励人民进行文化消费和活动，国民阅读水平由此逐步提升，出版自由度也在逐步放宽。可见，阿拉伯国家文化产业的发展始终离不开地区政治、经济形势的稳定。

六、主要文学奖项概览

阿拉伯文学是世界文学的瑰宝和重要组成部分，历经千年发展，阿拉伯文学在小说、戏剧、散文上都取得了耀眼的成就。多年来，阿拉伯文学逐步受到越来越多的重视，地位也在不断凸显，而近年来涌现出的多个文学奖项更在极大程度上鼓励和激发着阿拉伯作家的创作动力，引领着拉伯读者的阅读方向，更为阿拉伯国家出版业扮演强心剂和指南针的双重角色。

（一）阿拉伯布克奖

阿拉伯小说国际奖也被称为"阿拉伯布克奖"，由阿布扎比酋长基金会出资，仿照英国布克奖的规程设立，并得到布克奖基金会的协助，也得到阿联酋阿布扎比旅游与文化管理局的大力支持。该奖项于 2007 年 4 月在阿布扎比成立，旨在奖励优秀的当代阿拉伯文学，特别是小说。该奖项于每年 4 月 1 日至 6 月 30 日期间完成小说提名。评审团将公布包含 16 部作品长名单，短名单仅有 6 部作品。6 部小说中的每 1 部都将获得 1 万美元的奖金，最好的 1 部小说作者将得到 5 万美元，其小说会被翻译成多种语言。近年来，该奖逐步聚焦民族矛盾、地区冲突、宗教极端等地区热点问题，地区话题度颇高。

（二）卡塔拉奖

该奖于2014年年初由文化区"卡塔拉"创办，旨在推动阿拉伯小说在地区和国际上的参与，奖项分为已出版小说、未出版小说、未出版的男孩小说、研究和批评小说等四个类别。委员会将挑选每个类别中最好的5部作品，并在"卡塔拉"基金会举办的年度节日上公布。在已出版小说类别中，5位获奖者将获得6万美元的奖金；未出版类别中，5位获奖者将获得3万美元的奖金，另外，还会在所有获奖作品中选出"戏剧"奖，获奖者将会获得2万美元的奖金，该部作品将会被改编成为电影。

（三）谢赫·扎耶德文学奖

谢赫·扎耶德文学奖是国际阿拉伯研究的一个重要奖项，该奖项由阿拉伯联合酋长国哈里发于2007年设立，以阿联酋前总统谢赫·扎耶德·本·苏丹·阿勒纳哈扬的名字命名。该奖项颁发给九个文学领域的阿拉伯创作者，包括各类文学作品、翻译、批评研究、青年文学、作家。该奖项的总价值为700万迪拉姆（约合190万美元）。除了奖牌和获奖证书外，每位获奖者还将获得750000迪拉姆（约合20.50万美元）的奖金。

（四）纳吉布·马哈福兹文学奖

该奖于1996年由开罗美国大学出版社创立，在每年12月11日已故作家纳吉布·马哈福兹诞生之日的颁奖典礼上，授予阿拉伯世界最佳小说奖，奖金为6000美元，获奖作品将会被授予银牌，并且被译成英文出版。该奖项的报名时间为每年的1月至2月15日，每位作家需要提交六份作品复印件和一份作家生平介绍。

（五）沙迦阿拉伯创作奖

沙迦阿拉伯创作奖由沙迦文化宣传部于1996年设立，设立之初就定位为沙迦文化与媒体圈的主要文化活动，该文学奖颁发给短篇小说、诗歌、小说、戏剧、儿童文学、批评文学等六个文学领域的阿拉伯创作者。每个类别的一等奖获得者获得 6000 美元，二等奖获得者获得 4000 美元，三等奖获得者获得 3000 美元。一等奖获得者的作品将会被出版，并且在阿拉伯书展上展示，获奖者还将会受邀参加沙迦创作工作坊，并且游览沙迦文化与学术机构。

总体而言，阿拉伯世界的文学奖项创立时间都相对较晚，国际知名度也有待提高。但是，一干文学奖的先后设立，一方面促进了阿拉伯文学的发展，推动了阿拉伯文化走向世界，另一方面也为阿拉伯出版业提供了许多值得出版和传播、具有市场竞争力的文学作品，对阿拉伯出版业的发展发挥了不可忽视的作用。

七、中国与阿拉伯国家出版业交流合作情况

在人文领域，长久以来，我国与阿拉伯国家有着丰富多彩的交往史。随着"一带一路"倡议的提出和推进，中国与阿拉伯世界的图书出版与交流事业也在近年来取得了不小的成绩，积攒了一定经验。近五年以来的部分标志性事件如下：

2015 年 8 月 26 日，中国出版集团总裁谭跃与阿拉伯出版商协会主席阿西姆·沙勒比分别代表中国出版集团和阿拉伯国家出版商协会签署战略合作协议。这次签约在"一带一路"倡议的大背景下，具有重要意义。一是服务"一带一路"倡议大局，在业内第一次开展与阿语国家的大规模合作。二是建立合作机制，共促中阿出版业发展。中国出版集团多年来深耕阿拉伯文化市场，茅盾文学奖得主周大新的阿语版《安魂》刚刚出版，正式亮相国际书展。此前输出版权的《人民语录》阿语版，发行一万册，更是创造了中国图书在阿语市场的销售纪录。丛书《丝路文库》推出了中文版的《伊本·白图泰游记》《历史上的阿拉伯人》等阿语经典作品。以此为基础，中阿双方将着手开展一系列的合作。

2015 年 9 月 2 日，阿拉伯国家出版合作论坛在宁夏开幕，该论坛主要

包括中阿出版高层论坛、2015 中阿版权贸易洽谈会、《当代中国穆斯林作家作品》新书首发式和中国·阿拉伯国家图书版权信息交流平台——"中阿版权网"推广发布会等 6 项内容。来自埃及、苏丹、摩洛哥、马来西亚等 23 个国家的出版机构代表与国内 70 余家出版机构代表参加论坛，就版权贸易、合作出版发行、图书文化交流等方面展开协商洽谈，论坛取得了诸多优秀的成果。

同月，阿拉伯出版商协会驻中国办事处在京揭牌。

2017 年 4 月 26 日，以中国为主宾国的 2017 阿布扎比国际书展开幕。中国出版集团公司与阿联酋出版商协会、阿拉伯出版商协会进行了版贸和出版合作会谈。在当日下午举行的中阿出版发展高峰论坛中，中方也向阿方各国介绍了中国出版集团公司旗下各出版机构的品牌和出版特色，集团在"一带一路"沿线国家尤其与阿拉伯国家的出版合作情况及重要成果。

2018 年 10 月 31 日，中阿出版文化高峰论坛在阿尔及尔海岸松展览馆内举行。中阿出版人就中国、阿尔及利亚以及阿拉伯国家的出版交流与合作进行了深入探讨。在中阿出版文化高峰论坛出版交流和对话环节，来自中国出版集团、北京出版集团、凤凰出版传媒集团、阿拉伯出版商协会、阿尔及利亚国家图书出版商协会、埃及艾因夏姆斯大学国际合作部等代表分别介绍了各自在版权合作中的相关情况。

近年来，陆续有中国图书对外推广计划、中国文化著作翻译出版工程、经典中国国际出版工程、中华学术外译项目、丝路书香工程、中国当代作品翻译工程、中阿典籍互译出版工程等对外翻译出版工程上马，在推动中国传统文化和文学在阿拉伯世界的传播发挥了积极作用。[①] 此外，以上出版和互译工程极大推动了我国出版机构与阿拉伯国家出版机构、书展主办方以及读者的交流与互动，却也仍然面临互译图书种类单一，译作质量参

---

① 包澄章：《中国与阿拉伯国家人文交流的现状：基础与挑战》，《西亚非洲》2019 年 2 月（第 1 期），第 146 页。

差不齐，部分作品在对方市场"见光难"、声量小的问题和挑战。我国方面，北京师范大学出版社、五洲传播出版社等已经开始逐年增加参与阿拉伯国家国际书展的频率与力度。然而，面对阿拉伯国家正在兴起的"向东看"热潮，相较于积极乃至强势利用书展机会在阿拉伯国家推介本国图书和文化的日本、韩国等亚洲国家，我国在对阿传播领域的努力尚显单薄。另一方面，部分阿拉伯国家出版机构已经开始尝试参与我国书展，并利用学术研究、中阿互译的优势有意识筹备可能引起中国读者兴趣的作品。未来，双方在共同科研、合作出版、合作举办和参加展览领域都有着潜力巨大的探索空间。

参考文献

1. ［埃］塞米哈·法耶兹.《数据的缺失威胁阿拉伯国家的图书出版与传播》（阿拉伯语），2018年5月，"Hafryat"网（https://www.hafryat.com/ar/منشور/غياب-الإحصاءات-يهدد-صناعة-الكتاب-والنشر-في-الوطن-العربي）．

2. ［埃］艾哈迈德·曼苏尔.《第34届开罗国际书展落下帷幕》（阿拉伯语），2015年11月，"第七日"（https://www.youm7.com/story/2015/11/14/اختتام-فعاليات-معرض-الشارقة-للكتاب-في-دورته-الـ34-1-/2441203）．

3. 包澄章.《中国与阿拉伯国家人文交流的现状：基础与挑战》，《西亚非洲》2019年2月（第1期），第146页．

4. 阿联酋第（15）号《印刷与出版法》（1980年版，阿拉伯语）．

5. 沙特阿拉伯第（169）号《媒体条例》（1981年版，阿拉伯语）．

6. 黎巴嫩《出版法》（1952年版，阿拉伯语）．

7. 埃及最高出版委员会.《埃及印刷品观察——法律研究》（2012年版，阿拉伯语）．

8. 开罗国际书展. http://www.cairobookfair.org.eg.

9. 沙迦国际书展. https://www.visitsharjah.com/ar/events/sharjah-international-book-fair/.

10.《2012年—2014年阿拉伯国家图书出版数量》. https://www.alfaisalmag.com/?p=2987.

11.《联合国教科文组织各国图书出版数量统计报告（阿拉伯世界国家分卷）》. https://qafilah.com/ar/صناعة-الكتاب-في-العالم/.

12. 阿拉伯出版商协会. http://publishersunionlb.com/ar/.

13. 阿拉伯布克奖. https://www.arabicfiction.org/ar/about-the-prize.

14. 卡塔拉奖. http://www.kataranovels.com/عن-الجائزة/.

15. 谢赫·扎耶德文学奖. https://www.zayedaward.ae/nominate/?lang=ar.

16.《2016年阿拉伯国家阅读报道》. https://www.mobtada.com/details/552772.

（作者单位：北京外国语大学）

阿根廷出版业发展报告

姜 珊

阿根廷出版业历史悠久，行业组织水平较高，分工完善，专业性强。阿根廷出版业在过去的几年一直受图书出版数量和销售数量出现下滑，外版图书表现突出、政府采购一直减少，高税率和通货膨胀增加负担的诸多困扰。然而，即便面临种种困境，阿根廷仍然是世界上最爱读书的国家之一，同时，也是西语出版界最重要的国家之一。

2010—2015 年，阿根廷对图书进口征收高额关税。此项政策于 2015 年 1 月开始有所放松，图书进口随即迎来了爆发式的增长。其中，直接进口的外版书增长了 9 倍。因阿根廷印制成本过高，使用阿根廷书号、在国外印制的进口出版物也大幅增长。① 阿根廷出版商会的一项特殊分析报告中指出，由于目前大部分阿根廷图书尚未进入其他西班牙语市场，因此，阿根廷图书出口的数量仍有相当大的潜力。

但与此同时，图书出口并没有出现如进口般的增长，发展海外市场仍然任重道远。造成这一结果既有内部原因，也有外部原因。内部原因包括阿根廷在整个出版产业链及流通领域增值税税负极高，导致图书印制成本居高不下；外部原因则是因为全球大型出版集团竞争日益激烈，马太效应

---

① 据阿根廷出版商会统计，同样一本图书，在阿根廷印制成本是海外印制成本的两倍左右。

愈演愈烈。

阿根廷出版业也孕育着新的希望，新兴出版社如雨后春笋般涌现，活跃在市场上的商业出版社有近400家。尽管目前新兴出版社的图书品种只占总数的不到十分之一，却为行业带来了巨大的创造力、多样性和未来发展的可能。

和其他国家相比，阿根廷缺少统一的、电子化的图书分类系统，书店尚未实现100%信息化，出版流程的管理系统也不够先进，这导致阿根廷的图书流通不够灵活、经济和高效。但目前阿根廷人均拥有手机1.40部，这雄踞西语地区之首。通信产业的发达为出版业数字化发展准备了充分的土壤。

一、出版业发展背景

（一）国家概况

阿根廷全称为阿根廷共和国，原为土著印第安人居住地，16世纪中叶沦为西班牙殖民地。1812年，民族英雄圣马丁率领当地人民抗击西班牙殖民者，1816年7月9日，阿根廷宣布独立。此后，阿根廷长期处于动乱和分裂状态。1853年，阿根廷联邦共和国建立，1860年改为共和国。

阿根廷位于南美洲东南端，是拉丁美洲第三大经济体，南美第二大经济体，是二十国集团、南方共同市场、南美洲国家联盟、拉美及加勒比国家共同体、美洲国家组织等组织成员国。

阿根廷国土面积为278.04万平方公里[①]，仅次于巴西，是拉美第二大国，位居全球第八位。东临大西洋，西同智利以安第斯山脉为界，北部和东部与玻利维亚、巴拉圭、巴西、乌拉圭等国接壤。南北长3694公里；东西宽1423公里，陆上边界线总长25728公里，海岸线长4725公里。地

---

① 不包括马尔维纳斯群岛及阿根廷主张的南极领土。

势西高东低，山地面积占全国面积的30%。东部和中部的潘帕斯草原是著名的农牧区，号称"世界粮仓"，集中了全国70%的人口、80%的农业和85%的工业。

根据世界银行统计，截至2017年年底，阿根廷全国约4408万人，女性占比为51.06%，男性占比为48.93%。阿根廷人口分布不均，总人口38%主要集中在布宜诺斯艾利斯省，其他地区地广人稀。白人和印欧混血人种占95%，大多数为意大利和西班牙后裔，也有一定比例的阿拉伯人和犹太人。1880—1930年间有巴拉圭人、玻利维亚人、智利人、秘鲁人、意大利人和西班牙人移民至阿根廷。其中，由欧洲人和印第安人结合而成的混血人种——高乔人是最具阿根廷特征的民族，主要生活在潘帕斯草原、格兰查科和巴塔哥尼亚高原。印第安人口为60.03万，其中人口最多的少数民族为马普切人。

阿根廷的官方语言为西班牙语，其他语言包括英语、意大利语、德语、法语。阿根廷北部也有少数地区使用瓜拉尼语，南部少数地区使用马普切语。

阿根廷是拉丁美洲人文教育发展水平最高的国家之一，实行13年制义务教育，教育水平居拉美国家前列。1884年通过的《普通教育法》是阿根廷全国教育体系的基石。阿根廷教育体系在此基础上不断发展完善。2010年，人口普查显示阿根廷全国识字率为98.10%，文盲64.18万人，文盲率为1.90%。

阿根廷是拉美的科研强国，曾三次获得诺贝尔奖，分别是1947年和1984年医学奖和1970年化学奖。据联合国教科文组织统计，阿根廷每100万人中有713名科学家或工程师，每1000名经济活动人口中有1.90名研究人员，均居拉美前列。

（二）政治经济状况

阿根廷是代议制联邦共和国，立法权、司法权、行政权三权分立。根据1994年修改后的《宪法》，总统是阿根廷的国家元首、政府首脑和陆、海、空三军总司令。总统和副总统由直选产生，任期4年，只能连任一次；内阁设首席部长一职，负责协调各部委、中央与地方政府，以及行政与立法机构间的关系。内阁首席部长、各部部长和总统府国务秘书均由总统任命。各省、市长均由直选产生，任期4年。

阿根廷是拉美第三大经济体，工业门类齐全，主要有钢铁、石油、汽车、机械、化工、纺织、食品加工等。农牧业发达，是世界粮食和肉类重要生产和出口国，素有"世界粮仓和肉库"之称。根据联合国开发计划署标准，阿根廷人类发展指数达到了"极高"级别，人均国内生产总值接近发达国家标准，具有规模相当大的国内市场和增长中的高科技产业份额。2014年，阿根廷总出口额为719.35亿美元，总进口额为652.49亿美元，出口伙伴前五位依次为巴西、欧盟、中国、美国和智利，进口伙伴前五位依次为巴西、欧盟、中国、美国和玻利维亚。

自2012年以来，受国际经济金融形势等影响，阿根廷经济增速明显放缓，通货膨胀高企，本币贬值，外汇储备下降。2014年年初以来，阿政府采取放松外汇管制、提高利率、减少财政补贴等举措，宏观经济形势好转。2014年7月，阿政府与"秃鹫基金"债务谈判失败，阿陷入技术性债务违约。马克里总统上台后大刀阔斧推行经济改革，陆续出台取消外汇管制、放松进出口管制等举措，并成功解决"秃鹫基金"债务纠纷，阿根廷时隔15年后重返国际资本市场。根据国际货币基金组织估算，2017年，阿根廷国内生产总值为6377.17亿美元，增长率为2.90%，人均国内生产总值为14466美元，是阿经济自2011年以来表现最好的一年。

（三）阿根廷出版业发展历程

语言是世界各国出版市场天然的文化屏障。但在西班牙语世界里，这一天然的文化屏障并不存在，从理论上说，在二十多个西班牙语国家中任意一个国家所出版的作品都有可能毫无障碍地进入其他国家。

西班牙语使用人口近5亿，是仅次于汉语的世界第二大语言，这造就了一个规模较大的出版市场。据美国学者的一项研究统计，目前，西班牙语图书市场总规模大概在72亿美元，大约是美国市场的四分之一，欧洲市场的30%。西班牙一国便占据了46%的西语图书市场，拉美五强占45%，其他的十余个出版小国加起来占比不到10%。①

在墨西哥、阿根廷、哥伦比亚、智利和秘鲁等出版业发达的拉美国家中，墨西哥和阿根廷处于整个西班牙语出版市场的第二梯队（见图1）。阿根廷占拉美五强出版市场规模的23%，但却出版了40%的新书，阿根廷新的出版社仍在不断涌现，仍然是一个十分有活力的图书市场。

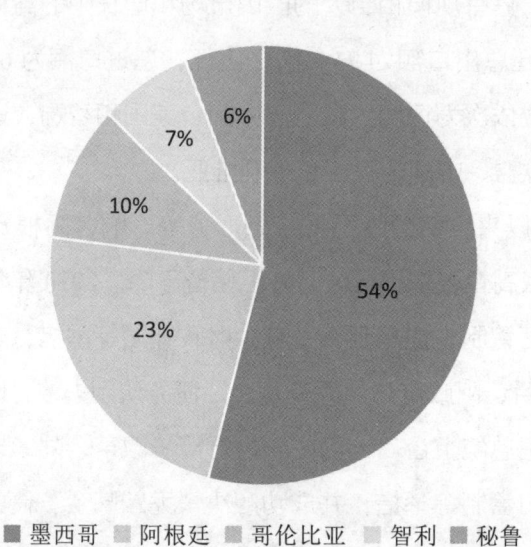

图1 拉美五强示意图

（墨西哥54%、阿根廷23%、哥伦比亚10%、智利7%、秘鲁6%）

19世纪的最后几十年，阿根廷移民增多，扫盲政策不断推进，阅读人口开始扩大，本土出版市场新兴。20世纪初，阿根廷首次出版了近现代作

---

① 此处数据不包括古巴、委内瑞拉、波多黎各和美国的西语地区。

品集，积极推动欧洲叙事作品，特别是法国自然主义风格的作品，被大量翻译和出版。20世纪20年代，阅读受众实现了第二次扩大，大量低成本的书和流行的小册子流通在纸质书市场。阅读和小型家庭图书馆开始满足城市无产阶级向上流动的期望和需要。20世纪30年代爆发的西班牙内战对阿根廷出版市场产生了巨大的影响，在西班牙内战之前阿根廷本土出版物质量较为低劣，优质图书主要从西班牙进口，成本高昂。内战使得西班牙失去了竞争力，几家西班牙知名出版商在阿根廷布局，推动了阿根廷出版行业的发展。在那个黄金时代里，西班牙进口的80%的图书都来自阿根廷，阿根廷也成为拉美出版市场最中坚的力量。1966年开始的独裁政权沉重打击了当时欣欣向荣的出版行业，接下来十年间，独裁统治对文化领域的整体迫害让出版商和书店进入了物质和精神双重瘫痪的状态中。民主的回归伴随着全球化进程的展开逐渐使图书业发展到现在的状态。90年代的阿根廷经济繁荣，再加之居民受教育水平和文化素质都较高，文化行业发展蓬勃，但1998年的金融危机让阿根廷经济一落千丈，出版业深受打击，到2002年陷入最为艰难的境地。自2003年起，随着经济形势的好转，阿根廷出版行业有所复苏，逐步恢复了元气，并取得了新的发展。

在拉美许多国家，图书盗版可谓出版商的噩梦，但在阿根廷，盗版情况并不严重。这也可以归功于阿根廷图书产业较为发达，供需达到了某种平衡。

（四）行业机构

阿根廷政府设有教育文化科学技术部，其中文化部门宗旨为促进各种形式的文化表达，在阿根廷国内外传播文化活动，促进文化遗产的保护及文化产业和民间社会组织的生产和交流，主要负责管理博物馆及各文化机构，提供发放艺术品出口许可及办理艺术品进口免税等服务，会参与如布宜诺斯艾利斯国际书展等活动，但不管理出版业。

阿根廷政府没有设立专门的行政机构对本国出版业进行管理，主要依靠行业协会的自我组织和管理。近年来，出版业内的相关机构呼吁并努力推动成立国家图书委员会，类似国家电影业和视听艺术协会，但尚未正式成立。目前，阿根廷出版业最重要的行业协会有两个，分别是阿根廷图书商会和阿根廷出版商会。

阿根廷图书商会成立于 1938 年，是致力于维护阿根廷出版行业利益的非营利性机构，负责阿根廷书号（ISBN）的发放管理，推动、保护、提升阿根廷出版产业，同时为阿根廷图书和文化在国际和国内的传播贡献力量。因此，它是世界出版商协会、伊比利亚美洲出版组织、阿根廷图书基金会、阿根廷进口商会和阿根廷出口商会成员。阿根廷出版商会于 1970 年 5 月成立，主要成员为各大出版集团的阿根廷分支机构，包括出版社、进出口公司等，代表着阿根廷 70% 的图书市场，是阿根廷图书基金会、阿根廷商贸协会、阿根廷文化企业协会和美洲编辑集团成员。由此可见，前者主要是阿根廷本土出版商的协会，代表阿根廷官方参加国际书展，后者是世界大出版集团在阿根廷分支机构的协会，占有更多图书市场份额。

此外，阿根廷图书基金会是出版行业一个非常重要的组织。阿根廷图书基金会是由阿根廷作家协会、阿根廷图书商会、阿根廷出版商会、西班牙商会图书杂志分会等机构组成的非营利性组织，是布宜诺斯艾利斯国际书展的主办方，致力于推广阅读，促进国际国内出版及文化行业的交流。除了一年一度的布宜诺斯艾利斯国际书展，阿根廷图书基金会还负责儿童及青少年书展、文学及教育图书奖、向资源匮乏的学校和图书馆捐赠图书等事务。

布宜诺斯艾利斯国际书展是南美洲最重要的国际书展，诞生于 1975 年，2019 年即将迎来第 45 届。除此之外，罗萨里奥国际书展和儿童及青少年书展也是阿根廷的重要书展。

第45届布宜诺斯艾利斯国际书展是西语世界里参观人数最多的书展，持续时间近3个星期，参展展商1500家，展馆面积达4.50万平方米，参与的专业人士约12000人，入场观众可超百万。书展前三天为专业场，出版人、经销商、文学代理、插画师、译者和图书馆员深入交流，达成各类商务合作。此后的公共场将举办约1500场丰富多彩的文化活动，如作家对谈、新书首发、签名售书、座谈会、诗歌节等。

（五）出版业相关法律政策

阿根廷没有成文的出版法或新闻法，在《宪法》《民法》和《刑法》中对新闻出版活动的权利进行具体规定。

阿根廷是多个国际知识产权条约和协议的成员国，并且加入了世界知识产权组织和世界贸易组织。阿根廷有自己的《知识产权法》，明确了国家对各种涉及版权的内容给予保护，包括计算机程序、数据库、戏剧作品、作曲、音乐剧、电影、舞蹈、哑剧、绘画、绘图、雕塑、建筑、印刷品、地图、摄影、录音带、唱片等各种科学、文学、艺术和教学作品。此外，这一法律还规定，各种思想表现形式、程序、运算方法、数学概念等也在受保护之列。

阿根廷的《著作权法》于1933年颁布，已基本达到国际标准。阿根廷的著作权法规定，著作权属于作品的作者所有，并在作者有生之年以及死后70年内受保护。由多个作者完成的作品、使用匿名或笔名的作品、视听或广播节目以及计算机程序的著作权则从作品公开或首次出版起50年内有效。外国作品的著作权也同样是受保护的。

阿根廷行业法律法规比较健全。阿根廷2001年颁布了《图书和阅读促进法》，以鼓励全民阅读、促进出版业发展。同一年颁布《保护图书活动法》，对包括进口图书在内的出版物进行定价保护，规定图书商业促销折扣不得超过10%，公共财政购买图书用于免费发放时折扣不得超过50%。除国家法律外，一些省市还颁布实施了地方的法律法规。

阿根廷还有专门的《ISBN 法》和《ISBN 条例》，规定阿根廷出版的所有图书上必须使用 ISBN，由阿根廷国家 ISBN 代理中心负责发放。国家著作权管理局要求出版商需对合同进行登记注册以便配发 ISBN。对 ISBN 的发放没有限制，只需在 ISBN 代理中心完成注册手续即可，个人[①]也可直接申请 ISBN。

阿根廷出版业面临的一个客观困难便是阿根廷沉重的税负，这也被认为是严重制约了阿根廷出版业国际竞争力的一大因素。根据阿根廷保护图书活动法规定，阿根廷对图书销售免征增值税，但出版业的其他环节却并不享受豁免。这使得出版社本就微薄的利润雪上加霜：出版商不得不承担产业链其他环节流转的增值税，却无法将税负抵扣出去。

阿根廷采用图书定价保护体系，避免渠道要求折扣过高而损害书商利益，多采用代销制，即书店库存仍是出版商所有，直到销售出去后才分账，因此，在阿根廷不存在"退货"这一概念。阿根廷图书商会认为，图书定价保护系统可避免强势渠道商低价销售，维护小型书店利益；阻止书店价格战，保护独立书店，进而保护图书品目供给多样性，保护经典图书和专业图书不受畅销书冲击；限制教材出版社直接向公众或特定客户以低于社区书店的价格销售图书。

2009 年 2 月 2 日，阿根廷第 41 号部长决议确立了"南方计划"这一翻译支持项目。该项目由阿根廷外交及宗教事务部负责实施。"南方计划"所支持的作品必须由阿根廷作者用西班牙语撰写，并且必须事先经过编辑。作品可以是小说或非小说，也可以是任何文学类型（小说，故事，诗歌，戏剧，儿童和青年文学等）。每种作品的补贴金额不得超过 3200 美元。该项目每年都可申请，过审项目需在次年年底前完成出版。自 2010 年始，"南方计划"已经资助了 400 多名阿根廷作家共计 1360 部作品使用 45 种

[①] 指作者或自由编辑。

语言在50多个国家发行译本。

（六）国民阅读情况

在拉美，阿根廷是当之无愧的"阅读之国"，首都布宜诺斯艾利斯2011年被联合国教科文组织授予"世界图书之都"的称号。2010年，阿根廷政府在教育部下成立全国读书理事会专门普及阅读，并通过全国读书计划向公立教育培训机构派送近9000万册图书，先后组织2500位作者前往各省学校推动阅读文化。每年11月30日，首都市政府会组织"书店之夜"活动。遍布布宜诺斯艾利斯大街小巷的书店，奢华如全球十大最美书店之一的雅典娜天堂书店，简朴如街头四处流动的旧书摊随处可见。

阿根廷文化部及阿根廷文化信息系统先后于2013年和2017年进行了两次全国性的文化消费调查。调查显示，尽管阿根廷仍然称得上是拉美最热爱阅读的国家，但数字化的进程对传统的国民阅读习惯造成了巨大的冲击。纸质书仍然是最重要的阅读方式，43%的人选择纸质书，只有10%阅读电子书。在阅读电子书的人群中，大多数人使用电脑而非如手机、平板电脑等电子设备进行阅读。

2013—2017年，阿根廷国民整体阅读量保持稳定，但图书阅读量出现明显下降。2013年，57%的民众每年至少读一本书，2017年，这一数字下降到了44%。2017年，29%的民众承认他们一年一本书都没有读，26.50%的人表示，之前他们是习惯阅读的，但最近没有读。而在不读书的理由中，出现频率最高的理由是"缺乏兴趣"。

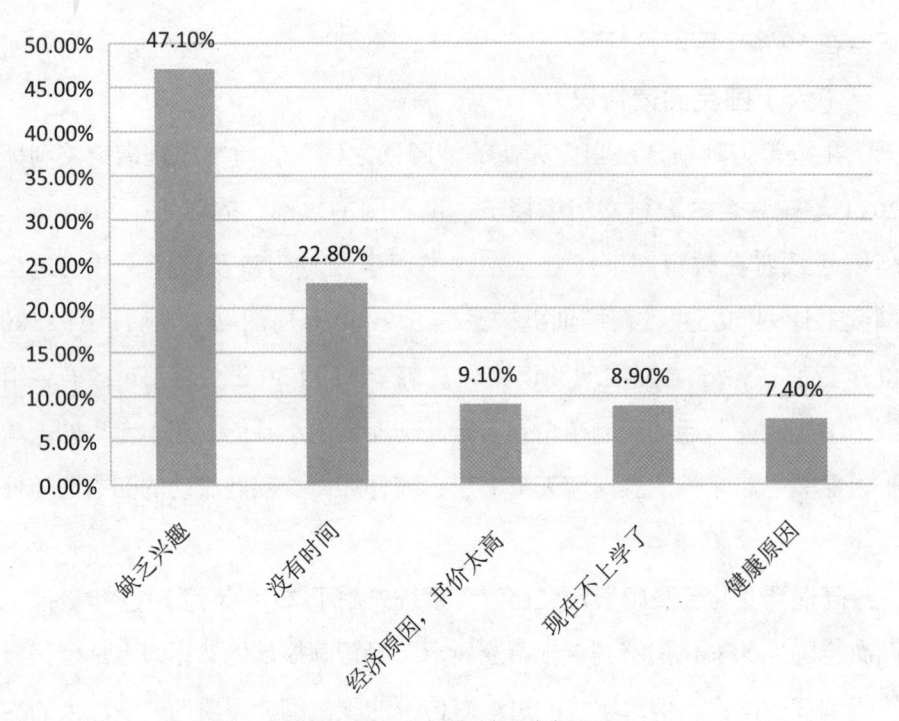

图2 阿根廷国民阅读不读书原因

数据来源：阿根廷文化信息系统

个人所处的社会经济水平与阅读水平直接相关，所处社会阶层越高，有阅读习惯的人占比越大。但即便如此，处于社会中高层的人群的阅读率也是在下降的。

图3　社会各阶层读书情况

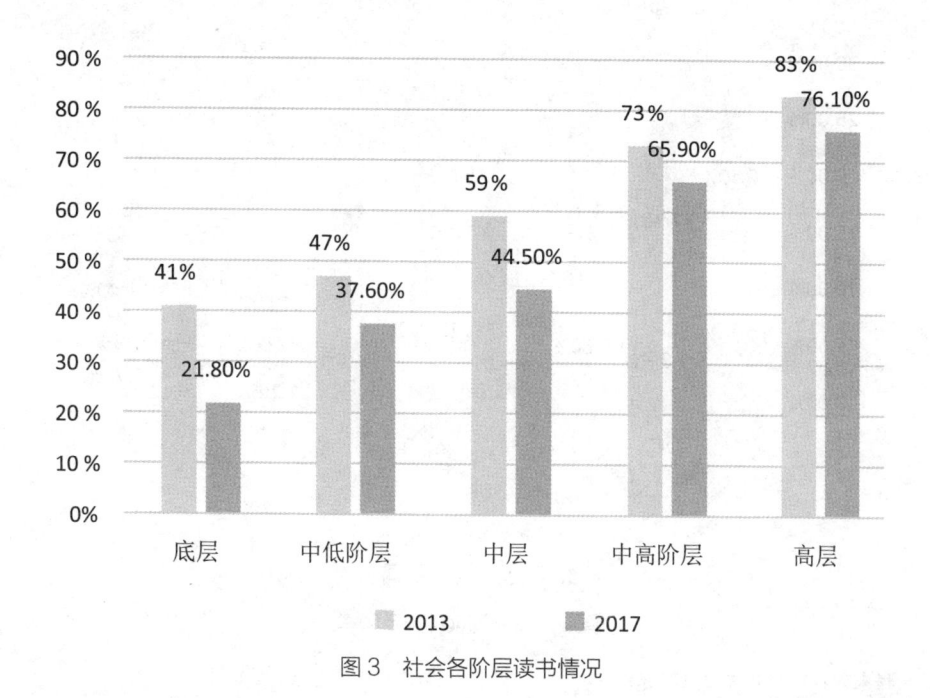

数据来源：阿根廷文化信息系统

人均阅读量从2013年的3本下降到2017年的1.50本，如果把一本书都不读的人群排除在外，人均阅读量则从2013年的6本下降到2017年的4本。在人们所阅读的书中，一半是阿根廷本土作者所著。在阅读种类上，短篇小说、长篇小说、传记、诗歌等文学作品最受欢迎，其中1.20%的受访者经常阅读诗歌是阿根廷的一大特色。

图4 图书阅读种类及频率

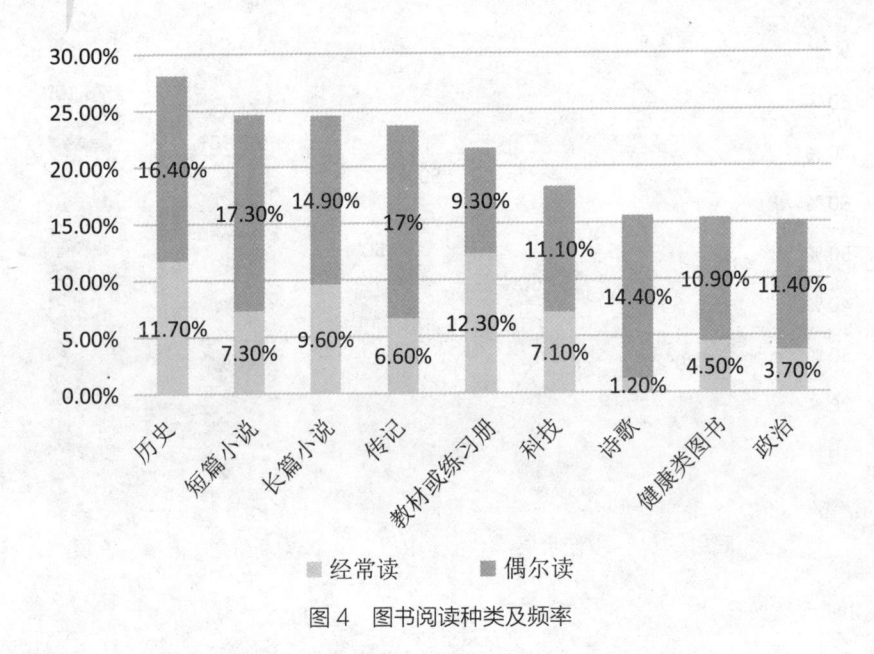

数据来源：阿根廷文化信息系统

二、图书业发展情况

（一）出版情况

阿根廷拥有一个成熟的出版行业，但由于实体经济方面的困难，物流水平较差，在线零售革命实际上并未到来。在阿根廷，一本书定价的50%都被留在了流通环节（经销、书店、物流等），作者可以拿到约10%，剩下的40%则涵盖了全部的编辑出版印刷流程，出版商的利润往往低于10%。

从2015年开始，阿根廷出版商会每年发布上一年度的阿根廷出版业白皮书，这也被认为是阿根廷出版业最权威的行业发展报告，为广大从业者更好地了解该国出版业动态、观察阿根廷行业发展趋势提供了可信的数据来源。

2014年至今，阿根廷每年出版的图书数量波动不大，基本在两万七八千种左右。

单位：种

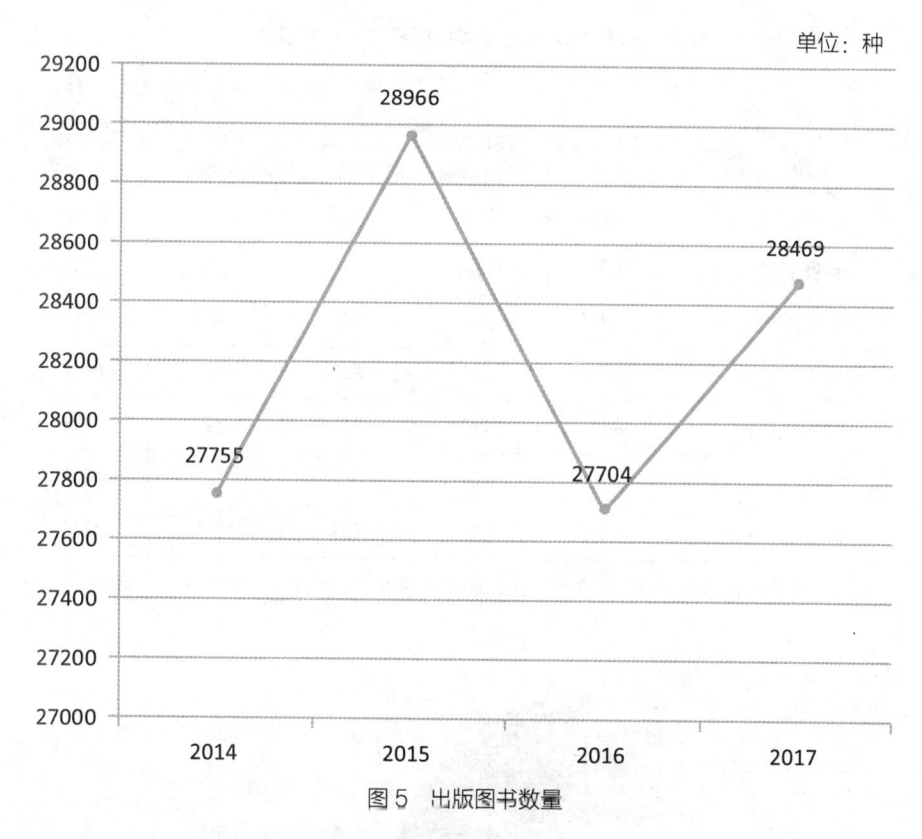

图5 出版图书数量

数据来源：阿根廷国家ISBN代理中心、授权和管理项目咨询公司、阿根廷出版商会

2017年，阿根廷共出版了28469种新书，由1551家机构或个人出版，其中有238家活跃的商业出版社[①]。其他的出版主体包括151家新兴出版机构、129例作者个人出版、89个非营利性大学出版机构、147个公共组织出版机构。此外，还有797个组织，在这一年零星出版了4889本图书。

---

① Editoriales comercialmente activas，简写为ECA，意为"活跃的商业出版社"，指至少持续活动5年，并且每年至少出版5种新书的出版机构。以下称其为"商业出版社"。

表1 2017年阿根廷各类出版机构出版数量情况

单位：种、家

	2017年机构数量	2017年年出版量	2017年电子书数量	2016年机构数量	2016年年出版量
总计	1551	28469	4832	2018	27704
商业出版社	238	11941	2140	245	11665
新兴出版机构	151	959	62	146	1019
作者个人出版	129	7346	827	115	6861
大学出版机构	89	2250	943	89	2206
公共组织出版机构	147	1084	307	72	1027
零星出版	797	4889	553	1351	4926

数据来源：阿根廷国家ISBN代理中心、授权和管理项目咨询公司[①]、阿根廷出版商会

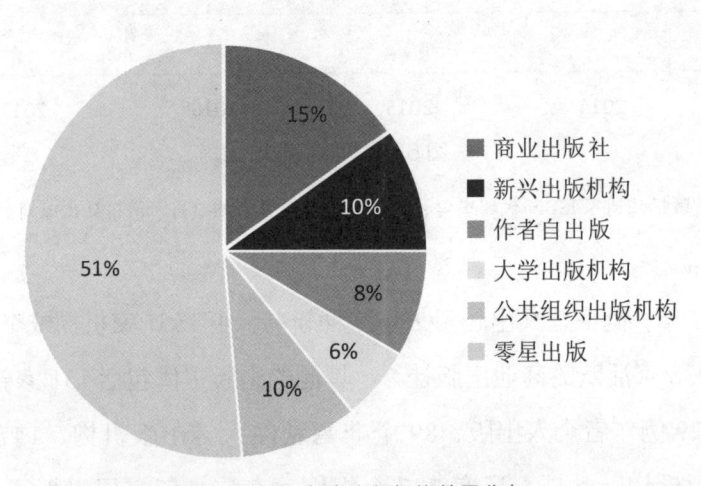

图6 阿根廷各类出版机构数量分布

[①] 西文名为PROMAGE — Proyectos Mandato y Gestión，阿根廷一家专注于出版行业的战略管理及咨询公司，自2008年启动阿根廷图书产业深度调研，曾参与阿根廷多起出版业并购项目。

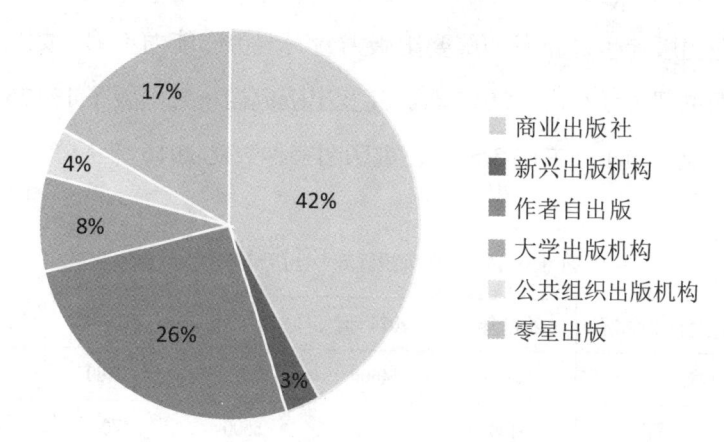

图7 2017年阿根廷各类出版机构出版图书数量占比

图例：商业出版社 42%、新兴出版机构 3%、作者自出版 26%、大学出版机构 8%、公共组织出版机构 4%、零星出版 17%

数据来源：阿根廷国家ISBN代理中心、授权和管理项目咨询公司、阿根廷出版商会

商业出版社是阿根廷图书出版的主要力量，年出版品种占本国总品种数的40%以上。按出版新书数量的不同，商业出版社可分为大型、中型和小型三类[①]。在阿根廷，有超过20家大型出版社，年出版品种占商业出版社出版总量的55%~58%，占阿根廷全年出版品种数的五分之一。中型和小型出版社的数量基本在100家以上，但合计也只能与大型出版社的出版能力相当。可见，20多家大型出版社是阿根廷最重要的出版力量。

表2 阿根廷各规模出版机构出版数量

单位：种、家

根据企业规模划分	2014年		2015年		2016年		2017年	
	新书种数	企业数	新书种数	企业数	出版图书数	企业数	出版图书数	企业数
大型出版机构	6424	24	6912	24	6592	21	6866	23
中型出版机构	4153	101	3820	98	3828	99	3878	100
小型出版机构	1139	104	1139	108	1245	125	1197	115
总计	11716	229	11871	230	11665	245	11941	238

数据来源：阿根廷国家ISBN代理中心、授权和管理项目咨询公司、阿根廷出版商会

① 大型商业出版机构每年出版图书100种以上，中型商业出版机构每年出版20~99种图书，小型商业出版机构每年出版图书20种以下。

商业出版社也是新书的重要出版力量，但重印能力不强。如果将新书和重印图书都统计在内，2017年，商业出版机构一共出版了12375种书，重印图书仅相当于新书的3.50%，重印图书种数比2016年下降了1%。

表3　2013—2017年阿根廷商业出版机构出版数量情况

商业出版社出版情况	2013年	2014年	2015年	2016年	2017年
出版种数（种）	14500	14600	14700	12480	12375
总印数（万册）	5100	5000	5500	4700	4500
平均印数（册）	3517	3425	3741	3766	3661
数字出版占比（%）	—	—	—	10.60%	17.30%

数据来源：阿根廷国家ISBN代理中心、授权和管理项目咨询公司、阿根廷出版商会

阿根廷每年都会涌现出新的、以营利为目的的商业出版社，但他们暂时还没有达到最近5年每年出版5本图书的水平，但又有着明确的出版计划，这使得他们和零星出版有着本质的区别，被称为"新兴出版社"。自2006年开始，每年都有新兴出版社活跃在市场上，2012—2013年数量达到高峰。

表4　2016—2017年阿根廷新兴出版社出版情况

	2016年	2017年
新兴出版社（家）	146	151
出版种数（种）	1019	959
总印数（万）	70	60
平均印数（册）	687	626
数字出版	10.20%	6.50%

数据来源：阿根廷国家ISBN代理中心、授权和管理项目咨询公司、阿根廷出版商会

（二）图书供销情况

图书供应总量包括阿根廷出版社在本国印刷的图书、阿根廷出版社在其他国家印刷后再进口到本国的图书和外国出版社进口到本国的图书。但这一数字并非简单的本国图书出版数量和进口数量的相加，有一些数据，例如活跃的商业出版社的图书出版数量就包括了他们在其他国家印刷但使用阿根廷 ISBN 的这部分图书，故在数据统计时将类似重复计算的数据剔除。

2010—2015 年，阿根廷对图书进口实施了极为严苛的政策，征收高额关税。但此项政策于 2015 年 1 月开始有所放松，随即迎来了图书进口爆发式的增长，2017 年，进口图书显著增加，达到了限制政策出台前的水平。

阿根廷将出版业的进口分为以下工业进口、商业进口和其他进口三类。工业进口指的是由于经济原因或技术原因整体进口的印刷品[1]，以 ISBN 为依据，此类进口产品又被分为阿根廷本版图书进口和外版图书进口。

商业进口指的是小于 1000 册的进口，以图书的价格进口，且其版权完全属于外国出版社的图书，此类图书只能在阿根廷本国书店，作为进口图书供应给本国读者。其他进口指的是非图书，而是出版行业外的印刷品进口，如宗教组织的小册子等。2017 年，阿根廷图书的工业进口和商业进口分别下降了 10% 和 17%，而外版图书工业进口的增长则一骑绝尘，总册数比上年增长了 139%，总进口价值增长了 125%。

---

[1] 大于等于 1000 册，以印刷品的价格进口，来自印刷服务提供国如智利和中国。

表5 2016—2017年阿根廷各类进口图书情况

类别	册数（万）				价值（万美元）			
	2016年	占比	2017年	占比	2016年	占比	2017年	占比
本版书工业进口	780	23%	970	17%	1250	16%	1130	9%
外版书工业进口	990	29%	2370	42%	2640	34%	5940	47%
商业进口	690	21%	560	10%	3500	45%	2900	23%
其他进口	900	27%	1680	31%	450	6%	2650	21%
总进口	3360	100%	5580	100%	7840	101%	12620	100%

数据来源：授权和管理项目咨询公司、阿根廷出版商会

最终统计结果是，在2017年，阿根廷市场上总的图书供应量为5120万册，比前一年减少0.60%。本版书占79%，较前一年占比下降8%。

表6 2016—2017年阿根廷图书供应量

单位：万册

类别	2016年	占比	2017年	占比
本国印刷的本版书	3780	73%	3470	68%
外国印刷的本版书	420	8%	600	11%
外版书	950	19%	1050	21%
总计	5150	100%	5120	100%

数据来源：阿根廷国家ISBN代理中心、授权和管理项目咨询公司、阿根廷出版商会

2017年，阿根廷国内市场总的图书销量比上一年增长了6%，主要得益于公立学校采购的大幅增长。

表7　2013—2017年阿根廷图书销售情况

	2013年	2014年	2015年	2016年	2017年
总销量（万册）	5560	5200	5270	3930	4150
公共采购（万册）	1420	970	860	60①	380

数据来源：授权和管理项目咨询公司

出版社最主要的销售渠道仍然是书店。2017年，81%的图书通过这一传统渠道销售，网络销售只占到1%。阿根廷的书店主要分为连锁书店和独立书店。连锁书店一般规模较大，管理更为现代，品类齐全，主要面向大众，通常和某些出版社或经销商有关联关系。而独立书店则更为传统，并日趋专业和小众，并不参与图书编辑和经销业务。

表8　2017年阿根廷各类图书销售渠道情况

销售渠道	占比
书店	81%
出版社直接销售	7%
超市、书报亭	2%
网络	1%
其他	9%

数据来源：授权和管理项目咨询公司

（三）数字出版情况

2017年，阿根廷电子图书的产量增加了43%，但尽管如此，仍没有达到2015年电子书的出版数量。商业出版社对出版电子书投入了更多的

---

① 因当年阿根廷政府遭遇严重经济危机，没有预算进行公共采购，故此数据出现断崖式下滑。

热情，产量同比增加了61%，但新兴出版社似乎更专注于传统市场，同比产量减少了40%。

阿根廷拥有拉丁美洲最高的网络电信覆盖率，约67%的人口使用互联网，人均拥有手机1.40部，数字出版在阿根廷仍有巨大的潜力等待挖掘。

表9　2017年阿根廷各类出版企业数字出版情况

	企业数量（家）		总出版数量（种）		数字出版（种）	
活跃的商业出版社	238	15%	11941	42%	2140	44%
新兴出版社	151	10%	959	3%	62	1%
自出版	129	8%	7346	26%	827	17%
大学出版	89	6%	2250	8%	943	20%
公共组织出版	147	9%	1084	4%	307	6%
零星出版	797	52%	4889	17%	553	12%
总计	1551	100%	28469	100%	4832	100%

数据来源：阿根廷国家ISBN代理中心、授权和管理项目咨询公司、阿根廷出版商会

（四）企业情况

阿根廷习惯于将图书按主题分为教材，科学、技术、专业，大众读物和宗教读物四类。

大众读物出版机构主要出版文学、纪实题材作品。

教材出版机构主要出版初等、中等教育教材和语言学习教材。

科学、技术、专业类读物出版机构主要出版社科，经济、商业、管理、营销、信息、网络、哲学、艺术、语言、医学、理论科学、技术、地理、历史等方面的作品，以及基础教育以外的大学教材和语言学习图书。

宗教类读物出版社主要出版东、西方宗教作品。

从各类图书主要出版商的情况看，阿根廷本土出版商涉猎所有图书品

类，在本国有一定号召力。同时，西班牙出版商是阿根廷图书市场的重要力量，英国、墨西哥的机构也是阿根廷图书市场的重要参与者。

Losada 和 Sudamericana 两家出版社都由西班牙流亡到阿根廷的人士创办，为阿根廷文学、社科和人文科学的出版奠定了基础。20 世纪 50 年代中期，阿根廷逐渐失去了海外的市场，开始发展国内市场。Sudamericana 全面介绍了非洲大陆的文学作品，并与加西亚·马尔克斯、胡里奥·科萨塔尔等人合作，成为拉丁美洲文学爆炸热潮中的关键推动者之一。当时正处于阅读受众规模扩张的第三个时期，这对于美洲大陆的文学以及墨西哥经济文化基金会及后来的 21 世纪出版社在社科领域的出版非常有帮助。这一时期阅读受众规模扩张的原因主要包括中产阶级的向上流动、大学入学率的增加以及文化潮流的国际化。布宜诺斯艾利斯大学出版社及拉丁美洲编辑中心出版了数百部低成本图书，满足了日益增长的市场需求。

1977 年，德国出版集团贝塔斯曼收购了西班牙品牌 Plaza & Janés 40% 的股份；从那以后，集中化进程就从未停止过：Kapelusz 于 1994 年出售给 Norma 出版集团，Sudamericana 于 1998 年出售给贝塔斯曼，Emecé 于 2000 年出售给普拉内塔集团，这都是阿根廷出版业发展历史上极为重要的事件。

西班牙出版集团为了更好地占领拉美各国市场，通常会鼓励本地分支机构的管理团队出版本国有竞争力的作者的作品。一般而言，分支机构出版的书目中，一半为总部遴选的全球范围内推广的畅销书，另一半为本地作品。本土分支机构的经验，再辅以跨国集团强大的编辑、宣发、营销能力，会促进这些本地作品受到更多的关注。不过，这一策略也导致一个很有意思的现象：理论上，一位作者，不论他来自阿根廷还是墨西哥、智利，只要他的作品被西班牙的大型出版集团出版，就可以毫无障碍地通过出版集团在拉美各国的分支机构进入其他国家。但这仅仅存在于理论，因为每一个分支机构都会选择出版本国的作品,而非出版集团旗下其他国家的作品。

从图书出版方面,阿根廷的出版业可谓高度集中。西语出版界的两大玩家——普拉内塔集团和企鹅兰登集团加起来便销售了全国近一半的图书册数,接下来的前20位出版社占据了约36%,而600家中小出版商加起来只占全国销售册数的16%。在20世纪90年代,阿根廷图书市场85%左右都是本地出版社,其中包括一系列享有盛誉的出版商,如Sudamericana, Emecé, Vergara等。但在最近二十年间,大量本地出版社被来自西班牙的出版巨头收购。还有约30家西班牙出版社通过经销商在阿根廷直接销售他们的图书。总体来说,西班牙公司占据了阿根廷出版市场的60%,本国公司占37%,剩下的3%则来自世界其他地区,主要是美国公司。

Ediciones de la Flor:成立于1966年,是阿根廷最重要的漫画出版商,出版了季诺(Quino)、方塔纳洛萨等阿根廷最著名的漫画家作品,包括阿根廷最具标志性的漫画形象小女孩玛法达。

Adriana Hidalgo:专注于文学出版,近几年出版了一些中国文学作品。

Caja Negra:新兴出版社,引进了许多外国作品,以选题内容先锋和设计风格新颖而享有盛誉。

Eterna Cadencia:专注于发掘新锐作家的文学出版社,许多阿根廷作家在这个出版社出版了自己的第一部和第二部作品。

Corregidor:专注于阿根廷流行文化出版,包括音乐、运动等。尤其出版了一系列探戈相关的作品,很有影响。

Eudeba:布宜诺斯艾利斯大学出版社,阿根廷最重要的大学出版社。

Siglo XXI:墨西哥出版集团在阿根廷的分支机构,出版了包括加莱亚诺作品在内的众多非虚构作品,同时也致力于出版轻学术作品。

Mansalva:另一个专注于发掘新锐作家的文学出版社,其出版书目堪称阿根廷当代文学史,许多著名作家从这里迈出文学之路。

表10 阿根廷各类别图书主要出版商情况

分类		主要出版商	国家
教材	中小学教材	Ediciones Santillana	西班牙
		Angel Estrada	阿根廷
		Puerto de Palos	阿根廷
		Ediciones SM	西班牙
		Kapelusz	哥伦比亚
		Aiqué Grupo Editor	法国
		A-Z Argentina	阿根廷
	语言学习	Pearson Education	英国
		Oxford University Press	英国
		Macmillan	英国
		Richmond Publishing	西班牙
		Scholastic	美国
科学、技术、专业出版	法律	Grupo Lexis Nexis	荷兰
		La Ley	加拿大
		Rubinzal-Culzoni	阿根廷
	医学	Médica Panamericana	阿根廷
		Corpus	阿根廷
		Journal Ediciones	阿根廷
		Inter-Medica	阿根廷
	经济、商务、管理、营销	McGraw-Hill	美国
		Macchi Grupo Editor	阿根廷
		Ediciones Granica	西班牙
		Pearson Education	英国
		Prentice Hall	美国

续表

分类		主要出版商	国家
科学、技术、专业出版	社科	Fondo de Cultura Económica	墨西哥
		Siglo XXI	墨西哥
		Eudeba	阿根廷
		Paidós	阿根廷
大众读物	虚构类写作、散文、小说等	Grupo Planeta	西班牙
		Sudamericana	西班牙
		Aguilar-Altea-Taurus-Alfaguara	西班牙
		Vergara	西班牙
		Editorial Atlántida	阿根廷
		Grupo Editorial Norma	西班牙
	童书	Ediciones Colihue	阿根廷
		Alfaguara	西班牙
		Sigmar	阿根廷
宗教读物		Editorial San Pablo	阿根廷
		Editorial Guadalupe	阿根廷

三、报刊业发展情况

（一）报纸发展情况

阿根廷印刷媒体业高度发达，有超过 200 种报纸。最大报纸是中立的《号角报》，它是拉丁美洲销量最大的报纸。其次是创办于 1870 年的中右翼报纸《国家报》、创办于 1987 年的左翼报纸《12 页报》、创办于 1876 年的英文报纸《布宜诺斯艾利斯先驱报》和创办于 1904 年的中间派报纸《内陆之声报》。

尽管受到社交网络的巨大冲击，阿根廷民众仍喜爱阅读报纸。2013年73%的民众阅读报纸，2017年，这一数字下降到了57%，31%的人表示自己从不看报，12%的人表示自己原来看，现在不看了。

网络浏览日益重要，13%的人每天都要通过网络阅读报纸，11%的人则是在社交媒体上浏览信息和文章。手机是数字报纸最重要的阅读介质，18~49岁的青年人是手机阅读报纸的主力军。纸质报纸的主要阅读人群则是50岁以上的老年人。

博客和新闻网站的阅读量急剧增加。2013年，仅有4%的人阅读博客，10%的人表示自己会阅读报纸和杂志之外的媒体获取信息。2017年，阅读博客和新闻网站已经成为互联网上最为普遍的行为，27%的人每天或几乎每天都会阅读上述媒体。这也可以视为一种"移民"，人们从纸上世界逐渐移民到数字世界中去。

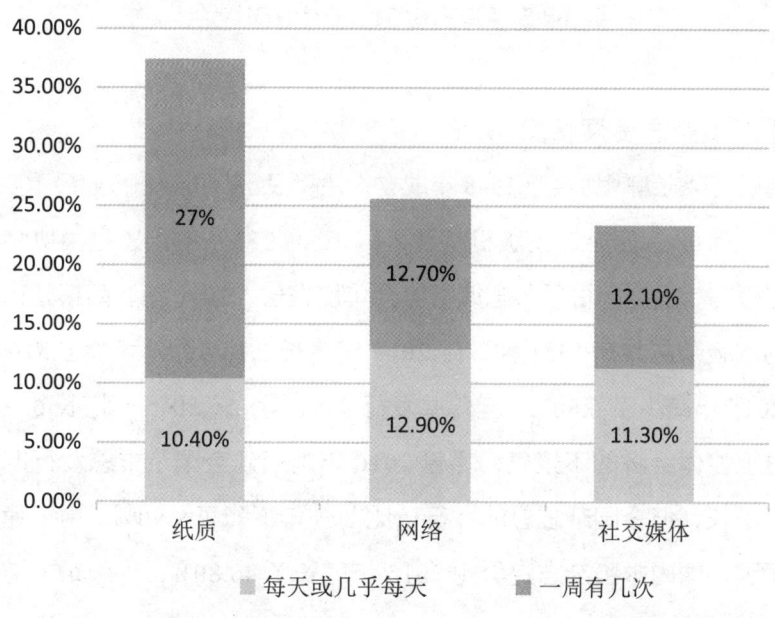

图8 纸质报纸、网络报纸和社交媒体消息阅读频率

以50岁为界，对纸质报纸的喜爱呈相反情况。12~49岁读者对纸质报纸的喜爱弱于50岁以上的读者，他们更喜欢阅读网络报纸，或通过社交媒体获取新闻资讯。

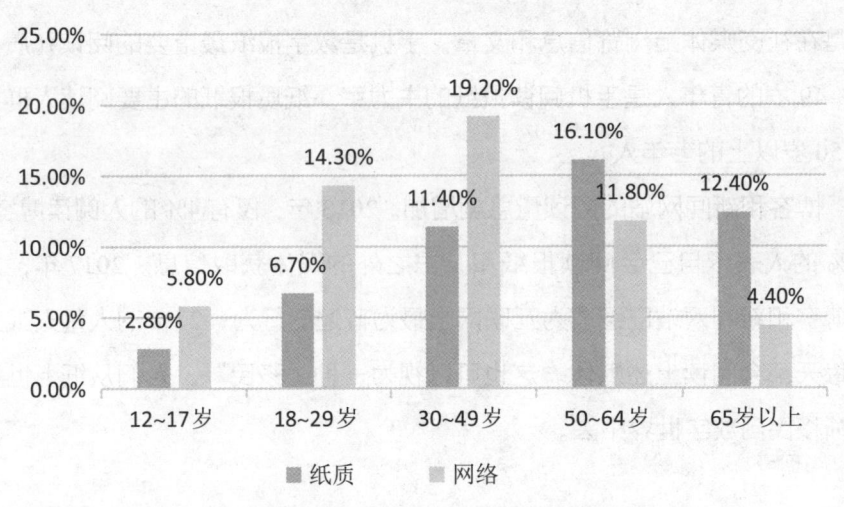

图9 纸质报纸、网络报纸和社交媒体消息读者年龄分布

（二）杂志发展情况

阿根廷杂志编辑协会于1948年成立，是阿根廷期刊杂志行业最重要的行业协会，有60余家杂志出版机构加入，市面上85%的杂志是由协会成员机构出版的。根据阿根廷杂志编辑协会年度报告，2016年，阿根廷市面上发行的本版杂志共计1381种，比2015年增长6.10%；外版杂志316种，相较2015年减少了6.60%；全年共发行9351期，较2015年增长6.40%。

由于整体经济的不景气，尽管2016年阿根廷全国杂志总发行期数比前一年增长，但全国杂志总的发行量比前一年下降了9.90%。由于通货膨胀的原因，国内本版杂志定价比2015年增长了40.80%，外版杂志增长了59.80%。

表11　2015—2016年阿根廷杂志销量统计

单位：百万册

地区	本版杂志		外版杂志		总计		变化
	2016年	2015年	2016年	2015年	2016年	2015年	
首都及布宜诺斯艾利斯省	29.20	32.30	2.70	2.50	31.90	34.80	-8.30%
国内其他地区	32.60	36.70	2.60	3.00	35.20	39.70	-11.30%
总计	61.80	69.00	5.30	5.50	67.10	74.50	-9.90%

数据来源：阿根廷杂志销售中心

阿根廷杂志编辑协会将杂志分成科技、教学、漫画、女性和家庭、运动休闲、艺术、时事、其他等8类。最受欢迎的是时事类，占总发行数量32.50%，其次是女性和家庭类，占20.90%。从杂志的销量看，阿根廷本版杂志发行量占绝对优势。2016年阿根廷本版杂志发行量达5880万册，占全年总发行量的92%，外版杂志为510万册，比2015年增加40万册。

表12　2015—2016年阿根廷本版各类杂志发行量统计

单位：百万册

类别	2016年	2015年
科技类	1.90	1.60
教学类	12.20	11.70
漫画类	0.90	1.10
女性和家庭类	12.30	13.80
运动休闲类	10.40	11.10
艺术类	0.60	0.80
时事类	19.10	24.10
其他	1.40	1.50
总计	58.80	65.70

数据来源：阿根廷杂志编辑协会

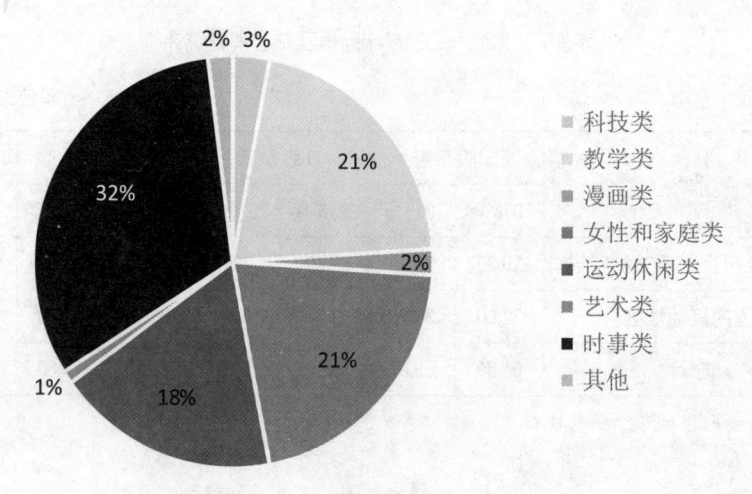

图 10 杂志分类发行量占比示意图

即便杂志发行并不理想，2016 年，阿根廷还是诞生了 118 种新杂志[①]。除漫画类杂志没有新刊出现，其他几类均有新杂志上市，其中女性和家庭类最多，占到 54.20%。

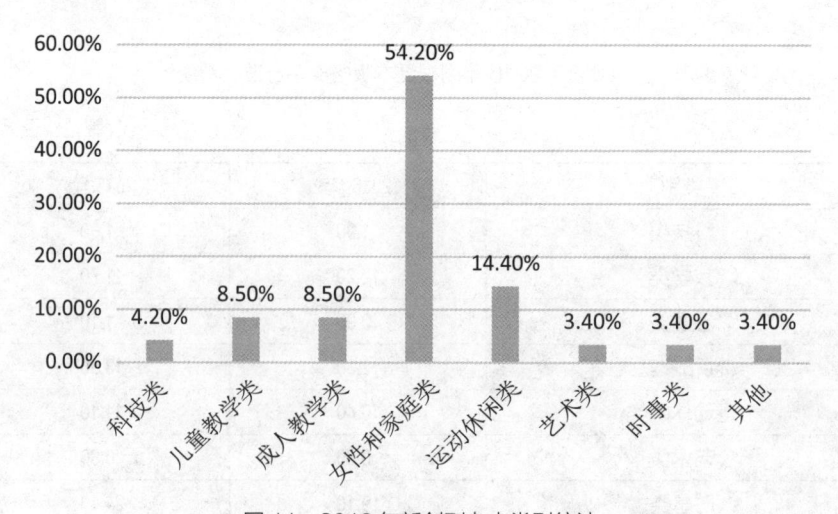

图 11 2016 年新创刊杂志类别统计

---

① 含临时出版。

与报纸堪称"国民阅读"的情况不同，杂志的阅读情况就不太乐观了。杂志的阅读量历来就较低，2013 年，只有 47% 的人表示自己有阅读杂志的习惯，到 2017 年，这一数字下降到了 23.80%，更是有 61% 的人表示自己从未看过杂志。杂志的阅读量和年龄及社会阶层似乎都没有太大关系，而和性别直接相关，女性读者平均阅读量是男性的两倍。

四、中国与阿根廷出版业交流合作情况

中国与阿根廷两国关系近年来迅速发展，在双方政治经济等领域合作日益加深的同时，文化交流日益受到重视。但单就出版而言，中国与阿根廷出版界的直接交流层次较浅，频率也不高。一方面，中国出版社对来自阿根廷的作品兴趣极为集中，主要是几位著名作家的文学作品，而即便要出版，很多时候也会通过欧美的版权代理处理，而非直接和阿根廷出版社打交道；另一方面，由于经济、地缘等多方面因素，阿根廷出版社出版中国作品的更为少见，市面可见的中国作品有相当一部分是欧美出版社直接发行到当地的。

2013 年 8 月底，阿根廷大使馆首次在北京国际图书博览会设立了国家展台，三十余家阿根廷出版社集体亮相。北京国际图书博览会组委会组织了中国-阿根廷"10+10"版权贸易座谈会，这一安排收到了积极的效果，人民日报出版社、北京师范大学出版社随即购买了阿根廷优秀图书的版权，并获得阿根廷文化部"南方计划"的翻译资助。

中国出版界从 1980 年开始参加布宜诺斯艾利斯国际书展。2018 年，布宜诺斯艾利斯国际书展上中国展台面积达 50 平方米，展出中国精品图书 300 多种、600 多册，其中外文版图书占 70%。根据上届的参展情况，展出单位有针对性地选择了比较受当地读者喜欢的图书，例如有关传统文化、汉语学习、少儿读物、中国文学、人文社科等类别的图书。主题展区还展出西语版《习近平谈治国理政》《中国梦与世界》《中共十八大：中

国梦与世界》《习近平用典》等图书，为阿根廷民众了解当代中国发展现状、感知中华文化打开了一扇窗。

中国国际广播电台《视点中国》西班牙语杂志 2013 年在阿根廷出版发行，这标志着中国官方媒体首次正式进入南美洲地区国家并开展商业化媒体运作。《视点中国》杂志为双月刊，其商业运营工作由亚洲集团下辖的拉丁华人出版社承担，国际台西班牙语部则全面负责杂志内容和版面设计工作。根据发行计划，第一阶段将覆盖阿根廷首都布宜诺斯艾利斯市，及首都外 80 公里范围内的书报亭，此外，还将进入中国工商银行阿根廷分行在阿各省市的 100 多家分行网点。

2014 年，五洲传播出版社与西班牙语世界最大的出版集团——普拉内塔集团合作出版了中国作家麦家的《解密》西文版，并创造了首印三万册的出版"神话"。《解密》在阿根廷受到了空前的欢迎，麦家被阿根廷发行量最大的杂志《FOR YOU》邀请去世界最美书店雅典人书店进行采访。在该书上市不到 1 个月，媒体尚未正式宣传之前，《解密》在阿根廷已经卖出了 4000 册，在雅典人书店排名总榜第二位、文学榜第一位。

2018 年 1 月，五洲传播出版社"中国书架"落地阿根廷国会大学中国文化中心，"中国书架"的设立使阿根廷读者可以获得最新的西文版中国书目和有关文字资料。

随着中阿友好关系不断深化，扩大中阿人文交流意义非凡。事实上，阿根廷的出版业值得中国同行们给予充分的重视。从历史的角度看，阿根廷可谓文化大国。阿根廷是全世界民众阅读习惯最好的国家之一，布宜诺斯艾利斯平均每 8000 人就拥有一家书店；阿根廷人口较为年轻化，受教育程度高，积极接受新生事物。阿根廷布宜诺斯艾利斯国际书展、国际文学节都是具有相当国际知名度的文化盛事。阿根廷人性格开放，热爱表达，同时政府对出版业并无限制，个人即便没有出版社也可以申请书号，因此，在阿根廷，自出版比较常见。此外，无论政府还是民间，阿根廷对于作家、艺术家都给予了极高的尊重，也有相当多的政府官员（包括高层官员）都是记者、作家出身。种种因素，造就了今日阿根廷出版产业的繁荣。

未来，我们期待更多的中国出版同行能够重视阿根廷市场，进一步加强同阿根廷出版业的交流与合作，在传播中国文化的同时，互惠互利，互相取长补短，实现更深层次的合作共赢。

参考文献

1. 阿根廷出版商会．阿根廷出版业白皮书．2015．
2. 阿根廷出版商会．阿根廷出版业白皮书．2016．
3. 阿根廷出版商会．阿根廷出版业白皮书．2017．
4. 阿根廷出版商会．阿根廷出版业白皮书．2018．
5. 阿根廷图书商会．阿根廷图书生产报告．2016．
6. 阿根廷图书商会．阿根廷图书生产报告．2017．
7. 阿根廷图书商会．阿根廷图书产业现状报告．2018．
8. 阿根廷杂志编辑协会．年度数据统计报告．2016．
9. 布宜诺斯艾利斯市创意产业观察室．阿根廷及布宜诺斯艾利斯市杂志市场研究报告．2014．
10. 布宜诺斯艾利斯市创意产业观察室．阿根廷及布宜诺斯艾利斯市出版市场研究报告．2013．
11. 工业、商业及中小企业贸易国务秘书处生产研究中心．阿根廷书业研究报告．2004．
12. 阿根廷国家教育部．全国阅读及图书使用调查．2001．
13. 阿根廷国家文化部，阿根廷信息文化系统．全国文化产业消费调查．2017．
14. Trini Vergara. "Argentina's Publishing Scene: A Key Player at a Changing Era". Publishing Research Quarterly, Springer Science, Business

Media New York, 2015.

15. Margarita Merbilhaá. "Semblanza de Biblioteca de La Nación (1901-1920)". En Biblioteca Virtual Miguel de Cervantes - Portal Editores y Editoriales Iberoamericanos (siglos XIX-XXI), 2017.

16. 商务部国际贸易经济合作研究院，中国驻阿根廷大使馆经济商务参赞处，商务部对外投资和经济合作司．对外投资合作国别（地区）指南之阿根廷．2018.

17. 林华．阿根廷文化产业的发展及政府的相关政策．拉丁美洲研究，2007.

18. 姜珊．年度国际出版趋势报告：阿根廷分报告．中国出版传媒商报，2017.

19. 人民网新闻．中国图书受到阿根廷读者欢迎．人民网，2018.

20. 阿根廷《国民报》．布宜诺斯艾利斯建立起第一个"中国书架"．2018.

21. 中国国际广播电台西语杂志《视点中国》在阿根廷与读者见面．国际在线，2013.

22. 麦家携《解密》西行归来：文化传播是个慢活．人民日报，2014.

（作者单位：五洲传播出版社）

奥地利出版业发展报告

赵丽君　王佳莹　谢翊思

一、出版业发展背景

（一）经济社会环境

奥地利是一个地处欧洲中部的内陆国家，国土面积为8.39万平方公里，东邻匈牙利与斯洛伐克，西邻列支敦士登和瑞士，南邻意大利和斯洛文尼亚，北邻德国和捷克。奥地利主体民族为奥地利人，少数民族有斯洛文尼亚人、克罗地亚人和匈牙利人，官方语言为德语，61.40%的人口信奉天主教。2016年，奥地利的人口总量达到875万，这个相对来说面积不大的国家拥有丰富的文化资源。

第二次世界大战后，奥地利进入盟军统治时期，直到1955年重新获得独立，宣布成为永久中立国。奥地利于1995年1月1日起加入欧盟，逐渐参与欧洲一体化进程。作为联邦制国家的奥地利由9个联邦州组成。总统由公民直接选举，每6年一届，可连任一次。联邦政府由联邦总理领导，国民议会和联邦议会负责立法及建立中央政府体制。根据奥地利联邦统计局提供的数据，2017年，奥地利国内生产总值按现价计算约为369.90亿欧元，同比增长3.80%，高于欧盟和欧元区平均2.40%的增长率；人均国内生产总值为42060欧元，在欧洲位居前列，同比增长2.60%。与2016

年相比，2017 年，奥地利对外贸易的营业额（最终结果）显示，进口和出口均有所增长，进口商品增长 8.80%，为 147.54 亿欧元；出口商品增长 8.20%，为 141.94 亿欧元，贸易逆差并不明显。

奥地利是有着悠久历史文化的国家，受到了其邻国意大利、波兰、德国、匈牙利、捷克等国的影响，在音乐、艺术、文化方面都源远流长。奥地利首都维也纳一直以来都是重要的音乐中心。18 至 19 世纪，哈布斯堡家族是音乐家的主要资助者，吸引众多音乐家来到维也纳，使得维也纳成为欧洲的交响乐之都。在文学方面，奥地利文学在德语文学中有重要地位，著名的奥地利文学家有亚瑟·施尼茨勒、托马斯·伯恩哈德、罗伯特·穆齐尔、格奥尔格·特拉克尔、弗朗茨·格里帕泽和彼得·汉德克等。奥地利的萨尔茨堡历史城区和维也纳都被列为世界文化遗产。奥地利凭借历史文化底蕴深厚、文化名人辈出等得天独厚的条件，打造了维也纳新年音乐会、萨尔茨堡艺术节等享誉国际的文化品牌。

奥地利是世界上最早推行义务教育的国家之一。早在 1774 年，奥地利就已经推进教育改革，实行六年的义务教育。在长时间的发展过程中，奥地利不断发展教育体系，多次进行调整，现在实行的教育制度以 1962 年的《教育法规》为基础，义务教育大面积普及。奥地利的教育体制可以分为四个阶段，分别是学前教育、初等教育、中等教育和高等教育。如今奥地利的识字率达到 100%，也成为图书业发展的良好土壤。奥地利对图书和出版物的高需求与该国的文化和学术传统及其高度排名的教育体系密切相关。奥地利拥有知识分子和受过良好教育的人口，对出版文学的需求很高。根据欧盟数据，2016 年，奥地利图书零售总额达到 6.60 亿欧元，位居欧盟第六位。

（二）出版业机构情况

1. 国家机构[①]

奥地利图书业由奥地利联邦总理府文化艺术司管理，奥地利联邦总理府负责在本国及海外推广奥地利艺术文化，负责所有当代艺术领域的联邦资助计划，包括表演和美术、音乐和文学、电影、新媒体、摄影、建筑和设计以及文化活动。文化艺术司的各部门提供有关该部门艺术补贴计划的相关信息及资助计划的时间表。

奥利地联邦总理府文化艺术司下属十个部门，其中第五部门负责文学、出版与图书馆领域的工作。其工作职责与管理范围包括：推广文学活动（包括儿童与青少年文学在内）；文学协会和活动；文学和文化杂志；文学奖金；向出版商提供补助金；翻译补助金；负责与儿童和青年文学有关的机构；同时起草联邦艺术报告。自2015年5月1日起，第五部门还负责为图书馆和公共图书馆部门提供资金。

2. 行业机构

奥地利出版业行业机构众多，其中图书业和报业各有其专门的行业机构，这些机构大多数为会员制，除去保护协会会员利益之外，主要的行业组织也负责维持行业内整体的良好环境。除此之外，奥地利记者、印刷出版商、报业工会历史悠久，组织结构清晰，会员数量众多，长期以来着力于保障该行业从业者的利益。

奥地利图书业主要的行业协会为奥地利出版商与书商联合会[②]。该协会成立于1859年，代表奥地利国内外书商、出版商、发行人、出版代表和古籍书商的利益，并确保奥地利图书业经济结构和法律框架得以维系和发展。作为奥地利图书业的代表，协会同时是欧洲出版商联合会和国际古籍书商联盟的成员，主要负责观察议会的决策过程，并积极地将图书业问

---

① 数据来源：奥利地联邦总理府文化文化艺术司官网 https://www.kunstkultur.bka.gv.at/home.
② 网址：http://www.buecher.at.

题传达给决策者们；协助行业内中小型公司以及附属公司的发展；协助图书定价、版权报酬（包括电子存储介质补偿报酬）、图书增值税的降低等三方面政策的维系与发展。

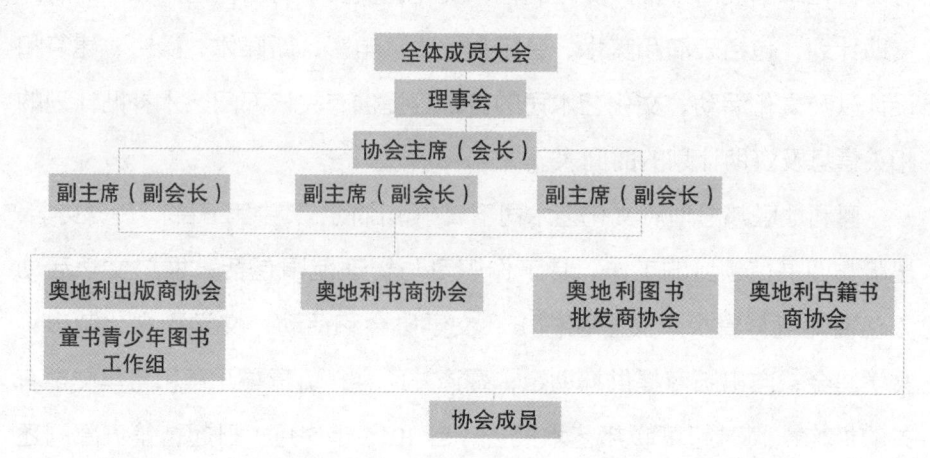

```
                    全体成员大会
                       │
                     理事会
                       │
                  协会主席（会长）
         ┌─────────────┼─────────────┐
    副主席（副会长）  副主席（副会长）  副主席（副会长）
    ┌──────────┐  ┌──────────┐  ┌──────────┐  ┌──────────┐
    │奥地利出版 │  │奥地利书商│  │奥地利图书│  │奥地利古籍│
    │商协会     │  │协会      │  │批发商协会│  │书商协会  │
    ├──────────┤  └──────────┘  └──────────┘  └──────────┘
    │童书青少年│
    │图书工作组│
    └──────────┘
                    协会成员
```

图1 奥地利出版商与书商联合会组织架构图

全体成员大会属于最高机构，共同负责协会内部重要事宜的决策，而理事会负责协会日常的事务，对成员大会负责。协会主席与三位副主席分管五个分协会。该协会成立以来，在图书推广、奥地利图书出版相关法律完善方面做出了巨大的贡献，是奥地利出版业健康发展所不可缺少的行业组织。

（三）政策法律环境

奥地利在出版方面的法律相对完善，《宪法》中对媒体权利与言论自由就有明确的表述，1988年实施的《个人权利保护法》对言论自由有相关规定。

奥地利在新闻出版相关的法律制定方面起步较早，法律体系比较完善。《新闻法》于1920年设定，最新修订时间为2007年。版权方面，1936年设有《版权法》，对出版物有专门的《版权收缴法》。《媒体法》中有详细关于出版物的设立等程序的章程，2009年对其进行相应的修订。行业促进方面，1984年有《出版物促进法》，2004年设立《新闻业促进法》。根据欧盟规定，出版物享有税收优惠政策。

奥地利对出版业和报业有专门的财政支持与鼓励政策，包括出版支持、奖项等。每年的财政支出会在当年的文化报告中明确列出。

对青少年儿童读物，奥地利《青少年保护法》规定，不得向青少年提供对其有害的媒体、物品及服务，由于职业原因提供、展示、传播此类媒体物品及服务的个人，有义务通过合适的预防措施，尤其是通过空间限制或时间限制、地点、口头说明等，限制青少年接触到此类物品。

除政策法规外，奥地利的行业协会也制定了相对应的行业准则。比如，奥地利出版商与书商联合会所制定的《奥地利出版商条例》，其中规定了奥地利出版社在定价、合同签订等具体方面的规范。在报业方面也有类似的条例，作为行业规范，对媒体工作的透明度也有所表述。奥地利媒体评议会同时设定了《新闻工作基本法》作为行业的道德准则。奥地利公共事务协会也对其成员，包括部分报纸和公开出版物有约束性条款的《行为准则》。

（四）政府资金投入情况

奥地利政府对图书业与出版业的资金投入见于奥利地联邦总理府文化艺术司的年度报告。

奥地利政府在文学方面的投入可大致分为文学社团活动及项目、文学出版、文学奖学金或补贴、文学翻译、文学奖项五方面。2017年，政府在该方面的投入总额为1059万欧元，相较2016年的993万欧元增长6.60%。五项中，除去"文学翻译"项，其余四项投入都有所上升。

表1 2016—2017年奥地利政府文学方面支出

单位：万欧元

项目	2016年	2017年
文学社团、活动和各项目	496.80	542.80
文学出版	281.00	292.20
文学奖学金或补贴	167.30	180.40
文学翻译	27.60	22.50
文学奖项	20.00	21.00
总计	992.80	1059.10

数据来源：奥地利联邦总理府文化艺术司年度报告

奥地利政府2017年在图书馆方面的投入总额为3030.70万欧元，相较2016年的2542.50万欧元有显著的上升。该方面支出主要用于图书馆日常维护、图书收购归档、电子化设备购入维护等。

奥地利政府对报业的投入见于奥地利联络部的报告：2013—2016年，奥地利对报业的资助额度并不稳定，增减幅度在2%~4%之间。四年中，奥地利政府对于报业研究项目和阅读相关资助在持续提高，对行业组织的支持持续稳定，对日报特别资助，驻外记者资助的力度有一定程度的减少。

表2 2013—2016年奥地利政府报业财政资助

单位：万欧元

资助类型	2013年	2014年	2015年	2016年
1. 销售资助	388.50	371.02	387.44	379.87
1.1 日报销售资助	209.79	192.31	209.79	204.07
1.2 周报销售资助	178.71	178.71	177.65	175.80
2. 日报特别资助	524.20	324.20	324.20	297.02

续表

资助类型	2013年	2014年	2015年	2016年
3. 推进质量及发展保障	15.60	153.29	156	152.30
3.1 对于新入行记者的编辑技能培训	27.01	18	8.52	10.44
3.2 记者培训联合会	60.84	60.84	60.80	60.84
3.3 驻外记者	24	24	23.74	15.35
3.4 阅读资助	37.67	42.28	51.71	56.88
3.5 研究项目	1.80	3.50	6.51	4.10
3.6 报业协会	4.68	4.68	4.68	4.68
4. 文责自负（自我监管）/报业	15.20	16.40	20.40	15.50
总计	1083.90	864.91	888.04	844.69

数据来源：奥地利联络部2017年报告

（五）国民阅读状况

公共图书馆是国民的教育、文化和信息中心，履行社会综合任务也是国民阅读的重要基础。截止到2016年，奥地利共有1316个图书馆和分支机构[①]，总共拥有78.40万名注册用户，这些用户在一年内至少使用过一次图书馆。

2016年，奥地利图书馆阅读平均值为10%。年联邦州中常住人口阅读最活跃的是福拉尔贝格和萨尔茨堡，阅读平均值分别为19.20%和13.30%。奥地利的图书馆平均访问量每百人115次，图书馆访问量[②]最多的也是以上两个州，福拉尔贝格是每百人250次，萨尔茨堡是每百人169次。

---

① 不包括不履行公共图书馆功能的学校图书馆。
② 包括注册用户与平日访客。

表3 2016年奥地利公共图书馆数据

联邦州	图书馆数量[1]（家）	藏书量[2]（万种）	借阅量（万册）	活跃图书借阅者	图书馆访问量	图书馆工作者（人）			
				每百名居民中		总数	全职	兼职	志愿者
全奥地利	1316	1069.62	2287.16	8.97	114.80	9201	802	463	7936
布尔根兰	73	29.65	27.79	7.38	42.59	254	8	17	229
克恩顿	47	55.82	64.14	4.62	47.50	163	29	41	93
下奥地利	247	166.03	212.48	5.97	64.09	1632	87	79	1466
上奥地利	294	198.95	412.48	9.47	137.51	2774	117	86	2571
萨尔茨堡	110	84.14	233.82	13.30	168.90	594	65	48	481
施泰尔马克	189	145.05	260.40	7.93	93.81	1065	123	81	861
蒂罗尔	171	107.54	176.96	10.19	115.72	1400	48	38	1314
福拉尔贝格	94	101.76	275.37	19.17	249.88	861	75	20	766
维也纳	91	180.68	623.72	9.64	143.57	458	250	53	155

数据来源：奥地利图书馆协会

表4 奥地利国民阅读情况[3]

单位：%

年龄阶段	总计	"从不"	"每月小于一次"	"每周小于一次，每月至少一次"	"每周至少一次，但不是每天"	"每天"
总计	100.00	22.70	20.80	15.00	22.80	18.70
16~24岁	100.00	27.30	18.70	15.20	23.80	15.00
25~34岁	100.00	20.80	20.60	15.00	25.40	18.20
35~44岁	100.00	21.60	19.80	16.10	22.20	20.40
45~54岁	100.00	21.30	22.70	14.90	22.20	19.00
55~65岁	100.00	24.10	21.40	13.70	21.10	19.80

数据来源：奥地利国家统计局

---

[1] 含图书馆附属机构。
[2] 包括视听资源。
[3] 含电子书。

根据奥地利国家统计局 2011 年公布的数据，奥地利国民整体阅读频率相对较高，25~44 岁的中青年群体阅读频率相较其他年龄阶段更高，而青年群体的阅读频率在所有年龄阶段中最低，有超过四分之一的青年群体不阅读。

对比数据显示，2014—2015 年度相比，奥地利国民在文化方面的平均年度支出为 2990 欧元，相对 2009—2010 年的 2910 欧元有所上升。其中，在纸媒与文具类商品的消费为 41.90 欧元，相比上升 9.90 欧元。其中 13.40 欧元用于纸质书购买，20.10 欧元用于报纸与期刊杂志购买，相比五年前均有所上升。

依照奥地利出版商与书商联合会的一项调查问卷，奥地利国民现在主要的购书途径依然是线下，网上购书作为一种新兴的方式正在兴起。

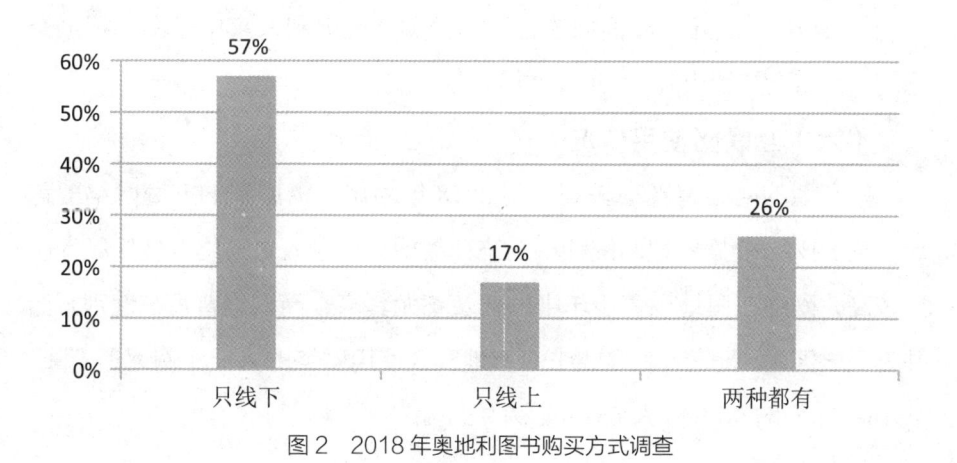

图 2 2018 年奥地利图书购买方式调查

数据来源：奥地利 Statistia 统计公司

根据奥地利出版商与书商联合会 2017 年国内发布的一项调查，仅有 16% 的受访者钟爱电子书胜过纸质书。而 2015 年维也纳电台的一项调查显示，相当一部分奥地利人很少或者从未进行过电子阅读。这些数据表明，奥地利国民依然更加偏爱传统的阅读方式，电子书的发展依然有很大的进步空间。

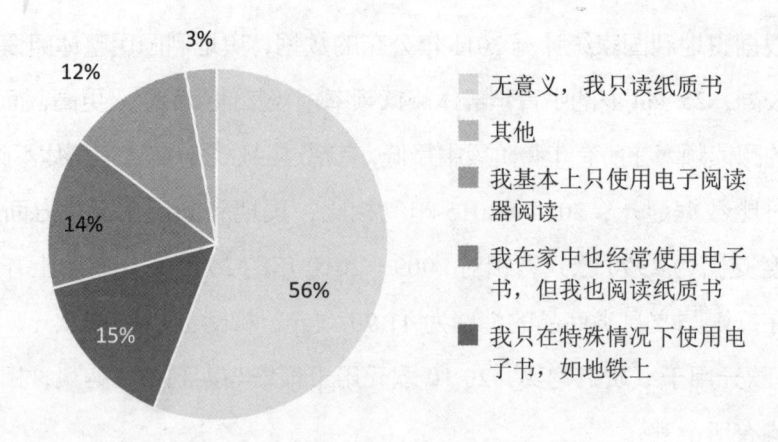

图3 "电子书对您的意义是?"调查结果

- 无意义,我只读纸质书 56%
- 其他 3%
- 我基本上只使用电子阅读器阅读 12%
- 我在家中也经常使用电子书,但我也阅读纸质书 14%
- 我只在特殊情况下使用电子书,如地铁上 15%

根据统计公司 Statistia 的数据,2017 年,奥地利电子图书报纸杂志总产值为 6176 万欧元,而根据该公司的预测,奥地利未来电子图书报纸杂志的产值将会持续上升。

(六)互联网使用情况

奥利地的网络普及率较高,到 2018 年为止,奥地利的家庭网络覆盖率达到 89%。根据奥地利统计局的统计数据,年轻人对网络的使用频率明显较高,网络在奥地利青少年中的普及率尤其高,而网络普及在性别方面并无明显区别。随着年龄的增长,奥地利人使用网络的人口比例逐渐下降,从 16~24 岁的 96% 降为 65~74 岁的 54%。

表5 2018年奥地利网络使用情况

类别	总人数	三个月内使用过网络的人		从未使用过网络的人	
	千人	千人	占比 %	千人	占比 %
总计	6565.50	5743.50	87.50	—	9.90
年龄阶段					
16~24 岁	876.70	869.00	99.10	—	—
25~34 岁	1183.90	1165.10	98.40	(10.70)	(0.90)

续表

类别	总人数	三个月内使用过网络的人		从未使用过网络的人	
	千人	千人	占比 %	千人	占比 %
35~44 岁	1149.20	1099.20	95.70	(21.00)	(1.80)
45~54 岁	1365.50	1266.40	92.70	83.20	6.10
55~64 岁	1170.00	904.60	77.30	207.60	17.70
65~74 岁	820.20	439.10	53.50	327.30	39.90
性别与年龄阶段					
男性	3260.60	2919.90	89.50	268.00	8.20
16~24 岁	448.90	444.60	99.00	—	—
25~34 岁	599.40	583.20	97.30	(8.20)	(1.40)
35~44 岁	574.00	562.60	98.00	(6.70)	(1.20)
45~54 岁	681.60	637.80	93.60	38.60	5.70
55~64 岁	575.00	460.40	80.10	93.60	16.30
65~74 岁	381.90	231.20	60.60	121.00	31.70
女性	3304.90	2823.60	85.40	381.80	11.60
16~24 岁	427.90	424.50	99.20	—	—
25~34 岁	584.50	582.00	99.60	(2.60)	(0.40)
35~44 岁	575.20	536.60	93.30	(14.30)	(2.50)
45~54 岁	683.90	628.50	91.90	44.70	6.50
55~64 岁	595.00	444.20	74.60	114.00	19.20
65~74 岁	438.30	207.90	47.40	206.30	47.10

数据来源：奥地利国家统计局

在网络使用原因方面，奥地利人应用网络的原因主要有网上银行、社交、生活保健信息搜索、收听音乐、通讯、商品买卖等。从统计中可以看到，社交是网络使用的重要原因，网上金融服务业也逐渐被奥地利人广泛接受。其中，年轻人主要使用网络进行社交和音乐的收听，网上储蓄等金融方式受到中青年龄阶段的青睐，而老年人与女性更愿意进行生活健康类信息的搜索。

表6　2018年奥地利网络使用原因调查

类别	近三个月内出于私人原因使用网络的人	近三个月内出于私人原因使用网络的人					
		网上银行使用	社交网络使用	生活健康类信息搜索	听音乐	网络电话或视频通话	商品劳务交易
	千人	占比%					
总数	5743.50	66.80	60.80	59.10	50.40	45.10	15.80
年龄							
16~24岁	869.00	69.00	92.40	52.20	86.80	61.00	18.90
25~34岁	1165.10	85.70	81.60	66.50	69.30	56.10	19.60
35~44岁	1099.20	72.40	65.60	63.00	54.30	45.80	20.50
45~54岁	1266.40	59.90	47.40	56.20	34.60	37.00	14.10
55~64岁	904.60	51.60	33.00	55.50	23.60	32.40	8.10
65~74岁	439.10	49.10	26.80	58.50	19.50	32.30	9.00
性别与年龄							
男性	2919.9	69.50	58.20	52.10	55.00	43.40	16.00
16~24岁	459.10	70.90	93.20	46.40	88.00	60.10	18.00
25~34岁	597.30	88.70	77.00	56.00	73.50	53.90	16.10
35~44岁	557.40	69.30	61.50	54.20	62.30	46.30	23.20
45~54岁	641.50	64.70	44.30	48.90	39.80	35.70	14.10
55~64岁	470.00	57.10	31.70	51.50	26.00	28.20	9.00
65~74岁	229.10	56.50	25.90	57.70	27.40	29.40	13.90
女性	2823.60	64.00	63.50	66.30	45.60	46.90	15.70
16~24岁	428.00	67.10	91.50	58.30	85.50	61.90	19.90
25~34岁	580.30	82.70	86.20	77.10	65.00	58.40	23.10
35~44岁	559.90	75.60	69.90	72.30	45.90	45.30	17.70
45~54岁	614.00	55.10	50.50	63.50	29.30	38.40	14.20
55~64岁	428.70	45.90	34.40	59.80	21.20	36.80	7.10
65~74岁	189.90	40.80	27.80	59.30	10.80	35.60	(3.50)

数据来源：奥地利国家统计局

二、图书出版业发展情况

（一）整体概况

20世纪90年代，奥地利拥有1700余家出版社，其中大型出版社有33家，如贝茨出版公司、施蒂里亚出版社、布拉施克出版公司、布兰德施塔特尔出版公司、博曼·德鲁克出版公司、施罗尔出版公司、欧洲出版公司、曼茨出版社与大学书店、茨佐尔奈出版公司、山区出版公司、华格纳大学出版社等。近年来，出版社之间的兼并重组此起彼伏。[①] 目前，奥地利出版社超过1100家，大约有100家中大型出版社，其中大多数位于维也纳、因斯布鲁克或林茨。2008—2015年奥地利出版社数量经历了增加到回落的过程，2012年有1157家出版社在经营，是奥地利出版社数量的小高峰，与此期间出版种类的高峰相吻合。

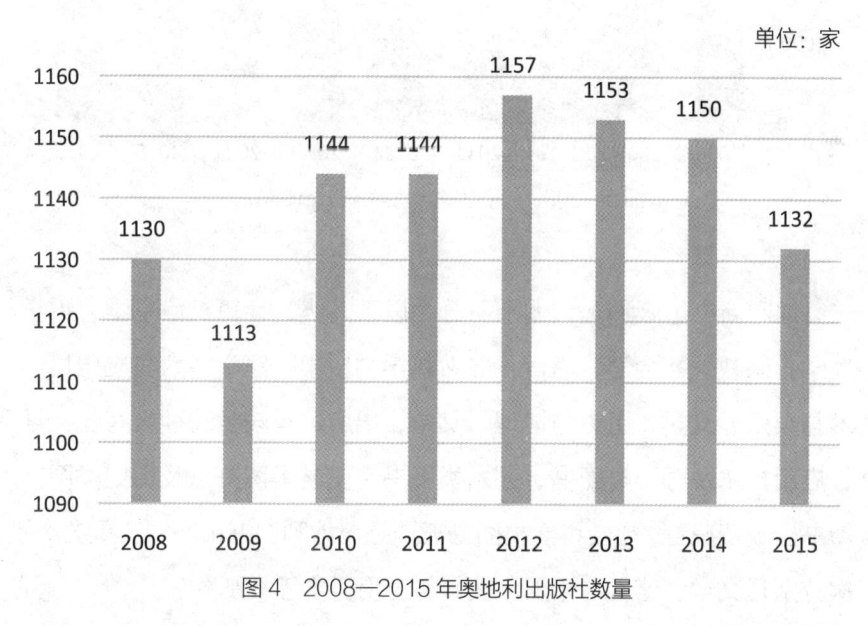

图4　2008—2015年奥地利出版社数量

数据来源：奥地利文化报告

---

① http://www.chinabookinternational.org/2016/0428/119045.shtml.

与出版社数量变化相一致，10年间奥地利图书出版种数也经历了一轮增减过程。2012—2013年，奥地利年图书出版种数达到9500多种，比2006年增长24.90%。而2016年仅为7303种，四五年间下降了2200多种，降幅达到23.40%，低于2006年水平。

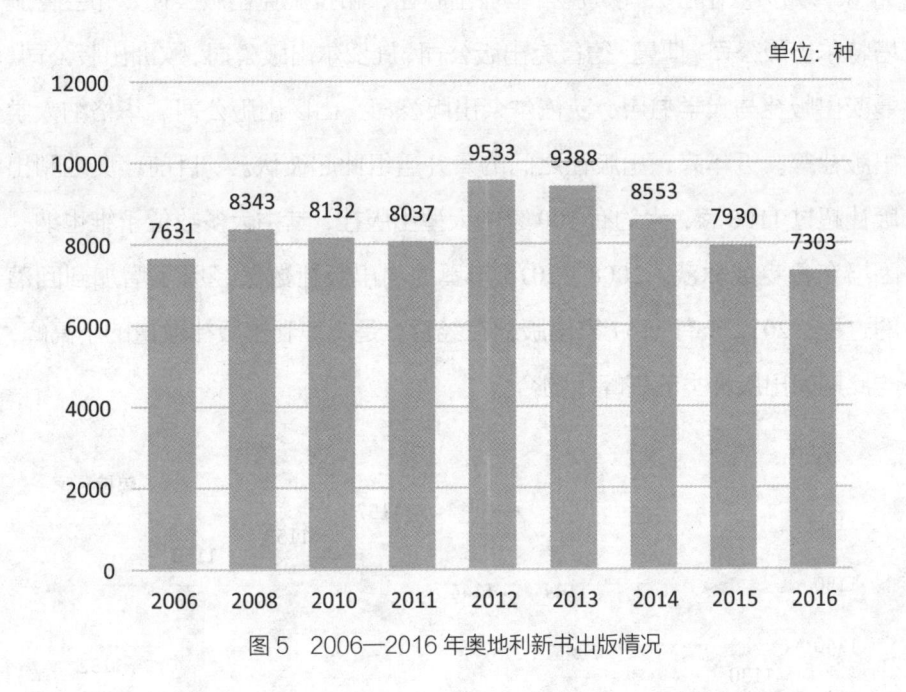

单位：种

年份	2006	2008	2010	2011	2012	2013	2014	2015	2016
种数	7631	8343	8132	8037	9533	9388	8553	7930	7303

图5　2006—2016年奥地利新书出版情况

奥地利新书出版种类大体上可分为以下几类：计算机信息学、哲学与心理学、宗教、社会学、语言、自然科学与数学、医学技术与应用科学、艺术与娱乐、文学、历史与地理。其中，出版数量较多的种类有社会学图书、应用技术及医学类图书、艺术类图书、文学类图书以及历史类图书。从新书出版情况看，社会科学类图书无疑是奥地利图书市场中的重要类别，其次分别是文学、艺术与休闲、技术与应用科学等类别图书。

表7 2014—2016年奥地利新书出版情况[1]

单位：种

学科分类	2014年	所占比重	2015年	所占比重	2016年	所占比重
计算机科学、资讯与总类	206	2%	252	3%	204	3%
哲学与心理学	291	3%	244	3%	212	3%
宗教	440	5%	264	3%	243	3%
社会科学	2860	33%	2416	30%	2285	31%
语言	115	1%	179	2%	155	2%
自然科学与数学	177	2%	204	3%	154	2%
技术应用科学	1088	13%	1101	14%	929	13%
艺术与休闲	1318	15%	1282	16%	1341	18%
文学	1337	16%	1173	15%	1075	15%
历史地理	721	8%	815	10%	705	10%
总计*	8553		7930		7303	

* 除去规定出版的教科书
数据来源：奥地利文化报告

在图书销售方面，奥地利有三种分销渠道：出版商、分销代理商和零售商店。第一种方式为出版商使用分销代理将图书送入专门的书店，通常是小型的小众书店。作为中间人，分销代理向出版商提供有关当地市场和零售商的情况，同时为零售商提供符合其需求的已出版作品。第二种方式是零售商直接联系出版商，无需分发代理商。该系统在书店连锁店和在线零售商中很常见。第三种方式为出版商可以直接向消费者销售产品，虽然

---

[1] 按照杜威十进制图书分类法分类，并以新书书名计算。

第三种方式削减了对分销商和零售商的需求，降低了消费者和作者的成本，但一般很难组织。按照销售量统计，比较受市场欢迎的图书为小说类、指南类和青少年图书，此外，纪实类图书的销售量也占据了市场的百分之十以上的份额。

表8 2014年奥地利图书销售情况

类别	所占百分比
小说	30.20%
指南类图书	22.30%
青少年图书	15%
纪实类图书	11.10%
旅行类图书	7.80%
人文科学、艺术、音乐	5.60%
自然科学、医学、计算机、技术	5%
社会科学、法律、经济	2.90%

数据来源：奥地利统计局

（二）对外贸易情况

奥地利与德国、瑞士拥用共同的官方语言，相互之间图书贸易极为频繁。奥地利最大的图书贸易合作国为德国、瑞士和法国。其中，从德国进口图书的数额最大，占德国图书出口额的20%以上，是所有德语国家中进口图书最多的国家。在图书出口方面，奥地利本身却不具有德国这样庞大的图书市场，每年对德国的图书出口额仅位于所有向德国出口图书国家中的第八名。

近年来，奥地利大力发展图书出口业务，以减小图书进出口贸易逆差。2018 年，奥地利图书进口总额超过 8 亿欧元，占所有进口商品总额的 0.60%，与 2017 年相比降低了 3.10%；而图书出口额与 2017 年相比增长了 8.10%，将近 4.60 亿欧元，占总出口额的 0.30%。其中，奥地利从德国进口图书的数量也在减少，其可能的原因是电商（主要指亚马逊）的高速发展使得奥地利居民足不出户也可以直接从德国订购德语图书，免去了许多繁琐的步骤。

在进口图书定价方面，奥地利有着严格的规定。从德国进口的图书定价原则上不得低于其国内净价，他们可以给予书价最多百分之五的折扣，但不允许对此进行大范围宣传。即使进口商从出版商那里购买的图书比德国国内的价格更优惠，他们也只能以从原本的最低书价里减去优惠的价格来定价。而奥地利图书的增值税为 10%，德国为 7%，所以，往往奥地利图书的价格要比德国贵上一些。这样的规定虽然违背了欧盟境内自由贸易的规定，但保护了小型贸易商免受跨境链条的侵害。

（三）重要平台

维也纳国际书展是维也纳一年一度的阅读盛会，也是欧洲最重要的书展之一。维也纳国际书展是由当地阅读周活动启发而开展的，第一届始于 2008 年。书展持续四天，来自世界各地的读者、作家和出版社聚集于此，交流阅读的乐趣和收获。除了看书买书之外，展馆还举办各种活动，包括上百场讲座和研讨会。2017 年的第十届书展共接待了 48500 名访客，举行了 451 次活动，并且有来自 20 个国家的 381 位作者和 350 位展览者参与其中。

Ingeborg Bachmann 奖是德语文学中最重要的奖项之一，该奖是为了纪念奥地利著名诗人及作家英格堡·巴赫曼，于 1976 年在 Bachmann 出生地克拉根福市设立。自 1977 年起，该市会举办一场为期三天的德语文学节。在活动期间，事先经过筛选后留下的 18 位参赛者将朗读其尚未发表过的德语作品，朗读时间约为 25 分钟，之后由九位评委组成的评审团将选出获胜者，奖金达 25000 欧元。

Anton Wildgans 奖是为了纪念曾获四次诺贝尔文学奖提名的奥地利作家 Anton wildgan。该奖于 1962 年由奥地利工业联盟设立，由一位评委选出一位年轻或者中年的奥地利作家作为获奖者，奖金 10000 欧元。

埃里希·傅里德奖是由国际文学与语言协会设立的，用以致敬奥地利著名诗人。每年协会委托一名专业评委提名获奖者，获得 14600 欧元的奖金，奖金由奥地利总理办公室提供。

三、报刊业发展情况

（一）发展概况

在欧洲，奥地利报刊业以其高度集中化的形式而著名：单一报纸的读者覆盖率广，报纸种类的多样性较低。2016 年，奥地利共出版了 13 种日报以及 3 种免费赠阅日报，周报共计 252 种，此外，学术期刊及公司出版物共有 2483 种登记在册。报纸种类的减少在奥地利也存在，只是并不明显。2002 年，奥地利全国出版日报 31 种，2016 年为 29 种，减少的种类十分有限。

日报的总读者数量为 490 万人，即占 14 岁以上人口的 66.70%。影响力最大的《皇冠报》拥有 224 万读者，占总读者数量的 32.50%；其次为《今日报》，拥有 13.30% 的读者数量；排名第三的是《小报》，拥有 11.60% 的读者量。优质报刊中排名第一的是《标准报》，覆盖率 5.30%；第二名《新闻报》，覆盖率 4.00%；第三名《萨尔斯堡新闻报》，覆盖率 3.40%。

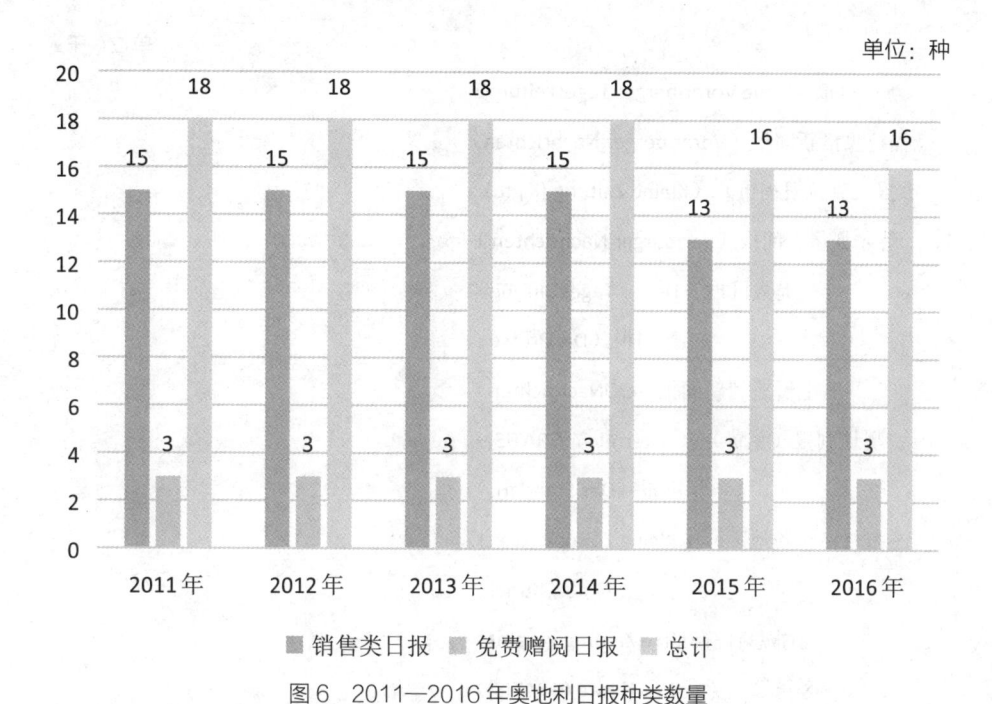

图6 2011—2016年奥地利日报种类数量

数据来源：奥地利 Statista 统计公司

主要报纸2016年发行量为：《皇冠报》84.90万份，《信使报》17.08万份，《新闻报》7.90万份，《标准报》8.53万份。主要杂志发行量为：《新闻周刊》13.70万份，《侧面》周刊7.75万份，《趋势》经济月刊5.71万份。发行量的减少也是不争的事实。2002年，《皇冠报》发行量为101.80万份，是2016年的1.20倍。

单位：千人

新拉日报（Neue Vorarlberger Tageszeitung）
福拉贝格新闻报（Vorarlberger Nachrichten）
小报（克拉根福市）（Kleine Zeitung (Klgft.)）
萨尔斯堡新闻报（Salzburger Nachrichten）
提洛日报（Tiroler Tageszeitung）
新闻报（Die Presse）
上奥地利新闻报（OÖNachrichten）
奥地利报（免费）（Österreich (GRATIS)）
标准报（Der Standard）
小报（格拉茨地区）（Kleine Zeitung (Graz)）
使者报（Kurier）
小报总计（Kleine Zeitung gesamt）
今日报（免费）（Heute (GRATIS)）
皇冠报（Kronen Zeitung）

■ 2018年　■ 2017年　■ 2016年

图7　2016—2018年奥地利日报读者数量

数据来源：奥地利媒体分析

奥地利日版全年订阅价格差别较大，从不到300欧元到450欧元不等。发行量大的《皇冠报》年订价不足300欧元，而在"优质报刊"之列的《标准报》和《新闻报》则达到了450欧元。

单位：欧元

图8　2016年和2017年奥地利日报全年订阅价格

数据来源：奥地利Statista统计公司

相对日报而言，奥地利周报种类多，但读者数量相对集中。其中影响力最大的为《下奥地利新闻／布尔格兰州报》，覆盖率达8.40%；其次为《下奥地利新闻》，覆盖率为7%；第三名是《萨尔斯堡周报》，市场占有率为3.40%。

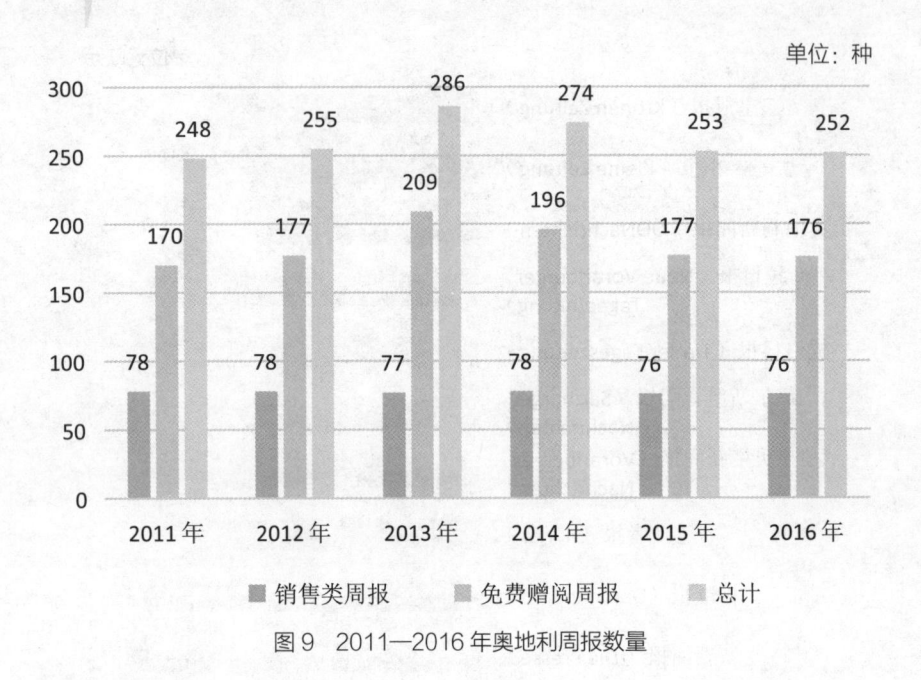

图 9 2011—2016 年奥地利周报数量（单位：种）

销售类周报：2011年 78、2012年 78、2013年 77、2014年 78、2015年 76、2016年 76
免费赠阅周报：2011年 170、2012年 177、2013年 209、2014年 196、2015年 177、2016年 176
总计：2011年 248、2012年 255、2013年 286、2014年 274、2015年 253、2016年 252

数据来源：奥地利 Statista 统计公司

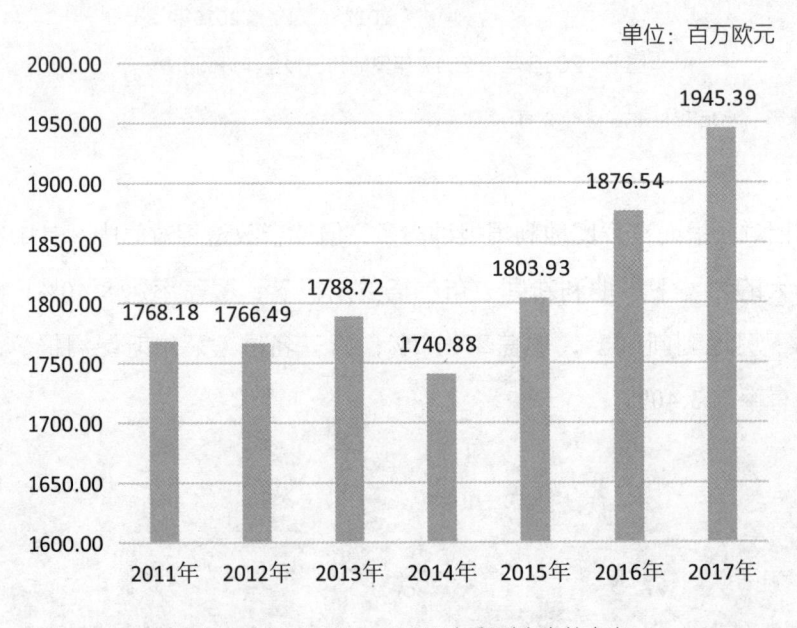

图 10 奥地利 2011—2017 年印刷广告总支出（单位：百万欧元）

2011年 1768.18、2012年 1766.49、2013年 1788.72、2014年 1740.88、2015年 1803.93、2016年 1876.54、2017年 1945.39

数据来源：奥地利 Statista 统计公司

虽然如今网络媒体日益发达，但奥地利企业对于纸媒广告的投入依然巨大。奥地利印刷广告总支出每年都高达数十亿欧元，除在 2014 年有小幅度回落以外，总体保持了上升的趋势，2017 年，企业的印刷类广告总支出接近 20 亿欧元。

（二）主要机构

奥地利报业的主要行业协会是奥地利报业协会[①]。该协会成立于 1946 年，成员涵盖奥地利境内的 13 家日报以及 41 家周报或杂志，协会代表和促进奥地利报纸杂志的共同编辑和出版利益，包括直接或间接服务于奥地利报纸的编辑和出版利益的公司（例如印刷公司）的利益。

奥地利报业协会主席团下属 7 个分部，分别为读者市场部、广告市场部、数字媒体部、集体合作伙伴协议及劳动和社会权益部、法律顾问委员会、新闻咨询委员会、广播顾问委员会。协会的职责如下：代表报纸出版商处理其有关国家、州和市政机关、当局、商界和公众的所有共同事务；就影响新闻界及其附属业务的法律、法令和规定提出意见和建议；通过签订集体协议，规范业内工作者的工作条件；肩负奥地利新闻界的公共任务和社会政治重要性；如有必要，为了会员的共同利益，进行盈利性的运作。

对于奥地利的地方发行的报纸及免费报纸，设有奥地利地方报纸联合会[②]，代表并促进奥地利境内区域报纸和免费报纸的利益。该协会的主要责任为保护雇主利益、联合广告组织刊登、市场数据调研等，并将自己视为与"免费区域报纸"相关的所有问题的信息和服务中心。迄今该协会已吸收 250 家以上的地方报纸及免费报纸作为成员。

对于奥地利境内部分报纸、专业学术期刊和专业图书出版商，奥地利报纸与专业媒体协会[③]，对国家机关、省市和市政当局、商会和公众负责。

---

① 网址：http://voez.at.
② 网址：http://www.vrm.at/home/.
③ 网址：http://www.oezv.or.at.

其负责范围包括针对这些出版商及报社的媒体政策和法律框架条件，以确保期刊和专业媒体在奥地利媒体领域的支柱地位。此外，该协会正在与工会就集体合同以及新闻和商业雇员的年度关税进行谈判。由于专业媒体和期刊在欧洲面临着类似的挑战，该协会寻求着国际合作，其与欧洲杂志协会和全球期刊协会的交流具有内在的重要性。

除此之外，与部分的欧洲国家相似，奥地利的出版商与报社自发成立了行业监督组织奥地利报业评议会[①]。该组织设立于1960年，可以称为新闻界的现代自律机构，保证新闻编辑质量与新闻自由。新闻具有重要的民主政治功能，但也意味着处理信息及其传播的责任。因此，评议会为奥地利新闻界制定了新闻工作原则，也可视作是媒体专业人士的道德准则。该准则构成了评议会决议的基础。新闻委员会的一项重要任务是为新闻界发声、处理申诉等，其赞助方是奥地利最重要的记者和出版商协会。

（三）企业情况

1. 奥地利地区媒体公司

奥地利地区媒体公司是一家奥地利媒体公司，在奥地利所有地区印刷包含本地和区域内容的免费报纸，并运营区域在线门户网站。奥地利地区媒体公司旗下的所有报纸都是免费的，其目标读者为奥地利全国范围内的所有家庭。此类报纸的所有费用皆有广告商进行赞助。2017年营业额为9740万欧元，税前总收入为1430万欧元。奥地利地区媒体集团由奥地利地区媒体股份有限公司和各个联邦州公司组成。在整个奥地利，RMA拥有88家分支机构，约有800名员工。编辑和销售基于三大支柱：每个地区的本地区域，每个联邦州的区域以及奥地利的全国各地。这种结构可以根据区域刊登地区、联邦和国家级别的广告，有利于优化奥地利全国的报刊杂志按区域预订的模式。

---

① 网址：https://www.presserat.at。

2.Mediaprint 公司

Mediaprint 公司是奥地利最大的报纸和杂志出版商。该公司成立于 1988 年，并拥有《皇冠报》和《使者报》两家日报，占据奥地利日报行业 35.30% 的市场份额，是奥地利日报界的佼佼者。Mediaprint 公司还拥有奥地利最大的杂志群体 NEWS。该公司 2016—2017 年度的销售额为 4.30 亿欧元。

四、中奥出版业交流合作情况

中奥两国近些年在政治、经贸、文化、科技等领域合作不断深化和扩大，特别是在文化、科技、旅游、冬季运动等领域交流合作日益密切。奥中文化交流协会于 1994 年创立，主要宗旨是为中奥两国的文化、艺术等领域搭建交流平台，同时创办多瑙时报社，2005 年起组建了电视、新闻和文化演出交流为宗旨的服务公司。奥中文化交流协会致力于开拓和发展中国与奥地利之间的经济、技术交流，承办组织赴奥参加各种艺术文化以及演出活动，积极促进奥中两国在文化艺术方面的交流等。

我国出版商与奥地利出版商合作已久、交流频繁，尤其是维也纳大学孔子学院和专注出版中德对照读物的龙家出版社，极大促进了两国学术交流和出版业合作。维也纳大学孔子学院是奥地利目前唯一的一所孔子学院，成立于 2006 年 9 月 25 日，2007 年 4 月正式投入运营。

除了在语言文化方面的交流推广外，孔子学院在中奥两国的出版业中构建桥梁。2012 年 4 月，中国国际出版集团所属外文出版社与奥地利维也纳孔子学院签署了"21 世纪中国当代文学"系列图书（8 卷）德文版合作出版协议，此次合作创建了一种新的版权输出模式，即内容翻译由奥地利维也纳孔子学院汉学家和中方德语译者共同完成，发行工作由奥地利知名文学社科类出版商承担。不仅保证内容翻译的准确性、生动性、可读性，培养翻译团队，而且因在德语区的奥地利、德国、瑞士等国发售，可以拓展德语区发行渠道。2018年11月7日至11日，第十一届维也纳书展在维也纳会展中心举行。展览期间，维也纳大学孔子学院与龙家出版社合作，展出了孔子学院参与出版的《城》《礼》《雨》等中国当代文学作品的德语版译本及《学汉语小词典》等工具书，并邀请奥地利作家马丁·克洛特朗诵了曹文轩《青铜葵花》德语译本选段，为观众们介绍了中国文学作品。

外语教学与研究出版社与奥地利洛克出版社也建立了版权输出合作。洛克出版社是奥地利知名出版社，位于维也纳，是奥地利联邦教育部附属出版社，也是奥地利知名作家联合机构PEN的成员。该社是一家以社会科学为特色的出版社，出版图书涵盖文学、文化、历史、政治、教育、哲学、艺术、建筑、音乐等多个领域，在德语国家具有重要的学术影响力，迄今已出版700多部作品。洛克出版社是奥地利乃至德语出版领域第一流的出版社，出版了相当多知名作者的重要作品，尤其在中国主题图书出版方面卓有建树。洛克出版社在中国主题著述方面有较多有益的尝试，出版了刘震云、吉狄马加等中国作家、诗人的作品以及德国汉学家关于中国的著作和译作，2014年，该社开启了一套中国当代文学作品的翻译项目，出版包括施战军、冰峰、谢有顺等作家的作品。

人民音乐出版社与奥地利UE出版社也多有合作。在2017年上海国际乐器展，UE出版社介绍了该社与人民音乐出版社合作推出的音乐教育类图书及相关课程。UE出版社再次受邀参加2018年上海国际乐器展，并与人民音乐出版社签订了多本书的合作出版及版权引进合同。

参考文献

1. 刘波.《改制后时代中国图书走出去模式研究》. 2013.

2. 奥地利维也纳大学孔子学院参加第十一届维也纳书展. 奥地利维也纳大学孔子学院．（2018-11-29）. http://www.hanban.edu.cn/article/2018-11/15/content_752370.html

3. 陈明陆. 人民音乐出版社精彩亮相2017上海国际乐器展. http://www.cnpubg.com/news/2017/1030/36721.shtml（2018-11-29）.

4. 人民音乐出版社2018上海国际乐器展完美收官. 金融界. http://stock.jrj.com.cn/2018/11/02000025 297394.shtml（2018-11-29）.

（作者单位：中国书籍出版社、北京外国语大学）

巴西出版业发展报告

徐亦行　薛　燕

巴西国土幅员辽阔，拥有众多人口，但基础设施不够发达，文盲基数大，人民阅读习惯不佳，图书销售对政府的依赖状况比较严重。尽管如此，在过去二十年中，巴西出版业还是取得了一定的稳定性并经历了繁荣。但是，近年来，受巴西国内经济萎缩、图书销售模式、物流模式以及图书电子化发展等因素的影响，巴西出版业开始频逢危机。业内已经对此进行反思，希望能通过整改促进行业发展。

本文将从巴西的出版市场背景、出版业运作方式、管理部门、图书馆建设情况、出版业市场情况、畅销书、主要出版商和中巴出版业交流情况等方面展开介绍与分析，希望有助于我国出版界了解巴西出版业的基本情况，从而推进两国之间出版、文化事业的交流。

一、出版市场背景

（一）基本国情

巴西联邦共和国位于南美洲东南部，由26个州、联邦区和5570个市组成，国土面积851.50万平方公里，居世界第四位，是南美最大的国家，与智利和厄瓜多尔之外的所有其他南美国家接壤。巴西首都为巴西利亚，官方语言为葡萄牙语，人口约有2.10亿，居世界第五位。

巴西自然资源丰富，是世界最主要的粮食生产国之一，也是世界上最大的咖啡生产国。根据巴西农业和畜牧业联合会 2013 年的数据，农业占巴西国内生产总值的 23%。农业产品有棉花、大米、咖啡、甘蔗、橙子和大豆。畜牧业包括牛、马、骡、羊、驴、猪、家禽和兔子。矿业则以铝土矿、铁、锰、黄金和石油为主。巴西的工业集中在圣保罗、里约热内卢、库里提巴、坎皮纳斯、阿雷格里港、贝洛奥里藏特、马瑙斯、萨尔瓦多、累西腓和福塔莱萨等地区，是世界第四大汽车市场，汽车、钢铁、石化、计算机、飞机和耐用消费品占巴西国内生产总值的 30.80% 左右。

（二）经济背景

巴西是南方共同市场、20 国集团和凯恩斯集团等多个经济集团的成员，最大的合作伙伴包括欧盟、南方共同市场、拉丁美洲、亚洲和美国。根据国际货币基金组织和世界银行的数据，巴西是拉丁美洲最大的经济体，是美洲的第二大经济体（仅次于美国），以及全球第八大经济体。据估计，未来几十年，巴西经济将成为世界五大经济体之一。目前人均国内生产总值为 9821.41 美元（2017 年），拥有超过 1.20 亿劳动力，失业率约为 11.70%（世界第 38 位）。自 2013 年以来，受国际经济复苏乏力、美国货币政策收紧、国际市场大宗商品价格走低以及本国经济结构性问题等影响，巴西经济开始衰退，目前处于缓慢复苏中。中国是巴西最大的出口国和进口来源国，2017 年巴西对中国出口额近 475 亿美元，进口额为 273 亿美元，巴中两国双边贸易额近 750 亿美元。巴西央行预计巴西 2019 年的 GDP 将增长 2.50%。

（三）出版背景

巴西曾是葡萄牙的殖民地，直到 19 世纪初都没有出版业。葡萄牙王室迁往巴西后，当时的摄政王若奥于 1808 年 5 月 13 日在里约热内卢创建了王室印刷（现国家出版社），巴西出版业应运而生，开始逐步发展。20 世纪初，巴西的图书主要依靠从葡萄牙、法国进口。然而，近几年巴西出版市场开始变得不景气。巴西两家最大的连锁书店文化、萨拉瓦以巴西国内经济不佳和图书市场缩水为由,分别于2018年10月和11月申请了破产司法保护,并关闭了数十个书店网点。从这场危机中,巴西出版业市场开始反思旧有大卖场模式,决定向法国、西班牙、德国和阿根廷等国家的出版业学习,重塑市场并思考建立小型书店这一模式的可行性。

导致出版业不景气的原因众多,其中包括:国家宏观经济、复杂的出版模式(从购买版权、翻译权开始就需要投资,耗时太长,到回收的时候,钱可能又收不回来)、通货膨胀、图书标准化和组织方面的困难、物流方面的资源浪费、亚马逊的竞争以及中国图书的进入等。也有部分业内人士认为,目前的出版危机与实体书的角色退化、数字化信息技术发展以及由其导致的行为改变有关,呼吁出版业应主动适应新时代的需求。目前,大部分出版社已经向巴西文化部提交草案,要求吸纳欧洲国家经验,对图书进行统一定价,并在出版一年后方可放开价格,以此促进出版业繁荣。

二、出版业运作方式

巴西在图书成本构成、书店销售方式、出版考量因素、作者版税方面有以下特色。

(一)图书成本构成要素

图书成本的构成要素包括:预付和其他版权协议、翻译、证明审查、修订、排版、封面、印刷、宣传、给予书店的折扣幅度、税费、违约备用金。印刷成本根据内文、封面、格式/尺寸而有所不同。销售收入的很大一部分归书店。按规定,出版商给予书店建议定价50%的折扣。例如,封面定价是39.90美元,那么书店将支付大约20美元,而特殊情况下书店可以拿到更大的折扣。

(二)书店仅在完成销售后向出版社支付书款

在巴西,存在着委托销售和有退货权的销售这两种方式。委托销售中,书店在结算销售款时将书款转入出版商账户；而在有退货权的销售中，书店会直接将书款转入出版商账户，但一段时间之后，书店有权退还未售出的图书并要求按比例退款。实际上，这两种销售方式中，书款都不会立刻进入出版商账户，因为在结算书款和实际转账之间有一个间隔期。根据双方之间的谈判，该期限为60至120天不等，甚至可以每年只进行一次结算。此外，还可以通过下次购书抵扣等其他方式进行结算。例如，书店退回价值4000雷亚尔的图书后，将来在同一出版社购书时可在应付书款中扣除这一金额。因此，出版商必须承担从决定出版某一图书到最终收到书店书款前的所有支出。

（三）出版商不直接销售图书

如果出版商通过商店或者自己的网站直接销售图书，图书价格可以降低，利润就会更高。虽然并无法律禁止出版商进行直接贸易，然而，书店可能会因此不再销售这一出版商的图书。因此，出版市场需要在当前模式中达到一种平衡。

（四）出版社需要迎合消费者

某种图书的出版需要考虑出版成本和预计市场接受度之间的关系。如果某一图书不能产生合理的利润，就不会得以出版或再版。印刷数量越多，单位成本越少，但因为总成本更高，风险也就更大。如果销售额没有达到最低限度，则出版商会承担一部分损失。

（五）作者的版税

通常情况下，出版商会向签约作者支付版权预付款，版税介于销售价值5%和10%之间。如果销售额未达到相应的金额，作者不需要退还预付款。如果图书销售额超过预付金额，则作者在合同规定的期限内按比例享有版权收入。

（六）出版商不向作者收取出版费

出版商是个人或法人实体，根据版权法，在出版合同范围内，享有复制作品和宣传作品的义务。如果某家公司向作者收取出版费，则它不是出版社，而是印刷商，或者最多是服务商。简而言之，出版商是一家利润来自图书销售的企业。

三、出版业的管理部门

巴西出版业的管理遵循《宪法》《版权法》[1]和《图书政策》[2]的相关条款，相关的管理部门或协会有：

（一）文化部

巴西文化部负责拟定出版市场的法案，并对出版业进行方向性指导。必要时，会成立临时工作组，对巴西出版市场进行分析诊断，并提出相应的立法和融资方案。

（二）巴西图书协会

巴西图书协会成立于1946年9月20日，汇集了全巴西的出版商、书商、经销商和债权人，对图书进行估价、参加国内外书展、定期组织出版业活动。除负责制定政策、促进业务发展、对协会成员提供支持外，还致力于发展图书业、支持区域出版市场的发展、支持国家和地市图书馆（公共和私人）的创建、振兴及扩大书展和文学节的规模和影响，并帮助人们培养阅读习惯。

（三）通信核查所

通信核查所是巴西国有非营利单位，由广告商、广告代理和出版商的代表组成。负责媒体的多平台审计工作，为市场提供免费和详细的通信数据，包括台式机、手机、平板电脑和应用程序的网络流量，以及出版物、各类事件和户外媒体的发行和传播。

---

[1] Lei de Direitos Autorais - Lei 9610/98
[2] Lei nº 10.753, de 30 de outubro de 2003

（四）国家期刊编辑协会

国家期刊编辑协会的主要功能在于：促进阅读习惯的养成；与相关机构和企业一起，促进杂志的编辑、文化和经济活力；根据巴西宪法，捍卫编辑和出版印刷和电子杂志的自由；促进杂志编辑的团结，为他们及所在的出版业发声；为合作者及整个团体提供知识、信息和经验；以及捍卫和促进商业自由，增加广告销售。

（五）国家图书出版联盟

国家图书出版联盟成立于1941年，隶属于国际出版商协会和拉丁美洲和加勒比地区图书发展区域中心，旨在研究和协调编辑业务，在法律上代表巴西文化出版物和图书出版商，并保护其利益。

（六）"巴西出版商"项目

"巴西出版商"成立于2008年，是一个促进巴西编辑内容出口的出版业项目，由巴西图书协会与巴西出口和投资促进局合作推出。该项目致力于帮助巴西出版商参与主要的国际书展，提高巴西出版市场的能力，促进其成员与潜在买家之间的关系，向外推广巴西图书，并促进出版业和巴西图书市场国际化。

四、阅读习惯和图书馆

巴西文盲基数大，根据2016年出版的"巴西阅读情况"公布的数据，巴西有1180万文盲，15岁以上人口的文盲率为7%，人均每年阅读2.43本书，30%的人口从未买过书。社会不平等、文盲、家庭结构不稳定和教育缺失等可能是导致阅读习惯缺乏的主要因素。

巴西人口众多，国土面积辽阔，但基础设施不够发达，图书销售、网络覆盖比较差，图书馆、实体书店比较少。目前，巴西一共有6057所图书馆，其中北部地区462所、东北地区1844所、中西地区501所、东南地区1957所、南部地区1293所。图书馆的种类则包括：公共图书馆、主题公共图书馆、社区图书馆、阅读点、国家图书馆、学校图书馆、大学图书馆、专业图书馆及文献中心等。

五、出版市场发展现状

（一）图书出版市场

巴西市、州、联邦等各级政府是巴西最主要的图书采购方，出版市场对政府的依赖特别强。因此，一旦巴西经济面临危机，政府项目减少，就会对巴西出版市场带去不小的冲击，尤其会对一些完全依赖政府的小型出版社打击巨大。就整个出版市场而言，2013年到2017年间，政府购书比重占整个图书市场销售额的23%~27.50%（见图1）。

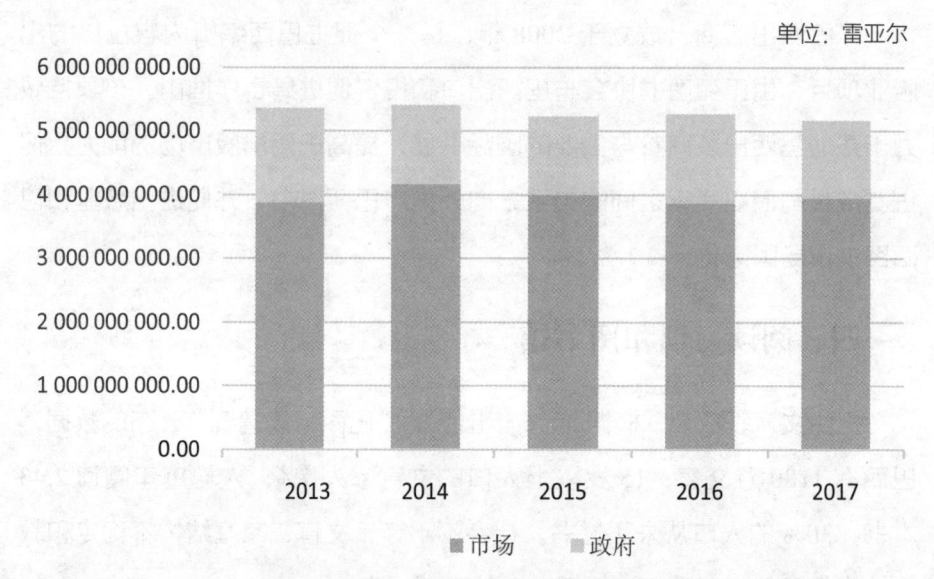

图1 2013—2017年巴西出版业销售收入

数据来源：经济调研研究院基金会

近年来，受到巴西经济危机、信息技术革命、出版业销售模式老旧等的影响，巴西出版业逐年萎缩。从表1数据可以看到，从2014年开始，巴西图书市场同比增长率逐年下降，2015 年的增长率甚至下跌到 −12.63%。

表 1　2014—2017 年巴西图书市场同比增长率

年份	2014	2015	2016	2017
名义增长	+0.92	−3.27%	+0.74%	−1.95%
实际增长（考虑同期消费者物价指数）	−5.20%	−12.63%	−5.20%	−4.76%

数据来源：经济调研研究院基金会

在图书销售册数方面，也是一路走低（见图 2）。

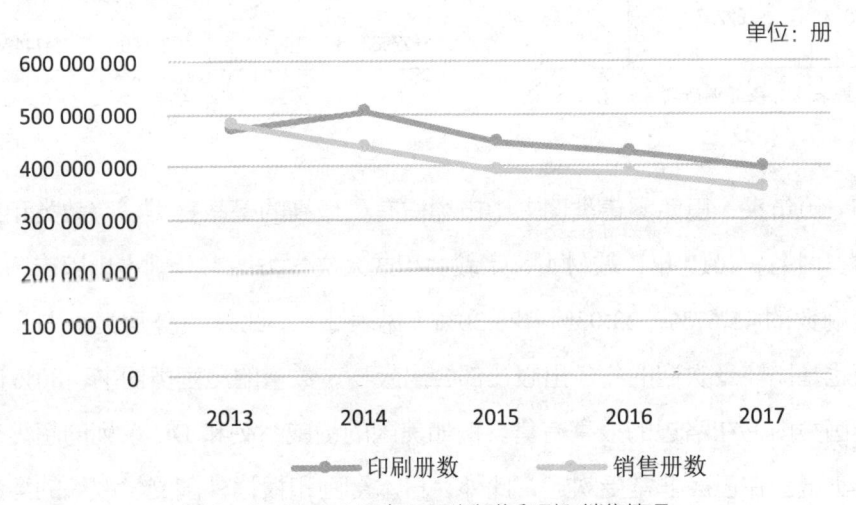

图 2　2013—2017 年巴西出版物印刷和销售情况

数据来源：经济调研研究院基金会

2013 年，巴西共销售出 4.80 亿册，收入 53.59 亿雷亚尔，而到 2017 年，仅销售出 3.55 亿册，收入 51.67 亿雷亚尔，销售量共计减少 1.25 亿册，销售收入共计减少 1.92 亿雷亚尔（见表 2）。

表2 2013—2017年巴西出版市场表现

年份	出版种数（种）	印刷册数（万册）	销售数量（万册）		总收入（万雷亚尔）	
			市场	政府	市场	政府
2017	48879	39328	35494		516706	
			22234	13260	395108	121598
2016	51819	42719	38341		526997	
			22662	15679	387251	139746
2015	52427	44685	38927		523139	
			25468	13459	400318	122821
2014	60829	50137	43569		540851	
			27739	15830	416966	123885
2013	62235	46784	47997		535942	
			27966	20031	388500	147442

数据来源：经济调研研究院基金会

历年来，巴西零售类图书中市场占有量最高的是教育类、宗教类和文学类图书。2017年，教材类、宗教类和成人文学类图书分别占出版市场总印刷数的45.67%、23.03%和8.20%（见表3）。此外，漫画类图书在巴西也是比较受欢迎的，各出版社都会出版一定数量的漫画类图书，80%的漫画类图书在路边的报亭有售。例如美国的漫威系列和DC系列的超级英雄类漫画在巴西非常受欢迎，此外，日本漫画和根据外国文学改编的漫画在巴西同样受到追捧。

受巴西图书市场大趋势走弱的影响，近年来，几乎各种图书的出版量和销售量均持续下降。2014年到2017年期间，出版量下降超过50%的图书有旅游、娱乐和美食类（下降74.80%），数学、统计、逻辑和自然科学类（下降68%），教育和教育学（下降67.50%），经济、管理、贸易和公共管理类（下降60%），儿童文学类（下降57%）和法律类（下降

55%）；出版量下降在10%以内的图书有励志自助类（下降6%），心理和哲学（下降4%）。也有少数种类的图书出版量逆势增长。以宗教类图书为例，它不仅一直稳居图书出版数量第二名的宝座，出版量也逐年上涨。2014到2017年期间，该类图书出版册数增长了11%，约合917万册，这与巴西宗教众多，且是世界上信仰天主教人口最多的国家不无相关。另外，艺术类图书出版量增长率达65%，传记类图书出版量也增长了8%。

表3　2014—2017年巴西图书细分市场出版册数一览表

单位：万册

种类	出版册数			
	2014年	2015年	2016年	2017年
教材	21152	21939	20712	17960
宗教	8141	8767	8881	9058
成人文学	4849	3165	3294	3224
励志自助	2168	1937	2043	2030
儿童文学	3726	1250	1662	1599
青少年文学	2009	1128	1020	969
人类与社会科学	913	772	720	669
法律	1429	928	754	642
语言和语言学	859	692	717	609
传记	527	419	514	571
经济、管理、贸易和公共管理	1088	774	465	434
医药、公共卫生和健康	643	829	399	327
心理和哲学	200	194	248	192
教育和教育学	388	198	190	126
旅游、娱乐和美食	425	134	125	107
艺术	52	712	76	86
体育和运动	174	104	100	84
字典和学习挂图	167	92	141	82

续表

种类	出版册数			
	2014年	2015年	2016年	2017年
数学、统计、逻辑和自然科学	211	146	66	67
工程和技术	265	100	66	64
农牧、兽医和宠物	41	53	75	61
信息、计算机和编程	61	46	60	34
建筑和城市规划	6	5	5	3
其他	644	300	386	332
总计	50137	44685	42719	39328

数据来源：经济调研研究院基金会

巴西市场的翻译类作品占整个出版市场的比重较大，翻译作品大部分从英语、西班牙语、法语以及意大利语翻译而来，由中文翻译的作品则较少（见图3）。

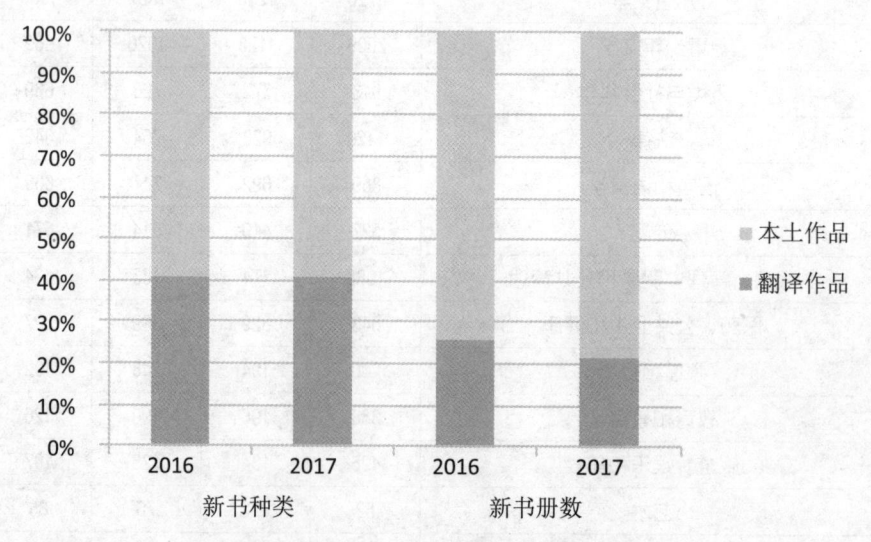

图3 2016—2017年巴西翻译作品比重

数据来源：经济调研研究院基金会

2017年，巴西市场出版的翻译新作共有6556部，约占整个新书出版市场的41%，较2016年下降了482种；翻译新作的印刷数量为16838387册，约占整个新书市场印刷量的21.50%，较2016年的印刷数量下降了3912671册（见表4）。

表4　2016—2017年巴西新书印刷情况

单位：万册

年份	2016	2017
翻译作品	2075	1684
巴西作品	5928	6144
总计	8003	7828

数据来源：经济调研研究院基金会

巴西图书的主要销售渠道是书店和经销商，大部分的销售收入来自这两个渠道。2017年，书店售出图书达到1.18亿册，占总销售册数的53.11%，经销商售出图书达3575万册，占总销售册数的16.08%（见表5）。

表5　2013—2017年巴西图书在市场各销售渠道的销量

单位：万册

渠道	市场销售册数				
	2013年	2014年	2015年	2016年	2017年
书店	14148	13828	13064	11949	11809
经销商	5733	5576	4360	3901	3575
入户	2445	2620	2461	1853	1766
教堂和纪念堂	909	1137	1112	1107	1095
超市	855	905	720	778	797

续表

渠道	市场销售册数				
	2013年	2014年	2015年	2016年	2017年
非实体书店	—	—	501	550	647
学校	529	694	648	566	575
直销	298	367	439	449	367
企业	283	396	586	336	317
报摊	576	541	408	325	314
出口	312	291	208	235	311
出版社网站	249	196	211	166	202
私人图书馆	48	31	74	52	42
与报纸联合销售	54	48	42	21	23
其他	1529	1109	635	375	395
共计	27966	27739	25468	22662	22234

数据来源：经济调研研究院基金会

除此之外，入户销售和超市销售也是巴西图书的主要销售方式。另外，随着信息技术的发展，在各渠道售出图书数量不断下降的背景下，非实体书店这一销售渠道的销售量逆势而上，2017年售出图书达到6474709册，占总销售册数2.91%，实现销售收入100347745.48雷亚尔（见表6）。

表6 2013—2017年巴西图书在市场各销售渠道的销售收入

单位：万雷亚尔

渠道	市场销售收入				
	2013年	2014年	2015年	2016年	2017年
书店	238544	250758	233663	234620	234972
经销商	75194	87978	83781	78724	85349

续表

渠道	市场销售收入				
	2013年	2014年	2015年	2016年	2017年
入户	19943	22451	24315	22602	20914
非实体书店	—	—	7052	8706	10035
超市	6338	6761	7114	7111	7607
学校	6194	6692	7047	6529	6388
教堂和纪念堂	5538	5959	6289	5346	5707
出口	6139	5934	4881	5993	4538
私人图书馆	95	172	3002	1688	3149
直销	4570	4959	3925	2493	2968
出版社网站	2865	2589	2742	1715	2154
企业	2402	2750	3250	2041	1969
报摊	2685	3120	1347	1429	1623
与报纸联合销售	2550	2114	413	598	780
其他	15443	14728	11497	7657	6956
共计	388500	416966	400318	387251	395108

数据来源：经济调研研究院基金会

（二）报刊市场

整个出版业不景气、缺乏新的交付和管理模式，这些因素都使得巴西的报纸杂志同样面临困境。各大知名报刊的发行量逐年下跌。如表7所示，知名杂志《页报》2014年12月的发行量为37万份，2017年12月的发行量仅为28万份，减少了9万份，同比下跌比例为23.10%；其他报纸发行量也有不同程度的减少，其中，减幅最大的是《米纳斯州报》，和2014年同期比较，2017年下跌了52.40%；而《人民报》则遭遇停刊。

表7 2014—2017年巴西部分日报的发行量

单位：万册

日报	2014年12月 总量 印刷/电子	2015年12月 总量 印刷/电子	2016年12月 总量 印刷/电子	2017年12月 总量 印刷/电子
页报 Folha	37 21/16	31 18/13	31 14/17	28 12/16
环球 Globo	35 20/15	30 18/12	31 16/1515	24 13/11
超级消息报 Super Notícia	32 28/4	27 22/5	25 20/5	20 15/5
州报 Estado	23.70 16.30/7.40	22 15/7	21 13/8	20 11/9
零点报 Zero Hora	20 16/4	19 14/5	19 12/7	18 10/8
米纳斯州报 Estado de Minas	10.80 5.50/5.30	9.40 4.70/4.70	6.20 3/3.20	5.10 2.60/2.50
巴西邮报 Correio Braziliense	5 4/1	5.40 3.50/1.90	4.60 3/1.60	4.50 2.60/1.90
经济价值报 Valor Econômico	5.90 4.30/1.60	6.20 4/2.20	5.90 3.40/2.50	5.80 2.90/2.90
人民报 Gazeta do Povo	4 3.80/0.20	4.10 3.50/0.60	4 2.70/1.30	停印
午报 A Tarde	4 3/1	3.80 2.50/1.30	3.40 2/1.40	3 1.70/1.30
人民报 O Povo	1.90 1.90/0	1.70 1.70/0	1.50 1.50/0	1.40 1.40/0

数据来源：通信核查所

在发行总量下跌的趋势之下，除《环球》和《米纳斯州报》外，各大报纸的电子版发行量均处于上升趋势。其中，《零点》电子版发行量的增速最高，与2014年同期比较，2017年12月电子版发行量达到80150份，增幅约为80.10%。

巴西各大杂志的发行情况和报纸类似，大部分杂志的印刷量下降，但电子版本受影响不大。根据通信核查所对巴西16家最大出版物（10种月刊、5种周刊、1种半月刊）的分析表明，这些杂志的电子版本发行量都有所增长。当然，也有部分杂志退出了市场。2018年8月，《滴滴滴》《我的剧集》《讲述》《巴西电视》和《7天》这5份杂志被阶梯出版社停刊。

表8　2016—2017巴西部分周刊的月发行量

单位：万册

杂志	2016年1月 总量 印刷/电子	2017年1月 总量 印刷/电子	2017年5月 总量 印刷/电子
观察 Veja	111 93/18	121 87/34	120 86/34
时代 Época	36.30 36.10/0.20	28 19/9	26 17/9

数据来源：通信核查所

巴西官方并未公布对于图书进出口数据的汇总分析，但我们可以通过巴西在各书展上的成交数据，而对巴西图书出口量有一个侧面了解。圣保罗国际图书双年展是拉美规模最大的图书展会之一，2018年，巴西在该书展上达成了735.90万美元的出口额，在其他书展上的成交额也均超出预期（见表9）。

表9　2018年巴西在各大书展成交额

单位：万美元

时间	书展	成交额（版权和实体书出口）
2018年3月	博洛尼亚儿童书展	40
2018年4月	伦敦书展	20
2018年4~5月	布宜诺斯艾利斯书展	19.70
2018年4月	波哥大国际书展	29.70

续表

时间	书展	成交额（版权和实体书出口）
2018年8月	圣保罗国际图书双年展	735.90
2018年10月	法兰克福国际书展	70
2018年11月	沙迦书展	13.60
2018年12月	瓜达拉哈拉书展	45

数据来源：巴西出版商官网

六、畅销书及出版商

巴西畅销书通常是励志自助、宗教类和小说类。根据 Publishnews 网站的排名，2018 的前十大畅销书为：

表10　2018年巴西十大畅销书[①]

单位：万册

书名	作者	出版社	销量
重塑幸福 A sutil arte de ligar o foda-se	Markmanson	intrínseca	44
和卢卡斯·内托一起探险内托乐园 As aventuras na Netoland com Luccas Neto（巴西）[②]	Luccas Neto	Pichel	37.70
明日奇迹 O milagre da manhã	HalElrod	BestSeller	19
成为仙女 Seja fada（巴西）	Caio Carneiro	Buzz	16.60
精神战斗 Combate espiritual（巴西）	Padre Reginaldo Manzotti	Petra	14.90
人类大简史 Sapiens	YuvalNoahHarari	L&PM	14.10
行动的力量 O poder da ação（巴西）	Paulo Vieira	Gente	14.10
习惯的力量 O poder do hábito	Charles Duhigg	Objetiva	12.60

---

① 数据来源：https://www.publishnews.com.br/ranking/anual/0/2018/0/0，查询时间：2019年3月2日。
② 指巴西国内作品。

续表

书名	作者	出版社	销量
飞利浦·内托——相机背后的生活 Felipe Neto-A vida por trás das câmaras（巴西）	Felipe Neto	Pixel	12.50
自我责任的力量 O poder da autorresponsabilidade	Paulo Vieira	Gente	11.90

数据来源：publishnews 官网

在上述畅销书中，励志自助类 4 种，商业类 3 种，青少年读物 2 种，小说 1 种。巴西作家的作品有 5 部上榜。

巴西有近 800 家出版社，其中近 300 家对图书电子化有所涉猎。主要的出版商包括环球出版社、马丽达集团出版社、记录、洛克、星球、六十度、教育者、客观和文学公司等，以环球出版社、教育者和马丽达集团出版社最为知名。环球出版社隶属于环球集团，该集团建于 1952 年，出版多种杂志和图书，出版的图书涵盖文学理论、营销和广告、行政、传记和回忆录、农业和牲畜、心理学、健康、幽默、巴西和外国文学、商业和金融、宗教、沟通和艺术等领域。教育者是巴西一个主要的教育集团，在出版图书方面做了大量工作，主要出版教育领域的各种图书。马丽达集团出版社建于 1902 年，是巴西最古老、最传统的出版社之一，目前属于巴西教育和文化协会，出版数学、青年文学和科学等领域的出版物。教育者和马丽达集团出版社还入选了 2018 年评出的全球出版 50 强名单。

七、中巴出版业交流情况

自 1974 年中国与巴西建立外交关系以来，中巴关系平稳发展，2012 年两国建立了全面战略伙伴关系。然而，中巴在文化领域的交流较少。以巴西文学汉译为例，中国的葡语教学始于 20 世纪 60 年代初，因此，巴西文学也是自那时才开始正式从其源语言直接翻译为汉语。但是，译者稀缺亦造成作品汉译的数量较少，其中较为集中的汉译作品作者为若热·亚马多和马查多·德·阿西斯，2001年开始则有十余部保罗·柯埃略的作品被译为汉语。新中国成立至今，汉译的巴西文学作品仅有70多本，这一数字和英语作品的汉译数量相比较，可以说是沧海一粟。

近年来，双方通过多种渠道，积极努力推进出版领域的合作：2015年，《今日中国》杂志社和巴西节段出版社合作，在巴西出版《今日中国》葡萄牙文版；2017年2月，中国和巴西的文化部部长举行会晤，就两国之间在图书馆、档案、博物馆、电影、文学等方面的交流展开洽谈；2018年9月，新华社、中国经济信息社走访巴西金融资讯集团及巴西专业财经媒体《经济价值报》，以推进中巴媒体间经济信息服务合作；2019年初，北京师范大学出版集团也与巴西东进出版社合作，成立了"合作选题研发中心"，决定从中国当代文学作品入手，推出以中国汉字"书"为徽标的专属品牌，向巴西及拉美读者推介更多中国主题的图书，展示真实、立体、全面的中国。

目前在巴西市场上，葡语版的中国图书不多，但正在不断丰富中。中国经典文学作品《论语》《鱼玄机》《中国唐代诗选》《道德经》葡语版已经进入巴西市场，部分当代中国作家和华裔作家的作品也在巴西有了葡语版，如：老舍的《骆驼祥子》，莫言的《变》和《蛙》，余华的《活着》《许三观卖血记》和《兄弟》，苏童的《碧奴》，刘慈欣的《三体》和《黑暗森林》，欣然的《中国好女人》《一位陌生中国母亲的来信》和《筷子小姐》，哈金的《等待》和《疯狂》，戴思杰的《巴尔扎克与中国小裁缝》和《无月之夜》等。其中，大部分中国文学作品由巴西文学公司出版社出版。

综上所述，巴西的出版业受到国家政局、经济形势、市场模式等多方面的影响，近年来面临着发展上的困难。但也不难看出，巴西文化部和其他相关部门也在寻求解决方法，不断改变思维方式，力图跟上时代的脚步，拓展网络资源，加大对外开放合作，促进巴西出版业的发展。如著名的圣保罗国际图书双年展，就是巴西出版业走出去、请进来的一种极好方式。

据《2018年度中国出版业发展报告》显示，"2018年出版业的主基调是不断深化改革，'以改革促进高质量发展，并取得明显成效'""呈现传统出版与新兴出版共舞图书市场的局面""深化改革之下的中国出版业，实体书店、网络书店、走出去等方面的表现可圈可点"①。由此可见，中国的出版业在近年来发挥出了改革的成效，传统与新兴相结合，走出了自己的特色。

巴西与中国同为金砖国家，也都是发展中国家，两国有很多类似的情况。因此，对于巴西出版业市场的了解、对于中国出版业发展的研究，均可促进两国之间出版方面的交流。双方可取长补短，互相引进文化作品，使得两国的"文化自信"在对方国家开花结果。

参考文献

1. Produção e vendas do setor editorial brasileiro. Câmara Brasileira do Livro, Sindicato Nacional dos Editores de Livros e Fundação Instituto de Pesquisas Econômicas, 2014.

2. Produção e vendas do setor editorial brasileiro. Câmara Brasileira do Livro, Sindicato Nacional dos Editores de Livros e Fundação Instituto de Pesquisas Econômicas, 2015.

3. Produção e vendas do setor editorial brasileiro. Câmara Brasileira do Livro, Sindicato Nacional dos Editores de Livros e Fundação Instituto de Pesquisas Econômicas, 2016.

4. Produção e vendas do setor editorial brasileiro. Câmara Brasileira do Livro, Sindicato Nacional dos Editores de Livros e Fundação Instituto de Pesquisas Econômicas, 2017.

---

① http://media.people.com.cn/n1/2018/1218/c40606-30473999.html，查询日期：2019年6月15日。

5. 巴西出版商官方网站（Brazilian Publishers）. http://brazilianpublishers.com.br/.

6. 巴西图书协会官方网站（Câmara Brasileira do Livro）. http://cbl.org.br/.

7. 巴西出版新闻官方网站（Publish News）. https://www.publishnews.com.br/.

8. 通信核查所官方网站（Instituto Verificador de Comunicação）. https://ivcbrasil.org.br/.

（作者单位：上海外国语大学、四川省卫生健康委国际交流中心）

白俄罗斯出版业发展报告

王卉莲

白俄罗斯是欧亚大陆桥上的重要国家，是丝绸之路经济带向欧洲延伸的重要节点。本文主要介绍了白俄罗斯图书和连续出版物出版情况、出版发行机构以及阅读推广情况等，较为全面地呈现了该国出版业的现状，以期中白两国出版业以共建丝绸之路经济带为契机，加快合作步伐，取得新成果和新突破。

白俄罗斯位于东欧平原西部，东邻俄罗斯，北、西北与拉脱维亚和立陶宛交界，西与波兰毗邻，南与乌克兰接壤。面积20.76万平方公里，人口947.70万（截至2019年1月），首都明斯克。全国划分为明斯克、布列斯特、维捷布斯克、戈梅利、格罗德诺、莫吉廖夫6个州和1个直辖市（首都明斯克）。全国有100多个民族，其中白俄罗斯族占81.20%，俄罗斯族占11.40%，波兰族占3.90%，乌克兰族占2.40%，犹太族占0.30%，其他民族占0.80%。70%以上的居民主要信奉东正教，西北部一些地区信奉天主教及东正教与天主教的合并教派。官方语言为白俄罗斯语和俄语。货币单位为白俄罗斯卢布。2017年白俄罗斯国内生产总值共计526亿美元，同比增长2.40%。

白俄罗斯出版业在独联体国家中位居前列。根据联合国教科文组织数据研究所对一些独联体国家的居民拥有图书情况的统计，2015—2017年白俄罗斯居民人均拥有图书量为 2.30~2.40 册，仅次于俄罗斯，位列第二；白俄罗斯百万居民拥有图书量为一千余册，位居第一。表 1 可从一定程度上反映出白俄罗斯出版业与其他独联体国家的实力对比。

表 1　一些独联体国家居民拥有图书情况

类别	人均拥有图书（册）			百万居民拥有图书（册）		
	2015 年	2016 年	2017 年	2015 年	2016 年	2017 年
俄罗斯	3.10	3.10	3.20	770	797	799
白俄罗斯	2.30	2.40	2.40	1084	1008	1009
哈萨克斯坦	1.10	—	—	316	—	—
乌克兰	0.90	1.60	1.10	467	503	522
吉尔吉斯斯坦	0.30	—	—	201	—	—
塔吉克斯坦	0.10	—	—	94	—	—

数据来源：白俄罗斯书库

白俄罗斯实行义务上缴文献制度，本文数据以白俄罗斯书库义务上缴文献系统上的统计资料为基础。2017 年白俄罗斯出版印刷类出版物 57795 种，其中报纸占 46.40%，机关出版物占 23.70%，图书和小册子占 16.60%，杂志占 10.10%，其他出版物占 3.20%。2007—2017 年白俄罗斯印刷类出版物出版情况见表 2。

表 2　2007—2017 年白俄罗斯印刷类出版物出版情况

年份	2007	2008	2009	2010	2011	2012	2013	2014	2015	2016	2017
种数（种）	74134	77469	78262	74362	74224	68702	69483	66517	61362	58556	57795

数据来源：白俄罗斯书库

近年来，白俄罗斯出版业呈现以下发展态势：

一是受世界经济形势的影响，白俄罗斯印刷类出版物品种数自2008年以来呈缩减趋势，2017年较2008年减少25%。2008年国际金融危机爆发后，白俄罗斯经济由高速增长进入低迷时期，特别是2014年乌克兰危机以来，受国际油价暴跌、俄罗斯经济危机的影响，白俄罗斯经济发展更是萎靡不振。由于金融危机对出版业的影响较为滞后，在危机爆发当年和次年尚未显现，2009年白俄罗斯印刷类出版物出版种数达到了近10年来的最高峰值，为7.80万种，之后除2013年同比微弱增长外，出版种数一路跌至2017年的5.80万种。

二是出版机构数量不断增加，出版业集中程度较高。白俄罗斯信息部自2013年起对出版机构进行登记注册，2017年出版机构较2014年增加了12%。七成的出版机构集中在首都明斯克。领军出版机构的出版量较大，2015—2017年出版图书100种以上的出版机构在总出版种数方面所占份额为40%左右，在总印数方面所占份额为55%~85%。

三是大型出版机构影响力有所下降。2000年哈尔韦斯特出版社的出版量约占总出版种数的三成、总印数的四成，2015—2017年阿韦尔塞夫和维斯诺瓦（2017年4月重组成立有限责任公司，其前身是白风）两大出版巨头的出版量仅占总出版种数的10%，约占总印数的25%。

一、出版情况

1. 图书出版情况

据白俄罗斯书库统计，2017年白俄罗斯共出版图书和小册子9590种，总印数2310万册，每种图书平均印数为2400册，人均拥有图书2.40册。

2007—2017年，白俄罗斯图书和小册子出版的最高峰值为2008年的13210种，之后由于国内经济不景气，出版种数整体呈下滑态势，至2017年减少到9590种，较2008年缩减27.40%。2011—2014年是金融危机后的经济恢复期,图书和小册子出版种数虽然逐年微弱增加,保持在 1.1 万余种,但是仍然挽回不了整体下滑的颓势。受 2014 年国内经济形势恶化的影响,2015—2016 年图书和小册子的出版种数分别减少 11.50%、6.70%。2017 年随着经济的逐渐复苏,出版业的振兴或可期待,图书和小册子出版种数同比实现 0.10% 的微弱增长。(见表 3)

表3　2007—2017 年白俄罗斯图书和小册子出版情况

年份	2007	2008	2009	2010	2011	2012	2013	2014	2015	2016	2017
种数(种)	12565	13210	12885	11040	11084	11344	11441	11613	10273	9581	9590

数据来源:白俄罗斯书库

　　按版次、装帧等不同口径统计的出版情况,我们所掌握的最新数据截至 2015 年。2015 年,白俄罗斯再版书所占出版种数比重为 16.70%,所占印数比重为 47.20%;精装书所占出版种数比重为 17.40%,所占总印数比重为 25.50%。

　　不同印数级别图书出版情况如下:2015—2017 年,印数在 500 册以下的图书占总出版种数超过 60%,约占总印数的 5%;1000~5000 册的图书约占总出版种数的 20%,约占总印数的 25%;上述两个印数级别的图书占总出版种数的八成,占总印数的三成。5000~1 万册的图书约占总出版种数的 4%,占总印数的 10%~15%;1 万 ~5 万册的图书约占总出版种数的 3%,约占总印数的 25%;5 万 ~10 万册的图书、10 万以上的图书占总出版种数的比重均在 0.50% 及以下,约占总印数的 10%~20%;印数在 5000 册以上的图书,尽管占总出版种数不足一成,但是却占总印数的七成。(见表 4)

表4 2015—2017年白俄罗斯不同印数级别的图书出版情况

印数级别	出版种数						印数					
	种			比重(%)			千册			比重(%)		
	2015年	2016年	2017年	2015年	2016年	2017年	2015年	2016年	2017年	2015年	2016年	2017年
500册以下	6527	6024	6084	63.50	62.90	63.40	1147.70	1051.30	1045.90	5.30	4.50	4.50
500~1000册	864	702	724	8.40	7.30	7.60	787.80	625.10	652.10	3.70	2.70	2.80
1000~5000册	2109	2005	2041	20.50	20.90	21.30	6088.60	5577.60	5737.70	28.20	24.10	24.80
5000~1万册	460	454	367	4.50	4.70	3.80	3657.00	3480.10	2579.10	17.00	15.00	11.20
1万~5万册	257	328	299	2.50	3.40	3.10	5122.50	6409.80	5726.70	23.80	27.70	24.80
5万~10万册	37	41	32	0.40	0.40	0.30	2516.00	2761.30	2048.40	11.70	11.90	8.90
10万册以上	19	27	43	0.20	0.40	0.50	2233.40	3238.30	5313.70	10.30	14.10	23.00
合计	10237	9581	9590	100	100	100	21553.00	23143.50	23103.60	100	100	100

数据来源：白俄罗斯书库

2.连续出版物出版情况

白俄罗斯连续出版物主要包括杂志、专刊、汇编和报纸。2017年白俄罗斯共出版连续出版物1392种，总期数32484期，总印数4.13亿册，分别较2015年减少6.60%、5.60%、15.80%。其中，杂志、专刊、汇编862种，总期数5991期，总印数4400万册，分别较2015年减少4.90%、5.60%、30.80%；报纸530种，总期数26493期，总印数3.69亿份，分别较2015年减少9.40%、6.00%、13.60%。

2011—2017年，报纸的出版种数和印数都在逐年减少，降幅均在25%左右；杂志、专刊、汇编的出版在2014年乌克兰危机之前基本上呈现上升趋势，之后逐年缩减，2014年这三类出版物的出版种数、印数达到最高峰值，2017年上述两项指标较2014年分别减少7.90%、43.80%。由此可见，七年间，杂志、专刊、汇编在印数指标方面受冲击较大。（见表5）

表5　2011—2017年白俄罗斯连续出版物出版情况

年份	出版种数（种）		印数（百万册）	
	杂志、专刊、汇编	报纸	杂志、专刊、汇编	报纸
2011	918	693	60.60	494.90
2012	897	662	65.40	467.30
2013	921	654	75.50	455
2014	936	619	78.30	445.40
2015	906	585	63.60	426.50
2016	870	549	53.60	407.50
2017	862	530	44	368.50

数据来源：白俄罗斯书库

3. 各语种书刊及翻译类图书出版情况

关于各语种书刊、翻译类图书整体出版情况的统计，2015年出版俄语图书8227种，印数1600万册，在总出版种数和总印数中所占比重分别为80.10%和74.30%；出版白俄罗斯语图书1168种，印数370万册，所占比重分别为11.30%和5.60%；出版英语图书593种，印数160万册，所占比重分别为5.80%和7.40%；出版德语图书106种，印数14万册，所占比重分别为1.00%和0.65%；出版其他语种图书179种，印数13万册，所占比重分别为1.70%和0.60%。

2015年出版翻译类图书545种，印数130万册，所占出版种数、印数比重较2014年有所下降，分别由8%降至5.30%，由9.80%降至6.10%。其中，译自英语201种，译自波兰语29种，译自德语18种，译自塞尔维亚语13种，译自法语11种，译自意大利语8种。

2015年杂志、专刊、汇编以俄语出版759种，占83.80%；以白俄罗斯语出版135种，占14.90%；以其他语言出版12种，占1.30%。报纸以俄语出版 397 种，占 67.90%；以白俄罗斯语出版 185 种，占 31.60%；以其他语言出版 3 种，占 0.50%。

2015 年在白俄罗斯发行的国外大众传媒有 1241 种，其中 764 种来自俄罗斯，363 种来自乌克兰，来自美国、英国、哈萨克斯坦、德国分别为 46 种、21 种、20 种和 10 种，来自法国、意大利、荷兰、立陶宛、波兰各 3 种，来自拉脱维亚、芬兰各 1 种。

按印数级别统计的白俄罗斯语图书中，最新数据截至 2017 年。2015—2017 年，印数在 1000 册以内的，分别占该语种图书出版种数、印数的 58%、5%；印数在 1000~5000 册的，所占比重分别为 33%、23%；印数在 5000~1 万册的，所占比重分别为 5%、9%；印数在 1 万~10 万册的，所占比重分别 3%、23%；印数在 10 万册以上的，所占比重分别为 1%、39%。

综上所述，印数在 5000 册以内的白俄罗斯语图书占该语种图书出版种数的九成以上；印数在 1000~5000 册、1 万~10 万册、10 万册以上的白俄罗斯语图书占该语种图书印数的近九成。（见表 6）

表6 2015—2017 年白俄罗斯语图书出版情况（按印数级别划分）

印数级别	出版种数（种）			印数（万册）		
	2015 年	2016 年	2017 年	2015 年	2016 年	2017 年
1000 册以内	680	639	764	20	20	20
1000~5000 册	397	368	433	100	80	90
5000~1 万册	44	59	61	30	40	40
1 万~10 万册	35	44	41	80	90	100
10 万册以上	12	12	15	140	140	180
合计	1168	1122	1314	370	370	430

数据来源：白俄罗斯书库

4. 图书细分市场情况

2015—2017 年，各类图书在出版市场中所占份额变化不大。教材约占总出版种数的 50%，占总印数的 65%~75%；学术类图书约占总出版种数的 12%，约占总印数的 1%；生产类和参考类图书各占总出版种数的 7%~8%，各占总印数的 2%~4%；少年儿童类图书约占总出版种数的 6%，占总印数的 6%~10%；文学艺术类图书约占总出版种数的 6%，占总印数的 1%；科普类图书约占总出版种数的 5%，约占总印数的 3%；心理教育类图书约占总出版种数的 1%，占总印数的 1%~5%。

近年来，出版量缩减最快的板块是心理教育类图书，2017 年该类图书出版种数较 2015 年减少 52%，印数较 2015 年减少 74%。由于互联网和各类电子阅读器抢占出版市场，出版量缩减较为明显的板块还有文学艺术类图书：2015 年、2016 年出版种数同比分别减少 42%、13%，印数同比分别减少 64%、33%；2017 年虽然出版种数同比增加了 12%，但是印数却同比减少了 16%。（见表 7）

表 7　2015—2017 年白俄罗斯各类图书出版情况（按目的功用划分）

类别	种数（种）			印数（千册）		
	2015 年	2016 年	2017 年	2015 年	2016 年	2017 年
大众政治类	8	4	—	19.20	2.80	—
学术类	1329	1180	1150	221.50	171.60	157.50
科普类	601	454	522	931.00	592.90	727.10
生产类	851	694	682	685.70	497.50	366.30
政府出版物	93	90	67	137.60	120.60	120.60
教材	4968	4923	4880	14104.10	17583.10	17603.10
文学艺术类	654	569	635	415.20	278.50	233.50
少年儿童类	531	566	559	2148.20	1607.20	2032

续表

类别	种数（种）			印数（千册）		
	2015年	2016年	2017年	2015年	2016年	2017年
参考类	700	634	623	876.80	652.60	540.60
信息类	201	150	145	221.00	170.90	185.10
大众阅读类	110	121	124	585.60	520.40	632.40
广告类	60	68	123	118.60	163.90	218.50
心理教育类	167	128	80	1088.50	781.50	286.90
合计	10273	9581	9590	21553.00	23143.50	23103.60

数据来源：白俄罗斯书库

2017年，白俄罗斯按主题划分的各类图书，除社会科学类图书、科学/信息/文献/图书馆业类图书、哲学/心理学类图书外，较2015年其他主题类别的图书无论出版种数，还是印数都全线缩减，出版种数降幅在3%~40%左右，印数降幅在20%~70%左右。2017年社会科学类图书出版种数、印数分别较2015年增长1%、24%；科学/信息/文献/图书馆业类图书出版种数减少14%，印数增加4%；哲学/心理学类图书出版种数增加2%，印数减少17%。（见表8）

表8 2015—2017年白俄罗斯各类图书出版情况（按主题划分）

类别	种数（种）			印数（千册）		
	2015年	2016年	2017年	2015年	2016年	2017年
科学、信息、文献、图书馆业	724	690	622	1140.60	1057.10	1181.80
哲学、心理学	138	157	141	242.60	125.30	200.60
宗教、神学	227	186	133	1179.60	828.60	318.30
社会科学	3943	3838	3998	14572.90	17853.00	18033.10

续表

类别	种数（种）			印数（千册）		
	2015年	2016年	2017年	2015年	2016年	2017年
数学与自然科学	528	451	429	103.80	83.30	81.80
应用科学、医学、工艺学	2354	2154	2068	1845.90	1373.40	1358.10
艺术、音乐、体育	494	426	439	273.10	310.10	179.20
语言学、语文学、文艺作品、文艺学	1479	1368	1429	1934.60	1323.40	1567.60
地理、传记、历史	386	311	331	259.90	189.30	183.10
合计	10273	9581	9590	21553.00	23143.50	23103.60

数据来源：白俄罗斯书库

二、相关企业情况

1. 图书出版机构情况

据白俄罗斯信息部统计，截至2018年1月1日，白俄罗斯登记注册出版机构508家。其中，国有出版机构占35.60%，私有出版机构占48%，个体经营的出版机构占10.60%，宗教组织附属出版机构占3.80%，社会组织附属出版机构占2%。

每年至少出版过1种图书的出版机构，2015—2017年在320~360家之间，占登记注册出版机构总数的六至七成。在这些出版社中，出版图书1~2种的，占25%~30%；出版图书3~10种的，约占30%；出版图书11~50种的，约占25%；出版图书51~100种的，约占10%；出版图书101~200种的，约占5%；出版图书201~500种的，约占1%；出版图书超过500种的，约占0.20%~0.30%。2015—2017年，出版图书100种以上的出版机构有二十余家。2017年，出版图书100种以上的出版机构占总出版种数的42%，占总印数的59.50%。

白俄罗斯出版业集中程度较高。就领军出版社出版量而言，2017年图书出版品种超过 100 种的出版社共计 23 家,占总出版种数的 42%,占总印数的 60%。就地域分布而言,白俄罗斯出版机构主要集中在首都明斯克,2015 年位于明斯克的出版机构占全国总数超过 70%,其他不到 30% 的出版机构分布在各州。2017 年出版种数排名第二的维斯诺瓦出版社就位于戈梅利州,是该州最大的出版社。

2015 年之前,哈尔韦斯特出版社一直是白俄罗斯出版市场上的佼佼者。2000 年该社出版图书 2169 种,印数 2580 万册,分别占总出版种数和总印数的 30%、40%。2015 年因其俄罗斯合作伙伴阿斯特出版集团退出白俄罗斯市场,该社出版量断崖式下降,由 2014 年的 1215 种,锐减至 214 种,从而导致白俄罗斯出版业指标整体下滑。2017 年该社出版图书 145 种,印数 42.30 万册,在总出版种数和总印数中所占比重不足 2%。

2017 年白俄罗斯出版市场上的两大巨头为阿韦尔塞夫出版社和维斯诺瓦出版社,均以教材出版为主要业务方向。两家出版社的出版量(后者含白风的出版量)占总出版种数的 11%,占总印数的 25%。前者出版图书 562 种,印数 494 万册;后者出版图书 506 种,印数 73 万册。(见表 9)

表 9　2017 年白俄罗斯出版图书 100 种以上的出版机构情况

序号	出版社	出版种数（种）	印数（千册）
1	阿维尔塞夫（Аверсэв）	562	4935.40
2	维斯诺瓦（Выснова）	346	473.70
3	白俄罗斯国立医科大学（Белорусский государственный медицинский университет）	251	38
4	集成曲（Попурри）	234	783.70
5	国家教育学院（Национальный институт образования）	211	4142.40
6	图书大厦（Книжный Дом）	207	1144.70
7	布列斯特国立大学（Брестский государственный университет）	167	17.80

续表

序号	出版社	出版种数（种）	印数（千册）
8	白风（Белый Ветер）	160	254.50
9	白俄罗斯国家技术大学（Белорусский национальный технический университет）	154	22.30
10	维捷布斯克国立大学（Витебский государственный университет）	148	15.90
11	哈尔韦斯特（Харвест）	145	423
12	国民教育（Народная асвета）	141	892.50
13	戈梅利国立大学（Гомельский государственный университет）	136	13.60
14	白俄罗斯科学（Белорусская наука）	135	41.70
15	白俄罗斯国立农学院（Белорусская государственная сельскохозяйственная академия）	134	13.80
16	克洛尔格勒（Колорград）	130	21.60
17	白俄罗斯财政部情报计算中心（Информационно—вычислительный центр Министерства финансов Республики Беларусь）	121	21.50
18	方舟（Ковчег）	116	19.30
19	共和国职业教育学院（Республиканский институт профессионального образования）	112	44.10
20	维捷布斯克国立兽医学院（Витебская государственная академия ветеринарной медицины）	110	21.90
21	塞尔—维特（Сэр-Вит）	107	383.70
22	白俄罗斯毕业后医学教育学院（Белорусская медицинская академия последипломного образования）	103	12.30
23	白俄罗斯国立信息技术无线电电子大学（Белорусский государственный университет информатики и радиоэлектроники）	101	15.10
	合计	4031	13752.50

数据来源：白俄罗斯书库

2. 白俄罗斯语图书出版机构情况

出版白俄罗斯语图书的主要为国有出版社，他们是文学、国民教育、白俄罗斯科学、星、国家教育学院、阿韦尔塞夫、白风、小学、四四拍。

近年来，白俄罗斯语图书中印数最多的一直是教科书。以白俄罗斯语出版的用于拓展教育的教育读物、教科书平均印数10万册以上的，2015—2016年主要有《数学万花筒》《世界围绕着我》《音乐之旅》《白俄罗斯——我们的祖国：卢卡申科总统给一年级学生的礼物》，2017年主要有《俄语：三年级教科书》《文学阅读：三年级教科书》《俄语文学：七年级教科书》。

以白俄罗斯语出版的文学艺术类图书平均印数，2015年为1500册，之后逐年减少，2016年为500册，2017年为400册。2015年印数最大的为3.30万册，是文学出版社出版的克拉皮瓦的图书《永生之门》；白俄罗斯竞赛联盟出版社出版的诗人波格丹诺维奇的诗集《彩虹桥》，印数为1.28万册。2016年印数最大的依然为3.30万册，是文学出版社出版的诗集《心生歌唱》，此外该社出版的中短篇小说集《心灵之声》和图书《部族之箭》印数均为2.26万册。2015—2016年"集成曲"出版社出版的白俄罗斯作家梅列日、库帕拉、格列茨基、科罗特克维奇、沙米亚金、马夫尔等的图书印数均在2000册左右。

2017年以白俄罗斯语出版的文学艺术类图书印数最大的为中小学生文学作品选集，白俄罗斯百科全书出版社出版的面向11年级学生的白俄罗斯文学学习读物《散文中的文学语言》和《诗歌中的文学语言》印数为2.04万册；而该社出版的科罗特克维奇有关剧本和翻译的作品选集25卷本印数为1000册；集成曲出版社出版的科罗特克维奇的图书印数在1500册；由出版人科洛斯以白俄罗斯语出版的外国诗人诗歌选集印数在250~300册。

3. 连续出版物出版机构情况

白俄罗斯连续出版物主要由非国有出版机构出版，所占市场份额由2015年的62.90%增至2017年的74%，国有出版机构所占比重由2015年的37.10%降至2017年的26%。

2017年，白俄罗斯杂志、专刊、汇编中年印数最大的为二百余万册，报纸年印数最大的为1亿余份;入围前10的杂志、专刊、汇编年印数在七十余万册以上,入围前10的报纸年印数在500万份,具体情况见下表。

表10 2017年白俄罗斯印数排名前10的连续出版物情况

序号	杂志、专刊、汇编	印数(百万册)	报纸	印数(百万份)
1	《千种建议》(1000 советов)	2.10	《苏维埃白俄罗斯》(Советская Белоруссия)	101
2	《民间医生》(Народный доктор)	1.40	《白俄罗斯共青团真理报》(Комсомольская правда в Белоруссии)	17.30
3	《健康》(Здравушка)	1.20	瓦—班克(Ва-Банкъ)	9.20
4	《涅兹纳伊卡》(Незнайка)	1.00	退休者之友(Друг пенсионера)	6.50
5	《亲家》(Сваты)	0.96	共和国(Рэспубліка)	6.20
6	《友邻》(Добрый сосед)	0.86	《白俄罗斯证据与事实》(Аргументы и факты в Белоруссии)	5.60
7	《哎呀,生活!》(Однако, жизнь!)	0.84	白俄罗斯军事报 为祖国争光(Белорусская военная газета. Во славу Родины)	5.60
8	《白俄罗斯税收》(Налоги Беларуси)	0.76	明斯克晚报(Вечерний Минск)	5.50
9	《少年救生员》(Юный спасатель)	0.75	教师报(Настаўніцкая газета)	5.10
10	《花园与菜园》(Сад, огород –кормилец и лекарь)	0.74	星(Звязда)	5

数据来源:白俄罗斯书库

4. 发行机构情况

截至2016年1月1日,白俄罗斯共登记注册1187家出版物发行机构,其中101家为国有发行机构,发行机构主要有以下几类:

一是大型图书发行商。白俄罗斯图书股份有限公司是最大的图书发行商,拥有自己的零售网络。莫吉廖夫出版联盟股份有限公司、科拉斯印刷联合股份有限公司也都拥有自己的贸易网络。二是图书出版商自办发行，其中一些拥有自己的零售贸易项目。三是在明斯克和明斯克州登记注册的非国有发行机构，大部分为个体企业主，主要在租赁的场地从事经营活动。明斯克主要有两个这样的交易平台：图书世界图书博览会和位于迪纳摩体育场的图书博览会。四是一些大型商场，如明斯克中央百货商场、国立百货商场、涅米加商场、五一百货商场，也专门为图书发行商留出场地。一些食品、非食品零售连锁店也销售纸质出版物，主要销售文学艺术类、儿童类、教材教辅类出版物、明信片、日历等。五是白俄罗斯信息部的图书贸易网络。该系统主要有87家书店。就隶属关系而言，78家属于白俄罗斯图书，5家属于科拉斯印刷联合，4家属于莫吉廖夫出版联盟。就地域分布而言，55家书店位于明斯克和5个州府，28家位于地区城市，4家位于城镇。

三、阅读推广情况

近年来白俄罗斯的阅读推广活动主要有：

2015年2月，第22届明斯克国际图书博览会召开，来自28个国家的出版商和文学家参与此次展会。展会上各类推广宣传活动共计180场，其中最重要的一场活动为旨在加强各国文化联系的国际文学家研讨会"作家与时代"。这对宣传白俄罗斯图书，推广白俄罗斯作家作品，扶持与发展阅读有重要意义。

"夏天与好书在一起"项目2015年继续深入进行，开展了丰富多彩的儿童节活动、竞赛、答题游戏，旨在提高学龄前儿童和中小学生的思想品德教育。此外，该项目还给青少年教养所送去了各类儿童书和学习用品。

"家庭阅读"项目由图书馆、书店、文化教育机构组织实施，通过举办各类活动推广儿童阅读和家庭阅读，强化图书阅读的教育意义。图书发行商"白俄罗斯图书"与出版商"文学"出版社合作推出图书"圣诞节马拉松"活动,取得了较好的社会反响。

2015年12月,连续第四年在国家歌剧、芭蕾舞剧模范大剧院举办圣诞节慈善舞会和图书拍卖会。拍卖的图书主要与青年年、纪念世界反法西斯胜利70周年、白俄罗斯图书出版500周年、著名文化艺术活动家纪念日有关。

参考文献

白俄罗斯书库统计资料.

(作者单位:中国新闻出版研究院)

波兰出版业发展报告

王珺 李杭 刘金 宁文煜

波兰共和国位于欧洲中部，西与德国为邻，南与捷克、斯洛伐克接壤，东邻俄罗斯、立陶宛、白俄罗斯、乌克兰，北濒波罗的海。截至2017年7月，波兰人口总数3843万人，其中波兰族约占97%，此外还有德意志、白俄罗斯、乌克兰、俄罗斯、立陶宛、犹太等少数民族。波兰官方语言为波兰语，全国约87%的居民信奉罗马天主教。

一、出版业发展背景

（一）政治经济状况[①]

波兰自1989年起实行总统和议会制，2004年5月加入欧盟，目前执政的是法律与公正党。安杰伊·杜达于2015年5月成为波兰总统，奉行政治家财产公开制度，建立强有力的反腐机构，严惩犯罪分子；实行向家庭倾斜的政策，特别是为不富裕的多子女家庭提供国家补助，鼓励生育；主张亲美近欧、睦邻周边，同时在欧盟内部强调自主权，坚定维护本国利益；重视拉紧同其他中东欧国家关系，对俄强硬。

自20世纪90年代，波兰经济发展较快，虽经金融危机影响，但仍好

---

① 波兰政治经济情况来自中华人民共和国外交部网站波兰国家概况 https://www.fmprc.gov.cn/web/gjhdq_676201/gj_676203/oz_678770/1206_679012/1206x0_679014/。

于欧盟多数国家，为欧盟内在 2009 年唯一实现正增长的国家。世界银行和国际金融公司联合发布的《2013 年营商环境年度报告》指出，波兰自 2005 年来致力于营商环境改善，是欧盟成员国中进行此类改善活动速度最快的经济体。2018 年，波兰国民生产总值达 5158 亿欧元，经济增长 5.40%，经济总量居欧盟成员国第 8 位。2018 年波兰对外货物贸易总额达 4471 亿欧元，再创新高。其中，出口总额 2210 亿欧元，同比增长 7%，主要出口市场依次为德国、捷克、英国、法国、意大利等国，中国位列第 21 位；进口总额 2261 亿欧元，同比增长 9.70%，主要进口市场依次为德国、中国、俄罗斯、意大利、法国等国，中国位列第 2 位。与上一年相比，波兰前 5 大出口和进口市场均保持不变，对欧盟出口增长 7.50%，对德出口增长 9.60%，与欧盟贸易顺差 457 亿欧元。2018 年，波兰向中国出口总额达 21 亿欧元，从中国进口总额达 262 亿欧元，与中国贸易逆差为 241 亿欧元。[①]

根据波兰国家统计局发布的《2017 年波兰家庭消费情况调查报告》，每月波兰家庭平均在文化娱乐上的支出占家庭总支出的 6.90%。

（二）相关法律及政策情况

波兰现行《宪法》公布于 1997 年。其中，第 14、25、49、53 和 54 条中明确规定宪法保护波兰公民言论自由。以此为依据，波兰有较完备的法律与行政规定来维护出版业秩序。现行与出版业相关法律主要有《新闻法》和《版权与邻接权法》。

波兰现行《新闻法》公布于 1984 年 1 月，后经多次修订。该法规定了相关机构的设立机制、义务和责任；规定了报刊记者、出版社编辑等媒体从业人员的相关民事规则，为该领域行政法规的制定提供法律依据。《新

---

① 波兰对外贸易情况来自波兰企业技术部 (Ministerstwo Przedsiębiorczości i Technologii) 发布的波兰 2018 年外贸年报 https://www.gov.pl/web/przedsiebiorczosc-technologia/analizy-z-obszaru-handlu-zagranicznego。

闻法》第1条规定，根据波兰《宪法》，新闻界享有言论自由权，应实现公民可获得可靠信息、公开公共生活以及对社会和批评的权力；第5条第1款规定，根据言论自由原则和批评权，任何人都可以向新闻界提供信息；第20条第1款规定，日报或杂志的出版需要在出版社总部所在地的地方法院进行登记；第23条规定由行政条例规范日报和杂志登记的必要信息和方式；第27条规定在每一份定期出版物应在可见或习惯的位置提供出版社或其他负责机构名称与地址、编辑部地址、主编姓名、发行地点和日期、进行印刷的企业名称、国际信息标志、当前编号等相关出版信息。

波兰《版权与邻接权法》公布于1994年2月，后经多次修订，其中2000年6月进行了一次较大修改。目前，该法与国际标准相一致，并与知识产权的自由贸易原则相符合。该法区分了个人版权和专有版权，明确了版权的主体、客体、基本概念、特殊形式、效力范围和法律对版权主体的保护，规定了作品完成、制作和发布的权利。

近年，波兰为加强对媒体的管理，正在酝酿出台媒体法，计划为政府任免公共媒体机构的主要电视和电台领导提供依据。同时，波兰顺应电子书刊的发展需要，在欧盟法律框架允许下，已于2017年3月提出降低出版物增值税率的法案，对电子书、图书和报纸的电子版的增值税税率进行均衡化。目前，波兰对电子书和书报刊电子版征收的是23%的增值税，而纸质图书和报刊的增值税率分别是5%和8%。如果该法案通过，电子书报刊均比照纸质方式征收5%或8%的增值税，将为已占出版市场3.50%份额的电子书和电子出版物提供更强的发展动力，同时为载体和传播途径已经日益多元化的书报刊行业提供更大发展空间。

除法律和行政法规外，波兰政府还通过设立行业促进计划打造适合出版业发展的国内阅读环境和国外传播渠道。

国内阅读环境建设方面，波兰文化与国家遗产部于2005年发起阅读推广计划，旨在通过资助地方公共图书馆、文化基金会、文化协会等机构和团体组织的文学节、诗歌节、文学沙龙、诗歌集会、阅读活动、文化周年纪念活动、作家纪录短片等非商业性公关服务类活动，广泛覆盖各类人群，其中，儿童、青少年、残障人士、不积极参与文学生活的社会团体被重点关注。该计划重视对可持续性项目的资助，从而提高波兰国民阅读素养和刺激对文学的需求，传播波兰和世界文学最重要的作品，巩固文化和民族认同。对于长期项目的资助总额最高可达到项目总预算的40%，2019年项目总预算为575万兹罗提。

为了促进波兰文学在世界各地的推广，波兰政府通过波兰图书协会开展多个面向国外出版商和译者的资助项目。波兰翻译计划(Program Translatorski©Poland)支持国内外出版商翻译出版散文、诗歌、戏剧等文学图书，报告文学、传记、回忆录、散文等非虚构作品，历史类随笔和通俗历史读物，儿童和青少年文学，漫画书等。波兰翻译计划的资助经费可涵盖出版者100%的翻译费用、100%的版税和50%的印刷成本。"波兰样本翻译"项目鼓励波兰语译者向外国出版商介绍波兰历史、文化、文学的成人作品和儿童及青少年文学作品，由此促进波兰文学在国外的传播。翻译家学院项目自2006年设立以来，一直在邀请并资助一些译者前往波兰，为他们提供良好的翻译工作环境、图书馆资源搜索服务以及同波兰文学作者和专家的会面机会。截至2017年底，共有自34个国家的111名译者获得该项目的支持。

除专门针对出版业的法规和政策之外，其他社会领域的相关政策对出版业也会造成较大影响。2017年，波兰开始实行教育体制改革，计划从2017年起波兰将逐步取消初中学校制度，将原来的六年小学、三年初中、三年高中的制度改成八年小学、四年普通高中的教育制度。八年小学制度包括1~3年级和4~8年级两个阶段。与此同时，下至小学、上至高中的教材书本都由波兰国家教育部来审阅，并公布准用的教材目录。

(三)出版业管理机构

1. 政府机构

波兰文化部全称为波兰文化和国家遗产部,除图书厅和印刷厅直接参与出版业管理外,还设有波兰国家图书馆、波兰图书协会、波兰国家出版中心等三个行业相关直属机构。文化部图书厅对全国的出版商和书商进行管理,下设学术和科学、小说、教育、内容发行四个分支。文化部印刷厅对全国的印刷商进行管理。

波兰国家图书馆成立于1928年。依照1997年颁布的《图书馆法》,波兰国家图书馆负责采集、存储和永久性保存与波兰相关的手稿、印刷品和其他类型出版物。因此,波兰国家图书馆除图书馆实体外,还设有图书文献中心、国民阅读研究中心、典籍保护中心三个直属部门。

波兰图书协会成立于2004年,由波兰文化部拨款,主要职责是推广波兰文学及其作品,促进波兰人的阅读,鼓励外国出版商翻译出版波兰文学作品,鼓励各国文学活动组织者推广波兰作家及作品。波兰图书协会会长和副会长均由波兰文化部部长任命,协会的理事会具备咨询职能,下设的5名理事由会长任命并须经文化部部长批准。

波兰国家出版中心是国有出版社,其主要职能是出版图书,尤其是文学、历史、哲学类图书。

2. 行业协会

波兰出版业的行业组织主要有波兰图书出版协会、波兰新闻出版者商会和波兰报刊发行协会。

波兰图书出版协会成立于1921年,由代表大会、董事会、监督委员会及同行法院组成,主要任务如下:代表国内外波兰出版商利益,保护出版商权益,提高职业道德出版环境标准;保护波兰图书及创作者利益,在国内外范围推广波兰图书;维护有利于图书和阅读的法律,整合人文环境。协会的资产包括动产、房地产和基金。协会依靠会员会费、补贴、捐赠和订阅收入、协会法定活动的收入及商业活动的收入来维持正常运行。

波兰新闻出版者商会成立于1996年,是开展与新闻出版和发行相关活动的商业实体的全国性自治组织。纸质和电子版的报纸杂志、音频或视听媒体、纸质和电子图书及其他出版物的经营者均可加入该组织。

波兰报刊发行协会成立于1994年,是代表出版商、广告代理商、广告商等行业机构的非营利性组织,为会员提供关于注册报刊的纸质版、电子版的出版发行信息。

波兰书业商会发布的数据和报告主要集中在2014、2015年,包括《电子书消费报告》《青少年读书报告》《纸质书和电子书读者研究报告》《有声书研究报告》《社会阅读行为诊断书》《波兰图书市场研究报告》等。

(四)国民阅读情况[①]

1. 图书馆建设情况

波兰公共图书馆系统较为发达,分为一般性公共图书馆、图书馆分馆和图书馆借阅点等。2017年,波兰共有7953个公共图书馆及其分支机构在运营,藏书数量为1.30亿册,服务读者达到602.10万人,年借阅量为1.10亿册,馆内借阅量为1070万册。这样的规模相当于平均4800多人就拥有1个公共图书馆,平均每位读者一年借阅18本书。公共图书馆组织的各种文化和教育活动数量较多,2017年达到29.89万场,比2016年增加5.30%,吸引720万人次参加。

公共图书馆覆盖面广,在7953个公共图书馆及其分支机构中,有65.50%位于乡村,专门的儿童和青少年图书馆有855家。每个公共图书馆或分支机构向读者提供12种当前期刊,城市公共图书馆馆藏量多在5万~10万册,农村公共图书馆馆藏量多在1万~5万册。公共图书馆的绝大部分馆藏为图书,1.30亿册馆藏中图书的比例占到98.50%,另有视

---

① 图书馆及国民阅读数据来自波兰国家图书馆相关报告。

听材料、古籍、手稿、信件、文件、藏书票、画作等特别收藏品550万件。特别收藏品中,视听材料的比例最高,占此类馆藏的52.80%。

以公共图书馆为代表的波兰公共阅读服务正在经历着读者人群不断缩减的严峻现实。2017年,波兰图书馆的到馆人数达到7400万人次,比2016年减少1.30%。其中,城市图书馆为5250万人次,比2016年减少0.60%;农村地区为2140万人次,比2016年减少3.10%。每个图书馆平均到馆读者657人次,比2016年少2人次。其中,城市图书馆平均1317人次,乡村图书馆平均267人次。与此同时,各项活动的吸引力也在下降,2017年参加各类活动的读者总量比2016年减少了2.90%。

近年,波兰公共图书馆的数字化服务能力提升较快,为读者服务的计算机覆盖了全国95%的公共图书馆,宽带网络覆盖率达到63.70%。2017年,5260个公共图书馆有在线目录供读者使用,比2016年增加4.40%;2951个公共图书馆可为读者提供远程预订图书馆资料的服务,比2016年增加13.40%。

从读者年龄层次看,25~44岁读者是公共图书馆最大的服务群体,占全部读者的28.40%。12岁以下、45~60岁和60岁以上的读者均超过10%。13~24岁的青少年读者是公共图书馆重点关注的读者群,按年龄被细分成3类,每类的读者比例仅相差1%,这或许能体现波兰此年龄段喜欢公共阅读空间的读者在不同成长期仍能保持一个相对稳定的阅读习惯。(见图1)

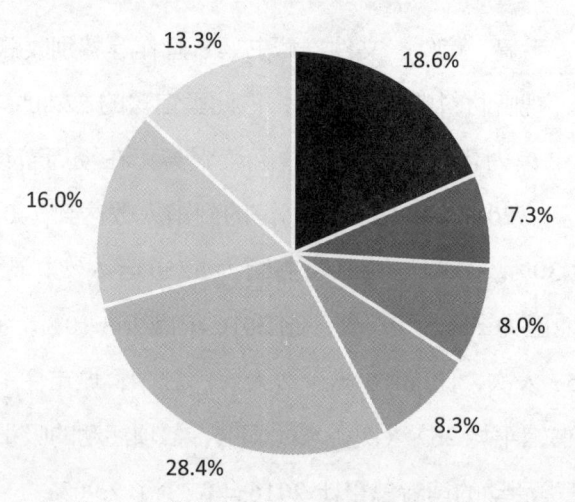

图 1 波兰公共图书馆读者结构图

数据来源：波兰国家图书馆

2. 个人阅读情况

根据波兰国家图书馆关于国民阅读情况的报告[①]，波兰的读者人数在 2004—2008 年期间出现大幅下滑，一年中读过书的波兰人的比例下降了 20 个百分点，从 58% 降到 38%，一年读 7 本及以上的读者占被调查总数的比例也由 1994—1998 期间的 22%~24% 下降到 2008 年的 10%。自 2012 年起，波兰人的阅读习惯变化渐趋和缓。2017 年，至少阅读一本书的波兰读者达到 36%，这是"国家阅读发展计划"长期推动的结果。但也可看出，波兰整体阅读情况不容乐观，波兰阅读群体被波兰国家图书馆认为处于低水平状态。（见表 1、图 2）

[①] 波兰国家图书馆是波兰国民阅读情况调查的实施机构，调查针对本国 15 岁及以上的读者阅读包括画册、指南、百科全书、词典以及相关电子书在内的图书阅读情况。2014 年前，波兰国家图书馆每两年公布一次调查结果，2014 年后，这一调查改为每年一次。该调查的阅读习惯被划分为没有阅读习惯（每年 1 本书都不读）、每年读 1~6 本、每年读 7 本及以上。

表1 2012—2017年度波兰国民阅读情况调查

单位：百分比

调查年份	没有阅读习惯	1~6本	7本及以上
2012	60.80	26.50	10.10
2014	58.30	28.70	11.30
2015	63.10	27.70	8.40
2016	63.50	25.50	10.20
2017	62.20	26.80	9.20

数据来源：波兰国家图书馆

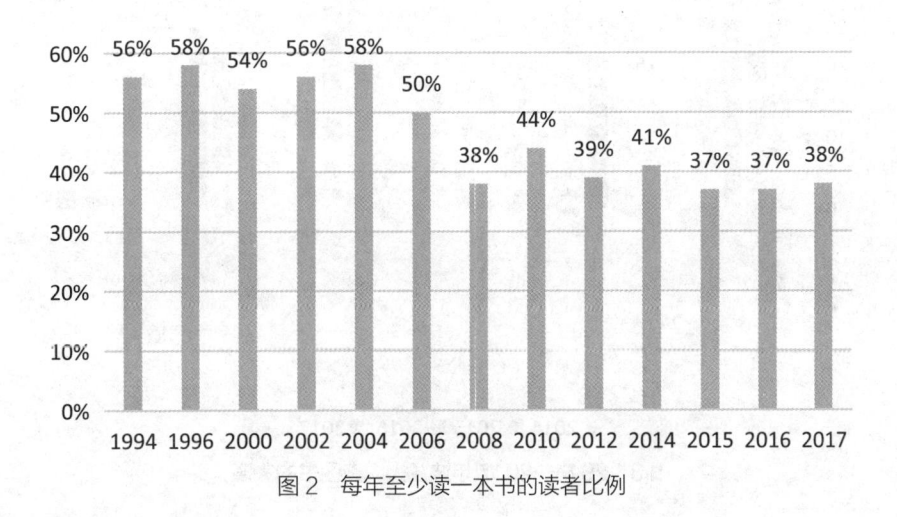

图2 每年至少读一本书的读者比例

数据来源：波兰国家图书馆

在研究每种阅读实践的情况下，女性读者比男性读者更为活跃，15~24岁的学生群体阅读量偏高，60岁以上老年人群体阅读量最低。阅读活动的强度和形式与读者的年龄和所从事的工作类型密切相关，如管理人员、企业家阅读强度不低于学生，但他们倾向阅读新闻，对信息的需求和学生群体是不同的。一般来说，受教育程度越高，阅读量越大，但是受过中高等教育的年轻人阅读的图书较少，教育的影响对这一群体明显较弱。

波兰人阅读图书的主要来源有购买、从熟人朋友处借阅、礼物、家庭藏书、公共图书馆借阅、合法网络获取等，2014—2017年期间从熟人朋友处借阅、家庭藏书两个来源所占比例总体上呈下降趋势，购买、礼物、合法网络获取三个来源总体上呈上升趋势，公共图书馆借阅的情况不足20%，这与公共图书馆到馆人数下滑的情况相印证。（见图3）

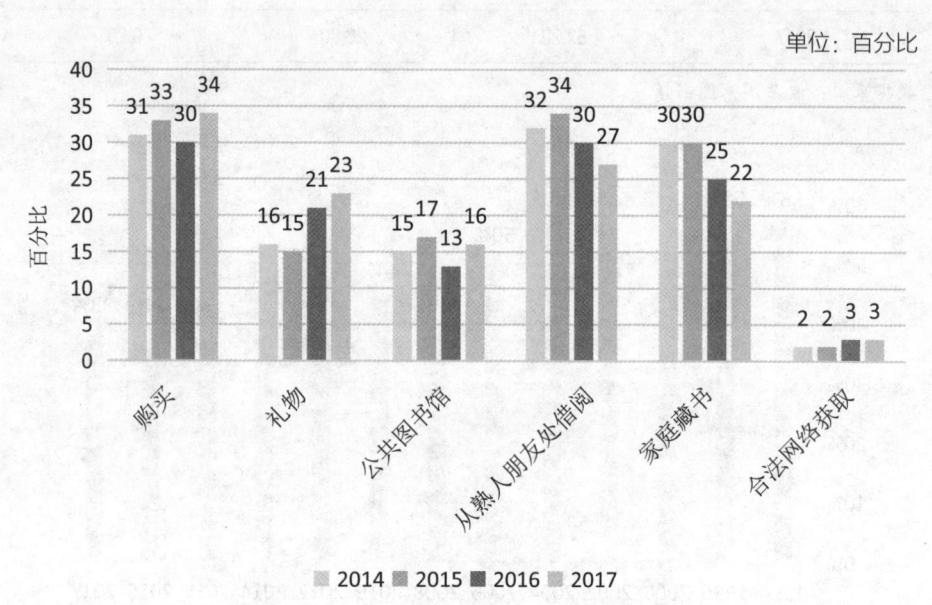

图3 2014—2017年波兰人阅读图书的来源

数据来源：波兰国家图书馆

波兰的电子书阅读率极高，达到了78%。研究表明，70%的读者认为电子书比纸质书更适合在旅行中阅读。电子书消费者往往愿意花费少于15兹罗提来购买图书，如果电子书的价格太高，则会消极作用于消费者。

读者会自发地在网络上寻找新的出版消息、作者访谈或者低价促销产品。在电子书市场快速发展的情况下，电子书读者同时也活跃起来。他们通过网络可以取得所有需要的信息——比较价格、评论或是表达对某本书的诉求。他们随时随地都可以购买电子图书，使用免费的软件在自己选择的工具——电子书、平板电脑或者是手机上阅读。这种阅读方式有着很高的忠诚度，只要有人曾试着去进行数字化阅读，他就很难放弃这种方式。除此之外有一点需要指出，在波兰，数字化阅读造就了一类阅读精英群体——他们可以同一时间大量阅读多部作品。

（五）互联网使用情况[①]

波兰在移动宽带服务和快速超高速宽带连接服务方面取得了显著进步。2016 年波兰移动互联网用户数第一次超过固定宽带用户数。2017 年底，波兰固定宽带覆盖率达到 87%，高速宽带覆盖率达到 32%，4G 覆盖率达到 91%，这些指标均接近或等于欧盟平均水平，但固定宽带覆盖率仍处在欧盟较低水平。

近年来波兰互联网用户数稳步上升。2017 年波兰互联网用户占国民全体的 73%，比 2016 年增加 3 个百分点，但仍低于欧盟 81% 的平均水平。越来越多的波兰人对信息技术感兴趣，掌握基本数字化技能的人数占国民全体的 46%。从 2017 年 9 月开始，编程课程被纳入波兰小学的教学计划，国家教育网络项目的实施将使波兰所有学校到 2020 年都能使用高速互联网。

二、图书业发展情况

波兰出版业行业数据统计机构主要有波兰国家统计局、波兰国家图书馆、波兰图书协会、波兰图书商会等。波兰国家统计局将出版业相关统计数据归于"文化"一类，发布内容有《公共图书馆统计报告》，数据每年

---

① 波兰互联网使用情况来自欧盟《2017 年波兰数字经济与社会指数报告》https://ec.europa.eu/digital-single-market/scoreboard/poland。

更新，包含波兰公共图书馆的数量和分布，馆藏和借阅情况及图书馆数字化服务等。波兰国家图书馆发布内容有《波兰国家书目》《出版业发展报告》《波兰国民阅读状况报告》等，数据每年更新。波兰图书协会发布了《2016年波兰图书市场报告》，但2017年以后《波兰图书市场报告》由出版社 Biblioteka Analiz 在波兰文化和国家遗产部的资助下发行。[①]

（一）发展概况

根据《波兰国家书目》[②]的数据显示，二十多年间，波兰图书出版呈现整体增长的态势。1991年，波兰年图书出版品种达到10000种的规模，2007年突破20000种，4年后的2011年突破30000种。2017年，波兰年出版种数到达历年来最高值36260种。自1991年以来，波兰出版的图书数量增加了3倍多，但也是一个波浪式增长的过程，1994年、1999—2000年、2008年、2012年呈现了大幅度的增长，而紧接着的1995年、2001年、2005年和2013年均出现了同样幅度的减少，2005年的出版量几乎回到了2002年的水平。（见图4）

截至2015年底，在波兰注册的出版社数量超过46400家，但真正活跃的出版商（每年出版至少两本书）只占总数的10%~15%，即不多于7000家的规模。事实上，波兰图书出版市场的集中度远比这个数字还高，300家规模较大的出版社占有98%的市场份额，其中35家规模最大的出版社占有75%的市场份额。波兰各地区的图书出版能力也相差较大，华沙是当之无愧的出版中心，克拉科夫和波兹南的出版能力也较强。

---

① 本报告数据主要来自《波兰国家书目》《出版业发展报告第65卷：2017年图书市场》《2017年波兰国民阅读状况报告》《2016年波兰图书市场报告》和《2017年公共图书馆统计报告》。
② 《波兰国家书目》即全面系统地记录波兰出版的所有文献信息的总目录，由波兰国家图书馆撰写，包括数据库和印刷版的形式。现有的国家书目包括的文件类型有图书、连续出版物、杂志期刊、海外出版物、图形和地图册、音频和视听文献等，这些资料都是通过法定呈缴的方式获得的。

单位：种

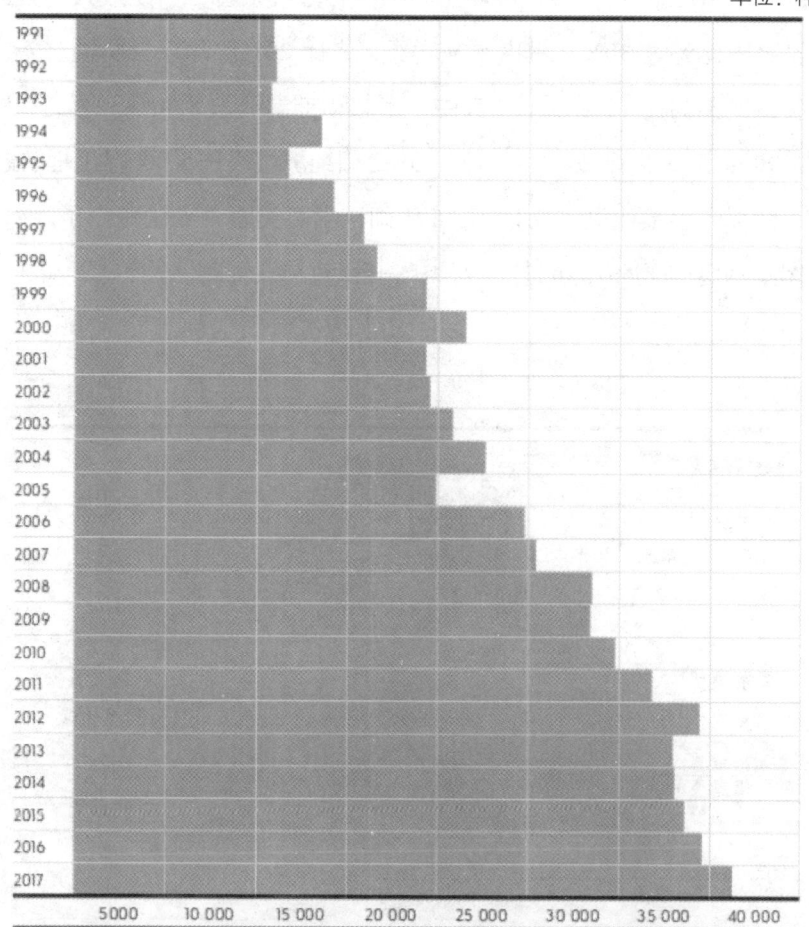

图4 1991—2017年波兰年出版种数

数据来源：波兰国家图书馆《出版业发展报告第65卷：2017年图书市场》

在欧洲层面上看，波兰图书出版十年间呈现的上升趋势不是一个独特的现象，但也并不普遍。在过去的10年中，许多欧洲国家出版图书种数并没有显著增加，甚至有所减少，例如德国、西班牙、匈牙利、希腊、立陶宛。截至2017年底，波兰年图书出版种数在欧盟排名第五，位列德国、法国、西班牙、意大利之后。

2017年出版的图书中，按照出版物内容分类来看，占比最大的分类是学术类，占比超过30%，其次是文学类，占比29%。除以上两类之外，其他各类的比例均在10%以下，其中，宗教和神学类占8.30%，历史和传记类占7.90%，法律和行政类占6.30%，政治和经济学类占5.60%，工程、技术、工业、贸易和手工业类占5.10%。5年间，学术类图书占比减少了9%，文学类图画书增加了6%，同时，科普类图书和教材教辅的比例也是一增一减。（见图5）

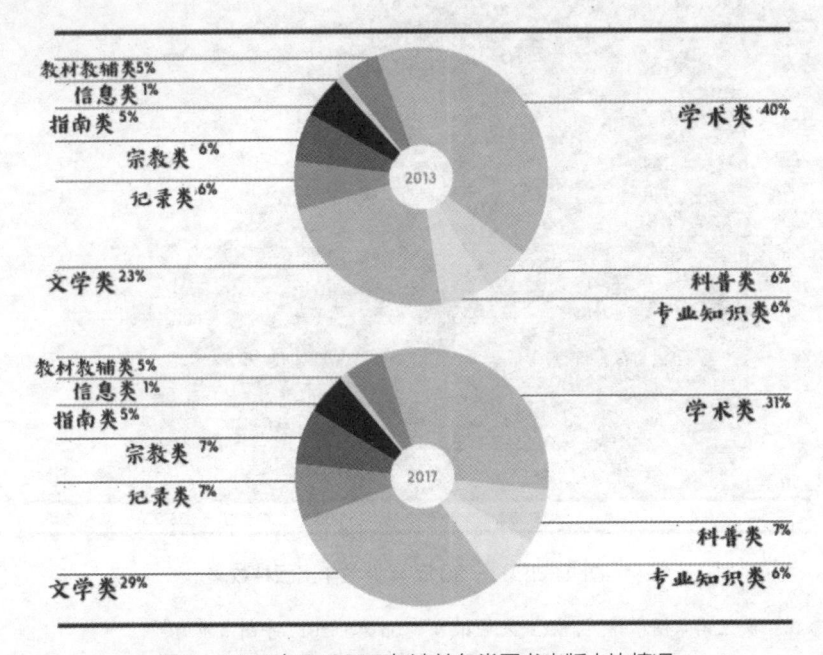

图5　2013年和2017年波兰各类图书出版占比情况

数据来源：波兰国家图书馆《出版业发展报告第65卷：2017年图书市场》

在2017年所有统计的出版物中，67%的图书都是波兰原创，21%是由外语翻译而来的作品，比例与上一年基本持平。在这些翻译成波兰语的出版物中，有70%来自英语，5%来自德语，4%来自俄语、乌克兰语、白俄罗斯语和立陶宛语各占 2%，法语作品占 1%。

波兰的出版社可以通过图书批发机构代理销售图书，也可以直接向书店供货。2010—2015 年，图书批发机构代理销售图书仍是波兰出版社相对较高的收入来源，可以占到出版社图书销售收入的 46%~50%。这一比例虽能代表该渠道在图书销售中的稳定地位，但也掩盖不了波兰图书销售整体下滑的事实。2010—2015 年的 6 年间，波兰出版社图书销售总额从 29.40 亿兹罗提下降到 24.10 亿兹罗提，降幅达到 18%。其中，批发销售总额减少了 1.90 亿兹罗提，书店销售总额减少了 2.70 亿兹罗提。（见表 2）

表 2　2010—2015 年波兰图书传统渠道销售[①]情况

单位：百万兹罗提

年份	图书销售总额	批发销售总额	书店销售总额
2010	2940	1360	1200
2011	2710	1285	1100
2012	2670	1320	1070
2013	2680	1350	1020
2014	2470	1220	940
2015	2410	1170	935

数据来源：波兰图书协会《2016 年波兰图书市场报告》

自 2004 年起，图书批发市场虽然盈利逐年减少，但一直保持着盈利状态。2014 年盈利的下跌主要是受波兰教育政策调整的影响。2014 年起，波兰国家教育部引入了小学 1~3 年级教科书免费政策和国家补贴小学其余年级教科书和教辅书的购买的政策。虽然教材教辅的出版种数在波兰图书业中比例不高，但较大的发行量势必会对出版社的收入造成冲击。书店图书销售额的减少则与零售的价格战有密切关系。多年来，对于新上市的图

---

① 此表中的销售总额是依据出版商销售价格，非零售价格。

书给予较大销售折扣的做法已经成为行业惯例。面对图书销售的下滑趋势，FK Olesiejuk、Platon、Wikr czy Matras magazyny 等拥有分销能力的出版商开始向文化产品分销商转变，网络游戏、电影及音乐的 CD、DVD，棋牌游戏等均可通过出版社的分销渠道进入传统的图书零售市场。

与实体渠道形成鲜明对比的，是网络图书销售的飞速发展。无论是网络书店的图书销售还是电子书的销售，十几年间的增长都十分惊人。虽然近年互联网图书销售的增长幅度在不断放缓，但其图书销售额在2011—2014年间几乎都是以每年1亿兹罗提的速度在增长，同期电子书的销售额也是以每年数百万兹罗提的规模在增加。（见表3）

表3 2001—2015年波兰互联网图书和电子书销售总额统计表

单位：百万兹罗提

年份	互联网图书销售总额	电子书销售总额
2001	30	0
2002	70	0
2003	85	0
2004	110	1
2005	135	1
2006	176	1
2007	264	2
2008	381	3
2009	427	5
2010	529	9
2011	577	23
2012	679	42
2013	769	53
2014	892	56
2015	918	62

数据来源：波兰图书协会《2016年波兰图书市场报告》

波兰图书进口额远大于出口额，这与它在世界文化市场中的地位是相一致的。（见表4）波兰进口的图书大部分是教育出版物，其中占比最高的是外语学习图书以及针对各个领域专家、教师和学生的专业知识和科学出版物。从2014年开始，波兰政府开始给学校提供很大一部分的"外语学习教材与教辅图书包"，这些"图书包"包括来自一个或是几个国外出版社的教材和练习册。所以2014—2015年，波兰国内市场对外语学习图书的需求下降明显，波兰进口图书额也随之下降，从2013年的1.70亿兹罗提下降到2015年的不到1.10亿兹罗提，降幅高达38.20%。

在图书出口方面，Ars Polona和ORPAN这两家公司占主导地位。但随着出口方式的日益多样和便捷，出口订单变得日益分散，小订单越来越多。目前，个人出版实体、专门的邮寄书店和波侨书店在这方面最为活跃。十多年来，波兰的在线商店，如Empik.com、Bonito.pl或通过Allegro.pl拍卖网站销售的实体的市场份额一直在稳步增长。

表4　2001—2015年波兰进出口图书销售总额

单位：百万兹罗提

年份	出口销售总额	进口销售总额
2001	16	144
2002	17	149
2003	18	157
2004	17	168
2005	20	186
2006	22	190
2007	25	198
2008	25	218
2009	29	241
2010	29	247
2011	31	254

续表

年份	出口销售总额	进口销售总额
2012	32	269
2013	35	277
2014	36	248
2015	38	224

数据来源：波兰图书协会《2016年波兰图书市场报告》

波兰积极参与国际出版界的交流与互动。由波兰出版商和华沙Murator EXPO公司倡议发起华沙国际书展[①]，这是中东欧地区历史最久、规模最大的图书盛会之一，在位于维斯瓦河边的波兰国家体育场举行。自2010年起，华沙国际书展由多家出版商共同合作举办，书展现场主要进行版权交易。2018年5月，第九届华沙国际书展共有32个国家的802家机构参展，读者见面会、文学讨论会等活动1500场，1010名作家和超过83500名观众参加书展。

（二）细分市场

从内容上分，波兰的图书可细分的领域十分丰富，其中学术类、专业知识类、教材与教辅类、文学类的比例相对较高，学术类和文学类图书是波兰年出版超过万种的两个细分领域。

1. 学术类与专业知识类出版物

波兰的学术类出版物是指由学者为学者、学生或其他对该议题感兴趣的读者所撰写，对某一问题进行深入阐述，符合学术规范，包含完整批注和参考书目以及评论者姓名，体现科学仪器名称的出版物。此类出版物在波兰近10年的出版活动中波动较大。2009—2012年，学术类图书出版活动十分活跃，2012年达到15099种的高峰。而随后的2013—2014年，该

---

① 数据来自 http://www.targi-ksiazki.waw.pl/wtk-2018。

类图书年出版种数下降至 11678 种，并开始保持相对平稳的出版状态。2017 年，学术类图书共出版 11634 种。

专业知识类出版物是指与科普类出版物不同的，针对从事特定职业并希望扩大其在该领域的能力的专业人士，如计算机科学、工程、经济学、管理学、法律或医学领域的专业论著。2017 年，波兰出版的专业知识类出版物数量为 2308 种，比上一年增加了二百五十多种，这是在 2007—2013 年明显增长之后的又一个高峰，打破了 2014—2016 年徘徊在年出版 2000 种的状态。所有专业知识类的出版物中，法律类出版物占比最高，2017 年出版种数占专业知识类中的 31%，其次是包含 IT 在内的一般专业领域占 16%，教育和经济学出版物各占 13%，另有 9% 的出版物涉及医学、工程、技术、工业、贸易、工艺等。

2. 教材与教辅类图书

波兰的教材与教辅类图书包含国家教育部在教科书目录（外语学习教材除外）中授权使用的所有小学、中学和高中使用的教科书，以及各种小学、中学、高中及以上学校教学辅助类出版物。在 2017 年出版的教材与教辅类图书中，有 266 种初级教育图书、218 种小学高年级用书、134 种初中用书和 371 种高中及以上用书。从用途上分，教科书 269 种、练习册 399 种、试题册 45 种、手册概要 34 种。（见图 6）

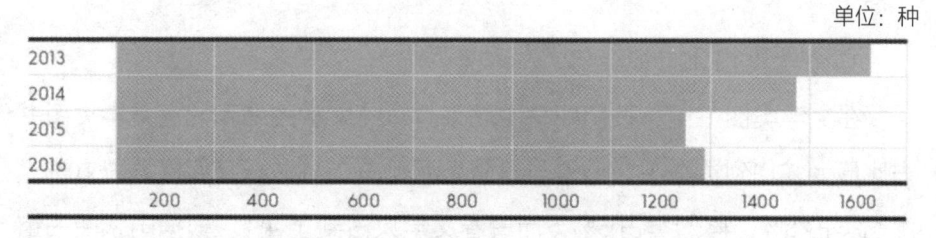

图 6　2013—2016 年波兰教材教辅类图书出版种数

数据来源：波兰国家图书馆《出版业发展报告第 65 卷：2017 年图书市场》

教科书主要由专业商业出版社（93%）和政府机构（2%）出版。2017年出版教材与教辅类图书最多的 5 家出版社分别是 Wydawnictwa Szkolne i Pedagogiczne（264 种）、Greg（147 种）、Nowa Era（114 种）、Literat（88 种）、Grupa Edukacyjna（58 种），5 家出版总量占波兰此类图书出版总量的六成左右。

外语学习教材虽不包含在教材与教辅类图书中，但在实际使用中也起到了教育辅助材料的作用。在波兰，83% 的外语学习类教材由专业的外语类图书出版商出版，其中不乏跨国出版机构。2017 年，出版了大量外语学习教材的出版社主要有 Macmillan（87 种）、Edgard（86 种）、Lingo（85 种）、School and Pedagogical Publishers（46 种）、Literat（29 种）、Rea（24 种）。

单位：种

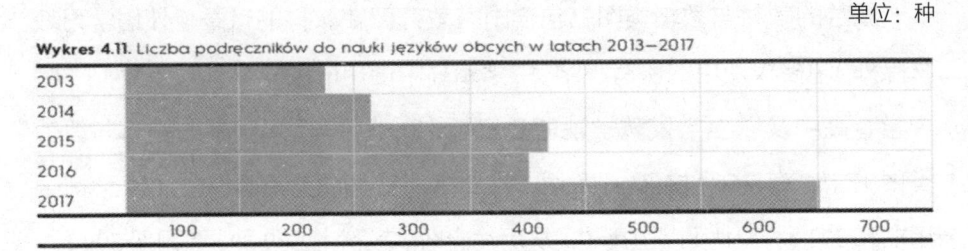

Wykres 4.11. Liczba podręczników do nauki języków obcych w latach 2013—2017

图 7　2013—2017 年波兰外语学习教辅图书出版种数

数据来源：波兰国家图书馆《出版业发展报告第 65 卷：2017 年图书市场》

3. 文学类图书

在文学类图书中，按照图书主题来看，纯文学图书和儿童文学类图书占比最大，均到达 26%，浪漫与日常生活类占 21%，悬疑侦探类占 10%，漫画类占 8%，科幻类占 5%，而青春文学只占到了 4%。根据国家图书馆 2017 年的统计数据显示，该年波兰出版的纯文学类图书共计 2588 种，达到历年来最高值。（见图 8）在纯文学类图书中，55% 是波兰原著，有

42% 是外国作品，另有 3% 并未明确。在翻译成波兰语的纯文学作品中，美国作品占比 35%，英国作品 17%，日本作品 8%，法国作品 7%，瑞典和德国作品各为 4%，意大利作品 3%，挪威作品 2%。

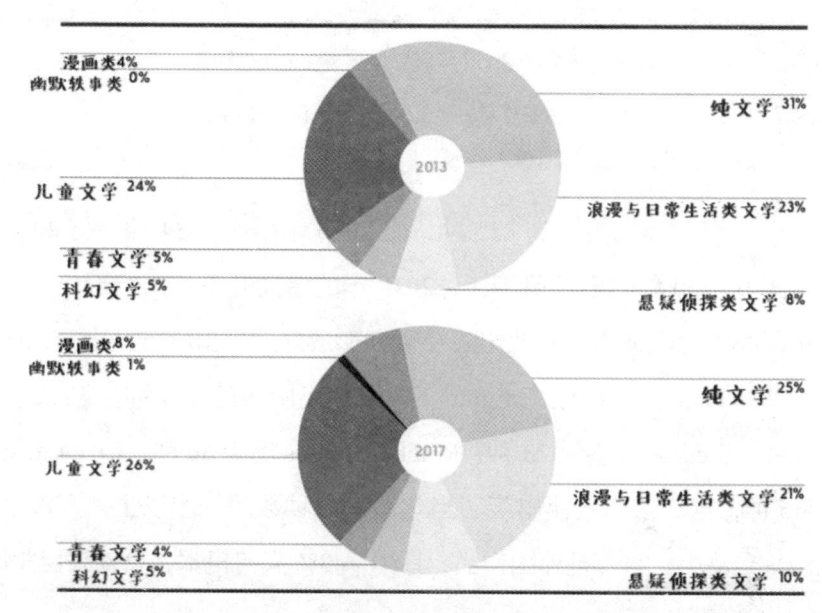

图 8　2013 年和 2017 年波兰文学类图书中各种类图书出版占比情况

数据来源：波兰国家图书馆《出版业发展报告第 65 卷：2017 年图书市场》

纯文学类图书中诗集的数量为 1972 种，超过此细分类总量的四分之三，并且保持持续增长的趋势。诗集在波兰出版相对比较容易，2017 年有 38% 的诗集都是通过不同方式自费出版的，只有约 19% 的诗集由专业的商业出版社出版。（见图 9）

单位：种

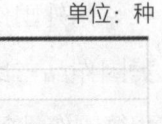

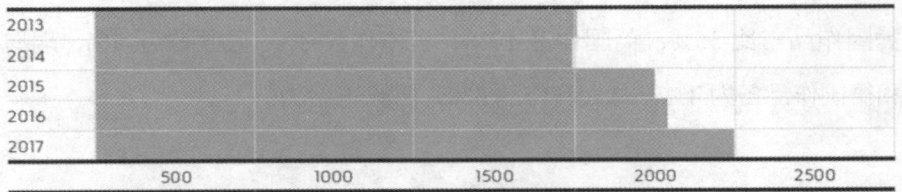

图9　2013—2017年波兰诗歌类图书出版种数

数据来源：波兰国家图书馆《出版业发展报告第65卷：2017年图书市场》

2017年漫画类图书达到825种，比2016年增加了34种。与2011年起每年100~200种的增长量相比，2017年的增速并不惊人。近年，在波兰出版漫画的跨国或本土专业出版社逐渐形成并成为出版行业十分重要的分支。2017年，丹麦出版商Egmont在波兰出版漫画184种，Waneko出版143种，Studio JG出版73种，Mucha Comics出版60种，J.P.Fantastica出版56种，这5家出版社出版了当年漫画总种数的一半以上。在波兰出版的漫画作品中，84%是外国作品，其中，43%来自日本，32%来自美国，10%来自法国。

4. 少儿类图书

在波兰，少儿图书是指适合13岁及以下读者的图书，包含图画书、童话、故事、为幼儿园孩子准备的冒险经历故事等在内的纯文学图书和科普类读物、绘画本、贴图本等非小说类图书。2017年，波兰出版的少儿类图书达到2962种，为近年最高。（见图10）2017年波兰出版的少儿图书中有62%是用波兰语创作的原创作品，另有36%是翻译作品。在少儿图书中占主导地位的是21世纪以后创作的作品，达到少儿图书的89%，另有8%的图书创作于20世纪，2%是更早的经典作品。

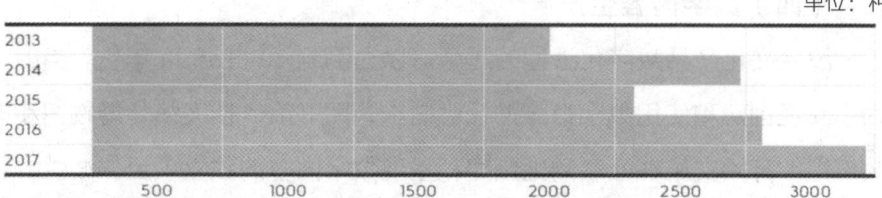

单位：种

```
2013 ████████████████████████████ 
2014 ████████████████████████████████████████
2015 ██████████████████████████████████
2016 ████████████████████████████████
2017 ████████████████████████████████████████████
     500   1000   1500   2000   2500   3000
```

图 10　2013—2017 年波兰少儿图书出版种数

数据来源：波兰国家图书馆《出版业发展报告第 65 卷：2017 年图书市场》

从 2016 年波兰重点出版机构排名可以看出，有 6 家出版社在少儿图书出版领域中较强，年初版种数、销售额基本保持着增长的状态。部分成人图书出版社也有少儿图书产品线，如文学出版社年出版少儿图书品种不多，但销售额并不亚于其他出版社。整体上看，少儿图书的净利润增长还是较为可观的。（见表 5）

表 5　波兰部分重要少儿图书出版社综合数据

2016 年排名	出版社	年出版种数（种）	2016 年销售总额（百万兹罗提）	2015 年销售总额（百万兹罗提）	收入涨幅（％）	净利润（％）
5	Olesiejuk 出版社	1600	96	90	6.60	—
13	Foksal 出版集团	513	35.17	58	−39	−37.46
33	Amber	280	9.90	8.40	17.70	0.53
29	Czarna Owca	82	16.72	26.81	−37.60	7.89
15	Media Rodzina	232	29.91	12.55	138	23.17
17	文学出版社	181	27.80	26.42	5.20	17.67

数据来源：波兰国家图书馆《出版业发展报告第 65 卷：2017 年图书市场》

（四）数字内容生产[①]

波兰文化产品数字化进程的起源可以追溯到 20 世纪 90 年代。当时，为了实现创建和使用数字馆藏的社会需求，图书馆、档案馆、博物馆和非政府组织开始实施在互联网上创建和呈现数字内容的独立项目，波兰文化和国家遗产部通过向文化机构和档案馆提供资金支持加速了这一进程。2007 年，波兰文化部启动了文化遗产计划，随后在 2010 年波兰部长会议通过的长期"文化+"政府计划下实施了"数字化"优先项目，预计至 2020 年项目总投入为 23 亿兹罗提。该项目涉及由波兰文化和国家遗产部下设机构或其合作机构中的文化产品，包括近 64000 座登记在遗产名录中的建筑物，1200 万件博物馆展品，260 万份现有档案资料，620 万份图书馆资料和 41 万小时的音频材料和 25.90 万份视频资料，通过互联网、云计算、虚拟现实互动等数字信息技术使文化产品数字化，满足国民不断增长的文化需求。

根据 2017 年波兰国家图书馆发布的国民阅读情况调查报告，有 6% 的波兰人阅读电子书和有声读物。波兰电子书市场的价值估计约为 6000 万兹罗提，约占整个图书市场的 2%。有声读物的市场发展潜力更大。波兰最大有声书网站 Audiobook.pl 的数据显示，截至 2014 年，波兰有声书活跃用户已超 280 万。有声读物的听众主要是年轻人、未婚、受过高等或中等教育并生活在大城市，用户的技术进步在有声读物的普及中起着重要作用，有声读物吸引了那些喜欢产品创新并愿意向身边人推荐产品和服务的受众。

根据市场调查，有数十万波兰人拥有电子书阅读器，其中亚马逊的 Kindle 阅读器最受波兰电子书读者欢迎。随着技术的发展和可用性的增加，波兰电子书的普及程度正在提高。任何拥有阅读器、平板电脑、计算机或

[①] 来自 https://www.legalnakultura.pl/pl/czytelnia-kulturalna/badania-i-raporty/news/2050,digitalizacja-dobr-kultury-w-polsce-raport-nik。

智能手机的人都可以阅读电子书。更重要的是，通过一点努力，每个人都可以创建自己的电子书。

虽然根据波兰最大电子书商城 Virtualo 的数据，波兰的电子书市场仍然很小，销售额只达到纸质书的 2%~5%，但它一直在增长，年增幅达到 50% 左右。与美国或英国市场相比，波兰电子书市场仍在早期发展阶段，因此不是亚马逊等全球公司的利益对象，这为波兰本土公司创造了巨大的发展机遇。[①] 对于数字化阅读者来说，安全便捷的购物、售后服务和价格是重要的决定因素。而电子书的经销商在社会服务的活跃性、置于文章中的网络连接、推送、博主推荐上也大做文章。

三、报刊业发展情况

（一）发展概况[②]

2016 年，波兰全国出版发行各类报刊杂志共 7154 种，包括日报、周报、半月刊和月刊，其中日报发行量最大。波兰主要日报有《事实日报》《超级快讯》《选举报》《共和国报》《法律日报》《体育要闻》《波兰日报》《商业脉搏》《证券日报》等。波兰主要周报有《安哥拉周刊》《星期日客人》《政治周刊》《新闻周刊》《网络》《求实周刊》《大众周刊》《波兰周刊》《直言周刊》《回顾》等。

受到数字媒体的冲击，近年来波兰纸质报刊销售量持续下降。2018 年上半年，波兰全国日报的日均总销售量为 60.60 万份，同比下降 9.46%，和 2009 年同期销量相比下降 53.40%。与纸质版本内容相同的电子版日报的销量则一直稳步增长。2018 年销量最高的电子版日版为《共和国报》，年平均日销量为 10977 份。在向数字媒体时代的转型中，数字报刊无疑拥有巨大发展潜力。

---

① 来自 https://www.komputerswiat.pl/aktualnosci/inne/polski-rynek-e-bookow-raport/y8h2w52。
② 报刊业统计数据来自波兰报刊发行协会。

1990年之前，波兰的报刊主要为国有，1990年开始私有化，目前报刊全部为私人资本所有。现在波兰的传媒市场被国外资本垄断，根据雅盖隆研究所的《波兰外资分析》报告[①]，2015年波兰共售出超过7.46亿份报刊。市场上主要的185种报刊归19家公司所有，其中的9家为外国公司，10家为波兰本土公司。9家外国出版商拥有138种报刊，总销量超过5.67亿份；波兰本土出版商有47种报刊，销量1.78亿份。外资控制的报刊占据了波兰报刊市场的76%。

（二）细分市场

1. 日报和周报

在波兰日报分为全国性日报和地区性日报，全国性日报影响力远大于地区性日报。2018年波兰全国性日报销量排名第一的是《事实日报》，日平均销量为23.77万份，同比下降9.06%。日销量排名第二的是《超级快讯》，平均总销售量为117469份，同比下降了8.52%。《选举报》日销量排名第三，为94527份，销量同比下降幅度最大，高达14.80%，与2009年相比销量下降72.09%。日销量排名第四的是《共和国报》，为45055份，下降了7.83%。日销量排名第五的是《法律日报》，为39167份，同比下降6.18%[②]。（见表6）

表6 2015—2018年波兰日报年平均日发行量统计

单位：份

名称	2015年	2016年	2017年	2018年
《事实日报》	307487	281243	261395	237700
《超级快讯》	144529	138069	128601	117469
《选举报》	158382	140662	110948	94527

---

① 雅盖隆研究所《波兰外资分析》报告数据来自 https://klubjagiellonski.pl/2015/09/14/czy-musimy-repolonizowac-media-analiza-zagranicznego-kapitalu-w-polsce/。
② 数据来自 https://www.wirtualnemedia.pl/artykul/sprzedaz-dziennikow-2018-rok-fakt-gazeta-wyborcza。

续表

名称	2015年	2016年	2017年	2018年
《共和国报》	55873	53969	48881	45055
《法律日报》	44932	43045	40680	39167

数据来源：波兰报刊发行协会

波兰周报中发行量最大的是《安哥拉周刊》，2018年平均销量为244024份，紧随其后的是《星期日客人》(112659份)、《政治周刊》(97436份)、《新闻周刊》(85357份)和《网络》(44215份)。其中，《星期日客人》是具有天主教性质的周报。（见表7）

表7 2015—2018年波兰日报年平均日发行量统计

单位：份

名称	2015年	2016年	2017年	2018年
《安哥拉周刊》	292593	280571	265924	244024
《星期日客人》	134025	130269	123450	112659
《政治周刊》	118949	118419	108904	97436
《新闻周刊》	120526	112113	96807	85357
《网络》	76134	71536	61843	44215

数据来源：波兰报刊发行协会

2. 学术期刊[①]

截止到2017年12月，波兰共有2476份学术期刊，覆盖人文科学（810份），社会科学（714份），技术科学、精确科学、医学和自然科学（875份）这三大领域。其中，141份学术期刊被收录于汤森路透出品的《期刊引证报告》，2016年，期刊《天文学报》获得波兰学术期刊最高影响因子指数3.04。

[①] 来自波兰科学和高等教育部资助的《2017年波兰学术期刊出版实践状况报告》http://ekulczycki.pl/warsztat_badacza/raport-o-polskich-czasopismach-naukowych-stan-na-grudzien-2017-r。

单位：份

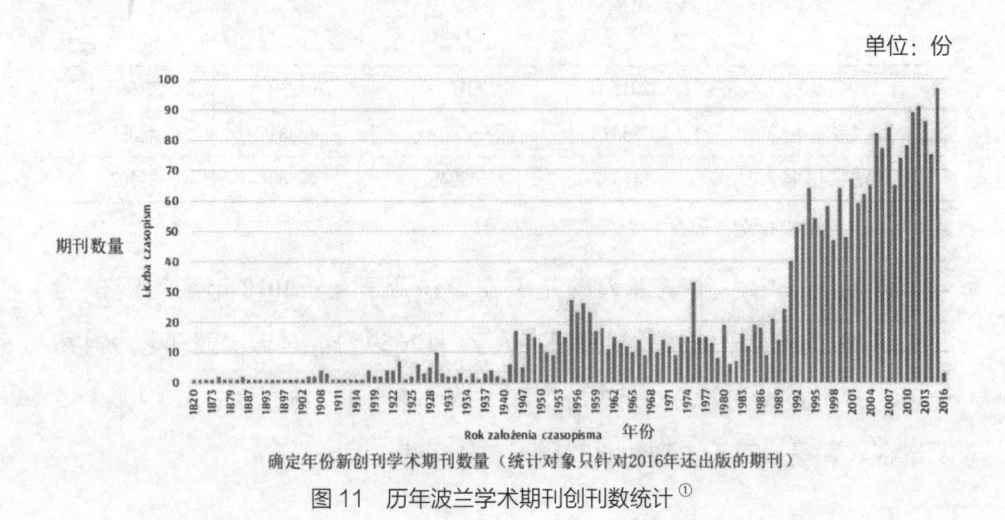

确定年份新创刊学术期刊数量（统计对象只针对2016年还出版的期刊）

图 11　历年波兰学术期刊创刊数统计[①]

数据来源：《2017年波兰学术期刊出版实践状况报告》

波兰学术期刊数量总体呈上升趋势，学术期刊中季刊数量最多，占总种数的近40%，其次为年刊、半年刊、双月刊、月刊。

单位：份

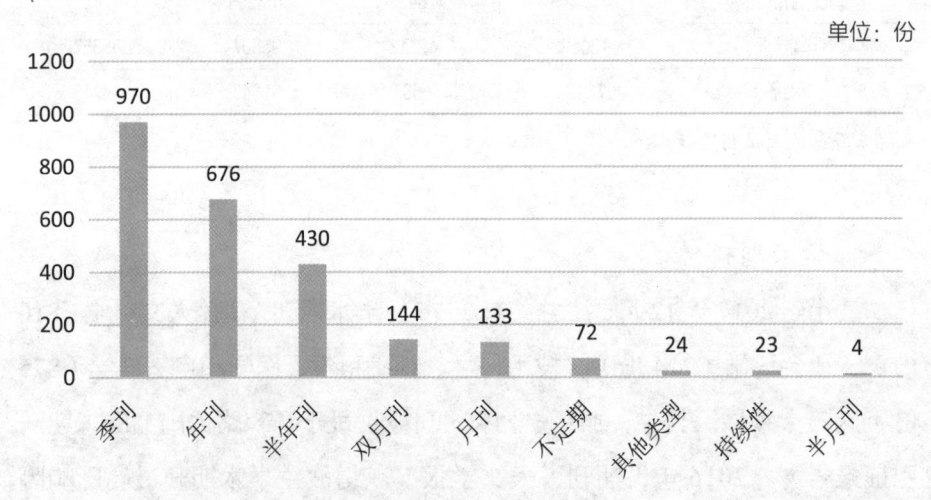

季刊	970
年刊	676
半年刊	430
双月刊	144
月刊	133
不定期	72
其他类型	24
持续性	23
半月刊	4

图 12　波兰学术期刊出版频率统计

数据来源：《2017年波兰学术期刊出版实践状况报告》

---

① 只针对2016年还活跃的期刊。

四、中波出版业交流合作情况

1949年10月7日，中波两国建立大使级外交关系。2004年两国建立友好合作伙伴关系。1950年3月，两国签订中波新闻交换合同。1951年4月，两国签订文化合作协定，这是中国与东欧国家签订的第一个文化协定。每年双方轮流派出文化代表团到对方国家商谈并签订文化合作年度执行计划。从1959年起两国文化合作执行计划改为两年签订一次。20世纪80年代两国关系正常化以后，中波在文化、教育等方面的合作也得到恢复和发展。中国在波兰多所大学成立孔子学院。[①]2007年，波兰首份中文报纸——《波兰环球周报》正式出版发行。2009年，中国代表团时隔10年后重返华沙国际书展，波兰图书协会近年来也每年参加北京国际图书博览会。

近年来，中波两国出版机构逐步建立合作关系。波兰马尔沙维克出版社是波兰出版中国内容图书最多的出版社，早在2007年就与安徽出版集团达成互惠共赢战略发展伙伴关系，2008年起与中国人民大学出版社合作，共同力推中波两国优秀作家的作品，截至2018年，已经签署了88种图书的版权合同。波兰儿童文学作品受到中国出版商的青睐，引进到中国的波兰绘本《地图》销量已超110万册。

中国翻译家和作家多次获得波兰政府颁发的文学奖项。2006年，已逝的中国著名作家骆文以其2001年写就的中国首部波兰历史题材长篇小说《桦树皮上的情书》获波兰文化和国家遗产部授予的波兰文化杰出贡献奖章。北京外国语大学教授、中国资深翻译家易丽君在执教的同时积极投身波兰文学的翻译和研究工作，先后发表论文五十余篇，并把数十位波兰知名作家的作品翻译、介绍给中国读者，她在1984年、1997年分别获波兰

[①] 文化交流情况来自中华人民共和国外交部网站中国同波兰的关系 https://www.fmprc.gov.cn/web/gjhdq_676201/gj_676203/oz_678770/1206_679012/sbgx_679016/。

人民共和国、波兰共和国文化功勋奖章，2000年获波兰总统颁发的波兰共和国十字骑士勋章，2004年获波兰国民教育委员会功勋章，2007年获波兰文化杰出贡献奖章。2018年11月19日，易丽君荣获中国翻译界最高奖——翻译文化终身成就奖。2018年12月4日，北京外国语大学教授、波兰文学翻译家赵刚因其在推广波兰文学和文化上取得的成就获波兰文化杰出贡献奖章。

在波兰，中文图书是小众出版物，年翻译出版的种数十分有限。在波兰的众多出版社中，W.A.B出版社出版了较多的中国作品，其中有《丰乳肥臀》《蛙》《酒国》《红高粱家族》《糖》《小团圆》《红玫瑰白玫瑰》；Czytelnik出版社出版了《山海经》《西游记》《三国演义》等古代经典作品；另外还有一些中国作品也被翻译成波兰语在波兰出版，如：《三体》《论语》《金瓶梅》等。

参考文献

1. 波兰企业技术部.《波兰2018年外贸年报》. https://www.gov.pl/web/przedsiebiorczosc-technologia/analizy-z-obszaru-handlu-zagranicznego.

2. 欧盟.《2017年波兰数字经济与社会指数报告》. https://ec.europa.eu/digital-single-market/scoreboard/poland.

3. 波兰报刊发行协会.

4. 波兰图书协会.《2016年波兰图书市场报告》.

（作者单位：中国新闻出版研究院、北京外国语大学）

哈萨克斯坦出版业发展报告

王卉莲

哈萨克斯坦地处欧亚大陆中间地带，是连接欧亚各国的贸易枢纽。2013年9月，正是在访问哈萨克斯坦期间，习近平同志首次提出共建"丝绸之路经济带"倡议。此后，两国签署了关于"丝绸之路经济带"建设与"光明之路"新经济政策对接合作规划。在这一背景下，加强中哈出版领域交流合作，增进两国人民间的情感交融，夯实民心相通的文化根基，对深入推进"一带一路"建设具有重要的战略意义。本文主要从出版、发行、出版企业、印刷出版人才培养情况四个方面进行介绍，以期较为全面地呈现哈萨克斯坦出版业的现状，供业界参考。

哈萨克斯坦位于亚洲中部。北邻俄罗斯，南与乌兹别克斯坦、土库曼斯坦、吉尔吉斯斯坦接壤，西濒里海，东接中国。面积272.49万平方公里，人口1831.17万（截至2019年1月），首都努尔苏丹。全国设14个州、3个直辖市（首都努尔苏丹、原首都阿拉木图、奇姆肯特）。全国约有140个民族，其中哈萨克族占65.50%，俄罗斯族占21.40%。多数居民信奉伊斯兰教。此外，还有居民信奉东正教、天主教和佛教等。哈萨克语为国语，官方语言为哈萨克语和俄语。货币单位为坚戈。2017年哈萨克斯坦国内生产总值约1390.03亿美元，同比增长4%。

在哈萨克斯坦，出版业数据统计主要涉及图书、杂志、简报、专刊等连续出版物，报纸，艺术出版物、乐谱出版物、绘制地图出版物等其他出版物，以及电子出版物。鉴于我们目前掌握的资料有限，哈萨克斯坦图书出版的相关数据部分更新至2016年，其他出版物的相关数据更新至2014年。

近年来，哈萨克斯坦出版业呈现以下发展态势：

一是哈萨克斯坦出版业实行国家订购制度。该国文化与体育部通过《具有重要社会意义的各类作品出版纲要》等项目资助图书出版，出版的图书由指定机构发行，再通过这些机构发行至各地。

二是哈萨克斯坦出版业集中程度较高。书报刊出版主要集中在阿拉木图、阿斯塔纳和卡拉干达及其所在的州。阿拉木图和阿斯塔纳两地出版机构占义务上缴文献样本的出版机构总数的八成。出版种数排名前十的出版机构，出版了占总出版种数四成的图书；印数排名前十的出版机构，出版了占总印数八成的图书。

三是哈萨克斯坦图书零售贸易企业2016年较三年前减少近30%。近年来，各地书店不断减少，而中心城市的书店则有所增长。网络书店发展较快，除专门的网络书店，一些出版、发行企业利用自身网站售书。据专家估算，在哈萨克斯坦发行的俄罗斯出版物占到65%~90%，主要为文学作品。

一、出版情况

1. 图书

2016年哈萨克斯坦出版图书和小册子4677种，总印数1635.20万册；平均印数3496册；全国图书人均占有量0.91册，2015年、2014年这一指标分别为1.03册和0.79册；印数在5~500册之间的图书3266种，约占总出版种数的七成；印数超过10万册的图书36种，2015年仅为3种。

按目的功用划分出版物，出版种数实现较大增长的有教材和教学法类图书，2014年、2016年同比增长在10%~20%左右；出版种数大幅缩减的有政府出版物、科普类图书、文学艺术类图书，政府出版物2014年、2016年同比降幅超过45%，科普类图书2014年降幅超过50%，文学艺术类图书2016年降幅接近20%。

按语种划分出版物，2016年哈萨克斯坦以16种语言出版图书，其中以哈萨克语和俄语为主，分别出版2561种和2002种。此外，2016年还出版维吾尔语图书14种，乌兹别克语图书51种，英语图书7种。2014年哈萨克斯坦共出版翻译类出版物120种，同比减少42.60%，译自阿拉伯语的作品最多，占翻译类出版物的44.20%，译自英语的作品占22.50%；而2013年译自英语的作品最多，占翻译类出版物的51.20%，译自阿拉伯语的作品仅占13.40%。

按主题划分出版物，2014年的两大板块依然是教育类图书和文学类图书，分别占总出版种数的25.30%和18.90%，教育类图书较上一年增长8.70%，文学类图书较上一年减少12.80%。在《具有重要社会意义的各类作品出版纲要》资助下，出版了50卷本的《阿乌埃佐夫全集》。除教育类图书外，2014年实现增长的板块还有哲学类图书和法律类图书，分别较上一年增长18.60%和16.10%。

按出版地划分出版物，2014年哈萨克斯坦出版图书较多的地域有：阿拉木图和阿拉木图州占总出版种数的60%，阿斯塔纳和阿克莫林州占13%，卡拉干达和卡拉干达州占8%。

2014年哈萨克斯坦在下列三个国家级纲要框架下出版图书494种，约占总出版种数的10%。

一是由文化与体育部资助的《具有重要社会意义的各类作品出版纲要》。2014年资助出版图书411种[1]，其中超过七成为文学作品，此外还

---

[1] 2016年共资助48家出版机构出版图书231种，较2015年减少60种。

包括学术类图书、大众政治类图书、参考类图书、教材等。《纳扎尔巴耶夫总统经典语录》《哈萨克斯坦教育思想选集》等在广大读者群体中得到普及，以哈萨克语和俄语出版的百科全书《植物世界》和《动物世界》有助于提高儿童的认知能力。Қазақпарат Хан Тәңірі、巨册、Жібек жолы三家出版社在这一纲要框架下出版图书最多。

二是《2011—2020年各语言功能与发展国家纲要》。为宣传哈萨克斯坦国语和各民族语言，2014年资助出版图书73种①，大部分为百科全书、百科辞典、术语参考书、教科书等。最值得一提的是完成了哈萨克语文学辞典。

三是《文化遗产纲要》。在这一纲要框架下，2014年资助出版图书10种，主要为文学作品，全部由Тоғанай Т出版社出版。

2. 连续出版物

2014年哈萨克斯坦共出版连续出版物990种，全年共计出刊7309期，其中，主要为杂志，共计939种，占总出版种数的95%，出刊6713期，占全年总出刊数的92%。此外，连续出版物还包括简报、专刊等。

从语种来说，以一种语言出版的连续出版物580种，全年出刊4786期；以双语出版的连续出版物341种，全年出刊2140期；以三种语言出版的连续出版物69种，全年出刊386期。在以一种语言出版的连续出版物中，俄语出版物386种，全年出刊3364期；哈萨克语出版物183种，全年出刊1379期；其他语种出版物11种，全年出刊43期。

从主题来说，出版最多的连续出版物主要有三类：一是教育、文化、大众传媒与宣传类，出版305种，全年出刊1782期；二是社会政治类，出版175种，全年出刊1705期；三是技术类，出版88种，全年出刊455期。

从出版地来说，连续出版物出版主要集中在以下三个城市：阿拉木图

---

① 2016年资助出版图书22种。在该纲要下共出版图书253种。

出版694种，全年出刊5381期；阿斯塔纳出版100种，全年出刊812期；卡拉干达出版49种，全年出刊231期。

3. 报纸

2014年哈萨克斯坦出版报纸1149种，全年出版49779期，年印数共计10.15亿份。48.10%的报纸以俄语出版，32.90%的报纸以哈萨克语出版。出版报纸最多的为阿拉木图和阿拉木图州，共出版373种，全年出版12186期；位居第二的是南哈萨克斯坦州，共出版146种，全年出版4784期；排名第三的是阿斯塔纳和阿克莫林州，共出版95种，全年出版5355期。

4. 其他出版物

2014年哈萨克斯坦出版艺术出版物302种，共计14.70万册。其中，七成左右为广告信息宣传册，都是由剧院、哈萨克斯坦音乐会公司、哈萨克斯坦电影公司、传统出版社和高等教育机构出版的。纪念册和儿童图画书各占9%左右。2013年儿童图画书则占艺术出版物的55%。

2014年哈萨克斯坦出版乐谱出版物34种，共计4.30万册，主要为音乐作品集和乐谱教材出版物；出版绘制地图出版物29种，共计3.80万册，主要由国家地图测量基金会出版。

5. 电子出版物

2014年哈萨克斯坦出版电子出版物92种，其中图书37种，杂志37种（全年出版86期），报纸、音频、视频11种。Алматыкітап баспасы和"经济"出版社的电子出版物品质较高，符合国家标准，其他出版社的电子出版物目前尚未达到国家标准要求。2014年有两家报纸《顶》和《车轮》不再出版纸质版本，仅提供电子版本和互联网版本。

二、发行情况

哈萨克斯坦图书发行渠道主要有三类：零售贸易、批发贸易和图书馆。

俄罗斯出版物在发行渠道中占据绝对优势。据专家估算，在各类发行渠道中俄罗斯出版物所占比重在65%~90%之间，主要为文学作品。此外，需求最大的出版物有儿童图书和教材。

1. 出版社

在哈萨克斯坦，很多大学出版社自办发行，其主要产品为教科书、教学法类出版物、教育人员职业作品、研讨会文集等。哈萨克雷斯库罗夫经济大学出版社提供价目单，接受图书预订。

从事图书批发贸易的大型出版社主要有两类：一类是仅从事图书批发贸易的出版社，如8&8、Экономика баспасы和Жібек жолы；另一类是兼营图书零售业务的出版社，如Алматыкітап баспасы、阿塔穆拉、Кӛкжиек和梅克捷普，不仅发行自己的图书，而且还发行国内外其他出版社的图书，前三者都有自己的网络书店。

阿塔穆拉在各州都拥有装备现代化的图书贸易网络。50家书店主要发行本社出版的图书，包括普通学校教育使用的教科书和教学法类图书、科普类图书、参考类图书以及文学作品等。本社图书平均价格在250~700坚戈，本国其他出版社和国外出版社图书价格在500~1200坚戈。Алматыкітап баспасы是哈萨克斯坦最大的出版发行企业，旗下书店在阿拉木图有7家，在阿斯塔纳有3家，其图书品种主要为中小学、高校教材和教学法出版物、学龄前儿童教学法出版物。此外，还有本国以哈萨克语、俄语和英语出版的文学作品、拓展类图书、辞典、参考书、百科全书、儿童图书以及独联体国家出版的图书。

2. 图书贸易企业

据哈萨克斯坦国民经济部统计委员会统计，2016年哈萨克斯坦有160家专门从事图书零售贸易的企业，较2015年减少9家，降幅为5.40%。2014年该国共有169家专门从事图书零售贸易的企业，较2013年减少近25%。

每 10 万居民拥有书店情况是衡量一国出版业发展状况的重要指标。2016 年哈萨克斯坦的这一指标为 0.90 家,而其第一大城市阿拉木图则为 16.80 家。近年来,哈萨克斯坦各地书店呈缩减态势,而中心城市的书店则有增长趋势。2014 年东哈萨克斯坦州书店数量减少 32%,南哈萨克斯坦州书店数量减少 23%;与此同时,阿拉木图和阿斯塔纳的书店数量则大量增加,2013 年阿拉木图有书店 82 家,是 2012 年的 2.60 倍,阿斯塔纳有书店 19 家,是 2012 年的 2.10 倍。

近年来,零售图书品种中国外出版社,尤其是俄罗斯出版社的图书占主导地位。为了吸引图书消费者,零售企业在售书的同时,常常搭售办公用品、拓展游戏以及儿童手工等商品。图书零售价在 150~3000 坚戈之间,较昂贵的图书在销售中大概占 10% 的份额。

古良达图书大厦连锁书店在专门从事图书贸易的大型企业中占有独特地位。旗下四家大型书店营业面积达 1400 平方米,拥有来自本国和俄罗斯领先出版社的图书超过 10 万种,其中 35% 为本土品种,年销售图书和小册子约 3 万册。图书大厦开展了一系列的图书推广活动,如"1+1"活动,买一本书赠送一个礼品;"买书送给孩子们"活动,买书捐赠给儿童福利院;"图书打折"活动,等等。

梅罗曼家庭视频是非专业从事图书贸易的企业中积极开展售书业务的代表。旗下"梅罗曼"零售连锁店出售图书,积极开展图书宣传和阅读推广活动,借鉴世界其他国家的成功经验,为消费者营造舒适的购物环境。为培养消费者对图书的兴趣,连锁店经常举办新书推荐、主题图书展览、作者签售等活动。2013 年该企业在独联体图书贸易企业竞赛中获胜。

在阿拉木图的阿杰姆商贸中心,图书精品店占很大一部分。跟其他图书贸易企业一样,销售的图书主要来自俄罗斯,约占 80%~85%。出售的本土图书主要来自 Алматыкітап баспасы 和梅克捷普两家出版社。图书售价从 200~500 坚戈到 5000~7000 坚戈不等。作者和企业家会请商贸中心代售自己的图书，小型出版社会在这里提供价目表。需求量最大的图书主要有教科书、语言辞典、术语词典、儿童文学作品等。往年未售完的库存图书会按照合同约定发往其他书店出售。

此外，在哈萨克斯坦还存在大量从事出版物贸易的销售点、摊铺、教科书季节展销，涉及的图书主要是文学类的，大多来自俄罗斯。

3. 图书馆

图书馆是哈萨克斯坦图书发行业的重要环节。该国图书出版、发行实行国家订购制度。在缺乏专业馆配机构的情况下，图书贸易企业和出版机构成为图书馆馆配的重要来源。按照《具有重要社会意义的各类作品出版纲要》出版的图书，向文化与体育部确定的25家机构发行。这些机构包括国家图书馆、国家学术图书馆、哈萨克斯坦书库、世界哈萨克人联盟、各州学术图书馆。各州图书馆再向各市和各社区图书馆发放图书。

根据哈萨克斯坦国家图书馆统计，2016年全国共有各类图书馆11352家，馆藏图书3.12亿册，为939.10万借阅者服务。其中，面向全体公众的图书馆4075家，馆藏图书7311.60万册，注册用户478.20万人。

国家每年拨款70亿坚戈用于图书馆事业发展。2014年共有3.78亿坚戈用于补充馆藏，占总拨款金额的5.40%。大型图书馆在阅读推广方面做了大量工作，借鉴国外先进经验，召开研讨会和圆桌会议等，组织主题图书展、新书发布会、作者见面会等。

4. 网络书店

近年来，哈萨克斯坦互联网图书贸易持续发展，涌现出一系列从事互联网图书贸易的网络商店。其中有代表性的如下：

奥尔曼是哈萨克斯坦唯一一家只销售哈萨克斯坦本土出版社和作者图书的网络书店。成立于2007年的Flip.kz是哈萨克斯坦最大的网络商店之一，网站上的主要分类有新书、打折书、文学书、童书、商务类图书、教科书、听书等，单独设有哈萨克斯坦文学和哈萨克斯坦出版社栏目。

SetBook 是一家国际性网络书店，很多图书由俄罗斯进货，在这里可购得哈萨克斯坦其他书店买不到的图书，出版物可送达哈萨克斯坦全境，登录其网站可以了解图书市场信息、阅读主题图书概述、专家书评以及出版社信息。图书国成立于 2000 年，是哈萨克斯坦的主流图书贸易企业之一，发行儿童图书、参考类图书、技术类图书、文学类图书、法律类图书等，单独开辟了哈萨克斯坦文学专栏，参加国际书展，举办"我的哈萨克斯坦"图画竞赛，开展资助儿童的公益活动。

此外，一些从事图书发行的企业也通过自己的网站售书，如 Алматыкітап、古良达和梅罗曼；大型高校出版社也有自己的网络书店，如阿利法拉比哈萨克国立大学。除上述以销售纸质版图书为主的网络书店外，还有一些专门销售电子书的网络书店，如 www.digitall.kazakhstan.satu.kz、www.hit.kz、www.pricer.kz。

5. 电子图书馆

目前，哈萨克斯坦的电子图书馆主要涉及以下两类：一是依托传统图书馆和高校等学术机构建立的电子图书馆；二是政府有关部门资助的电子图书馆。

哈萨克斯坦国家电子图书馆旨在建立电子文献馆藏资源方便各类读者查阅。根据第七届"中亚——2013：科学、教育、文化与商务领域的互联网、信息与图书馆资源"国际研讨会材料，哈萨克斯坦国家电子图书馆拥有七千余种电子版图书、五千余种摘要和论文、两千余种封面与目录，通过信息系统平台新增用户超过两万名，其中包括 535 名远程用户，远程用户每年使用电子版图书的订单超过两千个，每年在系统平台上完成咨询近千个，每年有来自 74 个国家共计 12 万~13 万访问量，与国内外 75 个组织和 450 位作者签订了合作协议。

此外，像哈萨克斯坦科学院图书馆、哈萨克斯坦国家图书馆、共和国科学技术图书馆、州立图书馆等 22 家大型图书馆都将馆藏出版物电子化供借阅者使用；共和国高校间电子图书馆向广大用户提供学术类、教材类等电子资料。

为推广哈萨克语，提升哈萨克斯坦在互联网空间中的地位，社会基金"维基比利姆"推出哈萨克语内容作为维基百科的补充。在哈萨克斯坦文化与信息部语言委员会的扶持下，"维基比利姆"持续推进"哈萨克斯坦开放图书馆"项目，大量图书、音频视频资料上传至 www.iKitap.kz。

2013年12月哈萨克斯坦内容股份公司在总统中央通讯局和文化与信息部支持下，以哈萨克语、俄语、土耳其语和英语四种语言，推出互联网资料库"文学门户"，旨在推广哈萨克斯坦文学，向国内外介绍本土作家。该门户设诗歌世界、内容简介、翻译、书信和插画5个特别栏目，还向儿童读者提供认知百科全书、童话以及其他文学作品。哈萨克斯坦内容股份公司与哈萨克斯坦书库签订协议，在网站上提供国外出版的哈萨克斯坦本土作家的图书信息。

三、出版企业情况

哈萨克斯坦登记注册出版机构一千五百余家，2016年，其中的370家义务上缴文献样本。在上述370家出版机构中，2016年有63.80%的出版机构出版了5种以内的图书，其中34.90%出版了1本图书，28.90%出版了2~5本图书；出版10种及以上图书的出版机构占20.30%。

阿拉木图和阿斯塔纳是哈萨克斯坦出版业较为活跃的地区。两地出版机构共计297家，在义务上缴文献样本的出版机构中所占比重为80.30%，其中阿拉木图有255家，阿斯塔纳有42家，此外卡拉干达和科斯塔奈各有11家，其他大型城市各有出版机构1~8家不等。

在众多注册的出版机构中，阿塔穆拉、Алматыкітап баспасы、梅克捷普、巨册脱颖而出，成为核心出版机构。2014年主要出版机构指标参见下表。

表　2014 年哈萨克斯坦图书出版种数和印数排名前十的出版机构

序号	出版社	出版种数（种）	出版社	印数（万册）
1	Қазақ университеті	389	Алматыкітап баспасы	444.35
2	Мектеп	330	Мектеп	282.92
3	Алматыкітап баспасы	296	Атамұра	245.07
4	СКГУ им.Козыбаева	206	КАЗакпарат	27.62
5	Фолиант	199	Келешек-2030	27.34
6	КарГТУ	162	Арман –ПВ	26.46
7	Атамұра	160	ННПООЦ «Бәбек»	24.56
8	КАЗакпарат	108	Фолиант	21.86
9	КазНПУ им.Абая	104	Кәкжиек Б	11.91
10	КарГУ им. Е.Букетова	103	Жібек жолы	11.65

数据来源：哈萨克斯坦书库

出版种数排名前十的出版机构，出版了约占总出版种数 40% 的图书，除巨册位于阿斯塔纳、卡拉干达国立技术大学出版社和布克托夫卡拉干达国立大学出版社位于卡拉干达外，均位于阿拉木图；印数排名前十的出版机构，出版了约占总印数 80% 的图书，除阿尔曼—普弗和巨册位于阿斯塔纳、克莱舍克—2030 位于科克什套外，均位于阿拉木图。

四、人才培养情况

目前，哈萨克斯坦图书领域高等教育人才培养主要依照以下三个专业类别进行：一是阿利法拉比哈萨克国立大学和古米廖夫国立欧亚大学开设的出版业专业，二是萨特巴耶夫哈萨克国立技术大学和谢里克巴耶夫东哈萨克斯坦技术大学开设的印刷专业，三是哈萨克阿利法拉比国立大学开设的设计专业。

阿利法拉比哈萨克国立大学和萨特巴耶夫哈萨克国立技术大学培养上述专业的学士和硕士人才，硕士人才主要分专业和科研教育两个方向。古米廖夫国立欧亚大学目前尚未开设硕士点。

此外，阿拉木图国立印刷学院还为出版印刷企业培养人才，主要是在出版生产专业下培养电子排版技师、平版印刷技师和装订技师。

参考文献

哈萨克斯坦书库统计资料.

（作者单位：中国新闻出版研究院）

捷克出版业发展报告

赵丽君　李纪静

捷克，全称为捷克共和国，地处欧洲中部。其四个邻国分别为北方的波兰，西北方的德国，南方的奥地利，东南方的斯洛伐克。今日的捷克主要包含了过去奥匈帝国时代波希米亚与摩拉维亚这两个传统省份，与一小部分的西里西亚之土地范围。首都为布拉格，全国划分为十四个地区。国土面积为78866平方公里，截至2018年6月有人口约1062万，其中90%以上为捷克族，斯洛伐克族占2.90%，德意志族占1%，此外还有少量波兰族和罗姆族（吉普赛人）。官方语言为捷克语，在一些地区也使用斯洛伐克语和波兰语等。捷克境内宗教以基督教为主，识字率达99%。

一、出版业发展背景

（一）社会环境

第一次世界大战结束之后，1918年10月28日捷克和斯洛伐克联合成为一个独立的国家，即捷克斯洛伐克共和国。1993年1月1日，捷克与斯洛伐克解体成为两个独立国家，独立后沿用10月28日作为国庆日。同年1月19日，捷克成为联合国成员国。1999年加入北约，2004年成为欧盟成员国，2007年成为申根公约会员国。

捷克实行议会制及代议制民主，行政权由国家元首总统和总理以及政府行使，立法机关为捷克议会，由众议院和参议院组成，行政机关对其负责。2013年之前，捷克总统由参议两院间接选举产生，从2013年开始改由民选产生，任期五年，可连任一次。

捷克1991年开始了经济改革，由计划经济转变为市场经济。自2000年以来，捷克经济逐渐恢复和发展，国内生产总值增速逐渐提高，通货膨胀率也维持在5%的界限以下。捷克于2006年被世界银行列入发达国家行列，但受2008年的全球金融危机影响及其后欧洲经济困境的影响，捷克经济增长陷入低迷，2009—2013年间国内生产总值的发展几乎迟滞，2011—2013年捷克财政收入呈下降趋势，并有陷入通货紧缩的危险。2014年开始实施宽松的货币政策，自此捷克的财政收入和支出回归至2011年前水平，在内需和外需恢复的背景下，国内生产总值恢复了较快的增长速度，同时就业率和工资收入上升。2015年国内生产总值增长率超过4%，成为欧盟成员国中增长最快的国家之一。

捷克的国民教育水平在中东欧国家中排名较高，因而拥有较高素质的人力资源。数据显示，在所有经济合作与发展组织成员国中，捷克受过中等以上教育的居民比例超过美国、英国、瑞典等发达国家，高达六成。捷克教育系统可分为义务教育和大学教育。义务教育包含小学和初中，捷克的中学生在完成义务教育后可以在职业培训中心、中等专业学校和文理高中等体系中选择，就读中等专业学校的学生就读可选择3至4年学士就读和大学就读方案，另外政府也提供硕士和博士就读方案。

捷克是世界上人均阅读量最多的国家之一。根据世界文化评分指数，它在全球排名第六，每个成年人每周阅读七个小时，而美国人平均每周阅读时间不到六小时。这可能部分归因于捷克长期以来深深扎根的全面扫盲传统。捷克拥有世界上最密集的公共图书馆网络，每万名捷克人有五个公共图书馆。据捷克文化信息与统计中心数据，截至2017年，捷克境内共有5339座图书馆，注册读者数为137.60万，但近年来图书馆数量、注册读者数和借阅量都在逐步减少，图书馆访问人数反而在 2000—2011 年间不断增加，2011 年至今有较小波动，其中通过网络访问图书馆服务的人数在 2010—2014 年间迅速增加，其后有较大减少。

（二）出版业相关机构

1. 文化部[①]

文化部是负责艺术、文化教育活动、文化古迹、教会及宗教团体、包括非定期出版物和其他信息媒体的出版物、广播和电视的管理，也负责提出无线电和电视广播方面的法律草案和法规、实施版权法、管理文化产业等。[②] 其下设的艺术、文学与图书馆部负责文献、图书文化、非定期出版物和图书馆的管理，下设的视听媒体部负责视听、广播和电视的播出，周刊出版以及其他信息载体的管理。

文化部同时负责统计文化方面的相关数据，具体由其下设的国家文化信息和咨询中心和文化信息与统计中心负责。两个中心所发布的关于非定期出版物的统计数据来源于捷克国家图书馆。

2. 文化信息与统计中心

文化信息与统计中心为国家文化信息和咨询中心下属机构，受文化部委托，依据第 89/1995 号法律《国家统计法》及其修订版，并与捷克统计局合作，负责捷克各文化领域的国家统计工作，每年在其网站上公布年度文化领域的统计数据和发布相关报告。

3. 捷克书商与出版商协会[③]

捷克书商与出版商协会初建于 1879 年，1990 年重新建立，截至 2017 年 1 月 1 日，协会已有 170 名成员。捷克书商与出版商协会是欧洲出版商联合会和欧洲及国际书商联合会的成员，致力于在市场中维护出版商、分

[①] 网址：https://www.mkcr.cz/.
[②] 来源：https://www.mkcr.cz/pusobnost-ministerstva-1113.html.
[③] 网址：https://www.sckn.cz/.

销商和经销商的共同利益，支持和促进捷克图书文化产业的发展，其成员包括出版商、书商、经销商和其他有出版部门的主体（大学、图书馆、协会等）。捷克书商与出版商协会从2013年起在其网站上发布《捷克图书市场统计年度报告》，内容包括图书出版种数、图书市场销售额、电子书市场、增值税额、出版商、政府资助等。

捷克书商与出版商协会在1997年成立布拉格书展公司（Svět knihy），其主要业务是组织布拉格国际图书博览会。布拉格国际图书博览会自1995年开始创办，每年五月初在捷克布拉格展览馆举办，是一个集图书、出版商和印刷品的博览会，旨在支持与推动捷克图书市场发展，并借此平台与国际出版市场建立业务联系，为全方位的交流与合作创造契机。有超过30个国家和地区参展，如中国、美国、英国、德国、法国、丹麦等国家，将近400个参展商。如今布拉格国际图书博览会已成长为世界范围内颇具影响力的新兴书展之一。

4. 捷克期刊出版商联盟

捷克期刊出版商联盟成立于1991年，为捷克唯一代表期刊出版和网络发布领域的企业和从业者的协会，成员包括境内绝大部分杂志、日报出版商。媒体情况调查工程为捷克期刊出版商联盟主导的对捷克印刷品市场的研究，旨在调查印刷品在12~79岁的人群中的覆盖范围。其调查结果每两个季度发布一次，统计该年龄段12~79岁的人群阅读各类期刊的比例及其变化、阅读量最大的期刊以及发布来自出版物发行审计局[①]的关于各类期刊的阅读量和销售量统计数据。[②]

5. 出版物发行审计局

从1997年开始，出版物发行审计局一直在对捷克的报刊、广告等媒体的发行数据进行全面的统计和公布，数据以月为单位进行发布。出版物

[①] 网址：http://www.abccr.cz.
[②] 参考：http://www.unievydavatelu.cz/cs/unie_vydavatelu/medialni_data/vyzkum_ctenosti.

发行审计局是以客观反映媒体市场，特别是期刊出版印刷领域的信息和数据为目的的政府机构，主要由三部分构成：期刊出版商代表即捷克期刊出版商联盟、媒体机构代表即媒体机构协会和广告商代表即捷克品牌产品协会组成的非营利性法人商业协会。

（三）出版管理制度及政府资金投入

1. 定期出版物

定期出版物的基本法律依据为《关于出版发行定期出版物的权利和义务及对其他一些法律的修改的法案（出版法）》，该法律于2000年2月22日颁布并生效。该法基于捷克境内定期出版物的印刷和传播，对出版单位以及与出版周期性出版物相关的自然人或法人的权利和义务做出规定。定期出版物包括定期印刷的报纸、杂志和其他有着同样名称和包含同类内容的印刷品，其外封每年至少设计两次，出版商包括出版定期出版物的自然人或法人，且对出版物内容负责，并有义务在其出版物上发布来自国家和地方权力机构的重要或紧急通知。除此之外，出版商不会依据本法对刊登在出版物上的非出版商自己的广告负责。

出版商需在在定期出版物开始发行前30天在文化部登记出版商及其定期出版物的相关信息，包括名称、内容、发行周期、地址等。定期出版物需要具备出版物名称、印刷单位及地址、发行周期、发行地点、期数和日期、发行区域和文化部登记的出版物编号等方可发行。同时，出版商须向国家图书馆、国家博物馆图书馆、文化部等该法规定的部门提供每期定期出版物的副本。

当定期出版物中的内容侵犯到自然人或法人的名誉、隐私等权利时，被侵犯权利者有权要求出版方作出回应，出版方须根据事实做出真实的、符合争议内容范围的清晰的书面答复。若发布的内容涉及诉讼程序，当事人有权要求出版方补充发布最终的结果。该法同时对出版方做出回应的其他情况、回应的方式和期限、例外情况等做出了规定。

在不影响《刑法》等法律法规的前提下，出版方或定期出版物涉及的自然人或法人享有信息受到保护的权利。出版商若违反该法中的条例，将会受到所在地区当局的罚款。

2. 非定期出版物

非定期出版物的基本法律依据为《非定期出版物法》。该法律于1995年颁布，于1996年1月1日正式生效，并在2002年、2012年和2017年进行过修订。非定期出版物指一次性或最多每年一次或某时段出版的、旨在向不特定人群公开传播的文学、科学和艺术作品的复制品。这些出版物不包括音像的复制品、作为产品附属品的印刷品、电脑程序复制品、国外发行的印刷品等。

非定期出版物必须具备出版物标题、作者、首次出版时间、出版商、翻译的原始标题和版本、版权方信息、书号和印刷厂信息等。出版商需向该法所规定的四所图书馆提供出版物副本，同时还需在规定期限内通知文化部列出的图书馆相关出版物信息，由他们决定是否购买该出版物。

3. 政府资金投入情况

捷克于1992年设立捷克共和国国家文化基金[①]，该基金由文化部管理。基金活动的法律依据为《捷克国家委员会捷克共和国国家文化基金法》。该基金为向其申请的特定的文化项目提供资金，如艺术创作、展览展示，定期和非定期出版物，文化古迹和收藏的收集、保护和修复，与文化相关的文化活动，在国外推广捷克文化和维护、补充图书馆馆藏等。资金的支持通常以专项拨款、贷款或可偿还的财务资助这三种方式提供，其中专项拨款最多只能提供至申请人计划成本的三分之一，但用于保护文化古迹的拨款可达计划成本的十分之三。据2017年的《捷克图书市场统计报告》，该基金在出版领域一共支持了437个项目，共计2502.50万捷克

---

① https://www.mkcr.cz/statni-fond-kultury-cr-42.html.

克朗。

文化部在文学方面共有五个方面的补贴支持：文学领域的创作或研究资助，捷克文学在海外翻译出版资助，文学活动，文学期刊出版和图书出版支持。对文学活动、文学期刊和图书出版的申请者需从事文化艺术活动或提供公共文化服务，如制作文化作品、经营文化设施等。申请条件有：以印刷或电子方式出版文学或文学文化期刊至少一年；文学节日和表演；符合时间标准的长期文化活动；文学竞赛；高标准的展览、创作或专业研讨会；以及为期一年的文献普及和信息方面活动等。

在文学图书出版方面，可得到补贴的类型包括：印刷出版的捷克原创文学和少数民族文学；文学科学及相关领域的原创和翻译作品的出版；捷克艺术文学的初版和翻译艺术文学的出版；经长期和严格地编辑准备后出版的小说、文学等相关领域的文学作品出版；为儿童和青少年出版捷克插图艺术文学等。《捷克图书市场统计报告》中统计了每年捷克政府方面对图书市场的资助。

表1 2014—2017年捷克政府方面对图书市场的资助情况

单位：千捷克克朗

类别	2014年	2015年	2016年	2017年
非定期出版物（捷克文学、翻译、儿童图书、文学研究）……	8000	9190	9942	11353
定期出版物	12920	12883	13500	14145
其余项目/文学活动	6080	6399	6646	5825
文化部优先事项/特别补贴	1200	—	530	—
捷克图书翻译	3000	4000	5189	6568
捷克图书馆	5000	5500	5500	6597
总计	36200	37972	41407	44488

"文化活动"项目框架中的拨款分配
数据来源：捷克书商与出版商协会《捷克图书市场统计报告》

捷克文学中心（CLC）[①]，是摩拉维亚图书馆的一部分，是由国家资助的组织，主要支持捷克文学在本国及海外的推广，促进发展捷克散文、诗歌、戏剧、漫画、儿童和青少年文学、非小说和新形式的文学。作为外国出版商、翻译人员、捷克研究专家、活动组织者和其他对捷克文学感兴趣的人士均可申请文学中心的资助项目。此外，文学中心为作者提供参加国外文化活动的资助项目，与海外和捷克的合作机构开展国际文献和翻译项目。

捷克文学中心的旅游补助金是支持捷克作家前往参加国外文学活动（节日、阅读、图书发布、讲座、辩论等）的计划。申请人可以是活动组织者或作者。对于作者，财务支持可以承担高达总成本的100%，包括参席费和旅行费以及膳食津贴。

（四）阅读情况

1. 图书馆情况

捷克境内图书馆管理的法律依据是《图书馆法[②]》。该法管理的是公共图书馆和相关信息服务及运营这些的条件，不涉及拥有贸易业务的图书馆。根据该法，捷克的图书馆可大致分为四类：由文化部建立的图书馆，如捷克国家图书馆、布尔诺摩拉维亚地区图书馆、K. E. Macana 图书馆和印刷社等；由地区建立的地区图书馆；由地方或其他主体建立的基础图书馆；专业图书馆。图书馆可依据该法，从国家预算、国家金融资产或依据特别法《预算法》建立的国家基金得到资金支持，特别是在科学研究项目、为提供公共图书馆和信息服务引入新技术、支持图书馆网上网络及电子化资源信息、完善和保护馆藏、进行文化和教育方面项目等事项上。这方面的具体支持领域及方案由文化部和捷克中央图书馆委员会制定。

[①] https://www.czechlit.cz/en/grant/translation/.
[②] 关于图书馆，以及公共图书馆和提供信息服务的条件的法律。

文化部对图书馆的主要支持项目①有"图书馆公共信息服务"②和"21世纪的图书馆"③，两者皆为由图书馆提出项目，向文化部申请经费预算，并经文化部审核批准。此外，对捷克公共图书馆的发展规划及措施《2017—2020捷克图书馆发展概念》，以及具体细节和相关参考资料公布在中央图书馆委员会网站上④。

"图书馆公共信息服务"是由捷克政府于2000年4月10日通过的第351号决议《国家教育信息政策》批准的项目，所涉及的政府部门有捷克文化部，捷克教育、青少年和体育部，捷克内务部和捷克区域发展部。它的基本目标是在信息技术（ICT）的基础上促进图书馆公共信息服务的革新。将公共图书馆与互联网及其信息技术联系起来，使捷克公民能在他们居住地的公共图书馆免费访问互联网。整个项目分为九个相关联的子项目：计划协调中心、图书馆员的校外教育、建立公共图书馆信息中心、数字图书馆和用于图书馆信息服务的建筑、捷克共和国图书馆馆藏目录的回溯转换、国家珍贵文件数字访问计划、国家微缩胶卷和数字文件、信息资源、统一信息网关、捷克共和国联合目录。

"21世纪的图书馆"支持对少数民族的工作和与国外的合作，支持有残疾的公民获得普遍的图书馆服务，包括文化、教育和教育活动。这一项目的支持方面主要侧重于标准外的图书馆、信息和文化教育活动以及支持有残疾的公民获得信息。项目主要支持的活动可分为三个类型：第一，面向国内少数民族和国外合作，举办展览、座谈会、竞赛等，为少数民族购买图书馆馆藏；第二，为残疾公民提供普遍图书馆服务，提供对于盲人和视力不佳者的图书馆馆藏，购买可为盲人、视力不佳者及听障人士提供

---

① https://www.mkcr.cz/oblast-knihoven-532.html.
② https://visk.nkp.cz/.
③ https://ipk.nkp.cz/programy-podpory/knihovna-21.-stoleti-k21.
④ http://ukr.knihovna.cz/koncepce-rozvoje-knihoven-cr-na-leta-2017-2020/.

访问图书馆馆藏和数字信息资源的技术设备（通用硬件除外）；第三，文化、教学和教育活动，促进阅读，鼓励终身学习，举办讲座、研讨会、座谈会和展览，出版相应出版物，支持图书馆社区活动和面向有被社会排斥风险的群体的服务，以及举办文学纪念日活动等。项目补贴的受益人可为依据《图书馆法》注册登记的图书馆、以图书馆和信息活动，或者为这些提供支持为目的的法人或盈利团体。但文化部捐助的机构除外。申请人可递交最多三个活动项目申请，补贴金额最高可达整个活动项目预算成本的50%，但商业项目不会得到补贴。

据捷克文化信息与统计中心数据，截至2017年，捷克境内在文化部登记的图书馆共有5339座，注册读者数为138.40万，平均每座图书馆有259.20位注册读者；平均每1000位捷克公民中有130.70位注册读者。但近年来图书馆数量、注册读者数和借阅量都在逐步减少，图书馆访问人数在2000—2011年间不断增加，2011年至今有较小波动，其中通过网络访问图书馆服务的人数在2010—2014年间迅速增加，其后有较大减少。这些数据的变化主要原因与迅速发展的网络技术和电子书有关，也有一部分原因是图书馆社会角色的改变以及地方财政的支持减少有关。捷克国家图书馆学研究所所长在接受捷克通讯社采访时表示，人们去了有足够文件资料的数字空间，很少买书，不仅是捷克的图书馆，国外的图书馆也成为休闲机构，图书馆除提供借阅之外还组织各种教育、文化和交流活动，这些活动使得访问人数增加。

表2　2000—2017年捷克国家图书馆注册读者级借阅情况

年份	2000	2001	2002	2003	2004	2005	2006	2007	2008
图书馆总数（座）	6019	6091	6057	6046	5885	5920	5662	5533	5438
注册读者数（千人）	1523	1513	1533	1524	1538	1538	1476	1458	1448
每年借书量（千册）	70401	69864	70825	71663	72875	71974	68697	67395	66744
年份	2009	2010	2011	2012	2013	2014	2015	2016	2017
图书馆总数（座）	5432	5415	5408	5401	5381	5360	5354	5353	5339
注册读者数（千人）	1398	1431	1462	1450	1430	1430	1412	1372	1384
每年借书量（千册）	66862	66773	67220	66258	64208	62614	60045	58204	55364

数据来源：《2017年文化领域统计报告》

2. 国民阅读和互联网情况

近些年捷克国民阅读情况总体来说趋于倒退，但在欧洲仍是保持着庞大阅读群体的国家。在数字化冲击面前，传统的阅读方式依然保持牢固地位，这与捷克家庭教育所扮演的角色分不开，家庭环境是培养阅读习惯的重要因素，从而带动整个社会的阅读率。中老年人是捷克阅读人群的重要支撑部分，中小城市则是公共图书馆的支持。

捷克国家图书馆和捷克文学研究所在2007—2018年间分6次对捷克的读者和阅读情况进行调查统计，调查报告为《在捷克的读者与阅读》。在最新的2018年的统计调查报告中，78%的捷克人在年内至少读过一本书（纸质版或电子版），44%的人每年至少买一本书，28%的人至少去过一次图书馆。但综合四次调查的数据，可以发现这三个数据总体皆呈下降趋势，其中每年至少去一次图书馆的被调查者所占比例下跌幅度最大。

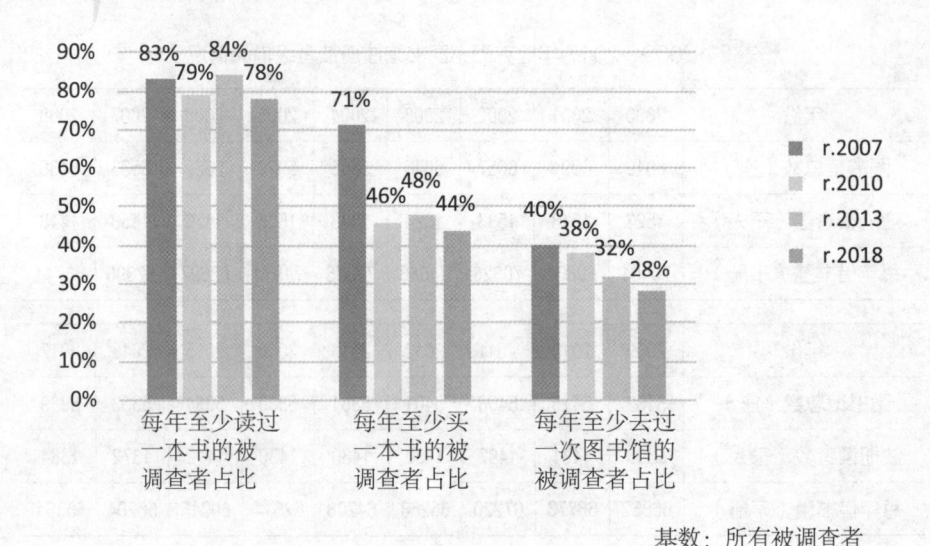

图1 捷克的读者与阅读调查结果

数据来源：捷克国家图书馆和捷克文学研究所调查报告《在捷克的读者与阅读》

2018年报告显示，在15岁以上的人群中，每人平均每年阅读12.60本书，每天阅读时间为31分钟，每年平均购书2.60本书花费为649捷克克朗，每个家庭平均拥有253本书。在数字设备方面，读者们最常使用智能手机阅读，在网络上阅读较多的为新闻和电子报刊。定期阅读电子书的读者占1%，从不阅读电子书的则为60%；经常听有声读物的人占1%，而86%的人从未听过。在这些15岁以上的人群中，有67%的人表示他们的父母或祖父母有时让他们阅读。对于强制/推荐阅读的态度，有35%的人表示赞同、31%的人表示中立，而30%的人表示反对。

捷克有大量的鼓励阅读的项目，其中很多是针对儿童或青少年，在由捷克国家图书馆建立的图书馆信息网上有15个鼓励阅读的项目，三分之二为青少年项目，如"读给捷克的孩子们"、"儿童读书日"、"世界终结于何处"、给一年级小学生的书——《我已经是读者了》《珍珠猎人》《与安徒生一起的夜晚》《与书一起成长》等。此外有一些面向社会人群的栏目，如推荐阅读图书的数据库图书馆周、图书疗法等。

阅读对儿童来说仍是一项有趣的休闲活动，且随着年龄增长，儿童或青少年越来越能意识到阅读的重要性。除了阅读之外，儿童和青少年也有其他打发空闲时间的方式，其中结伴活动和使用社交网络情况成为调查的侧重点。

2013年和2017年，捷克国家图书馆和尼尔森进行了针对捷克儿童和青少年的调查统计。2017年的调查重点为图书阅读、阅读习惯、空余时间的通常行为方式、家庭和学校环境对儿童与图书间的关系以及对个人阅读的影响。[1] 2013年对捷克儿童读者的调查是捷克国家图书馆第一次对于学龄儿童进行的调查，调查对象为9~14岁的儿童。2017年针对捷克儿童和青少年再次进行调查统计，调查对象分为6~8岁、9~14岁和15~19岁三个年龄段，同时调查对象也包括了6~8岁儿童的父母。整个调查内容可分为儿童的空闲时间、儿童与阅读的联系、阅读环境的组成和影响、儿童与图书和图书馆等几个方面。

在影响阅读的因素中，家庭、学校和图书馆是最重要的三个影响因素。绝大多数家长清楚阅读对孩子的重要性，父母的阅读情况也会影响到孩子。随着年龄增长，儿童和青少年获得图书的渠道越来越多，选择图书的方式也有所增加。不同年龄段和不同性别的孩子所感兴趣的题材有着较大不同。对于最小的学龄儿童，年龄较大的孩子有更多的强制阅读制度，而强制阅读能起的作用很大程度上取决于如何进行。

2013年和2017年两组9~14岁年龄段的对比显示，比起电子书，这一年龄段的儿童和青少年更喜欢纸质图书。至少三分之一的9~19岁受访者使用学校图书馆，不到一半的9至19岁的儿童和青少年前往公共图书馆。

---

[1] 来源：2017年《捷克儿童和青少年读者（打印报告版）》（České děti a mládež jako čtenáři-tisková zpráva），https://ipk.nkp.cz/odborne-cinnosti/ctenarstvi-1/12_Cten.htm#projekty。

访问这两种类型的图书馆的频率随着儿童的年龄增长而减少。孩子和父母在对图书馆的不同看法上有着差异，两者对图书馆的传统功能即"通过图书馆获得资源和图书"这一点认同度最高，但在是否认同"图书馆是个有吸引力的地方"以及"互联网时代还需要图书馆"上两个群体有着巨大差异。多数家长认同这两个观点，赞同的比例分别是51%和81%，但年轻人大多持反对态度，31%的年轻人认为图书馆有吸引力，40%认为互联网时代不需要图书馆。[1]

2010年至2013年间捷克人口使用互联网的频率逐渐上涨，每天使用互联网的人数从43%上升到55%。年龄仍然是关键变量，年轻人越多，他们就越有可能使用互联网。PC／笔记本电脑、智能手机、平板电脑和阅读器是阅读图书、杂志和报纸优先考虑的设备。另外，受教育最少和受教育程度最低的人最少关注互联网新闻和报纸出版物；互联网论坛和讨论吸引了最年轻的人。

二、图书业发展概况

（一）整体情况

自2000年开始，捷克境内的图书出版种数在近十年间保持了较快的增长速度。图书出版种数在2004—2005年间稍有回落，从2005年开始再次增长，2008年达到18520种，其后到2010年出版数量稍有回落，2011年出版的图书总数达到最高峰18985种，其后的年份出版数量在18000种上下波动，在2016—2017再次回落。

---

[1] 来源：2017年《捷克的儿童和青少年读者（报告打印版）》（České děti a mládež jako čtenáři-tisková zpráva），https://ipk.nkp.cz/odborne-cinnosti/ctenarstvi-1/12_Cten.htm#projekty。

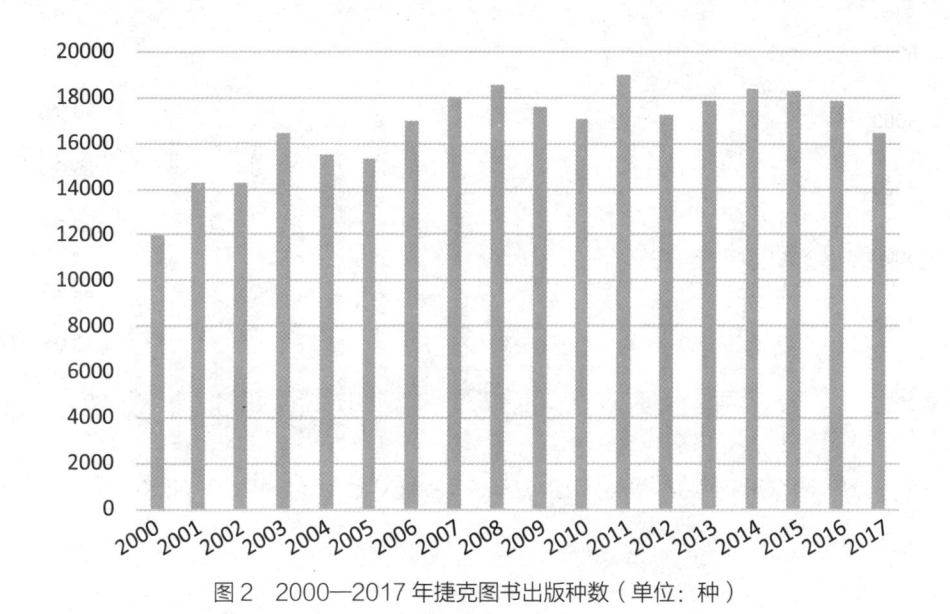

图2 2000—2017年捷克图书出版种数（单位：种）

数据来源：NIPOS-CIK《文化统计报告》非定期出版物

其中，文学类、儿童图书类和教材类图书的出版种数大体随图书出版种数变动。文学类在这三类图书中一直是占图书出版种数比例较大的一类，2000—2004年间出版种数略有下降，随后逐年上升，2017年时出版种数为4985种，占全部图书种数的30.40%；儿童图书类出版总数在2000—2017年间迅速增长，所占图书出版种数的比例从2000年的4.80%到2017年的11.20%，其中在2007年降幅最大，但在2013年上涨大约到19%，并在2016年达到最高的2157种，占比12.10%。教材类图书在2006—2008年迎来出版高峰，2008年出版2132种，占比11.50%，但随后在2009年出版种数下降约30%，2009至2014年间所占比例在8%~9%之间，但从2015年再次下滑，2017年出版856种，仅占全部图书种数的5.20%，比2016年减少了1.40%。总体来说，捷克图书出版种数中教材类图书数量和占比在逐渐下降，而文学类，特别是儿童图书类的数量在逐渐增加。

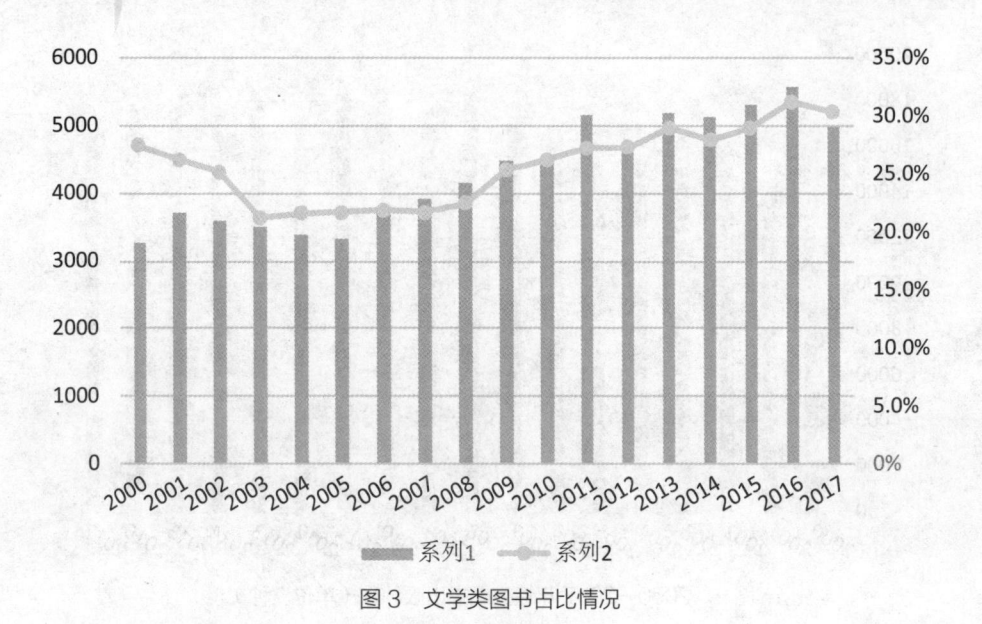

系列1 ——— 系列2

图3 文学类图书占比情况

数据来源：NIPOS-CIK《文化统计报告》非定期出版物

系列1 ——— 系列2

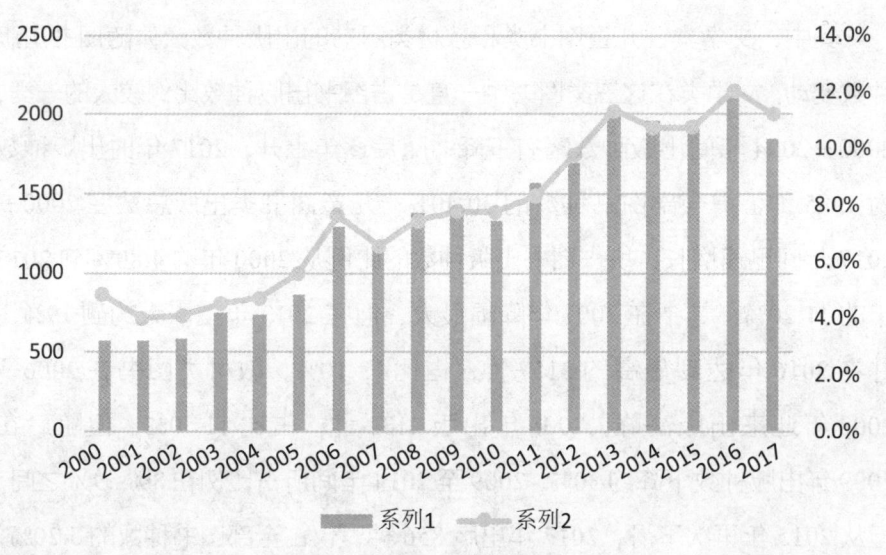

图4 儿童类图书占比情况

数据来源：NIPOS-CIK《文化统计报告》非定期出版物

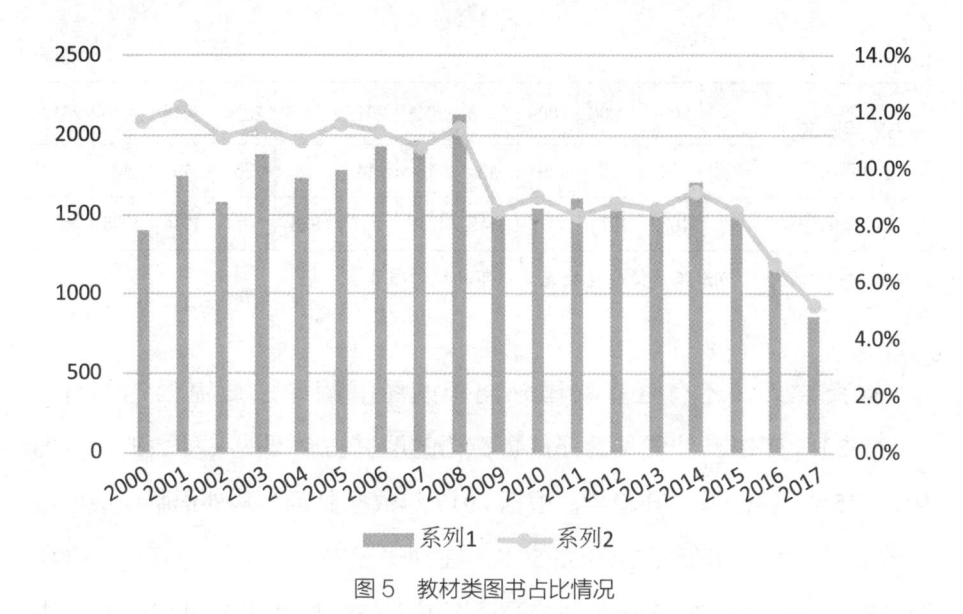

图5 教材类图书占比情况

数据来源：NIPOS-CIK《文化统计报告》非定期出版物

在捷克图书市场中除捷克语出版的图书外，还有很多其他语种图书，如英语、斯洛伐克语、俄语、法语、西班牙语等。其中英语的占比份额最大，为年出版总量的3.80%~4.50%，其次为斯洛伐克语、俄语和德语。

表3 2007—2017年捷克图书所用语言图书情况

图书所用语言 \ 年份	2007	2008	2009	2010	2011	2012	2013	2014	2015	2016	2017
捷克语	15264	16100	15141	14763	16254	14964	15316	15536	15598	15397	15043
英语	803	751	752	627	779	753	744	839	768	693	710
斯洛伐克语	114	180	209	1194	272	252	370	370	316	316	228
除捷克语之外的多语种图书	234	229	219	198	159	166	201	212	217	194	180
俄语	34	42	38	35	43	31	98	120	113	77	117
德语	132	104	89	66	93	72	87	102	85	74	67
法语	31	20	20	13	18	8	22	22	22	13	10

续表

图书所用语言＼年份	2007	2008	2009	2010	2011	2012	2013	2014	2015	2016	2017
西班牙语	24	23	19	13	18	14	18	26	19	13	9
其他语种	1033	1071	1111	1145	1349	987	928	1074	1144	1038	58

数据来源：捷克书商与出版商协会《捷克图书市场统计报告》

除此之外，还有直接将国外出版的图书翻译成捷克语的部分。2008—2017年由其他语种翻译成捷克语的图书占全部图书种数的比例为30%~35%，整体呈上升趋势。根据2017年数据显示，从外语翻译成捷克语的图书占所有出版图书的35.50%。在翻译图书中，英语一直保持翻译图书的统治地位，2017年英语的翻译图书占整个翻译图书的53.30%，由2008年的2969种上升至3109种；德语（884种，占15.10%）、斯洛伐克语（332种，占5.70%）和法语（325种，占5.60%）的比例略有上升；斯堪的纳维亚语（2.00%）、俄语（1.90%）和西班牙语（1.90%）的比例稍微下降。

表4 2008—2018年捷克外语翻译图书出版数量情况

年份	2008	2009	2010	2011	2012	2013	2014	2015	2016	2017
出版种数	18520	17598	17054	18985	17247	17876	18379	18282	17815	16422
从外语翻译成捷克语图书种数	5523	5777	6044	6514	5871	6565	6355	6240	6391	5835
翻译图书占总出版图书种数百分比	29.80%	32.80%	35.40%	34.30%	34.00%	36.70%	34.60%	34.10%	35.90%	35.50%
从英语翻译的图书种数	2969	3005	3071	3276	3238	3633	3344	3284	3563	3109
从英语翻译的图书占所有翻译图书百分比	53.80%	52.00%	50.80%	50.30%	55.20%	55.30%	52.60%	52.60%	55.80%	53.30%

数据来源：捷克书商与出版商协会《捷克图书市场统计报告》

捷克图书市场的销售额并没有准确的统计数据。从 2011 年开始，捷克书商与出版商协会在所发布的《捷克图书市场统计报告》中，根据主要出版商及发行商提交的财务报表，加上增值税、折扣等多个因素，粗略估计出上一年的图书市场销售额。2011—2017 年，捷克图书总销售额呈上升趋势，七年间销售额增加 14.30%。

表 5　2011—2017 年图书销售额情况

单位：百万捷克克朗

年份	2011	2012	2013	2014	2015	2016	2017
总销售额	7.00	8.20	7.20	7.20	7.50	7.80	8.00

数据来源：捷克书商与出版商协会《捷克图书市场统计报告》

（二）电子书市场

捷克电子书市场占捷克图书市场份额很少，但近些年增速较快。2011 年起，捷克书商与出版商协会在《捷克图书市场统计报告》中发布捷克电子书市场的相关数据。2011—2017 年捷克电子书出版种数由 1500 种增长至 20000 种，七年间翻了十倍之多。电子书销售额由 200 万克朗增长至 1.35 亿克朗，市场份额由 0.03% 增长至 1.70%。在 2013—2014 年间电子书市场所占的份额从 0.86% 提高到 1.67%，几乎翻了一倍，其后的增长速度有所放缓，但相对于实体书销售市场来说，电子书市场的销售额增长速度越来越快。2017 年电子书销售额的增速远快于实体图书的销售额增速，总销售额达到 1.35 亿捷克克朗（同比增长 14%），电子书销售数量超过了 100 万份，其中包括销售至斯洛伐克以及其他国家的部分，而这部分在电子书销售额中一直保持着 5%~10% 的比例。

2012—2017 年间捷克电子书出版商数量也在不断增加，截至 2017 年大部分著名的捷克出版商（约 300 家）出版电子书，2017 年底市面上大约有 20000 种电子书。出版商除了建立自己的网站销售电子书，也与电子商务公司合作设立"卫星商店"（英文直译）；在电子书经销方面，有专门的出版商电子书销售平台 Palmknihy，eReading；综合类电商 Alza.cz；传统线上书店 Kosmas.cz，Knihcentrum.cz，Martinus.cz 以及像 Flexibooks.cz，Grada.cz 的出版商网站。

表6 2011—2017年捷克电子书市场情况

年份	2011	2012	2013	2014	2015	2016	2017
电子书出版种数	1500	4000	6500	14000	15000	16500	20000
销售量（份）	17000	200000	450000	1000000	/	/	1000000
销售额（百万捷克克朗）	2	24	54	120	106	118	135
占整体图书市场份额	0.03%	0.38%	0.86%	1.67%	1.38%	1.50%	1.70%
出版电子书的出版商数量	—	160~200	220	250	250	300	300

数据来源：《捷克图书市场统计报告》

电子书的平均价格在 2012—2017 年间都是 120 捷克克朗左右，为相应实体书平均价格的 62%~63%，电子教科书和专业图书的平均价格更高，与实体书相比有最高达 15% 的折扣。然而，五年间高额的增值税（21%）并不利于电子书的发展，它使得电子书在实体书面前处于劣势。即便如此，捷克在 2016 年仍拒绝了欧盟关于将电子书增值税率降低到实体书水平的建议。

在电子书市场中，最受欢迎的小说题材依次为悬疑和惊悚类、科幻类和爱情小类。电子书的读者长期以来都以男性为主体，但 2016 年读者的性别比趋向平衡，在 2017 年男性读者比女性读者略占优势。

电子书在捷克教育体系中的应用较为广泛。除了普通的电子书，在中小学教育中也使用大量多媒体、练习、测试等的电子书"交互式教科书",或是用于教授这种内容的专用软件。大部分情况下这些教育内容(电子教科书)由机构(学校)订购,学生购买占很小一部分。少数发布交互式教科书的小型公开平台之一为 Fraus Media 公司的 Flexibooks。电子书在这方面的销售额无从得知,但据估计在 2015—2016 年间这一数字在 2000~3000 捷克克朗之间,2016—2017 年也至少有数千万捷克克朗。

(三)出版企业发展情况

国家文化信息和咨询中心 NIPOS 每年对出版非定期出版物和发行定期出版物的出版商发送调查请求,根据回应进行统计并出具分析报告。从该机构 2000—2017 年的数据来看,出版商的发展情况在波动中不断发展。出版商总数在 2000—2003 年间较大且缓慢增长,但在 2004—2007 年间迅速减少,随后至 2010 年间有部分增加,2011—2013 年间继续减少,2014—2017 年又逐渐增加。

表7 2000—2017 年捷克出版社总数情况

单位:家

年份	2000	2001	2002	2003	2004	2005	2006	2007	2008
出版商总数	1763	1949	1864	2052	2052	1761	1051	627	849
年份	2009	2010	2011	2012	2013	2014	2015	2016	2017
出版商总数	889	989	808	899	783	943	968	997	1115

数据来源:依据 NIPOS-CIK 2000—2017 年的《文化统计报告》出版商部分整理

自 2012 年开始,捷克书商与出版商依据在 ISBN 登记的数据,对出版非定期出版物的出版商进行统计。数据显示,5 年间登记在册的出版商数量增加了 20%,但有 ISBN 登记的活跃出版商数量却没有多少增加,此类出版商占已登记出版商的比例也从 36% 降为 31%。

表8 2013—2017年已登记和活跃中的出版商数量[①]

单位：家

年份	已登记出版商	活跃中的出版商
2013	5796	2037
2014	6095	2197
2015	6389	2296
2016	6712	2211
2017	6986	2151

在2016年，出版超过100种新图书的出版商有22家，这一数字在2017年下降为20家。捷克的出版业环境变化的一个显著特征是大型实体的收购，特别是捷克欧媒公司和信天翁传媒集团，这产生了出版商的大型联合体。格雷达出版集团也走上了这条路。

1. 信天翁传媒集团

捷克境内最大的非定期出版物出版商，其前身Albatros出版社为捷克历史最久、最有名的少年儿童读物出版商。Albatros出版社原名捷克儿童图书出版社，成立于1949年，在1969年时改为Albatros。2008年，Albatros出版社被从Bonton公司收购，其后在此基础上成立了信天翁传媒集团，其出版物种类包括少儿类和成人类，旗下Albatros出版社自成立以来，已出版超过25000本图书，发行量为4.50亿份，产品组合包括《哈利波特》《小王子》以及受欢迎的《小鼹鼠》。

据捷克书商与出版商联盟2017年发布的《捷克图书市场统计报告》，2017年该集团在捷克的出版图书种数为1170种，图书销售额达到8.55亿捷克克朗，营业额达到9.63亿捷克克朗。至2018年，信天翁传媒集团包

---

① 有ISBN登记。

括了16家图书出版社①、两家电子图书出版社②，并与捷克电视台成为合作伙伴。

信天翁传媒集团在七年内完成了十三次并购，2016年，该集团通过收购其主要竞争对手丹麦埃格蒙特的捷克子公司，巩固了其作为该国最大儿童图书出版商的地位，这些收购增加了信天翁传媒集团每年发布的图书种数。2017年，该集团发行了1170种游戏，比上一年增长了23.40%。2018年收购了专注于成人小说的Panteon出版社和捷克历史最久的出版公司Vyšehrad。该集团还拥有发布青少年内容的CooBoo、专注于成人文学作品的Motto，以商业混合以及其他类型小说为中心的Plus。非小说类出版社包括Edika，BizBooks，CPress，Computer Press和Management Press。因此，其产品组合每年产量可达1500种。

2. 捷克欧媒公司

捷克图书市场中最大的公司之一，建立于1991年，旗下有11个出版商品牌：Kalibr (2018)/Knižní klub (1992–2018), Odeon (1999), Ikar (2000), Universum (2000), YOLI (2014), Essence (2016), Pragma (2016), Pikola (2017), Listen (2018), Laser (2018) 和 Gate (2018)。捷克欧媒公司还是捷克最大的图书批发商所有者，为大多数捷克出版商提供书商、书店网络、网上商城和大型超市。③

3. 格雷达出版集团

捷克境内最大的出版商之一，且为最著名的非虚构作品出版商，建立于1991年。集团于1992年成立子公司，即专业领域的出版商格雷达出版社。1993年在斯洛伐克成立格雷达出版集团斯洛伐克公司。1998年，

---

① Albatros, CooBoo, Plus, Motto, XYZ, Edika, BizBooks, CPress, Computer Press, Management Press, B4U Publishing, Fragment, Egmont, Kniha Zlín, Vyšehrad, Panteon.
② eReading, Palmknihy.
③ https://www.euromedia.cz/o-nakladatelstvi/.

公司的经营战略转变，由向国外扩张转变为集中于捷克和斯洛伐克。2011年，格雷达出版集团成为第一批投资并销售电子书的出版商之一，同时开始涉足儿童图书出版领域。2012年后，其在电子书方面不断发展，格雷达出版集团旗下现有五个品牌：GRADA，COSMOPOLIS，BAMBOOK，ALFERIA 和 BOOKPORT。它们各有自己的发展领域，依次分别为非虚构作品、虚构作品、儿童文学、自助出版。GRADA 从 1991 年建立至今，不断扩展出版物涉及的学科，目前涉及的学科领域有计算机、经济、医学、管理、教育、语言、会计和税务、法律等；COSMOPOLIS 主要的出版题材是犯罪小说、爱情小说、幽默、自传和非小说类文学作品；BAMBOOK 从 2010 年开始出版面向儿童的图书；ALFERIA 出版自助类的图书，例如保持健康、促进自我发展，关注身体和心灵等方面的图书。BOOKPORT 建立于 2017 年，为捷克第一个线上图书馆。

2017 年，格雷达出版集团的总销售额达到 1.70 亿捷克克朗，在该年出版的新书为 323 种。[①]

（四）图书增值税

捷克图书增值税高一直以来在出版业饱受争议。2014 年，捷克书商与出版商协会发起了一项旨在推动降低税率的活动，当地的行业代表谴责过重的图书增值税对读者来说是百害无利的。过去几年，捷克政府不断提高图书增值税来增加国家额外收入，从 2008 年到 2013 年，增值税税率从 9%增加至 15%。图书增值税的增加让图书在捷克越来越成为一种奢侈品。从 2007 年开始，图书的平均价格由 200 克朗涨到了 240 克朗，价格增长 20%。2014 年捷克书商与出版商协会发起降低图书增值税的活动，超过半数的书店进行打折促销，所有的书都以七五折进行销售。截至 2017 年，图书增值税收已降至趋于 2008 年之前的水平，但当地出版商表示，希望

---

① 编译自 https://www.grada.cz/nakladatelstvi-grada/o-nas/historie-v-bodech/ 和 https://www.grada.cz/getattachment/nakladatelstvi-grada/O-nas/Historie-v-cislech-(1)/GRADA_en.pdf.aspx。

捷克政府进一步削减税收。

自 2018 年 1 月 1 日起,捷克开始实施新的税法条例,允许当地公司向其员工提供免税凭证以购买图书,为出版业提高图书销售额带来希望。此举不仅得到了捷克出版界的赞扬,对当地员工来说也是很好的福利。捷克书商和出版商协会表示,捷克出版业有望在图书销量与图书价格上取得双增长,该措施将为捷克的图书销售提供新的刺激,此次出台的免税政策可能带来 1.56 亿~2.34 亿克朗(合 730 万~1100 万美元)的年销售额。

三、报刊业发展概况

(一)整体情况

据 NIPOS-CIK 在 2000—2017 年间的统计数据,报刊业总的出版种数从 2000 年开始逐渐迅速增长,至 2008 年达到了顶峰 5687 种,但随后下降至 2013 年的 5017 种,2014 年至今缓慢回升。

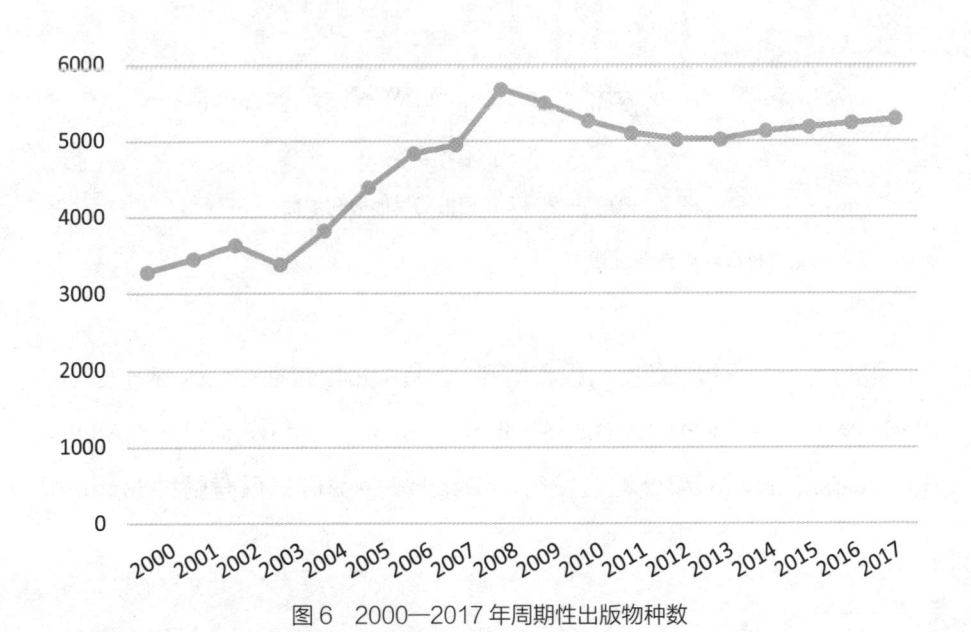

图 6　2000—2017 年周期性出版物种数

数据来源:捷克期刊出版商协会网站

报刊类划分为每日出版的日报和以其他时间周期（每周、每两周或更长）出版的其他报刊。其中日报的出版种数变化总体来说较为平缓，种数最低为 2002 年的 93 种，最高为 2006 年的 165 种，其后数量缓慢下降；所有的日报皆用捷克语出版。其他报刊种数 2000—2017 年间总体波动增长，在 2008 年达到最高峰 1611 种，随后下降至 2013 年再次开始回升。

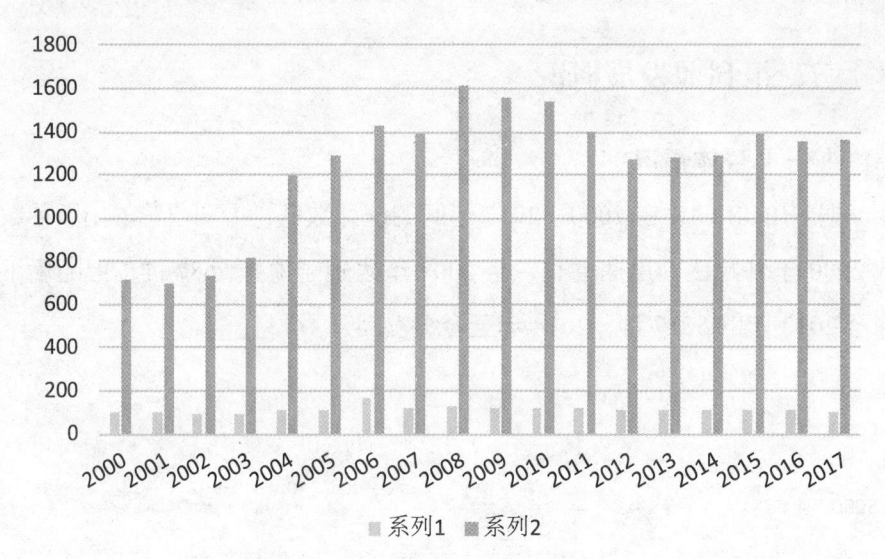

图 7　2000—2017 年日报和其他报刊种数

数据来源：捷克期刊出版商协会网站

报刊类分为日报、免费日报和增刊[①]，其中日报包括在全国统一发行的 Blesk, MLADÁ FRONTA DNES, Právo, Sport, Lidové noviny, Aha!, Hospodářské noviny 和分地区发行的 Deník，免费日报只有两种 Metro 和

[①] 日报和增刊的区别在于日报在一周中的六天每天都发行，增刊则在剩下的那一日发行，即一周发行一次。

E15,增刊则有 18 种[①]。

表9 2012—2016年日报类发行情况[②]

单位:份

日报标题	2012年	2013年	2014年	2015年	2016年
BLESK	305272	277791	265407	244266	226031
MLADÁ FRONTA DNES	206098	192492	171234	154800	143141
Deník	183399	164972	151402	139646	134238
PRÁVO	111636	103952	171234	154800	143141
AHA!	81111	66487	62408	58116	53064
LIDOVÉ NOVINY	41346	38709	38006	39664	38659
SPORT	45214	37641	37939	35946	45214
HOSPODÁŘSKÉ NOVINY	39458	37243	34355	32695	30177

数据来源:捷克期刊出版商联盟2017年年报

表10 2012—2016年日报增刊发行情况[③]

单位:份

增刊标题	2012年	2013年	2014年	2015年	2016年
AHA! TV MAGAZÍN	145161	119910	117543	110915	104778
AUTO DNES	—	—	167901	147515	129665
BLESK MAGAZÍN TV	540170	485765	449657	413021	392471
DENÍK VÍKEND	214532	190216	176151	162330	163546

① 增刊具体包括:Blesk magazín TV, TV magazín (celkem), Magazín DNES + TV, Ona DNES, Víkend DNES, Magazín Právo + TV, Sport magazín, Aha! TV, TV pohoda (celkem), Pátek Lidové noviny, Doma DNES, Deník víkend, Rodina DNES, Auto DNES, Víkend Právo, Ego! magazín Hospodářských novin, Dům & bydlení, Styl pro ženy。
② 数据为每月平均销量。
③ 数据为每月平均销量。

续表

增刊标题	2012 年	2013 年	2014 年	2015 年	2016 年
DOMA DNES	231748	209642	176124	154675	132516
DŮM & BYDLENÍ	139595	127406	118371	112081	106769
EGO! MAGAZÍN HOSPODÁŘSKÝCH NOVIN	59775	52901	46109	44645	40185
MAGAZÍN DNES + TV	412259	370265	328607	301629	278247
MAGAZÍN PRÁVO + TV	389650	369020	353695	341841	330411
ONA DNES	268301	234137	199144	178955	160027
PÁTEK LIDOVÉ NOVINY	100569	87336	72786	74972	71256
PRÁVO VÍKEND	—	—	101312	100266	96112
RODINA DNES	—	—	166475	147057	137355
SPORT MAGAZÍN	79626	68670	64668	60316	56599
STYL PRO ŽENY	118579	111021	104905	99833	95153
TV MAGAZÍN	491881	430665	431072	444357	416258
TV POHODA	149066	139349	105105	107753	112473
VÍKEND DNES	274175	249229	215040	195950	174282

数据来源：捷克期刊出版商联盟 2017 年年报[①]

杂志类则依据内容划分为十八类，分别为家居、医疗保健、信息技术、烹饪、花园及爱好、科技和旅行、儿童和青少年、女性、经济、电视节目、生活（分别面向男性和女性）、汽车、体育、新闻周刊、社交、免费杂志。杂志的出版总数从 2000 年的 2430 种迅速增长到 2008 年的 3950 种，随后变化趋于缓和。其中面向全社会出版的杂志和面向专业领域出版的杂志的比重逐渐接近。

[①] http://www.unievydavatelu.cz/cs/unie_vydavatelu/informace_unie_vydavatelu.

表 11　2000—2017 年杂志类别年度出版数情况

单位：份

年份	2000	2001	2002	2003	2004	2005	2006	2007	2008
杂志出版数	2480	2667	2813	2462	2534	2993	3243	3436	3950
其中：面向全社会的杂志	1326	1447	1548	1377	1431	1666	1802	1888	2170
面向特定群体的杂志	1154	1220	1265	1085	1102	1327	1441	1548	1780

年份	2009	2010	2011	2012	2013	2014	2015	2016	2017
杂志出版数	3798	3603	3576	3647	3626	3733	3681	3774	3829
其中：面向全社会的杂志	2060	1967	1953	1962	1892	1939	1935	1957	1996
面向特定群体的杂志	17.70	16.60	123	1685	1734	1794	1766	1819	1833

数据来源：捷克期刊出版商联盟 2017 年年报

（二）企业情况

捷克新闻中心是捷克最大的新闻集团之一，发行有日报 Blesk 及其相关日报 Aha!，体育日报 Sport 及相关杂志 Sport GÓÓÓL 和 Sport magazín，经济日报 E15 等，共发行 4 种日报、45 种杂志，建立网站 30 个。其中日报 Blesk 自 2002 年成为捷克境内发行量最大、阅读量最多的日报。其产品覆盖大约 3500 万读者和 4500 万网站访问者。据媒体情况调查 2018 年的数据，日报 Blesk 的阅读量达到平均每期 966000 人，销售量为平均每期 204903 份，在捷克全境销售的日报中排名皆为第一，有数以万计的用户使用其数字产品和 CNC 开发的应用。日报 Sport 以平均每期 230000 阅读和 33119 份销售排名第三。[①] 捷克新闻中心官网数据显示，2018 年该公司发行物的阅读量在捷克日报市场中占比 38.10%、在杂志市场中占比 22.30%，在整个捷克市场中占比 22.60%。

---

① 参考：http://www.unievydavatelu.cz/cs/unie_vydavatelu/clenove_jejich_tituly?vydavatel-detail=122https://www.cncenter.cz/o-nas.

MAFRA, a. s. 为捷克最大的多媒体集团，发行有日报 Mladá fronta DNES、Lidové noviny，免费日报 METRO，周报 5plus2，新闻周刊杂志 TÉMA，杂志 ŽENA A ŽIVOT 等，运营 iDNES.cz、Lidovky.cz、MOBIL.CZ 等网站。其产品有超过 5200 万读者，网站每月访问人数达到 7800 万。[①] 据媒体情况调查 2018 年的数据，日报 Mladá fronta DNES 的平均阅读量为每期 561000 人，平均销售量为每期 120130 份，在捷克全境销售的日报中排名第二；周刊 TÉMA 平均每期阅读人数为 171000 人，平均每期销售 58031 份，在同类新闻周刊中排名第三。[②]

参考文献

1. 捷克国家文化信息和咨询中心.《数据中的捷克文化》.
2. 捷克文化信息与统计中心.《文化领域统计报告》.
3. 捷克书商与出版商联盟.《捷克图书市场报告》.
4. 捷克国家银行.《捷克共和国的经济发展》.
5. 捷克书商与出版商协会. https://www.sckn.cz/.
6. 捷克期刊出版商协会. https://www.unievydavatelu.cz.
7. 捷克国家统计局. https://vdb.czso.cz/vdbvo2/.
8. 捷克图书馆信息网. https://ipk.nkp.cz/homepage-ipk.

（作者单位：中国书籍出版社、吉林外国语大学）

---

① 来源：https://www.mafra.cz/o-spolecnosti.aspx.
② 来源：http://www.unievydavatelu.cz/cs/unie_vydavatelu/medialni_data/vyzkum_ctenosti.

老挝出版业发展报告

甄云霞　罗雪瑜

老挝作为东盟一员，经济、政治和文化发展不平衡，出版物市场尚未成熟，出版行业较落后。同时，老挝出版业数据不完善，出版业资料稀缺，国民阅读意识不够强，这些都给中国与老挝的出版交流造成了一定困难。但随着近年来政府对于教育和文化事业重视度的不断提升，以及中国、越南、韩国、澳大利亚等国的援助和支持，老挝出版业得到一定的发展。

为了进一步推动中国与老挝出版业的交流，支持中国出版业开拓东南亚市场的进程，也为了帮助老挝向世界展现本国文化和文学魅力，有必要对老挝出版业的发展情况做一次宏观的了解和分析。因此，本文将从老挝出版业发展背景，图书业、报刊业发展现状，中老出版业交流合作等角度对老挝出版业做宏观分析，深入了解老挝出版业发展状况与发展前景，希望为读者了解老挝出版业提供基础信息平台，为中国与老挝的出版业交流与合作提供参考。

一、出版业发展背景

老挝是东南亚一个历史悠久的国家，被称为东南亚"最后一块还未开发的处女地"。老挝位于东南亚内陆，与周边的国家关系较好；经济基础薄弱，但自然资源丰富，矿产、旅游业发展潜力大；文化和教育水平相对较低，民众多信仰佛教，佛教文化、文学在全国范围内影响深远；互联网技术不完善，数字化进程较缓慢；国民阅读意识仍处于萌芽阶段，图书馆设施较少……以上这些，都在不同程度上影响着老挝出版业的现状与未来，为老挝出版业的发展提供了一定优势与机遇，同时也造成了一定阻碍。

（一）地理位置及社会状况

老挝人民民主共和国位于亚洲东南部、中南半岛北部，总面积23.68万平方千米，是东南亚的一个内陆国家。老挝周边与多国接壤，北依中国，南靠柬埔寨，西邻泰国，东接越南，西北角与缅甸以湄公河为边界。老挝处于热带季风性气候区，全年高温多雨，昼夜温差小，一年分雨旱两季。适宜的气候地理环境为老挝创造了丰富的矿产和森林等自然资源。

老挝是一个多民族国家，主体民族为佬族，下分49个少数民族。老挝共有四个语族系，分别是老泰语族系、孟-高棉语族系、苗瑶语族系和汉藏语族系。

老挝是一个多宗教信仰的国家，90%以上的老挝人信仰佛教，还有一部分人信仰其他宗教，如基督教、婆罗门教、原始宗教等。佛教对老挝人和老挝文化的影响很深，从宗教信仰、教育教学到社会民俗，佛教文化影响着老挝人的方方面面。

（二）教育环境

老挝语是老挝的官方语言，在老挝全国范围内广泛使用。同时，各少数民族也同样使用本民族的方言。由于与泰国相同的佛教信仰和地缘政治关系，绝大部分老挝人能接受和使用泰语。此外，老挝官方外语主要有越南语、泰语、英语、法语等。

由于历史原因，老挝教育在很长一段时间内发展比较缓慢，国民整体受教育水平较低。在老挝建国初期，落后的经济发展背景对老挝的教育和文化事业造成了一定影响，发展相对滞后，国民识字率较低，学习热情度不高。到1954年法国殖民统治结束时，老挝才开始有了初级启蒙学校以及为数不多的小学和中学。直至20世纪80年代中期，老挝实行革新开放政策，政府逐渐对教育产生重视并增加投入，老挝教育和文化事业才有了较快发展，但普及初级教育仍然是政府亟待解决的重要问题。近年来，老挝教育事业不断完善，基础教育、高等教育和职业教育发展迅速，已形成从幼儿园到高等学校较为完整的教育体系，为民众提供更多的接受教育和培训的机会。与此同时，各大文化事业如媒体、印刷出版、互联网以及体育等得到较快发展。目前，老挝的教育可分为正规教育、职业教育、佛寺教育和私立教育四类。

（三）政治经济状况与投资环境

1975年12月2日以前，老挝实行君主立宪制，1975年12月2日后，老挝正式宣布废除君主制度，建立老挝人民民主共和国。在老挝人民革命党的坚强领导下，老挝及老挝人民沿着社会主义道路向前迈进。总体稳定的国家局势，为老挝的国家发展提供了坚实保障和基础，老挝从此进入一个新的历史发展时期。1986年四大以来，老挝逐渐打开国门，向世界开放，革新开放政策取得了积极的成效。

老挝整体经济实力不强，但凭借丰富的自然资源，投资前景良好，但无论在硬件还是软件上仍存在一定不足。老挝是个传统农业国，工业基础薄弱，各地区经济发展不平衡，经济总体上较落后。老挝的主要经济区域集中在平原低地地区，如湄公河沿岸的万象市附近、中部的沙湾拿吉省以及南部的占巴塞省，是老挝主要的粮食产地。1986年以来，在革新政策引导下，国家的经济得到了较大的发展。老挝开始从计划经济转向市场经济，实行多种所有制并存，逐步建立市场经济体制。随着政府对市场价格控制的放松，鼓励私营企业的发展，出台外资吸引政策，老挝的经济得到了一定的促进。

在投资方面，1986年以来，老挝开始实行对外开放，鼓励国内外企业投资，同时颁布了外资法，为老挝企业的投资提供制度保障。另一方面，老挝主动扩大对外经济关系,希望引进更多资金、高新技术、先进设备和科学管理模式,为老挝企业的发展提供物质和制度支撑。未来,凭借丰富的自然和旅游资源,老挝经济的新增长点将落在旅游业、水电和服务业等。2015年12月,老挝正式加入东盟经济共同体,为老挝经济的持续发展提供了新的机遇。

(四)政策法律环境

老挝出版业相关法律法规不多,目前,已出台《老挝出版法》《老挝图书馆法》《资料存储促进政策》等。

2008年12月,《老挝出版法》发布,体现了老挝政府对出版业审查制度的加强。《老挝出版法》涉及出版活动的各个步骤和相关事项,包括出版编辑、印刷、销售,出版组织如印刷厂、打印店的设立和运行,出版公司的成立和活动,出版管理和监督等。《老挝出版法》的出台,为老挝出版活动提供了法律准则和保障,有利于老挝出版业向正规化和国际化发展。

2011年12月21日,《老挝图书馆法》出台,促进了老挝图书馆工作的规范化。《老挝图书馆法》涉及图书馆设立和运行等事宜,如图书馆种类设置、图书馆的设立和管理以及政府投资等。《老挝图书馆法》成为建立与管理老挝图书馆、制定其他图书馆管理条例的总依据。同时,它能够调节国家与图书馆之间,图书馆与其他行业组织之间,以及图书馆与大众读者之间所产生的各种关系,为老挝图书馆的高质量运营提供了基础法律支撑。

2015年12月1日,老挝图书馆《资料存储促进政策》出台,该法涉及图书馆内外资料储存与借阅等内容,包括图书、报刊的选择、流转、捐赠、购买,资料储存与保护,资料保护的方向,文件来源及管理等内容。该法的出台为改善老挝图书馆资料保护与管理现状起到一定作用,尤其是对于古典图书和佛经、贝叶文等易损坏但价值高的资料的保护。

（五）国民阅读情况

薄弱的出版基础，种类有限的图书馆藏书，加上技术手段落后，造成老挝图书资料匮乏，国民阅读不普遍。21世纪后，老挝经济水平提高，科学技术有所进步，使得老挝的基础教育、高等教育和职业教育发展迅速，国民阅读情况有所提升，大多数人能够有机会接触佛经，阅读文学图书、报刊，以及通过有限的互联网浏览时事新闻。近年来，尽管国家逐渐开始意识到国民阅读的重要性，但由于基础薄弱，阅读进程与发达国家相比仍有较大差距。

老挝国内主要的国民阅读方式是图书馆，截至2017年，老挝国内建立了99家图书馆，其中资料保存较丰富的是位于首都万象市中心的老挝国家图书馆和老挝国立大学图书馆。同时，位于琅勃拉邦市内的王家图书馆藏有一定巴利文、柬埔寨文、泰文和老挝文的贝叶经以及各种与佛教有关的文物。

（六）互联网使用情况

由于经济社会发展水平和教育发展水平低，老挝互联网起步较晚，普及率较低，无线网络较少，大众接触网络的时间比较晚，多使用充值型移动网络。20世纪90年代起，老挝开始与互联网接触。在1998年老挝新闻文化部建立新闻网站后，民众可以通过网络了解时事新闻和重大政策。进入21世纪之后，不少外国投资者开始投资互联网领域，老挝网络有了很大的发展。在老挝的互联网服务方面，主要有老挝电信公司（LTC）、GlobeNet公司、Planet Online公司三家。在政府的努力下，老挝网站建设也逐步发展，网站数量不断增加，不断满足人们日益增长的阅读需求。

随着经济的发展，加之老挝政府对互联网管理较为宽松，老挝互联网用户数量急剧增大。2015年，互联网使用人数最高地区可达6%~7%，平均值大约有2%，大学生手机用户数约有10万，但移动互联网的用户却大约只有 2 万~3 万人。[①] 网民可以自由登录一些国际著名的社交娱乐网站，比如优兔（YouTube）、脸书（Facebook）、推特（Twitter）等。

二、图书业发展情况

图书业是出版业的重要部分，随着世界各国对教育和文化事业的重视，图书业越来越成为人们关注的行业。图书的质量、种类、出版形式、数字化进程等都成为关系民众识字率、阅读率，以及国家出版和文化水平与质量的重要因素。目前，由于出版基础薄弱，老挝图书业相比周边国家发展较缓慢，图书种类不够丰富，主要是一些深受市场欢迎的古典著作、民间故事、短篇小说和儿童读物，但数量非常有限，常常供不应求，同时，印刷质量也不高。此外，部分作者和编辑专业素养不足，一些出版的图书刊物偶尔会出现拼写错误和排版问题，给读者的阅读和老挝图书规范化造成一定阻碍。近年来，在政府政策支持、行业机构努力，以及国外机构援助下，老挝图书业逐渐向多样化、标准化发展，与外国交流联系增多，发展前景良好。为了建立良好的老挝图书业市场，政府有必要在硬件设施上加大投资力度，增加图书种类和数量，尤其是根据社会与民众的需求出版图书，以激励国民阅读并满足日益增长的阅读需求。

（一）出版机构主要情况

老挝出版业起步较迟，在 1975 年独立前，出版机构寥寥无几，出版物稀缺。从官方文件、师生教材到图书都很少用老挝语印刷。同时，全国报纸寥若晨星，发行量也较小。1971 年，在中国政府的帮助下，老中友谊印刷厂在老挝建成，并成为当时质量较好的印刷厂。老挝独立后，老挝出版业发展动力不足，增速较缓，印刷厂数量比较少。1975 年，老挝官方出版发行机关"国家出版发行社"成立，成为老挝唯一正规的官方书店。

[①] 何政，等. 老挝 2015—2016 国情报告 [M]. 北京：经济管理出版社，2017：149.

1987年，老挝国家教育出版公司成立，在教材和教师手册、教学媒体和通用出版物的出版发行等方面发挥了重要作用，为国家人才培养建设做出了一定贡献。直至1995年，老挝仅有10家印刷厂。

近年来，随着对教育文化事业的重视，老挝政府也加强了对出版机构的管理和支持，不断发挥出版机构主渠道作用，同时也为民间出版机构提供发展空间。目前，老挝出版机构和协会主要分为两部分，包括政府机构和民间机构。其中，政府机构以老挝新闻文化与旅游部为主导，而民间出版机构则有老挝出版协会、图书馆、图书馆协会、老挝作家协会等。

老挝新闻文化与旅游部是负责管理老挝出版业的中央部门。老挝新闻文化与旅游部前身为老挝文化宣传小组，在1975—2011年间，其曾多次调整部门架构，并最终于2011年被正式确立为老挝新闻文化与旅游部。老挝新闻文化与旅游部肩负管理老挝图书业的重责，在图书业管理方面，其职能如下：鼓励创作与出版更多高质量的印刷刊物、图书和杂志等；完善与发展各大书店、电子书店等图书销售渠道，为更多优秀作品提供走向全国和世界的渠道；鼓励与支持举办民间文学展览会、文艺比赛、图书博览会等活动；促进大众型图书馆建设与发展，提升人民群众识字率；促进政府与个人在文化领域的投资，为出版社、图书馆、博物馆、儿童文化中心等机构的发展营造有利环境；提供高科技支持；出台政策支持文学艺术发展；鼓励社会各界参与文学艺术创作，创造条件为文化产品提供一定的国内外市场。

此外，老挝教育体育部下属的教育科学研究院主要负责老挝教科书的编订、出版工作，为老挝的教育类图书工作的有序发展做出了保障。

老挝出版机构数量相对较少，主要以出版社、书店、出版协会、图书馆、图书馆协会、老挝作家协会为主。其中，老挝出版协会是经老挝新闻文化与旅游部批准成立的，与印刷、出版销售行业相关的社会组织，其主要职能为执行出版业政府出台的相关法律法规、政策及方针，开展会员培训教育、保障会员权益等。近年来，老挝出版协会日益发展，基础技术逐层提升，印刷出版物多样化，能够很好地满足社会需求，特别是与老挝教育体育部合作创建印刷技术短期课程，包括出版物设计技术、印刷厂生产监管、印刷、维修、成品加工技术等课程，以及其他2年长期课程。老挝新闻文化与旅游部副部长本尹·沙普旺曾在2016年12月20日举办的老挝出版协会第二届大会上表示，未来，老挝出版协会要在印刷技术、市场经济体制、印刷技术人才等方面加大提升力度；努力提高职工福利；扩大出版经营范围，汇集更多出版业人才；加大印刷投资力度；增强与国内外联系，不断为国家的发展做贡献。

老挝作家协会是十分重要的组织，它的许多成员都是老挝享有盛名的作家。老挝作家协会主要负责老挝文学创作、文学作品审定、文学比赛举办等活动，为推广老挝文学和文化，促进图书阅读起到支持作用，为老挝的文学和文化事业做出了一定贡献。

（二）出版业受国外援助情况

随着老挝在东盟地位的不断提高，老挝与周边国家如越南、中国的交流不断增多。尽管在图书业发展仍面临基础薄弱、经费不足、印刷技术落后等种种困难和挑战，但随着政府的推动、鼓励和外国的援助，老挝图书业加强与外国合作。尤其是近年来，随着中国"一带一路"倡议和老挝旅游年的推行，老挝图书出版在历史、政治、军事和旅游方面与周边国家的合作日益突出。

同时，为了改善老挝图书业硬件设施条件，完善老挝图书市场出版基础，许多周边国家和发达国家曾对老挝图书出版业实行资金援助并无偿捐助出版设备、教科书等基础硬件，如韩国、越南等。

韩国曾对老挝印制教科书提供资助。韩国国际合作机构曾提供资金，为学生和老师印刷教科书、教师手册及其他教学材料，改善老挝各地学校的教育环境，提升老挝高等教育水平，促进老挝教育事业朝国际化水平发展。

越南对老挝印刷厂也提供资金支持。2017年12月12日，由越南援建的老挝国家出版社印刷厂工程项目竣工移交仪式在老挝首都万象举行，这是越南在印刷与出版领域为老挝援建的第二个工程项目，体现了老越两国深厚的友谊。老挝国家出版社印刷厂的建立，将有助于提升老挝国家出版社的出版发行能力，为建设老挝的教育和文化事业做出贡献。据了解，老挝国家出版社印刷厂配有先进的印刷设备，总投资额高达260亿越南盾（约合118.20万美元）。同时，越南事实国家政治出版社还向老挝国家出版印刷厂赠送一批价值3亿越南盾的办公用品。

越南政府还无偿为老挝国防部援建地图印刷厂。据了解，越南政府投资2200万越南盾（超过100万美元），并为工厂装备了一套现代化的胶版印刷系统。同时，为了提高该工厂的效率，越南人民军总参谋部还为其管理人员和生产工人举行了培训课程。

此外，老挝政府、有关出版协会和大众传媒集团也举办一系列活动，如图书展销会、大众传媒和出版物展览、文学创作比赛等，旨在加强图书业的发展工作，扩大老挝图书市场，激励更多高质量、多样化的图书进入图书市场。

（三）数字生产内容

随着科学技术的发展，图书业数字化被提上日程，数字生产的发展有助于图书质量的提升与图书传播。基于相对落后的互联网环境，老挝在图书业数字化方面发展较慢，仍处于萌芽阶段。由于图书馆系统不完善、资金缺乏、人才不足、馆藏陈旧易碎等原因，老挝图书馆的数字编目仍处于低级阶段，有待进一步提高和完善。

从受资助情况来看，老挝图书业的重点领域多为教科书、图书印刷设备等。由此得出，为了尽快满足日益提升的社会与民众阅读需求，教学领域如教材、文学图书等为老挝图书出版业急需提升的部分。因此，无论是老挝各图书出版社，或是老挝图书馆，都需要在以上领域下更多的功夫。

当然，近年来，在政府的鼓励下，图书出版业呈现良好势头。为促进图书出版业的发展，老挝政府采取引进外资、共同合作开发、举办全民阅读大会等有效措施，取得了很好的效果。总体而言，在政府政策支持、行业协会努力和外资援助三者结合下，老挝图书业上升空间非常大，尤其是结合老挝日益发展的旅游业，不断重视的教育业，不断加强的国际合作，在旅游刊物、教科书、历史政治图书等方面将有更大的发展天地。同时，随着经济社会的发展，人民阅读需求不断提升，相信老挝的图书业会朝着满足人民需求的方向前进。

三、报刊业发展情况

（一）发展概况

尽管没有出版传统，图书业起步较晚，但老挝报刊业却是发展较早的行业，这是由于最初党刊在战争时期被视作党的重要宣传物。早在1984年实行企业体制改革和经济革新时，老挝已有近20种报纸，分别由不同部门主办，均在首都万象出版。此外，其他各省还有办地方报纸杂志。近年来，随着国家政策的推行，老挝大众传媒的质量和数量正日益发展，尤其在报刊方面，老挝报刊种类繁多，截至2010年，老挝有近90种报刊杂志，包括日报、周报、月刊和年刊等。出版语言主要有老挝语、英语和法语。全国共有8家日报，其中6家用老挝语出版，2家用英语出版。刊物主要有老挝党中央机关刊物《新曙光》《文艺》等。从2000年开始，老挝开始出现私人刊物，现在共有62家双周刊、周刊和月刊，其内容主要集中在文化和娱乐方面，如《老挝文化》《老挝探索者》《目标》等。[①]

同时，老挝各大报刊企业也增强与国内外其他出版企业的学习与交流，不断完善和发展。

---

① 郝勇，黄勇，章海伦．老挝概论[M]．广州：世界图书出版广东有限公司，2012：183-184．

老挝报刊企业在发展中曾遇到一些问题，如《人民报》报社社长曾在有关党在大众传媒中的领导作用的研讨会上提出老挝印刷企业产品输送问题。他表示，希望能够扩大印刷产品的覆盖范围，让更多的报刊和杂志能够及时派送到更多的省份。老挝各大印刷企业需要建立自己的印刷设施，将印刷厂覆盖到更多城市。为了实现这一目标，老挝印刷企业需要得到政府更多的政策和资金支持。

（二）细分情况

老挝现有的老挝文报纸共 15 种，具体情况为：[①]

表 1 老挝的主要报纸情况统计

报刊名称	主办	创刊时间	发行量
《人民报》，日报	老挝新闻文化部	1950 年 8 月 13 日	面向全国发行，发行量 5000 份
《老挝人民军》，周报	老挝国防部	1965 年 1 月 20 日	面向全军发行，发行量 5300 份
《新万象》，日报	万象市政府	1975 年 9 月 1 日	面向万象市发行，发行量 4000 份
《老挝青年》，半月刊	老挝共青团中央	1979 年 1 月 1 日	老挝共青团内部发行，发行量 1600 份
《人民周报》，周报	老挝新闻文化部	1994 年 5 月 7 日	面向万象市发行，发行量 2000 份
《巴特寮》，日报	老挝新闻文化部	2001 年 1 月 4 日	面向全国发行，发行量 4000 份
《万象商业》，周报	万象市政府	1990 年	面向万象市发行，发行量 1200 份
《信赛》，周报	老挝新闻文化部	—	面向万象市发行，发行量 500 份
《贸易》，十天发行一次	老挝贸易部	1998 年 4 月 6 日	发行量 1000 份
《商业消息》，半月刊	老挝贸易部	1995 年 5 月 9 日	面向万象市发行，发行量 1000 份
《体育消息》，半月刊	国家体育委员会	1998 年 8 月 19 日	面向万象市发行，发行量 1000 份
《劳动》，月刊	老挝总工会	1980 年 11 月 15 日	老挝工会内部发行，发行量 2500 份
《万象省》，月刊	万象市新闻文化局	1994 年 1 月 20 日	面向万象省发行，发行量 1600 份

---

① 郝勇，黄勇，覃海伦.老挝概论[M].广州：世界图书出版广东有限公司，2012：184-185.

续表

报刊名称	主办	创刊时间	发行量
《国家安全报》，月刊	老挝国家安全部	1997年7月29日	老挝国家安全部内部发行，发行量4000份
《万象发展报》，月刊	琅勃拉邦新闻文化局	1998年9月17日	面向琅勃拉邦省发行，发行量1000份

老挝一些主要报纸的具体情况如下所示：[①]

《人民报》：创刊于1950年，由老挝人民革命党中央宣传部主办，为人民革命党中央机关报，报社地址在老挝首都万象。目前的发刊量2万份，内容涉及政治、经济、军事、文化、旅游等多方面，现为老挝最大的、最知名的报纸，报道老挝政府在推动社会经济发展中的最新政策，反映人民群众对于政府政策的意见。它是联系老挝人民革命党与全国各族人民之间的桥梁。作为老挝执政党——老挝人民革命党机关报，《人民报》为推动东盟各国人民之间的相互理解以及老挝在各个领域融入东盟、发展与周边国家关系做出了不懈努力。如2016年7月1日《人民报》刊发了题为《老挝人民报祝贺中国共产党成立95周年》祝贺文章，充分肯定了中国共产党的光辉成就，祝愿两国友好关系、两国各方面传统合作及全面战略合作伙伴关系永世长存并不断结出硕果。《人民报》内设有办公厅、国内新闻部、评论部、国际新闻部等6个部门。

《老挝人民军》：《老挝人民军》成立于1965年1月20日，当时是老挝革命传媒的一部分，拥有作为教育宣传革命战士的良好传统。无论是战争时期，还是建国以后，《老挝人民军》都积极为老挝的保家卫国和发展事业做出了重要贡献。从战争时期的月报，到2008年5月5日后发展为正式日报，《老挝人民军》始终紧跟人民革命党的政治方针和路线，内容日益丰富和完善，不断满足读者日益增长的阅读需求。每年都有大量的

---

① 阿芳. 老挝新闻业现状及存在问题浅析 [J]. 新闻传播，2013.

国内外读者对《老挝人民军》的内容产生兴趣。《老挝人民军》除了是老挝国防部党委的传声筒外,还是上级在军事传媒领域的参谋官,不仅为全国范围内的读者送上及时的新闻,还保障各级、各地方军队的报刊阅读。可以说,53年来,《老挝人民军》不断发展壮大,始终致力于完成自己的政治任务和满足社会需求。

《新曙光》:老挝人民革命党中央机关理论刊物,小16开本,原为季刊,之后改为双月刊,主要刊登老挝党中央决议、领导人的讲话和文章以及政府法律法规;同时还开设"研究与交流"专栏刊登一般作者的论文;此外还开辟了"世界:问题与事件"专栏,主要刊登国际形势和国际问题方面的文章。

《新万象》:是由一家创刊于1973年的私人报纸《万象邮报》在1975年9月1日整改而形成,属于老挝人民革命党万象市委和市政府的机关报。1975年8月2日,这家私人报纸改名为《新万象》,其后《新万象》划归万象市委进行指导和领导。

《万象时报》:是老挝的主流英文报纸,成立于1994年4月7日,当时是一家周报,1999年,该报又开办了法语的姊妹刊。《万象时报》从2004年起改为日报,周一到周五出版,2007年又改为周一到周六出版,同时,从2009年1月起,该报刊结合信息技术的发展,适时推出手机信息服务,以每天至少5次的频率向受众提供最新消息,而广告创造的收入非常可观,所以也被认为是老挝经办最成功的报纸。

《万象新闻》:在老挝,《万象新闻》被认为是"最受欢迎的报纸"。1975—1993年,《万象新闻》由万象市政府资助经办,它的主要受众是一些地方的政府官员,1994年之后开始自负盈亏,但却入不敷出,记者的工资来源都需要地方政府补贴。后来该报增设了报道面,涉及到政府、私营企业和各类人物等方面的内容,因此吸引了一大批的城市读者,发行量增加了3700份。后来,《万象新闻》还出版了自己的子报——《万象工商与社会报》（周刊）。

除了上述之外，老挝比较有影响力的外文报纸还有法语的《改革者报》，同时，于2001年创刊的《巴特寮日报》（老挝文）在老挝也相当享有盛誉，其刊登范围不仅包括国际和国内新闻，同时也涵盖了商业、娱乐和体育方面的报道。

总体而言，老挝报刊业在早期作为党刊已经得到一定重视和发展。建国以来，老挝报刊业在新闻时事、军事、国家政治等方面也得到良好发展，为老挝民众提供了及时的讯息和多方面的资料，对于老挝国民阅读率的提升起到一定作用。同时，众多的报刊也为老挝作家、记者和编辑提供创作的平台，有利于提升老挝文学和图书界的创作水平和质量。未来，随着科技的进一步提升，老挝报刊业有待向科技化、网络化进一步发展，电子报刊将更便民化，内容更加丰富。

四、中老出版业交流合作情况

老挝地处东南亚内陆，经济比较落后，人口也比较稀少，出版业基础较为薄弱，在一定程度上造成了中国人对老挝这个国家不太熟悉，官方或民间相互交流也不多，彼此比较陌生。而今，随着中国发起的"一带一路"倡议在老挝的稳步推进，两国之间在各领域的交往不断增多，两国人民在政治、经济、文化等各领域的交流越来越密切和频繁，现在中国已成为老挝第一大外资来源国、第一大援助国和第二大贸易伙伴。2017年11月，中国国家主席习近平访问老挝，两国政府共同签署了多个领域的合作文件，其中包括中老经济走廊建设、基础设施建设、数字丝绸之路和人力资源等，可以说中国与老挝之间的友好关系已经迈入了一个崭新的历史阶段。在此背景下，中老出版业方面的合作，其深度和广度也不断增加，前景一片美好。老挝新闻文化与旅游部近年来不断制定政策，大力促进本国传媒和出版业的发展，尤其是大力推进老挝和中国在出版业领域的交流与合作，双方在实物贸易、出版译介、会展活动等方面已经有了较为紧密的交流与合作。具体如下：

（一）借助展会平台交流合作

2011年10月，乘中国-东盟出版博览会在广西举办的东风，中国与来自东盟国家的有关官员、出版商及出版专家就加强老挝出版业发展面对面交流，旨在加强合作，提升出版业水平，同时鼓励和组织本国出版机构参加每年在中国和东盟国家举办的国际书展，为老挝出版交流合作开辟新渠道、新增长点。

2016年8月，老挝新闻文化与旅游部文物与遗产司出席第二十三届北京国际图书博览会，并首次与中国的出版机构签订图书版权协议。

（二）开设实体出版机构

2012年3月，老挝最大的书店——云南新知图书老挝万象华文书局开业。新开业的华文书局占地面积500平方米，经营的图书种类多达30000多种，成为老挝目前最大的书店。目前，书局已经成为中老文化交流的一个重要平台，是中老两国在学习文化、推广语言、深入合作交流的一次重要尝试。

（三）合作出版图书

2013年开始，老挝和苏州大学出版社、西南交通大学出版社、云南人民出版社、外文局等中国出版机构、出版协会，尤其是借助其地理优势，与云南省、广东省出版业开展紧密合作交流。广东与万象缔结了友好省市关系，双方在经济、人文、旅游等领域开展了广泛而富有成效的合作。

自2016年澜湄合作机制正式启动后，老挝国家图书出版发行社与云南教育出版社合作，为促进澜湄流域各国人民相互了解、增进友谊、加强合作意愿起到积极的推动作用。中老出版文化界表示，双方将以此为契机，继续扩大合作领域，提升合作水平，推出更多满足中老两国以及澜湄流域国家人民需求的精品图书，共同推动中国—东盟命运共同体的建设。此外，老挝国家图书销售出版社与中国外文出版社在中国首都——北京签署了《习近平谈治国理政》第二卷国际合作翻译出版备忘录，共同翻译出版《习近平谈治国理政》第二卷，以帮助老挝读者更好地了解习近平新时代中国特色社会主义思想的丰富内涵，客观认识和理解中国特色社会主义道路、理论、制度、文化，这一合作无疑对促进中老文化交流和治国理政经验都具有重大意义。

（四）开展交流互访等文化活动

2013年3月，老挝人民革命党中央书记处书记征·宋本坎亲自带领老挝国家社会科学委员会代表团参观考察了云南出版集团，大力促进滇老出版业的合作与交流。

2018年6月，由老挝中国文化中心和广西壮族自治区文化厅共同主办"2018老挝'中国文创产品展示周'"系列活动，得到良好的评价和反馈。

总体而言，近年来，中国与老挝在出版业方面的交流日益增多，为两国人民所乐见，相信这一势头将随着"一带一路"的稳步推进持续保持。

五、结语

总的来说，老挝出版业由于历史、经济、社会文化等多重原因导致基础薄弱、设备落后、人才欠缺、法律较少等不利因素，图书业在一段时间内发展不充分，增速较缓，报刊业有一定发展但数字化进程有待进一步提升。随着政治重视、外资援助和国际出版交流增多，老挝出版业已开始得到较好、较快的发展，出版商、出版协会、图书报刊种类逐渐增多，国民阅读意识不断增强。尤其是近年来，随着老挝政府对教育事业发展的重视，在教科书、教师手册等图书出版方面力度不断加大，有力地促进了老挝图书业的迅速发展。同时，老挝与中国、越南、韩国等国家，在友好的历史关系背景下，在党政、历史、旅游图书刊物等方面合作也不断增多，共同建立了一批出版社，印刷了一大批图书刊物，举办了一系列书展等活动，为老挝出版业未来的发展奠定了良好的基础，创造了机遇。尤其是在中国"一带一路"倡议扶持下，老挝与中国出版行业的交流与合作增多，为老挝出版社快速发展创造了更多机会，也让老挝民众接触到更多中国与世界其他国家的图书，更为老挝文学走向世界创设了较好的平台。相信未来，在老挝政府的大力支持和各国援助下，老挝的出版业，特别是在图书种类、报刊图书电子化、图书馆数字化等方面将取得长足的进步，发展空间非常广阔。

参考文献

1. 阿芳. 老挝新闻业现状及存在问题浅析 [J]. 新闻传播，2013.

2. 郝勇，黄勇，覃海伦. 老挝概论 [M]. 广州：世界图书出版广东有限公司，2012.

3. 何政，等. 老挝 2015—2016 国情报告 [M]. 北京：经济管理出版社，2017.

4. 老挝国会. 老挝出版法 [Z]. 万象，2008.

5. 老挝国会. 老挝图书馆法 [Z]. 万象，2011.

6. 老挝国家图书馆. 资料存储促进政策 [Z]. 万象，2015.

7. 李好，等. 老挝投资环境分析报告 [M]. 广西：广西师范大学出版社，2014.

8. 王以俊. 老挝出版法开始施行 [J]. 东南亚之窗印刷世界，2010.

9. 王以俊. 老挝新闻出版印刷业概况 [J]. 东南亚之窗印刷世界，2005.

10. 王以俊. 老挝印刷媒体业在发展中 [J]. 东南亚之窗，2010.

11. 巴特寮新闻官网. http://kpl.gov.la/detail.aspx?id=26894.

12. 老挝国家图书馆. http://nationallibraryoflaos.net/en/home/.

13. 老挝国立大学图书馆官网. http://library.nuol.edu.la/lo/.

14. 老挝教育体育部官网. http://www.moe.gov.la/.

15. 老挝新闻文化与旅游部官网. http://www.micat.gov.la/.

16. 人民报官网. http://www.pasaxon.org.la/.

17. 新万象报刊官网. https://vientianemai.net/site/column/1.html.

（作者单位：中国新闻出版研究院、北京外国语大学）

罗马尼亚出版业发展报告

董希骁

一、出版业发展背景

罗马尼亚位于中东欧巴尔干半岛东北部，国土面积238391平方公里，划分为1个直辖市（首都布加勒斯特）和41个县。全国总人口1952万（2018年），其中罗马尼亚族占88.60%，还有匈牙利族、罗姆族、日耳曼族、乌克兰族、俄罗斯族、土耳其族、鞑靼族等少数民族。官方语言为罗马尼亚语。主要宗教有东正教（信仰人数占总人口数的86.50%）、罗马天主教（4.60%）、新教（3.20%）。《罗马尼亚宪法》（2003年修订）规定：罗马尼亚是一个主权独立、统一和不可分割的民族国家；政体为共和制。2004年3月29日，罗马尼亚加入北约，2007年1月1日正式成为欧盟成员国。①

（一）社会主义时期的出版状况

20世纪50~70年代，罗马尼亚的图书出版行业得到快速发展，1974年达到战后的高峰。70年代末，由于受经济困难的影响，图书出版数量持续下降，到1989年已不足60年代的平均水平。截至1989年年底，罗马

---

① 中国外交部官网（2018年12月更新）：https://www.fmprc.gov.cn/web/gjhdq_676201/gj_676203/oz_678770/1206_679426/1206x0_679428/，检索日期：2019年1月30日。

尼亚全国 24 家出版社均为国营出版社。①

出版业由国家文化艺术委员会统一管理，其下属机构的职能十分明确。1969 年 12 月，罗马尼亚社会主义共和国部长会议颁布了《关于采取若干改进出版活动的办法的决定（1969 年第 2215 号）》，该决定直至 1997 年 11 月才被正式废止，对该国的出版格局有过长期影响。该决定主要包括：①成立图书管理中心，全面负责出版物的审查、出版、推广、进出口工作。②对图书管理中心直属的 15 家出版社进行重组，规定其主要出版领域。虽然这些国有出版社在 1989 年后走上了私有化和自主经营的道路，但在相关领域形成的优势作为传统得以延续。③建立健全全国图书发行和销售网络，除了在首都布加勒斯特设立图书发行基地之外，还在 16 个城市设有图书销售中心。②

（二）当前出版管理机制

1989 年后，罗马尼亚全面转向西方民主政治和市场经济体制。在转型过程中，由于原有的出版管理体制被全盘否定，新机制又未能及时建立，加之频繁的政府更替和机构改革，罗马尼亚出版管理机构的设置和职能时常发生变动，导致相关工作推进艰难，甚至陷入停滞。③

1. 版权管理机制

罗马尼亚版权局是罗马尼亚政府直属的中央行政部门，由文化和民族特性部部长协调其工作，经费也通过文化和民族特性部的预算列支。它是罗马尼亚唯一有权对著作权事务进行规范、登记、监督、授权、仲裁、鉴定的机构。其职能主要包括：①通过局长决策的形式来规范相关领域的活

---

① 李秀环，徐刚.（列国志）罗马尼亚 [M]. 北京：社会科学文献出版社, 2016: 331-332.
② Buluță Gheorghe. Scurtă istorie a editurii românești[M]. București: Editura Enciclopedică, 1996: 51-59（Buluță Gheorghe. 罗马尼亚出版简史 [M]. 布加勒斯特：百科全书出版社, 1996: 51-59.）
③ Boscaiu Victor, Isaic-Maniu Alexandru, Voda Viorel Gh.. Piața cărții și principalele ei caracteristici[J]. Management & Marketing, 2007(3): 64-79.（Boscaiu Victor, Isaic-Maniu Alexandru, Voda Viorel Gh.. 图书市场及其主要特点 [J]. 管理与营销, 2007(3): 64-79.）

动；②起草与著作权相关的法规草案；③保存著作权集体管理组织提交的文件；④对著作权进行注册登记；⑤颁发证明著作权或其他相关权利的全息标记；⑥对新建的著作权集体管理组织进行审批，并对其运作进行监管；⑦对著作权集体管理组织拟定或修订的章程进行审批；⑧对从事著作权及其他相关权利变更，以及打击盗版活动的机构进行审批登记；⑨监督著作权集体管理组织工作，对违法违规行为加以处罚；⑩依法通过秘书处进行仲裁；⑪应刑事调查机构的要求，对相关作品的原创性进行鉴定；⑫对利益相关方的支出进行鉴定；⑬提供无偿或有偿的法务咨询；⑭参与制定和更新国家知识产权战略；⑮代表罗马尼亚参加欧盟或国际组织举办的与著作权相关的活动。依据《著作权及其相关权权利法（1996年第8号）》的规定，著作权人死亡后如无继承人，相关权利由罗马尼亚版权局行使。

2. 编号管理机制

罗马尼亚国家图书馆于1996年设立了国家ISBN-ISSN-CIP中心，下设国家ISBN书号中心、国家ISSN刊号中心和国家CIP核字号中心。这些中心的管理职能在《图书馆法（2002年第334号）》中再一次得到明确。

国家ISBN书号中心成立于1989年，是国际ISBN中心（伦敦）在罗马尼亚的代表机构，负责对在罗马尼亚境内开展经营活动的出版社进行注册，并向其颁发相应的ISBN代码。出版社负责人或其授权代表只需携带相关材料（包括注册申请表、工商登记证明、年度出版计划、公章等），即可在国家图书馆完成出版社的一站式免费注册。注册完成后，出版社负责人即可获得一套说明文件和首批10个ISBN代码。ISBN书号中心是唯一有权在罗马尼亚全国范围内建立并更新出版社数据库的机构。数据库记录的出版社信息和发放的书号每年都会上传至伦敦的国际ISBN中心。

国家ISSN刊号中心成立于1990年，是国际ISSN中心（巴黎）在罗马尼亚的代表机构，负责对罗马尼亚境内的连续出版物进行注册，并授予其对应的ISSN编号。连续出版的报纸、杂志、年鉴、公报、大事记、纪要、报告、论文集，以及各类定期出版的学术会议论文集均可申请 ISSN 编码。刊物负责人或主编只需亲自，或通过传真、电子邮件向 ISSN 刊号中心提供注册申请表及相关证明材料（包括样刊、已出版纸质刊物的封面影印件或电子刊物的封面截屏等等），如所有材料审核无误，ISSN 刊号中心便能在 2~10 个工作日内向其授予 ISSN 编号。如遇特殊情况，审批期限可能会延长，但必须在 2 个月内给予回复。ISSN 刊号中心是唯一有权在罗马尼亚建立并更新 ISSN 数据库的机构，数据库中记录的信息会实时上传至国际 ISSN 中心信息系统。

国家 CIP 核字号中心成立于 1996 年，是罗马尼亚 CIP 数据的唯一制作单位。需要 CIP 数据核字的文献包括专著、纯文学作品、带文本的艺术图书、教材、科学著作、带文本的童书、学术会议论文集等等。

3. 出版资助机制

罗马尼亚政府对出版和图书交流、推广等活动的资助主要通过文化部下属机构和罗马尼亚文化学院实现。国民教育部、研究和创新部、外交部等部委、各级地方政府，以及各类基金会也可设立专项基金对相关活动给予资助。

（1）国家文化基金管理局成立于 2005 年，是文化部下属的自主公务机构，是罗马尼亚国家级无偿出版资助的提供方。主要资助对象包括：百科全书、专著、辞书、地图册、国内外经典作家重要作品、作家代表作、文学处女作、儿童文学等等。

国家文化基金管理局每年组织一次出版项目资助评审会，根据文化部年度预算、国家财政补贴额度，以及现有的资源确定资助项目。资助对象涵盖所有书面文化产品，即具有文学艺术或科学技术性质的图书、杂志，或其他各种纸质或网络出版物。每届评审会的主题领域由该局根据优先资助战略确定，申请人必须遵守以下条件：①确保自筹经费至少占拟议预算的 10%，管理局最高可资助项目预算的 90%；②申请人是自主自然人，或依法组建的公共法人或私人法人实体；③无国家或地方财政债务；④如之前与管理局签署过资助出版合同，须先履行合同中规定的责任。

（2）书面文化和当代作品处为文化部下属机构，负责制定和协调国家在书面文化、表演艺术、影视产业方面的战略，具体工作任务有：①参加国际书展，（与其他机构协作）搭建罗马尼亚展台；②为国内的重要文化活动（文化节、研讨会等）提供后勤保障和资金支持；③与地方政府、民间组织合作，共同促进文化活动的多样性、现代化，根据公众需求提升文化活动质量；④根据有关规定向从事书面文化、表演艺术工作的人员和其他相关专业人员颁发奖项和奖金。

依照《书面文化支持和推进法（2003年第186号）》的有关规定，文化部通过书面文化和当代作品处向国内重要书展提供资金支持。其中访客数量最多、且长期受国家资助的书展有两个，即每年6月举行的Bookfest国际书展和每年11月举行的高迪亚姆斯国际图书与教育展，后者由罗马尼亚广播公司主办。除此之外，书面文化和当代作品处还与罗马尼亚境内的匈牙利族社群合作，与匈牙利语图书公会联合举办马拉穆列什国际书展。在过去五年间，书面文化和当代作品处还分别向两个地方性文化活动——蒂米什瓦拉国际文学节与雅西国际文学和翻译节提供资助，向罗马尼亚公众展示享有盛誉的世界文学作品。

文化部通过书面文化和当代作品处与罗马尼亚文化学院紧密合作，积极参与境外书展，并共同搭建罗马尼亚展台。1990年以来，先后参与了在法兰克福、莱比锡、布拉格、布达佩斯、萨洛尼卡、耶路撒冷、伊斯坦布尔、索非亚、贝尔格莱德、巴黎、伦敦、斯德哥尔摩、纽约、里斯本等地举行的书展。2018年，罗马尼亚以主宾国身份参加了莱比锡国际书展，并将作为主宾国参加2019年的北京国际图书博览会。

书面文化和当代作品处长期与罗马尼亚作家联合会保持着紧密联系，共同举办活动，商讨相关法规的动议和修订，并在作家联合会的建议下，在国际书展上对一些代表性作家的作品加以推广。

（3）罗马尼亚文化学院成立于2003年，起先由罗马尼亚总统直接管辖，后隶属参议院，致力于在国外推广罗马尼亚文化，提升其知名度和美誉度。目前，该学院在18个国家设有19个分支机构，包括2015年成立的北京罗马尼亚文化中心。该学院可独立或联合其他机构提供资助，推动罗马尼亚作品的外译和出版，或用于在国外举办书展等活动。

4. 出版评估机制

转轨后的罗马尼亚出版业经历了"爆炸式"增长，出版社、图书、期刊数量大幅攀升，但对出版机构和出版物的评估和定级始终是一个难题。因原有的评估机制饱受诟病，主管部门又经历了多次调整，出版评估机构的归属反复变更，导致权属不清、人心不定，相关工作曾长期停滞。

2011年之前，对出版社、杂志社进行认证和定级的工作由国家高等教育科学研究委员会负责。该机构隶属于教育部高等教育、研究、发展和创新资助执行局。国家高等教育科学研究委员会按出版领域向参评的出版社颁发A、B、C三类证书，有效期4年。评估内容包括出版物的质量（作者在学界的地位如何，出版物是否被国际知名图书馆收藏）、出版社的长期规划、同行评审机制的实行状况、出版社网站建设情况等等。综合评分满分100分，达80分以上方能获得A类证书，B类和C类证书分别需要达到50分和35分。通常认为，"C类"只是对"不合格"的一种委婉说法。对期刊的认证和定级主要以数据库的收录情况为依据：被科学信息研究所数据库收录的可获得A类证书；被其他国际数据库收录的可获得B+类证书；达到规定认证分值的可获B类证书；有潜力达到规定认证分值的可获C类证书；其余未在该委员会备案的期刊均为D类。

2011年3月，国家高等教育科学研究委员会组织了最后一次评估，但其程序和结果引起了诸多非议：首先，对于罗马尼亚出版界的实际状况而言，过高的学术标准显得不合时宜。在市场经济环境中，罗马尼亚的大多数出版社为了生存，必须在多个领域寻找读者，而不是局限在学术领域。在全国数千家出版社中，参与评估并最终获得国家高等教育科学研究委员会认证的仅有 206 家。由于评价标准较高，没有任何一家出版学术著作的机构获得 A 类证书，甚至罗马尼亚科学院出版社也只在哲学、神学、视觉艺术等领域获得 B 类或 C 类证书。其次，评估过程不透明引发了诸多质疑。以哲学领域为例，B 类的克鲁日大学出版社的网站上没有任何一本哲学图书，C 类的北纬 45 度出版社网站上的哲学图书目录却多达十几页。业内人士进一步指出，这一领域获评 B 类的 8 家出版社中有 3 家位于克鲁日，而每年都出版大量哲学图书的布加勒斯特大学出版社却未能入选，这可能与多名专家来自克鲁日，"帮亲不帮理"有关。[1] 对期刊的评估同样不尽人意。尽管在国家高等教育科学研究委员会备案的期刊多达千余种，但当时仅为人文社科领域的期刊制定了评估规范。最终，有 58 种期刊获得 A 类证书、328 种期刊获得 B+ 类证书、21 种期刊获得 B 类证书。

此次评估一结束，国家高等教育科学研究委员会便被改组为国家科学研究委员会。[2] 与原先的委员会相比，新组建的委员会是一个咨询机构，而非执行机构，只能对罗马尼亚的科研工作提出建议，但无权做出决策。正如时任国家科学研究和创新局局长普里赛卡鲁所言，"要让一个咨询机构来行使颁发出版证书的职能是非常困难的，因为不是所有出版社都出版学术著作。有些既出版学术著作，也出版纯文学作品。如果没有明确的程序以及财政支持的话，要履行这些职能是很复杂的……鉴于出版社数量大

---

[1] Pătrașcu Horia:《罗马尼亚的出版社是如何进行科学评估的——奇怪的结果》[OL]，网址：http://www.contributors.ro/cultura/cum-au-fost-evaluate-academic-editurile-din-romania-rezultate-stranii/，检索日期：2019 年 1 月 26 日。

[2] 参见罗马尼亚教育、研究、青年和体育部（Ministerul Educației, Cercetării, Tineretului și Sportului）《关于成立国家科学研究委员会并批准其组织运行章程的命令（2011 年第 3794 号）》（Ordin nr. 3794/2011 privind înființarea Consiliului National al Cercetării Științifice, precum și pentru aprobarea regulamentului de organizare și funcționare a acestuia）。

幅增长，必须基于对出版物的分析来实行一些新的标准，这意味着要有大量的资金来聘请评估专家"。为此，他建议将国家科学研究委员会秘书处从教育部高等教育、研究、发展和创新资助执行局转到国家科学研究和创新局。① 2013年，委员会成员因政府干预科研规划且财政投入不足而集体辞职，直至2015年委员会并入国家科学研究和创新局才重新开始部分工作。国家科学研究和创新局也是教育部下属机构，主要负责对一些既定项目进行定义、规划、保障、评估、促进、资助和监管。2012—2016年，没有任何机构组织过对出版社、杂志社的评估和定级，之前颁发的证书也早已过期。

2017年，研究和创新部成立，教育部的部分职能被移交至该部，国家科学研究和创新局随之解散，国家科学研究委员会重归教育部高等教育、研究、发展和创新资助执行局管辖。同年，委员会颁布了新的评估流程②，分法学（评估流程单独制定）、数学和自然科学、工学、生物学和生物化学、社会科学、人文科学和艺术、体育运动学等7个领域对出版社进行认证。期刊认证需提供WoS或Scopus索引，以及被其他国际数据库③收录的情况。当年仅所罗门出版社获得该委员会认证（法学领域）。

5. 业内交流机制

罗马尼亚出版商联盟是欧洲出版商联盟的会员。该协会下设两个分支机构，分别是：

---

① Felseghi Bianca：《谁来评价出版社？》[OL]，网址：https://pressone.ro/cine-judeca-editurile-ancsi-prin-cncs-cu-secretariatul-la-uefiscdi-sau-un-nou-cncsis/，检索日期：2019年1月26日。
② 参见《CNCS在法学领域对出版社的认证评估流程》（Procedura de evaluare a editurilor din domeniul științelor juridice pentru obținerea recunoașterii CNCS）；《CNCS对出版社的认证评估流程》（Procedura de evaluare a editurilor pentru obținerea recunoașterii CNCS）。
③ 需得到全国高校职衔、学位和证书认证委员会（Consiliul Național de Atestare a Titlurilor, Diplomelor si Certificatelor Universitare, CNATDCU）相关领域专业委员会的认可。

（1）罗马尼亚出版商协会成立于 1991 年，是罗马尼亚最重要的图书出版专业协会，汇集了各领域出版家。该协会致力于推动图书阅读和高质量写作，帮助读者疏通图书信息的获得渠道，促进思想的自由交流，在国际交流中弘扬罗马尼亚语言文化。该协会承办的 Bookfest 书展是罗马尼亚最重要的图书展会。从 2012 年开始，Bookfest 品牌延伸到了罗马尼亚其他城市，2012—2013 年圣诞节还举办了首届特展。

（2）罗马尼亚出版商联合会成立于 1994 年，前身是教育出版商协会，共有来自全国的 55 家会员单位。会员主要从事中小学和大学教材、罗马尼亚和世界文学作品、儿童图书、文化类图书，以及适用于各年龄段的学习类图书的出版发行工作。该联合会因其在保障中小学教材质量方面所做的努力而为民众所知，同时，它还是国际儿童读物联盟的罗马尼亚分支机构。联合会在欧盟资金的支持下启动了 PROEDIT（"支持出版"的含义）项目，这是迄今最为全面的出版人才培养项目，旨在提升 1000 多名参与者的业务能力，使其更快适应出版市场的人才需求，并希望在此基础上成立国家书面文化培训中心。

（三）国民阅读情况

从近年来部分机构进行的调查和媒体报道看，罗马尼亚人的阅读习惯不容乐观，对纸质图书和报刊的阅读状况尤其令人担忧。

1. 图书消费持续低迷

2017 年，欧洲出版商联盟对近十年的图书市场进行分析后指出，在购书支出方面，罗马尼亚在欧洲居于末流。据乐观估计，全国较为稳定的读者数量仅有约 150 万，图书的平均印数是欧洲最低的，人均拥有的书店数量和用于图书采购的财政拨款均低于欧洲平均水平。欧盟统计局 2018 年的调查显示，仅有 2.80% 的罗马尼亚人每月读一本书，一个罗马尼亚人年均购书支出为 3 欧元，远远低于欧盟平均水平。国家文化研究院的数据表明，五分之一的罗马尼亚人从不读书。①

造成这种情况原因是多方面的。首先，从全欧洲范围看，尽管图书市场在金融危机后开始回暖，新书不断出版，但印数越来越少，出版社的利润也逐年下降，陷入了"新书出得越多，利润就越低"的怪圈。其次，随着网络媒体的发展，人们的阅读习惯和消费方式发生了巨大改变。罗马尼亚在线读者的数量持续攀升，特别是阅读网络新闻和在线报纸的人口比例已超过了欧盟平均水平。发行量超过 10 万份对于任何一份罗马尼亚报纸而言都成了可望而不可即的梦想。此外，图书销售网络日益萎缩，一些中型城市的书店甚至已消失殆尽。书店数量和读者数量的锐减互为因果，已经陷入恶性循环。②

2. 主要应对办法

针对上述情况，罗马尼亚政府在 2016 年将图书、中小学教材、报纸和杂志的增值税下调至 5%，但平均每本书的售价仅仅因此降低了 2 列伊（约合 0.42 欧元）。③ 为此，众议员拉耶茨基在 2018 年 3 月向总统、政府和各政党提出了 8 项改革举措，旨在促进图书市场的发展、刺激阅读消费，以期在未来两年内将图书销量翻一番，使其接近周边国家平均水平：①增加中小学图书馆的财政拨款，至少每年为每位学生增加半本书的预算；②举行图书推广活动，养成公民读书意识；③每年向每位教师发放 100 欧元的图书购置经费。这一措施 10 年前曾实施过，且取得了良好效果；④对正式出版的图书免征增值税（欧洲议会曾在 2017 年通过决议，

---

① Raețchi Ovidiu：《罗马尼亚在欧洲图书市场居末位》[OL]，网址：https://adevarul.ro/news/politica/ovidiuraetchi-romania-e-ultimul-loc-europa-privintapietei-carte-rusine-anul-centenarului--8-masuri-dublarea-consumului-carte-1_5aae4e1edf52022f75b79c35/index.html，检索日期：2019 年 1 月 27 日。

② Tuță Felicia Cornelia. Management financiar în industria cărții[M]. Iași: Polirom, 2000: 231.（Tuță Felicia Cornelia. 出版业金融管理[M]. 雅西：波利罗姆出版社，2000: 231.）

③ Grigore Ana-Maria. Analiza strategică de cost și lanțul valorii pentru industria editorială de carte din România[J]. Romanian Journal of Marketing, 2013(3): 51-58.（Grigore, Ana-Maria. 罗马尼亚图书出版业价值链与定价战略分析[J]. 罗马尼亚营销杂志，2013(3): 51-58.）

允许成员国将图书、报纸、期刊的增值税降低至 0%，其中包括电子书刊）；⑤将电子书的增值税率降低 5%（成为 19%）；⑥给每位中小学毕业生发放 50 欧元购书补助；⑦对从事图书业关键岗位的人员免征所得税；⑧对书店（图书销售占营业额 50% 以上）的建设用地免收建设税费。① 在拉耶茨基和其他 39 名众议员的联名倡议下，罗马尼亚议会于 2018 年 10 月通过一项法案，批准将中小学图书馆的生均图书基金拨款至少上调 5%。②

2018 年 4 月 22 日，为了在罗马尼亚大统一 100 周年之际庆祝世界读书日（4 月 23 日），来自罗马尼亚各地的 3321 名阅读爱好者聚集在中部城市布拉索夫，排起了一条长队，接龙朗读同一部作品，打破了印度创造的 3071 人的世界纪录。

（四）图书馆建设

1. 法定文献库建设

依照《法定文献库组建和运营法（1995 年第 111 号）》③ 的规定，罗马尼亚的法定文献库（具有国家书库的性质）在中央和地方两个层面进行组建。中央层面主要依托罗马尼亚国家图书馆、罗马尼亚科学院图书馆、克鲁日大学中心图书馆、蒂米什瓦拉大学中心图书馆、雅西大学中心图书馆；④ 在地方层面则依托各县立图书馆，以及布加勒斯特市立图书馆。罗马尼亚出版的文献，以及由罗马尼亚法人或自然人在国外出版的文献，无

---

① Raețchi Ovidiu：《罗马尼亚在欧洲图书市场居末位》[OL]，网址：https://adevarul.ro/news/politica/ovidiuraetchi-romania-e-ultimul-loc-europa-privintapietei-carte-rusine-anul-centenarului--8-masuri-dublarea-consumului-carte-1_5aae4e1edf52022f75b79c35/index.html，检索日期：2019 年 1 月 27 日。
② Vișan Irinela：《中小学图书馆生均图书基金至少上涨 5%》[OL]，网址：https://www.agerpres.ro/viata-parlamentara/2018/10/08/cresterea-fondului-de-carte-din-bibliotecile-scolare-cu-cel-putin-5-din-numarul-elevilor-adoptata-de-senat--189504，检索日期：2019 年 1 月 28 日。
③ Legea nr. 111/1995 privind constituirea, organizarea și funcționarea Depozitului legal de documente, indiferent de suport.
④ 上述 3 个大学中心图书馆和布加勒斯特大学中心图书馆（Biblioteca Centrală Universitară din București）同为教育部直属单位。

论是否正式发行,都应在出版后30天内提交一定数量的单册(国防部和内务部下属出版机构的文献提交情况由两部委自行监管)。图书和期刊分别须向国家图书馆提交7册,国家图书馆保留3册(1册入库收藏、1册用于编制书目和统计、1册用于国际交流),其余4册分别由科学院图书馆和三个承担法定文献库职能的大学中心图书馆收藏。邮品和钱币交科学院图书馆收藏。

2. 图书馆的类型和职能

《图书馆法(2002年第334号)》规定,罗马尼亚境内的图书馆共分为国家图书馆(文化部直属)、大学图书馆、专业图书馆、公共图书馆、学校(中小学)图书馆5大类。图书馆收藏的文献资料包括:图书、期刊、手稿、缩微制品、图纸、乐谱、音像制品、图形文件、数字资源、照片或理化加工过的副本、档案、其他不同介质的文献,以及其他未注明的、历史形成的或来自捐赠的藏品。

国家图书馆作为国家法定总文献库,具有以下职能:①履行国家书目中心的职能;②编制国家出版统计数据;③分配法定文献库编号;④核发ISBN和ISSN编码,并制作CIP核字号;⑤创建并管理罗马尼亚出版商数据库;⑥监督个人和法人实体是否依法向法定文献库提交文献;⑦监管作为受益方的图书馆如何处理和保存来自法定文献库的图书和其他文献;⑧作为无形资产处理、收藏和保存一册来自法定文献库的副本。

《图书馆法(2002年第334号)》还规定,在该法颁布30天内组建国家图书馆委员会。该委员会是受教育部和文化部双重领导的法人机构,由17名图书馆领域的专家构成(教育部和文化部各6名、科学院2名、各专业协会3名),负责全国公立图书馆的学术管理和决策。但是自2008年起,该委员会一直未能正常运作,直至2018年9月才重新开始工作。新一届委员会成员扩充至23人,除教育部、文化部、科学院的名额保持不变外,来自专业协会的代表扩充至5人,此外还增设了1名来自通讯和信息产业部的代表、1名来自内务部的代表，以及2名来自教会图书馆的代表。这一构成具有更广泛的代表性，且体现了政府对信息安全的重视，但图书馆委员会能否在政府频繁更迭的背景下发挥应有的作用，仍有待观察。①

3. 图书馆发展现状

转轨后，由于政府投入不足、电子出版物的冲击、民众阅读习惯改变等原因，罗马尼亚的图书馆数量锐减。2017年，全国图书馆总计9594个（公立9271个、私营323个），比1990年减少7000多个。藏书超1万册的图书馆占63.60%，藏书超5万册的仅占2.50%。2017年共借出图书3580.30万册，不及2000年的一半（7764.77万册）。②

罗马尼亚国家统计局③数据显示，2017年罗马尼亚（持有图书馆借阅证的）经常性读者约为123.60万人（不到总人口的6%），平均每个县份有8669人造访公共图书馆，人均借阅2~3本图书。与2016年相比，2017年全国图书馆总数减少了238个，各类图书馆的数量均呈现下降趋势。④（见图1）鉴于此，罗马尼亚政府从2018年起每年斥资2000万列伊（约合419万欧元）用于中小学图书馆建设。⑤

---

① 罗马尼亚文化和民族特性部官网：《国家图书馆委员会重启工作》[OL]，网址：http://www.cultura.ro/comisia-nationala-bibliotecilor-si-reluat-activitatea，检索日期：2019年1月29日。
② 《1990年后罗马尼亚的图书馆消失了7000余个》[OL]，网址：https://alba24.ro/peste-7-000-de-biblioteci-au-disparut-din-1990-in-romania-cati-cititori-mai-sunt-in-judetul-alba-679678.html，检索日期：2019年1月29日。
③ 网址：http://www.insse.ro/cms/。
④ Moldovan Luiza：《国家统计局：2017年学校图书馆数量减少》[OL]，网址：https://www.stiripesurse.ro/ins-numarul-bibliotecilor-colare-a-scazut-in-2017_1277521.html，检索日期：2019年1月29日。
⑤ Alexandru Vlad：《罗马尼亚将斥资2000万列伊用于学校图书馆建设》[OL]，网址：https://evz.ro/romania-va-investi-20-de-milioane-de-lei-anual-in-biblioteci-scol.html，检索日期：2019年1月29日。

图1 2016—2017年罗马尼亚各类图书馆数量变化（2016/2017）

数据来源：根据罗马尼亚国家统计局2017年数据整理

2017年全国图书馆藏书1.63亿册，比上年减少117.50万册，同比减少0.70%。（见图2）

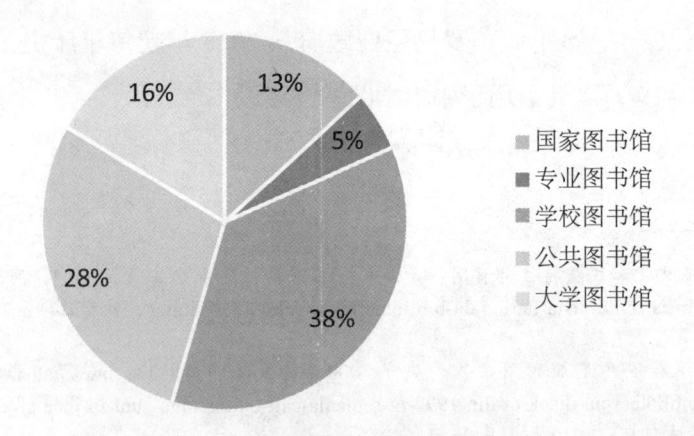

图2 2017年罗马尼亚图书馆藏书分布

数据来源：根据罗马尼亚国家统计局2017年数据整理

读者在各类图书馆中的分布见图3。

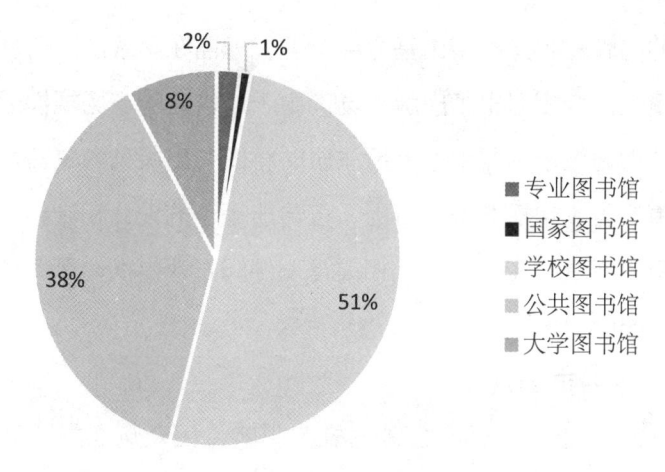

图3 2017年罗马尼亚图书馆读者分布

数据来源：根据罗马尼亚国家统计局2017年数据整理

二、出版业发展状况

（一）出版社数量

1989年后，在"新闻出版自由"的呼声中，出版业出现"井喷"。到20世纪90年代中期，出版社数量从之前的24家骤增至3000余家，绝大多数为私营出版社。① 2007年，这一数字攀升至4500多家，但其中能够保证每年出版10种以上图书的"活跃出版社"仅占9%。② 截至2019年1月，向罗马尼亚国家图书馆申请过国际标准书号（ISBN）的出版机构已达21323家。③

从理论上说，出版社就是拥有注册商标、并在每出版一本书时向罗马尼亚国家图书馆申请ISBN编码的商业公司。但实际上并不能保证每一家出版社（或者说每一家从事出版活动的公司）都申请ISBN编码。一些基

---

① 李秀环，徐刚.（列国志）罗马尼亚 [M]. 北京：社会科学文献出版社，2016：332.
② Maier Eliza：罗马尼亚的出版市场 [OL]，网址：https://www.bcucluj.ro/bibliorev/arhiva/nr18/info6.html，检索日期：2019年1月24日。
③ https://grp.isbn-international.org/search/piid_cineca_solr/Romania?keys=Romania，检索日期：2019年1月24日。

金会下属的出版社收支直接由基金会管理，无需在财政部注册。还有很多公司经过重组，变相退出了出版市场。由于广告业的市场规模远远大于图书出版业，为适应市场需求，大量注册时将图书出版列为主营业务的公司目前只从事广告（包括海报、日历、宣传册等）的设计和制作。总之，很多出版社早已不复存在，但由于相关管理部门长期停摆，至今没有任何机构能够提供准确的统计数据。

（二）图书市场规模

2008—2012年，由于受金融危机的影响，民众购买力降低，加之在校生数量减少等因素的影响，罗马尼亚的图书市场规模年均萎缩0.50%。生产成本居高不下也是制约图书市场发展的重要原因之一，由于罗马尼亚的税费过高，从2000年开始，很多出版社选择在中国或意大利印制图书。[1] 2014—2016年，虽然罗马尼亚的宏观经济形势向好，但对图书市场带来的正面影响微乎其微。国际学生评估项目的测试结果表明，虽然罗马尼亚经济持续增长，但教育水平却在下降（42%的青少年是功能性文盲），后者对图书市场的影响更大。加入欧盟以来，罗马尼亚出版社的价值观和专业性已和欧盟全面接轨，但罗图书市场的营业额仅相当于立陶宛一家出版社的两倍。[2]

2017年，罗马尼亚图书市场的营业额约为6000多万欧元，仅比上一年度增长了0.14%。这一规模与保加利亚相当，但保加利亚的人口仅有罗马尼亚的三分之一，而在人口不足罗马尼亚半数的匈牙利，图书市场规模

---

[1] 《研究表明：2008—2012年罗马尼亚图书市场规模年均萎缩0.50%》[OL]，网址：http://www.bursa.ro/studiu-piata-editoriala-din-romania-a-scazut-cu-0-5-procente-pe-an-in-2008-2012-49644227，检索日期：2019年1月27日。

[2] Barbu Petre：《采访Lidia Bodea》[OL]，网址：https://atelier.liternet.ro/articol/19027/Petre-Barbu-Lidia-Bodea/Actorii-pietei-editoriale-romanesti-si-au-asumat-cu-profesionalism-rolul-cultural-ce-le-revine.html，检索日期：2019年1月29日。

已经超过了 1 亿欧元。[①] 罗出版界认为，教育部长波普 2017 年决定在中小学统一使用由国有出版社——教育与教学出版社出版的教材，是导致该年度出版市场发展受阻的主要原因。尽管这一决定最终未能以立法的形式得以固化，但已经对出版市场的自由竞争造成了冲击，导致相关企业无法完成既定的出版计划，从而出现了亏损。[②]

2018 年，罗马尼亚图书市场有所增长，虽然最终统计数据尚未形成，但学术图书和文学作品都有较好的市场表现。在全球大获成功的文学作品被罗马尼亚读者所喜爱，益智童书和绘本的受欢迎程度日益增高。[③]

（三）主要制约因素

罗马尼亚的作家、译者和出版商在 2017 年 5 月进行了一次深入讨论，普遍认为罗马尼亚图书市场面临的困难主要是由以下原因造成的。[④]

首先，文化主管部门工作不力。文化部部长如同走马灯般轮换，图书出版的主管单位不断变化，但该项工作始终未能得到应有的重视。出版业市场监管软弱，行业数据分析和市场评估缺乏，导致出版商图书市场研判失灵，经常出现库存不够或存书积压的现象。[⑤]

其次，图书发行和销售渠道日益萎缩。1989 年后，书店被私有化，国家不再保障销售目标的完成。由于生产成本较高，出版社市场营销人员也严重不足，图书发行市场一直比较滞后，出版商和书店之间缺乏中

[①] Martin Matei：《150 万读者》[OL]，网址：https://dilemaveche.ro/sectiune/la-zi-in-cultura/articol/un-milion-si-jumatate-de-cititori，检索日期：2019 年 1 月 27 日。
[②] Barbu Petre：《2017 年罗马尼亚最主要出版社排行榜》，网址：https://www.forbes.ro/bilanturi-topul-celor-mai-importante-edituri-din-romania-anul-2017-120355，检索日期：2019 年 1 月 30 日。
[③] Mărculescu Magdalena：《罗马尼亚图书市场显著增长，青年人功不可没》[OL]，网址：http://www.contributors.ro/interviu/interviu-cu-magdalena-marculescu-directorul-editorial-al-editurii-trei-piata-de-carte-din-romania-este-vizibil-in-creștere/，检索日期：2019 年 1 月 29 日。
[④] Chivu Marius：《出版市场日渐消沉》[OL]，网址：https://dilemaveche.ro/sectiune/carte/articol/declinul-lent-al-pietei-editoriale，检索日期：2019 年 1 月 29 日。
[⑤] 崔斌箴．"一带一路"倡议背景下的罗马尼亚出版业 [J]．出版参考，2017(8)：34-35．

介。中央和地方财政紧缩导致图书馆和学校的图书采购数量大幅缩水，网上书店的折扣也对实体书店形成了很大冲击。为避免中间环节的费用，一些小型出版社采取了直销模式，实际印数远远超出版权页上的标识，损害作者权益。为了在市场中生存下去，很多书店沦为兼营文具的百货商店。尽管整个欧洲的书店数量都在减少，但英国、法国、捷克、匈牙利等国积极改变销售模式，除出售在架图书外，还可以采用订购的方式。与之相比，罗马尼亚图书销售模式的转变较慢，或缺乏资金在相关领域加大投入。

再次，图书出版的同质化倾向严重。在一个成熟的市场中，出版社应努力凸显特色。罗马尼亚的市场相对较小，因此，出版社（特别是大中型出版社）都努力涉足尽可能多的领域，从而出现了图书种类多、印数少的情况，难以形成规模。对畅销书、热门书的追逐也使出版社争先恐后地投入到不确定的竞争中。

此外，罗马尼亚出版界对数字出版反应迟缓。罗马尼亚出版联盟旗下PROEDIT 项目在 2013 年进行的一项调查表明，60% 的本土出版社没有生产和销售电子书的计划，50% 的出版社认为电子书会摧毁纸质出版业。大多数作者也对电子书持抵制态度，在各出版社的产品目录中，仅有 25% 的图书有电子版。[1] 主要原因有三：①对盗版的焦虑（27%）；②缺乏信息技术手段（23%）；③读者兴趣缺失（15%）。[2] 2018 年，人性出版社及人性故事出版社在电子出版领域跨出了重要的一步，率先开发出了适用于苹果和安卓系统的手机应用，两家出版社新出的所有图书，以及一些经

---

[1] Rahme Nicoleta. Controversele cărții electronice: o relație complicată cu bibliotecile[J]. Informare şi Documentare: Activitate Ştiinţifică şi Profesională, 2013(5): 99-113.（Rahme Nicoleta. 电子书的争议：与图书馆的复杂关系 [J]. 信息与检索，2013(5): 99-113.）
[2]《研究表明：电子书侵袭对罗马尼亚出版市场影响甚微》[OL], 网址：https://www.hotnews.ro/stiri-cultura-14675526-studiu-ofensiva-books-nu-afecteaza-piata-editoriala-din-romania.htm, 检索日期：2019 年 1 月 29 日。

典图书均可在手机端阅读。近年来，销量最好的历史、文学、科学、传记、个人成长类图书，以及大多数有声图书都被囊括其中，还享有40%的折扣。①

（四）畅销书

在畅销书的排行方面，各机构的统计范围和标准差异较大。根据罗马尼亚最大的图书销售网站elefant.ro在2018年7月的统计，2018年1~6月位列前10位的罗马尼亚文和英文图书如表1所示。②

表1 2018年1~6月罗马尼亚畅销书排行榜

排名	罗马尼亚文畅销书		英文畅销书	
	书名	作者（国籍）	书名	作者（国籍）
1	《身边的陌生人》(Străinul de lângă Mine)	Irina Binder（罗）	《人类简史：从动物到上帝》(Sapiens: A Brief History of Humankind)	Yuval Noah Harari（以）
2	《人类简史》(Sapiens. Scurtă istorie a omenirii)	Yuval Noah Harari（以）	《人生十二则》(12 Rules For Life)	Jordan B. Peterson（加）
3	《咖啡+阅读=幸福》(Oamenii fericiți citesc și beau cafeaua)	Agnes Martin-Lugand（法）	《思考，快与慢》(Thinking, Fast and Slow)	Daniel Kahneman（以）
4	《本源》(Origini)	Dan Brown（美）	《本源》(Origin)	Dan Brown（美）
5	《银海湾》(Silver Bay)	Jojo Moyes（英）	《权力的游戏（全系列）》(Game of Thrones Series: The Complete Collection)	George R. R. Martin（美）
6	《未来简史》(Homo Deus. Scurtă istorie a viitorului)	Yuval Noah Harari（以）	《人性的弱点》(How to Win Friends and Influence People)	Dale Carnegie（美）

---

① 《人性出版社在罗马尼亚出版市场推出首款手机应用》[OL]，网址：https://www.lapunkt.ro/2018/02/humanitas-aplicatie-de-mobil-prima-de-pe-piata-editoriala-din-romania/，检索日期：2019年1月29日。

② 《罗马尼亚人读什么：2018年最畅销的10本书》[OL]，网址：https://www.newmoney.ro/cele-mai-bine-vandute-carti-2018/，检索日期：2019年1月29日。

续表

排名	罗马尼亚文畅销书		英文畅销书	
	书名	作者（国籍）	书名	作者（国籍）
7	《贾米拉美食2》(Jamila Cuisine – Vol.II)	Geanina Staicu-Avram（罗）	《时尚：服饰与风格的终极宝典》(Fashion: The Ultimate Book of Costume and Style)	DK（英）
8	《如何留住时间》(Cum să oprești timpul)	Matt Haig（英）	《哈利·波特系列》(Harry Potter Boxed Set: The Complete Collection)	J. K. Rowling（英）
9	《丹麦人为什么幸福》(Mica enciclopedie Hygge. Rețeta daneză a fericirii)	Meik Wiking（丹）	《使女的故事》(The Handmaid's Tale)	Margaret Atwood（加）
10	《重塑幸福》(Arta subtilă a nepăsări)	Mark Manson（美）	1Q84	村上春树（日）

数据来源：根据 elefant.ro 网站统计数据整理

由于互联网的普及，人们的阅读趣味出现趋同性，在青年人身上体现得尤为明显。英美文学作品在市场上最受欢迎，法语、西班牙语、德语作品次之。[①] 在上面的排行榜中，罗马尼亚本国作家的作品仅有两部，其中一部还是菜谱。

（五）重点出版企业

近年来，罗马尼亚福布斯网连续对罗境内较重要的出版社的营收状况进行跟踪和排名。数据显示，2017 年，75 家重点出版企业的总营业额为 6189.59 万欧元（见表 2），与 2016 年基本持平。

---

① Mărculescu Magdalena：《罗马尼亚图书市场显著增长，青年人功不可没》[OL]，网址：http://www.contributors.ro/interviu/interviu-cu-magdalena-marculescu-directorul-editorial-al-editurii-trei-piața-de-carte-din-romania-este-vizibil-in-creștere/，检索日期：2019 年 1 月 29 日。

表2 2017年罗马尼亚主要出版社排行[①]

单位：欧元

排名	出版社	营业额	盈利
1	Grup Editorial Litera（文字出版集团）	13221015	1600131
2	Polirom（波利罗姆出版社）	5342369	547298
3	Humanitas（人性出版社）	3613283	217257
4	Trei（"三"出版社）	3373882	877591
5	Paralela 45（北纬45度出版社）	3082893	176641
6	Aramis（阿拉密斯出版社）	2934292	-40968
7	Curtea Veche Publishing（旧宫出版社）	1994856	459925
8	Nemira Publishing House（奈米拉出版社）	1654332	88808
9	Didactica Publishing House（教学出版社）	1651447	61949
10	Booklet（Booklet出版社）	1568985	935
11	Gama（伽玛出版社）	1505638	10485
12	Niculescu（尼姑雷斯库出版社）	1372767	-187428
13	Editura Universul Juridic（法制世界出版社）	1286182	59014
14	Humanitas Fiction（人性故事出版社）	1247386	291992
15	Corint Books（柯林特图书出版社）	1200417	84066
16	Art Klett（柯莱特艺术出版社）	930021	-159317
17	CH Beck（CH贝克出版社）	917874	-38843
18	For You（为你出版社）	893535	170831
19	Fischer International（费希尔国际出版社）	891284	83659
20	Editura ALL（ALL出版社）	843552	5484

① 表中数据为罗马尼亚福布斯网站对罗马尼亚公共财政部（Ministerul Finanțelor Publice）公布数据加工后获得（汇率：4.56列伊/欧元）。参见Petre Barbu：《2017年罗马尼亚最主要出版社排行榜》，网址：https://www.forbes.ro/bilanturi-topul-celor-mai-importante-edituri-din-romania-anul-2017-120355，检索日期：2019年1月30日。

续表

排名	出版社	营业额	盈利
21	Sigma（西格玛出版社）	843116	188354
22	Publica（出版出版社）	815057	220529
23	Editura Diana（戴安娜出版社）	786461	4236
24	Univers Enciclopedic Books（百科世界出版社）	778735	63105
25	Hamangiu（哈曼久出版社）	750734	137409
26	Teora（泰奥拉出版社）	588086	-156441
27	Meteor Press（流星出版社）	547011	34729
28	Editura Univers Enciclopedic Gold（世界金百科出版社）	500732	48445
29	Nomina（诺米娜出版社）	468601	-9612
30	Editura Prut（普鲁特出版社）	445792	32296
31	Pandora Publishing（潘多拉出版社）	401017	218494
32	Herald（赫拉尔德出版社）	393346	10522
33	Casa（"家"出版社）	343074	50929
34	Helen Exley Com（海伦·艾克塞雷出版社）	333428	35566
35	ALLFA（ALLFA 出版社）	283895	27077
36	Editura Univers（宇宙出版社）	282917	105923
37	Galaxia Copiilor（儿童星河出版社）	281264	101084
38	Baroque Books & Arts（巴洛克图书与艺术出版社）	266325	81752
39	Matrix Rom（马特里克斯·罗姆出版社）	263134	166163
40	Editura Universitară（大学出版社）	244366	115579
41	AD Libri（AD 图书出版社）	238219	16356
42	Cartea Copiilor（儿童出版社）	228261	84255
43	Corint（柯林特出版社）	209486	-42182
44	Vellant（维朗特出版社）	184341	-44533
45	Editura Solomon（所罗门出版社）	166649	95729

续表

排名	出版社	营业额	盈利
46	Vremea（时代出版社）	154177	30198
47	Sian Books（思安出版社）	152226	23571
48	Cavallioti（卡娃柳堤出版社）	144221	13265
49	MAST（MAST 出版社）	138494	50403
50	Integral（完全出版社）	131049	4826
51	Mix（融合出版社）	102815	35
52	Editura Rosetti（罗塞蒂出版社）	98506	11784
53	Cartea Creștină（基督教图书出版社）	88137	-19817
54	Philobia（菲洛比亚出版社）	77854	8352
55	Adenium Print（夹竹桃出版社）	66314	1512
56	RAO（拉奥出版社）	65817	-195409
57	Edutraint CLP（CLP 出版社）	61491	23828
58	Euristica（尤利斯蒂卡出版社）	60482	-38102
59	Editoriala Vivaldi（维瓦尔第出版社）	51702	-10365
60	Euroaptitudini（欧洲天赋出版社）	44395	29093
61	Semne-Artemis（阿尔忒弥斯印迹出版社）	44059	-15258
62	Lizuka-Educativ（利祖卡教育出版社）	31532	-143
63	Lider International（国际领袖出版社）	30796	390621
64	Kriterion（标准出版社）	30669	-10826
65	Logos（罗格斯出版社）	29519	-2737
66	Corint Educațional（柯林特教育出版社）	29188	-1508
67	Casa Editorialǎ Ponte（桥梁出版社）	14131	423
68	Editura Herg Benet（赫格·贝内出版社）	14023	31057
69	Gutenberg Univers（古滕贝格世界出版社）	13375	348
70	Cartea Românească（罗马尼亚图书出版商）	12174	55036

续表

排名	出版社	营业额	盈利
71	Hora Verlag（霍拉出版社）	12007	-137
72	Corint Junior（柯林特少儿出版社）	7293	350
73	Editura Economică（经济出版社）	7288	-10799
74	Orizonturi（地平线出版社）	6453	5857
75	Editura Didactică și Pedagogică（教育与教学出版社）	5716	2204
总计		61895860	6272936

数据来源：根据罗马尼亚公共财政部2018年公布的数据整理

1. 文字出版社

1989年成立于基希讷乌（摩尔多瓦共和国首都），目前是罗马尼亚最大的单体出版社，与之前的文字出版社并无直接关联。该出版社共出版了4300多种图书，共计4800余万册，以及400余种电子图书。产品题材广泛，涉及百科全书、地图册、词典、童书、历史、外语、文化、健康与美容、个人成长、小说、艺术、建筑、旅游、家庭、宗教、休闲等多个类别。

2. 波利罗姆出版社

1995年成立于雅西的一家股份制企业，是罗马尼亚最重要的出版社之一。迄今出版了6500余种图书，印数超过1300万册。出版物题材涉及文学、历史、宗教、心理学、社会学、政治学、教育学、性别研究、传媒、公共关系、法学、外语、信息学、教育、经济学、商学、医疗健康、实用知识等多个领域，曾推出60多个系列的丛书。

3. 人性出版社

1990年成立于布加勒斯特，1991年成为罗马尼亚首家私有化出版社（罗、法两国合资），拥有自己的发行销售体系——人性书店。该出版社起先主要出版人文科学图书，现已扩展到文学、哲学、宗教、社会科学、政治、历史、自然科学等多个领域，还出版画册、童书和教材。目前，每年出版分属50余个系列的370余种图书。

三、期刊业发展状况

1989年后，期刊的数量同样增长迅猛，2009—2017年间，在罗马尼亚获得国际标准连续出版物编号（ISSN）的刊物数量几乎翻了一番。（见图4）

单位：种

年份	2009	2010	2011	2012	2013	2014	2015	2016	2017
数量	14672	15789	17533	18609	20135	21600	22842	24007	26161

图4　2009—2017年获得ISSN编号的罗马尼亚期刊数量

数据来源：根据国际ISSN中心2018年统计数据整理

四、中罗出版业交流合作情况

罗马尼亚的出版市场的开放度极高，目前，没有任何专门的法规对出版领域的投资和图书进出口加以限制。

（一）近年来的主要交流活动

2015年，中罗两国签署了推进"一带一路"倡议的谅解备忘录，罗马尼亚成为首批与中国签署类似协议的国家。2016年5月，中国-罗马尼亚学术出版合作中心揭牌仪式在罗马尼亚文化院总部举行，这有利于推动双方出版业开展长期和实质性机制合作。同年，浙江出版联合集团积极开拓东欧图书市场，并成为最早与罗马尼亚出版界开拓出版合作和交流的国内出版单位。① 2016年11月，中国作为主宾国参加在布加勒斯特举行的第23届罗马尼亚高迪亚姆斯国际图书与教育展，共有来自50多家中国出版机构的3000多册精品图书参展。中国主宾国展台举办了《习近平谈治国理政》等系列著作推广会、罗马尼亚总统约翰尼斯自传《跬步千里》中文版发布会、中国儿童文学作家曹文轩《青铜葵花》罗马尼亚语版版权签约仪式、中国知名彝族诗人吉狄马加诗集《天堂的色彩》罗马尼亚语版首发式、山东教育出版社《中外文学交流史》（17卷）捐赠暨《中外文学交流史·中国-中东欧卷》座谈会、版权输出签约仪式等活动。此次书展主宾国活动是"中国-中东欧国家人文交流年"的重要内容之一，是继同年8月罗马尼亚与其他中东欧国家共同担任北京国际图书博览会主宾国之后，中罗两国出版业再一次共同举办的大型国际出版交流盛会。② 2017年6月，中国出版集团下属的中译出版社与罗马尼亚拉奥出版社在布加勒斯特签署协议，并举行"中国主题图书国际编辑部"成立揭牌仪式。③ 2018年6月，山东教育出版社与罗马尼亚欧洲思想出版社共同设立的中国主题图书编辑部在罗马尼亚文化学院（ICR）总部举行挂牌仪式。④ 2018年8月，中国-中东欧国家出版联盟（16+1出版联盟）启动仪式在北京外研社举行，成员单位包括罗马尼亚利博思出版社。⑤

---

① 崔斌箴. "一带一路"倡议背景下的罗马尼亚出版业 [J]. 出版参考, 2017(8): 34-35.
② 林惠芬：《中国图书闪亮登场罗马尼亚高迪亚姆斯国际书展》[OL]，网址：http://www.xinhuanet.com//world/2016-11/17/c_1119934602.htm，检索日期：2019年1月30日。
③ 新华社：《中国主题图书国际编辑部在罗马尼亚成立》[OL]，网址：http://www.xinhuanet.com/world/2017-06/08/c_1121109352.htm，检索日期：2019年1月30日。
④ 山东教育出版社：《山东教育出版社与罗马尼亚欧洲思想出版社共同设立的中国主题图书编辑部挂牌成立》[OL]，网址：http://www.sjs.com.cn/news/newsdetail.aspx?nid=790，检索日期：2019年1月31日。
⑤ 刘佳佳：《交流、互鉴、共赢——中国-中东欧国家出版联盟成立》[OL]，网址：http://www.xinhuanet.com/book/2018-08/23/c_129938680.htm，检索日期：2019年1月30日。

（二）中罗图书互译

多年来，中罗两国互译的图书如表3、表4所示。

表3 罗马尼亚翻译出版的中国图书（部分）

书名	作者	出版社
《格萨尔王》	阿来	Polirom
《中国通史纲要》	白寿彝	Editura Enciclopedică
《狼图腾》	姜戎	Curtea Veche Publishing
《论语》	孔子	Editura Coresi
《二马》	老舍	Hardcover & Paperback
《茶馆》	老舍	Ghepardul
《骆驼祥子》	老舍	Editura Institutului Cultural Român
《道德经》	老子	Humanitas
《李白诗选》	李白	Socec & Comp
《琼楼》	李白	Helicon
《黄昏时刻》	李魁贤	Pelerin
《在西方乐园的门口》	李青	Editura Muzeul Literaturii Române
《阿Q正传》	鲁迅	Universal Dalsi
《红高粱》	莫言	Cartega
《生死疲劳》	莫言	Humanitas Fiction
《酒国》	莫言	Humanitas Fiction
《蛙》	莫言	Humanitas Fiction
《变》	莫言	Trei
《我的帝王生涯》	苏童	RAO
《米》	苏童	Humanitas Fiction
《妻妾成群》	苏童	Polirom
《活着》	余华	Humanitas Fiction
《成双的灵魂》	张恨水	Cartega
《无字》	张杰	IBU
《大林和小林》	张天翼	Ion Creangă

续表

书名	作者	出版社
《丝绸和烧酒》	张香华	Paradox
《中国当代诗歌选集》	张香华	Editura de Vest
《橄榄》	朱春雨	Ager Economistul
《八仙传》	—	Cartega
《中国词选》	—	Orient-Occident
《中国诗歌选》	—	Orient-Occident

数据来源：根据中国图书进出口总公司提供和作者自行搜集的数据整理

表4　中国翻译出版的罗马尼亚图书（部分）

书名	作者	出版社
《埃米内斯库诗文选》	Mihai Eminescu	作家出版社
《埃米内斯库的诗》	Mihai Eminescu	外语教学与研究出版社
《安娜·布兰迪亚娜诗选》	Ana Blandiana	河北教育出版社
《吉德里兄弟》	Mihail Sadoveanu	人民文学出版社
《卡拉迦列讽刺文集》	Ion Luca Caragiale	外语教学与研究出版社
《考什布克诗选》	George Coşbuc	人民文学出版社
《跬步千里》	Klaus Iohannis	中译出版社
《罗马尼亚当代抒情诗选》	—	花城出版社
《罗马尼亚现代文化史》	Grigore Georgiu	外语教学与研究出版社
《麻木》	Florin Lăzărescu	人民文学出版社
《权力之图的绘制者》	Gabriel Chifu	花城出版社
《什特凡大公》	Mihail Sadoveanu	人民文学出版社
《神殿的基石：布拉箴言录》	Lucian Blaga	花城出版社
《水的空白》	Marin Sorescu	上海人民出版社
《统一的罗马尼亚民族国家的形成》	Constantin C. Giurescu	人民出版社
《遗嫁资》	Liviu Rebreanu	北岳文艺出版社

数据来源：根据中国图书进出口总公司提供和作者自行搜集的数据整理

五、结语

近 30 年以来，罗马尼亚出版业历经波折，呈现出三大特点：

其一，出版市场不成熟。1989 年后，出版机构爆炸式增长，呈现出野蛮生长的态势。在激烈的市场竞争中，大多数出版社的生存周期极短，或处于"休眠"状态。由于近年来人口持续减少，民众的阅读习惯不断改变，市场规模日益缩小，形成了行业门槛低、出版机构多、图书种类多、生产成本高、印刷数量少、读者数量少的局面。

其二，管理机制不健全。旧体制被打破后，新的出版管理机制久久未能建立，或因政府部门的结构或职能调整而无法正常发挥作用。时至今日，依然没有任何部门能够提供最基本的统计数据（出版社数量、期刊数量、图书进出口数量等等）导致行业监管薄弱、信息研判失准、市场秩序混乱。目前，出版管理部门依然存在继续调整的可能性，预计上述问题短期内无法得到圆满解决。

其三，行业开放程度高。转轨后的罗马尼亚秉承"新闻出版自由"的理念，国家对行业的干预极少，对外国资本持开放态度，对图书进出口的管理也极为宽松。在此背景下，有利于外资企业把握机遇，利用罗马尼亚出版机构灵活机变的特点，与其开展深度合作，实现信息共享、利益共赢、文化共通。

参考文献

1. Boscaiu Victor, Isaic-Maniu Alexandru, Voda Viorel Gh.. Piaţa cărţii şi principalele ei caracteristici[J]. *Management & Marketing*, 2007(3): 64-79.（Boscaiu Victor, Isaic-Maniu Alexandru, Voda Viorel Gh.. 图书市场及其主要特点 [J]. 管理与营销，2007(3): 64-79.）

2. Buluţă Gheorghe. *Scurtă istorie a editurii româneşti*[M]. Bucureşti:

Editura Enciclopedică, 1996.（Buluță Gheorghe. 罗马尼亚出版简史 [M]. 布加勒斯特：百科全书出版社，1996.）

3. Grigore Ana-Maria. Analiza strategică de cost și lanțul valorii pentru industria editorială de carte din România[J]. *Romanian Journal of Marketing*, 2013(3): 51-58.（Grigore, Ana-Maria. 罗马尼亚图书出版业价值链与定价战略分析 [J]. 罗马尼亚营销杂志，2013(3):51-58.）

4. Rahme Nicoleta. Controversele cărții electronice: o relație complicată cu bibliotecile[J]. *Informare și Documentare: Activitate Științifică și Profesională*, 2013(5): 99-113.（Rahme Nicoleta. 电子书的争议：与图书馆的复杂关系 [J]. 信息与检索，2013(5): 99-113.）

5. Tuță Felicia Cornelia. *Management financiar în industria cărții*[M]. Iași: Polirom, 2000.（Tuță Felicia Cornelia. 出版业金融管理 [M]. 雅西：波利罗姆出版社，2000.）

6. 崔斌箴. "一带一路"倡议背景下的罗马尼亚出版业 [J]. 出版参考，2017(8): 34-35.

7. 李秀环，徐刚.（列国志）罗马尼亚 [M]. 北京：社会科学文献出版社，2016.

（作者单位：北京外国语大学）

马来西亚出版业发展报告

法兰克福书展雅加达办公室

1946年，马来半岛被统一成马来亚联盟，1948年改组为马来亚联合邦，并于1956年获得国家独立。1965年，新加坡离开马来亚联合邦。马来西亚是一个多民族、多文化国家，大部分是马来人，此外还有马来华人、马来印度人以及其他若干少数民族。62%的马来西亚人信奉伊斯兰教，其他的重要宗教信仰包括佛教、基督教、印度教。儒家思想和其他华人宗教信仰在马来西亚也有体现。马来西亚总人口3200万，在东南亚国家中不算人口大国，但44%的马来西亚人年龄低于24岁，是一个相对年轻的国家。

在上世纪80年代和90年代，即总理马哈蒂尔·穆罕默德上一次任职期间，马来西亚经济发展迅猛，成为东南亚现代化程度和发达程度较高的国家之一，排名仅在新加坡之后。当时，大学、图书馆、出版社都呈现出蓬勃发展的态势。马来西亚是重要的图书进口国，尤其是大学和图书馆对进口图书都有很高的需求。

据统计，马来西亚共有134种语言，其中112种为土著语[①]。马来西亚的"主流"通用语有三种，分别是英语、马来语和汉语。其中，马来语为官方语言，同时，很多马来西亚人在被殖民时期接受过英式学校教育，

[①] 资料来源：https://www.cia.gov/library/publications/the-world-factbook/geos/my.html。

掌握英语的听说读写能力。此外，马来西亚拥有众多华人，他们使用不同的汉语方言。目前还没有关于使用不同语言的具体人口分布信息。

在过去的若干年中，马来西亚经济发展出现下滑，从2018年才开始再一次复苏。马哈蒂尔再一次出任总理，得到了选民的广泛支持。人们不仅看到了希望，也实实在在地看到了经济的发展。马来西亚出版业在经济下滑时期举步维艰，很多大型出版社出现了亏损，不得不通过裁员和减产来渡过难关，海外图书的进口规模也有所减小。但目前市场整体情况正在慢慢回暖的过程中，尤其是在确定其首都吉隆坡将成为联合国教科文组织定义的世界图书之都后，随之而来的文化活动将对本国的出版和阅读带来促进作用。另外一个能有效帮助出版社减少损失的措施是举办展销会项目。以大坏狼展销会为例，民众可以在该展会上购买到打折图书（主要是英文进口书和库存图书），最高折扣达80%。这一类的展会非常受欢迎，已经从马来西亚传到东南亚其他国家和迪拜。

马来西亚书业中最重要的行业协会马来西亚图书出版协会不提供具体的书业统计数据，但市场整体情况表明，马来西亚的进口多于出口，在版权方面，引进版权多于输出版权。来自海外的图书内容，尤其是教育类、学术类的内容在马来西亚很受欢迎。许多知名海外畅销书在马来西亚也都有译本。马来西亚政府设立了一系列旨在促进和扶植出版业的机构，比如语言和文学院、翻译学院、马来西亚图书委员会、马来西亚城市书苑。

在过去几年中，中国是马来西亚最重要的贸易伙伴。马来西亚部分学校使用汉语作为教学语言，超过20%的马来西亚人拥有华人背景并保留了华人的生活习惯和语言。大坏狼展销会项目和新华书店的合作以及其他众多迹象表明，中马之间的出版交流有光明的未来。

一、出版业发展背景

（一）概览

马来西亚统计局数据显示，2017 年，马来西亚人口为 3200 万，2018 年为 3240 万，年人口增长率为 1.10%[①]；其中，年龄在 25~44 岁之间的人口占总人口数的 25%，年龄在 14 岁以下的占 29.10%。此外，马来西亚 61.30% 的人口是穆斯林，19.80% 是佛教徒，9.20% 是基督徒，6.30% 是印度教徒，儒家思想在马来西亚也很受欢迎[②]。

马来西亚国土面积 32 万平方公里，其中，大陆面积占 99.63%，其余 0.37% 是水域。该国分为马来西亚半岛和东马来西亚两大部分，这两大区域的周边被许多小岛包围着。80% 的马来西亚人居住在位于西部的马来西亚半岛[③]。马来西亚半岛位于马来半岛的最南端，与泰国、新加坡和印度尼西亚的苏门答腊岛为邻。东马来西亚地区包括婆罗洲北部的大部分地区，北邻文莱，南邻印度尼西亚的加里曼丹岛。

世界银行的报告[④]显示，1997—1998 年亚洲金融危机之后，马来西亚经济一直处于上升状态，自 2010 年以来，年平均增长率为 5.40%，预计到 2024 年将实现从中等收入经济体向高收入经济体的转变。世界银行的人力资源指数显示，马来西亚在 157 个国家中排名第 55 位。为了充分发挥人力资本的潜力，实现高收入国家和发达国家的愿望，马来西亚需要在教育、健康和营养以及社会保护成效方面取得更多进展。

[①] 见马来西亚统计局《2017—2018 年马来西亚人口统计数据》（*Current Population Estimates, Malaysia, 2017—2018*）。网址：*dosm.gov.my/v1/index.php?r=column/cthemeByCat&cat=155&bul_id=c1pqTnFjb29HSnNYNUpiTmNWZHArdz09&menu_id=L0pheU43NWJwRWVSZklWdzQ4TlhUUT09*。

[②] 资料来源：https://www.cia.gov/library/publications/the-world-factbook/geos/my.html。

[③] 资料来源：https://www.cia.gov/library/publications/the-world-factbook/geos/my.html。

[④] 见世界银行《马来西亚概览》（*Malaysia's Overview*），最近更新日期 2019 年 3 月，网址：*worldbank.org/en/country/malaysia/overview*。

马来西亚总理马哈蒂尔于2018年5月再次上台执政，并于2019年5月9日宣布他将继续任职至少一年时间，然后将政权移交给他的继任者安瓦尔·易卜拉欣。《日经亚洲评论》认为，马哈蒂尔总理的反腐计划非常成功，使商业人士更有信心与政府合作[①]。

（二）政府的参与和相关政策

为了推动马来西亚出版业的发展，提高全民识字率并促进阅读，马来西亚政府采取了多种激励措施，包括为一些文学活动提供财政支持，比如一年一度的乔治城文学节和吉隆坡国际书展。为了提升马来西亚图书在国际市场中的形象，政府还推出了一些促进图书出口、提供翻译资助的项目。

马来西亚图书委员会、马来西亚翻译和图书研究所、马来西亚城市书苑以及图书馆和语言委员会等多个政府部门或政府相关组织都对翻译和版权购买活动有所支持。

马来西亚政府还积极与日本、中国（包括台湾地区）、德国等外方合作开展翻译活动，以促进世界各国和地区对马来西亚文化的理解。

二、出版市场结构及法规

（一）概览

马来西亚图书出版商协会统一管理马来西亚的书业，该协会是1968年由马来西亚教育部根据联合国教科文组织的建议成立的。协会成立以后一直处于休眠状态，直到1981年才由教育部重新启动。1991年，该协会将其官方简称MBPA更改为MABOPA，此后便一直处于活跃状态，组织当地出版业相关从业者，并为书业提供拓展国际人脉、实现国际合作的机会。自成立以来，马来西亚图书出版商协会已为其会员在参加国际书展方

---

① 见 Iwamoto, K 于 2019 年 5 月 9 日发表的《日经亚洲评论》（Nikkei Asian Review）文章《马哈蒂尔在换届前将"至少"再执政一年》（Mahathir to stay PM for 'at least' another year before succession）。

面提供了许多帮助，特别是针对法兰克福书展、博洛尼亚童书展、伦敦书展和北京国际书展等。

马来西亚图书出版商协会的会员包括出版商代表、编辑和来自马来西亚 1368 家活跃出版社的管理人员。这些出版商通过全国约 600 家实体书店以及网上书店销售他们的图书。马来西亚的出版商通常会与图书经销商合作，后者负责与网上书店和实体书店进行谈判、合作等事宜。马来西亚的图书销售收入主要有以下两种来源：当地图书馆、中小学和大学的大宗采购；以休闲或教育为目的的个人购买（如每学年都必须购买的学校教科书）。三种通用语言的图书平均零售价格分别为：马来语图书 6.90 美元，英语图书 11.50 美元和汉语图书 6.15 美元。

目前，马来西亚图书行业发展正在放缓。以前，出版社发行新书的首发版数一般为 3000 册，但现在新书的首印数一般仅为 1500 册。有的出版商对新书发行非常谨慎，部分图书首印只有 500 本。

马来西亚最顶尖的文学版权代理公司是 YGL 管理私人有限公司，主要代理马来西亚文学及儿童图书的版权，来自东南亚其他国家的版权代理公司也活跃在马来西亚市场。许多知名马来西亚作家都希望能由国际化的代理公司来代理，比如 Global Darley Anderson 代理公司，该代理公司曾成功地把马来西亚作家 Rani Manicka 的惊悚小说输出到多个国家。另一位知名的马来西亚作家 Felicia Yap 则是通过英国的 Curtis Brown 文学代理机构来进行版权交易。

马来西亚出版业面临的较严峻的挑战包括马来西亚人的阅读习惯较低、政府对教育图书支出的削减和盗版书[①]。

就个人消费者而言，马来西亚图书零售业自 2014 年以来一直处于低迷状态，原因有以下几点：一是由于政府补贴减少，普通消费者面临着更

---

① 包括复印实体书以及网上传播未经授权的电子书。

高的生活成本，从而可支配收入降低；二是由于马来西亚的互联网渗透率较高，进口图书的大幅折扣以及包括博客、社交媒体和在线新闻等各种替代阅读材料的蓬勃发展。图书市场衰退随着马来西亚政府削减图书馆采购支出决定的出台而进一步恶化，特别是2016年和2017年国有大学图书馆和国家图书馆削减图书采购计划。2015年之前，政府给国家图书馆的采购预算为4000万令吉①。2015年，政府将拨款减少至约500万令吉，2016年及2017年仅为200万令吉。同时，由政府推出的每年为大学生提供约7500万美元的购书优惠券也于2016年到期。

（二）出版审查制度

马来西亚对境内出版及广播的内容实行严格管控。马来西亚的审查制度由来已久，覆盖新闻、娱乐业、出版业多个领域。马来西亚没有明确的审查政策。据马来西亚联邦宪法第10条规定，在某些条件下，马来西亚人民拥有言论和表达自由的权利。尽管没有明文规定，但马来西亚以往的各种审查事件表明，通常包含人体裸露、性爱场面描写以及政府敏感内容，如对政府进行批判等内容的图书会被查禁。关于女同性恋、男同性恋、双性恋和跨性别者的内容也是该国的绝对禁忌。

此外，根据2004年《槟城宗教行政法》第48（3）和48（4）条规定，无论是书面表达还是口头表达，马来西亚半岛的非穆斯林若使用某些特定的阿拉伯语词汇会受到惩罚，他们不得在任何媒体上撰写、翻译或发布任何包含这些词汇的材料。如果图书没有通过政府的审查，通常的处理办法有以下几种：使用黑色墨水涂黑图书中没有通过审查的部分，撕掉没有通过审查的整页，禁止图书的销售以及从商店没收。

2017年，马来西亚一共查禁了22本书，其中包括一本关于国有企业一马发展有限公司案件的漫画讽刺书，题为《窃贼萨普曼》②。该书的作

---

① 约合982.40万美元。
② 根据Todayonline.com 2017年10月10日发布的一篇新闻报道。

者是漫画家祖尔基弗利·安瓦尔·乌尔豪克，这位漫画家曾在 2015 年因为几篇推文面临九项煽动叛乱指控，并因批评司法机构而可能面临长达 43 年的监禁。在 2017 年的禁书令中，马来西亚内政部还禁止了《古兰经》的马来语、英语、汉语、阿拉伯语和韩语等 10 种译本，原因是这些译本里没有原始的阿拉伯语文本。其他几本在同一时间被禁的书则是因为包含传播什叶派信仰、自由主义和宗教神秘主义的元素。马来西亚内政部对禁书令的解释是"其内容可能对公共秩序有害，同时可能引起公众恐慌，且违反现行法律，有损公共道德和公众利益"。

一些非常小众和非主流的出版商，例如费西图书和银鱼出版社有时能设法逃避审查，并通过独立分销自己的产品来出版关于性和宗教主题的图书。这两家出版社曾出版过利湾·赛迪和蒂娜·扎曼撰写的谈论性和宗教话题的图书。通过大型书店分销图书的主流及大型出版商不会有机会出版此类话题的图书。

（三）阅读推广活动和图书馆

一个国家的书业发展与该国的阅读习惯水平密切相关，《马来西亚图书馆研究》在 2016 年发布的一份报告指出，马来西亚平均每人每年阅读 15 本书①。马来西亚教育、科学和技术研究部部长 2016 年的一篇研究报告称，50 岁以下的马来西亚人中只有 40% 是活跃的读者，而 50 岁及以上的马来西亚人中只有 20% 的人仍经常阅读。在所有经常阅读的马来西亚人中，77% 的人表示他们读报纸，3% 的人读杂志，1.60% 的人读漫画书，只有 3% 的人读长篇小说和非小说图书，剩余调查问卷参与者没有透露他们具体的读物类型。马来西亚教育部对该调查结果表示不满，称希望马

---

① 见 Hamzah2018 年 5 月 23 日在 *Bharian.com* 发表文章《马来西亚图书行业迫切需要改革》（马来语：*Reformasi segera industri buku Malaysia*，英语：The Malaysian book industry urgently needs reform）。网址：https://www.bharian.com.my/rencana/sastera/2018/05/429376/reformasi-segera-industri-buku-malaysia。网站访问时间 2019 年 3 月 26 日。

来西亚人能够向美国人的阅读习惯靠拢，在美国，阅读长篇小说的读者占53%，阅读长篇非小说类图书的读者占43%。

因"非常关注包容性教育，正在发展成为一个知识型社会，以及这座城市为各方人士准备的无障碍阅读材料"[①]，联合国教科文组织选择吉隆坡作为2020年的世界图书之都，在该年内开展图书和阅读推广活动。2020年，世界图书之都计划将围绕"吉隆坡巴卡——关心阅读"的口号举办活动。该计划将分为四个主题：各种形式的读书活动、图书行业基础设施的发展、识字率和数字阅读的普及和推广以及通过读书活动为儿童争取各项权益。自2020年4月23日起，吉隆坡将结合世界图书和版权纪念日组织各种活动，如在吉隆坡旧城区建造图书街、专门为火车乘客打造读书活动，马来西亚国家图书馆也专门为残疾人加强数字和无障碍服务，并为该市贫困区的12家图书馆提供新的数字服务。从根本上讲，整个计划的目标是培养阅读和包容的文化，努力增加城市居民的图书可得性。

在图书馆方面，经常举办读书活动的图书馆有位于吉隆坡马来西亚国际伊斯兰大学总部的 SMNA 图书馆、技术信息资源中心国家石油大学图书馆和资源中心、马来西亚最大的图书馆砂拉越州立图书馆、雪兰莪公共图书馆、只收藏电子书的槟城数字图书馆和沙巴州立图书馆。

马来西亚全国有若干完善的社区图书馆，供读者尽情阅读。马来西亚大部分社区图书馆都开设在精美的建筑里。其中首屈一指的是位于吉隆坡孟沙街的 L45 Kurau 社区图书馆，该馆藏书35000册，位于一栋曾经是民居的建筑内，与一栋学生宿舍楼在一起。吉隆坡 Rumah Attap 的图书馆。莎阿南 Anggerik Mokara 的图书馆是专为儿童开设的。

（四）书展和文学节

乔治城文学节创始于2011年，是唯一一个获马来西亚州政府资助的

[①] 联合国教科文组织在其网站 en.unesco.org/world-book-capital-city-2020 上指出吉隆坡被选为2020年世界图书之都的原因。

文学节，也是马来西亚一年一度最大的文学活动，通常在每年11月左右举办，其举办地点是位于马来西亚槟城州的乔治城。2018年，伦敦书展将伦敦书展国际卓越奖颁发给该活动，使其成为东南亚地区第一个获此殊荣的文学节。马来西亚乔治城文学节邀请来自马来西亚和全球各地的作家、艺术家、文化学者和新闻记者等演讲嘉宾，以全球文学、翻译、艺术、社会、政治等问题为中心展开讨论。每届文学节为期三天，所有公众都可免费参加，平均每年吸引2500人参加。2018年的文学节是迄今为止规模最大的，邀请了来自23个国家的100位演讲嘉宾。

吉隆坡国际书展是马来西亚一年一度最大的国际书展，创立于1981年，由马来西亚国家图书委员会与马来西亚图书出版商协会合作举办。自2013年以来，吉隆坡国际书展累计吸引了200万访客，参展商来自沙特阿拉伯、文莱、印度尼西亚、土耳其和新加坡等国家。该书展不仅是一个大型展销会，还举办新书发布会、研讨会、会议以及商务会谈等。

一年一度的吉隆坡版权贸易展聚焦版权贸易问题，为国际出版商和当地同行组织商务洽谈活动。展会参与者可以在贸易展中找到新的潜在商业伙伴。展会交易内容不限于图书，还有电影、动画等其他内容。该会展往年均与吉隆坡国际书展同期举行，但在2019年则选择了与吉隆坡国际书展不同的举办时间。

Popular图书节始建于2006年，现在改名为BookFest@Malaysia。据主办方统计，该图书节是目前马来西亚最大的三语书展。最新一期的展会在2019年6月1~9日举办。

Baba World展会聚焦数字内容和数字产品，由马来西亚图书出版商协会举办，是吉隆坡国际书展的一个周边展。

马来西亚还有一些地方性书展，比如砂拉越的二次书展等。

三、图书出版及细分市场情况

（一）图书出版业发展概况

目前，马来西亚有 1368 家活跃的出版机构，其出版领域涉及多个细分市场。这些出版机构均为马来西亚图书出版商协会的成员。出版机构中的大多数为私有企业，占总数的 67%。国有出版社占 21%，其次是自出版企业，占 6%，大学出版社和其他出版社分别占 2% 和 4%。

马来西亚图书出版商协会的数据显示[①]，2016 年，马来西亚出版的新书数量为 19592 种，2017 年，该国出版并在马来西亚国家图书馆注册的新书有 17213 种，涵盖各种图书类型，包括中小学和大学教科书以及学术出版物，新书数量比 2016 年减少了 13.82%。

语言学习类图书在 2016 年很受欢迎，当年共出版此类新书 3644 种。文学类是当年第二大受欢迎的类别，共出版新书 3116 种。宗教类图书，尤其是伊斯兰教图书，是当年第三大受欢迎的类别，共出版新书 2298 种。2016 年的新书还包括一些科普、非小说、励志自助、管理培训图书。

在 2017 年马来西亚出版的所有新书中，语言学习类的图书，包括初学者的入门教材、词典和练习册仍然是最受欢迎的种类。这类新书共有 3749 种，占当年全部新书种类的 22%。第二个重要类别是小说类图书，同时也是当年第二大受欢迎的图书类别，共出版新书 2517 种，约占总数的 15%。宗教类图书，尤其是伊斯兰教图书，是第三大受欢迎的类别，当年共出版 1326 种，占比接近 10%。这三个最受欢迎的类别大约占马来西亚 2017 年所有新书总数的 47%。此外，新书品种中还包括科普、非小说、励志自助、管理培训类等。2017 年，以马来语出版的图书中伊斯兰教图书

[①] 见马来西亚图书出版商协会（2017 年）发布的研究论文《根据 1986 年"图书存管法"注册的图书统计（2006—2017 年）》（*Statistics of Books Registered Under Library Depository Act, 1986 (for 2006—2017)*）。

占比大约 30%，小说占比也是大约 30%，这两个品类是马来语图书市场的主力。

根据马来西亚图书出版商协会的数据[①]，2016 年，马来西亚出版商的营业额与 2014 年相比有所下降，从 2014 年的 11.92 亿令吉[②]下降为 2016 年的 8.47 亿令吉[③]。该协会认为营业额下滑的主要原因是政府停止了价值 3 亿令吉[④]的年度图书优惠券政策。此外，过去几年中消费者支出的下降也是造成图书销售下滑的原因。

在分销渠道方面，马来西亚全国约有 600 家书店，其中包括文具店及大型商店里的文具区。马来西亚一共有四家大型书店零售商，分别是拥有 82 家分店的 Popular 书店、拥有 30 家分店的 MPH 书店、拥有 8 家分店的 Times 以及拥有 7 家分店的 Borders 书店。

马来西亚的很多图书分销商一般会与一家零售书店结成配对合作关系，例如 MPH 书店和 MPH 分销私人有限公司，Popular 书店和 Popular 分销公司。此外，市场中还有一家专门销售中小学及大学教科书和学术图书的公司，即图书频道私人有限公司[⑤]。

马来西亚图书市场中有一家颇具特色的公司——大坏狼。这家公司专注于组织以销售高折扣价的英文图书为目的的书展，有时也包括马来西亚和其他语种图书。大坏狼会租用展览馆等空间很大的地方举办展销会，出售廉价图书[⑥]。展销会通常持续 5~10 天，并且大部分是二十四小时全天候开放，周末无休。大坏狼曾在马来西亚以外的许多地区举办过此类展销

[①] 马来西亚图书出版商协会是根据在马来西亚国家图书馆注册的国际标准书号（ISBN）计算出这些数字的。
[②] 2.85 亿美元。
[③] 2.03 亿美元。
[④] 0.72 亿美元。
[⑤] 见《如何在马来西亚的大型书店里卖书》(How to sell in major Malaysian bookstores)。网址：theinspirationhub.com/how-to-sell-in-malaysian-major-bookstores.
[⑥] 通常是剩余库存。

会,包括印度尼西亚、菲律宾,最近还有缅甸、泰国、斯里兰卡和韩国等。大坏狼展销会所到之处引起了出版商、图书经销商和图书爱好者的热烈响应,尤其是在那些进口英文书的零售价格非常昂贵的地区。不过,由于低廉的实际市场价影响了市场秩序,这一展会也带来一些质疑的声音。

目前,印刷图书仍然是马来西亚人最喜欢的阅读形式。由于马来西亚政府大力支持为该国学生提供学术教科书,马来西亚曾是国际学术出版商在东南亚地区的最重要的市场之一,比如麦格劳—希尔、培生教育、塞奇出版公司、圣智学习出版公司等国际学术出版社都对马来西亚市场非常重视。尽管马来西亚政府最近对学术出版采取了紧缩政策,但马来西亚仍然是学术出版物领域的重要合作伙伴。

(二)马来西亚的主要出版社[①]

1.PTS 媒体集团

PTS 成立于 1988 年,是一家出版、编辑和排版服务咨询公司,后来发展成为马来西亚最大的主流出版商之一,有九个出版品牌和三家分销公司,主要出版马来语图书。该集团负责人在接受采访时提到,由于令吉对美元贬值和经济放缓导致消费者支出减少,该集团目前正处在艰难时期。

2.Karangkraf 媒体集团

Karangkraf 诞生于一位当地作家对 1977 年出版的《马来年鉴》的分析。第一本书的大获成功给了创始人 Hussamuddin Yaacub 创办一本儿童杂志的动力。这本儿童杂志曾经创造了每周销量超过 15 万册的成绩。如今,集团拥有 1200 名员工,年收入超过 5 亿令吉,是马来西亚最大的出版公司之一。它的四个业务集团拥有 21 份杂志、3 个出版品牌、一家日报社 Sinar Harian 以及马来西亚全国最大的商业印刷公司 Ultimate Print。

[①] 见 Tan, T. 于 2015 年 9 月 18 日在 publishersweekly.com 上的文章《国家聚焦:马来西亚——公司》(Country Spotlight: Malaysia – Companies)。网址:publishersweekly.com/pw/by-topic/international/international-book-news/article/68106-country-spotlight-malaysia-companies.html。

目前，该集团也受到了经济放缓的影响，不得不停办几份杂志并解雇部分员工。

3. 彩虹出版集团

彩虹出版集团的诞生虽然没有那么轰轰烈烈，但却恰好在正确的时间出现在正确的地点。1979年，时值英国的考试和教育系统被本土化系统取代，马来语成为教学语言，作为教师兼彩虹出版联合创始人的Samuel Sum，通过翻译出版过去的数学和科学试卷并给出标准答案，抓住了市场机会。随着这些试题指南的畅销，他创立的这家公司也成为了教育市场的一个重要品牌。三十七年后，彩虹出版集团公开上市，并且业务范围已经跨越马来西亚海岸，在中国、印度尼西亚、新加坡、泰国和英国等地开设了分支机构[1]。公司出版的图书超过15000种，其在马来西亚教育市场的份额约为35%。

4. Buku Fixi 出版社

Buku Fixi 是由 Amir Muhammad 于2011年创立的，专门出版当代都市小说。其创建初衷是 Amir Muhammad 对此前在马来西亚书店出售的大部分包括浪漫小说和宗教小说在内的此类小说都不满意。该社有几个专门出版某种类型图书的出版品牌，比如专门出版马来西亚英文小说的 Fixi Novo、专门出版村上春树、尼尔·盖曼和斯蒂芬·金等外国作家的文学作品的马拉西亚语版本的 Fixi Verso 以及专门出版插画小说和漫画书的 Grafixi。

5. Oyez!Books 出版社

另一家承担在马来西亚销售英文图画书任务的独立出版社就是 Oyez! Books。该社成立于2008年，在短短十年左右的时间已经建立了稳固的读者群。自成立以来，该社已出版了100多种图书，有30种图书正在制

---

[1] 如英国的狄更斯出版社 Dickens Publishing。

作当中,还出版中高价位的英文图书,它在向外国出版商出售版权方面也非常成功。Oyez! Books 还与英国文化协会等组织合作,在东马来西亚土著居民中开展活动。

6.Silverfish Books 出版社

作为马来西亚为数不多的出版英文图书的出版商之一,Silverfish Books1999年作为独立书店开始运营,以寻找好的故事讲述者和好的故事为出版社的宗旨。

(三)教育及其他细分市场情况

在教育部的整体监督下,马来西亚的每个州和联邦地区都有自己的教育部门来管理和协调本地区的教育事务。马来西亚的教育体系分为学前教育、小学教育、中等教育(中学)和高中等教育(高中)。小学教育是义务教育,马来西亚全国拥有7772所小学和2436所中学。此外,马来西亚全国有43所国立大学、31所私立大学、9所外国大学分校和414所学院。

马来西亚图书出版商协会2017年的数据显示,马来西亚从小学到大学的教育市场都充满活力。2016年和2017年,在经济衰退对出版业的影响下,中小学校和大学教科书的新书印刷数量始终保持高位,2016年新出版品种为4857种,2017年的新出版品种为4863种。

UBSM是一家专门从事英美进口学术类图书的公司,在马来西亚全国有12家分支机构,60名工作人员。近年来,该公司开始进军电子书和数据库领域,在两年的时间内从几百个大不列颠学习订户增长到几百万,目前,负责大不列颠学习数字产品在整个东南亚的销售。2019年6月4日,UBSM公司组织了一场"UBSM数字教育奥德赛"的创意活动,该活动由UBSM和马来西亚英语教学协会、诺丁汉大学共同发起,目的是为一些来自中小学、高等学院、教育部、非政府组织和农村发展部门的教育工作者以及图书管理员提供关于数字教育和电子产品的培训机会。

马来西亚学校的校长和教师可以自行从出版商那里订购符合当前教育

部指定课程的教科书。学校教科书主要有两种销售渠道，即与州立学校合作的州立渠道和与私立学校合作的私人经销商渠道。理论上讲，通过私人渠道销售的教科书都经过了教育部的筛选和批准。由于并非所有教科书都经过了教育部的亲自筛选，教育部建议私立学校应在采购前验证私人经销商所提供教科书的准确性[1]。

马来西亚有 126 所采用剑桥和 IB 国际课程的国际学校。这些学校使用牛津和圣智提供的英语教科书。除了英语，国际学校也教授其他外语语种，以法语和汉语居多。

（四）图书销售情况

从 2015 年开始，马来西亚的零售业出现衰退，这也直接影响了图书的销售。由马来西亚目前的宏观经济状况引发的教育部门预算的削减，令吉贬值以及价格飙升导致消费者收紧预算，使得人们的可支配收入大大减少。PTS 媒体集团表示，2015 年，该公司未能超过 2014 年 3000 万令吉的销售额，仅实现了 2200 万令吉的销售[2]。

据《星报》报道，马来西亚 2016 年的经济持续低迷，图书销售额下降了 30%，原因仍然是由于消费者缺乏购买力和政府的紧缩计划在 2015 年将学校图书馆的预算削减了 20% 之后，在 2016 年又进一步减少了 20%。

Pustaka Sata 图书批发公司特别提到，2016 年，该公司卖给中文学校客户的图书销量下降了 15%。唯一一个在经济低迷期间销售表现依然良好的类型是漫画书，比如新兴出版商 Maple Comics 的漫画书就十分畅销。这家出版社在短短 10 天内在吉隆坡国际书展上就成功销售了 1000 册

---

[1] 见《马来邮报》（Malay Mail）2017 年 8 月 26 日的文章《教育部提醒学校审核从私人经销商处订购的教科书》（Education Ministry reminds schools to verify textbooks obtained from private distributors）。网址：malaymail.com/news/malaysia/2017/08/26/education-ministry-reminds-schools-to-verify-textbooks-obtained-from-privat/1451431。

[2] 见《星报》（The Star）2016 年 5 月 12 日发表的文章《图书销售降了 30%》（Sales of Books Down by 30 Percent）。

Zainorzazwan Zainal 的 Komik Ronyok。这一数字被《星报》视为独立出版商所创的一项纪录。

（五）畅销书

马来西亚图书出版商协会目前正在组织各家书店参与畅销书销售情况的监测，但项目还未正式启动。大型书店如 Popular 书店、纪伊国屋书店、时代书店、鲍德斯、SMO Bookstores 等会定期公布他们自己的畅销书榜单。

在过去的几个月里，关于导致上届政府在 2018 年大选中落败的丑闻的书很受欢迎，如《十亿美元鲸鱼》《砂拉越报告》和《一马发展基金——那场导致政府下台的丑闻》。

每家马来西亚出版社都有自己的畅销作品。美国《出版人周刊》列举了以下畅销书：

Fixi 的畅销书包括：《旅舍》《挂起》《黑暗》《扰动》和《灰》等一系列由多位作家撰写的短篇小说集。这些畅销书每一本的销量达 20000 至 34000 册，对于马来西亚本土都市小说来说是非常罕见的成就。

Karangkaf 的畅销书包括由 Mohammad Kazim Elias 和 Ramlee Awang Murshid 撰写的宗教（伊斯兰教）图书，以及一本关于温和派伊斯兰活动家艾哈迈德·阿马尔的 15 个生活故事的《西莉塔·辛塔·艾哈迈德·阿马尔》。这位活动家在土耳其的一场交通事故中丧生，年仅 20 岁。

PTS 畅销书全是本土作品，包括《马特·鲁特菲日记》《安贝的回复》和《德古拉对阵法塔赫》等。

Silverfish 的畅销书包括蒂娜·扎曼（Dina Zaman）的《我是穆斯林》（I Am Muslim）、Farish A. Noor 的《另一个马来西亚》（The Other Malaysia）和"From Majapahit to Putrajaya"。

纪伊国屋书店马来西亚店还在其书店的网站[①]上列出了一些中文畅销

---

① malaysia.kinokuniya.com/t/books/chinese-books.

书。这家书店目前的畅销书名单是：苏世豪的《陪伴，是世上最奢侈的礼物》以及漫画书《孝亲敬老篇：孝顺父母，尊师重道 G40》和《猪猪侠冷知识漫画系列 4——吼，别惹我！（动植物篇）》。中国的烹饪书[①] 在马来西亚也很受欢迎，例如《一道菜》《半只鸡》和《味蕾之家》。

（六）博客、自出版、电子书及其他平台

马来西亚有几家为作家提供自出版服务的公司，其中比较著名的有 The Inspiration Hub 和 E-Sentral（仅限电子书）等。Notion Press 和 Teaspoon Publishing 也可以为崭露头角的自出版作家安排图书印刷、ISBN 书号办理和图书分销。Silverfish Books 出版社也有自助出版部门，帮助自出版的作者安排上述事项，并为他们提供在 Silverfish 书店展示并销售自己的书的机会。自出版平台 Wattpad 在马来西亚很受欢迎。这个平台每年都有新的读者加入。Wattpad 组织各种论坛，为自出版作家和作者提供见面和讨论的机会。

许多自出版的马来西亚作家也会使用亚马逊的 Kindle Direct Publishing（KDP）这样的国际自出版平台。

除自出版作家之外，许多拥有数十万粉丝的流行时尚或生活方式博主在马来西亚也拥有作家的名号，如 Stephanie Lim、Daphne Charice 和 Yen。和全球其他许多博主一样，他们也会将自己的博客与相应的 Instagram、Twitter 和 Facebook 账户相关联。

据城市书苑和 Esentral 提供的数据显示，电子书往往伴着新出版的纸质书一起出版，销售额约占整个图书市场销售额的 2.50%。2017 年出版电子书约 8000 种，2018 年的电子书出版大约有 1 万种，最流行的电子书类型是小说。

马来西亚有几家制作并销售有声读物的公司，如 lelong.my、Tinlge、

---

① 网址：malaysia.kinokuniya.com/t/books/chinese-books.

亚马逊的 audible.com、GooglePlay 的有声读物产品。其中两家马来西亚本地有声读物制作商在 2018 年制作了大约 500~600 种读物。但就马来西亚当地的有声读物而言，其销量仍然微不足道，而且仍处于起步阶段。

马来西亚还有自己的数字经济机构即马来西亚数字经济局（Malaysia Digital Economy）[①]。该机构有一个名为 MDec 数字内容基金的项目，也称为 MAC3 基金。这是一个旨在支持本地创意内容制作公司制作和开发动画及游戏[②]数字内容的政府资助计划。尽管该机构尚未资助过电子书、有声读物或相关内容的开发，但由于许多出版商已经为其作品开发了游戏或动画配套产品，因此，该机构的工作还是很值得出版人士关注的。

（七）书店

销售进口图书的书店包括 Kinokuniya、Borders、Popular、MPH 和 Times Bookstore。这些书店除了销售英文书，也有专门的中文图书区。所有这些书店都拥有网上书店，并有特殊订单的业务。Kinokuniya 和 Popular 的网上书店也销售中文图书。

在学术图书和中小学教科书方面，马来西亚大学书店是最重要的供应商之一。这家书店自 1956 年以来一直是国际图书品牌在东南亚地区的经销商，几乎代理着在马来西亚经营的所有学术类出版社，包括圣智、麦格劳－希尔、培生和威利。马来西亚大学书店的第二代传承人 Keith Thong 和没有设立本土代理机构的国际出版品牌签署了独家或优先渠道合作协议，如大不列颠学习、ChemQuest、EnglishCentral、MeBooks、国家地理和 PressReader。该书店在马来西亚全国拥有 12 家分店。

分销商通常会要求出版社在最开始只提供 50~100 册书进行试销售。马来西亚书店的平均在架期最长一年，没有卖掉的书一般会在一年之内退给出版社。出版社通过这些书店卖书无需预付任何费用。书店会将一定比

---

① 网站：https://www.mdec.my/.
② 网址：mdec.my/digital-content-fund#.

例的销售所得付给出版社。每卖出一本书，出版社会获得售价 30% 的销售收入。比如说，如果一本书的零售价为 40 令吉，出版社将获得 12 令吉。书店通常在浏览新书样本后向出版社提供营销/销售策略建议。通过马来西亚实体书店销售图书的过程包括以下程序：分销商将在最多不超过四个星期的时间内将新书样本交给书店。分销商通常每月或每两个月一次到访每个书店的销售部门。收到样书后，书店将需要大约 1 至 6 个月的时间来评估样书，并通知出版商他们愿意在书店中展示多少本以及他们想要订多少本。如果书店不打算卖这个书，他们也会通知出版商。这些书店通常还需要 3 至 4 周的时间把出版商的新书充实到自己的库存。

与其他东南亚国家一样，严肃文学作品在马来西亚的读者群非常小众。因此，在上述几家大型书店之外，马来西亚还有一些以文学和艺术图书爱好者为目标客户群的独立书店。这些独立书店包括与同名的两家非主流出版商合作的 Silverfish and Oyez! 书店、Junk Bookstore、BookXcess 和 Projek Rabak。位于乔治城的 Gerakbudaya 书店也是专为文学和社会政治文化图书爱好者开设的，出售马来西亚语、汉语和英语三种语言的图书。Gerakbudaya 还自己出版图书。所有这些书店都有自己的网上商店。

马来西亚较为流行的网上书店还包括 Open Trolley、Maxis Ebuuks 和仅专注于电子书的 E-Sentral 电子书门户网站等。亚马逊在马来西亚没有线上书店，也没有仓储设施，但是消费者可以从美国或日本的亚马逊网站直接订购货物并运送到马来西亚。据 datanyze.com 报道，亚马逊支付平台在马来西亚有 0.19% 的市场份额。Lazada 等电子商务平台在马来西亚也出售图书，该平台上还有一些专门销售中文图书的店中店。

（八）挑战

马来西亚图书行业销售数据的下滑受到多个宏观经济因素的影响。一个值得关注的问题是，2016 年，马来西亚大学生的图书优惠券到期，另一个值得关注的问题是政府终止了居民购书的个人所得税减免政策，由此降低了马来西亚中产阶级购买图书的欲望。

除了导致消费者支出减少的令吉贬值和经济放缓，通货膨胀以及生活成本上升也是一个问题。对于引进外国图书的出版商来说，令吉贬值意味着翻译项目的成本提高，有时还需要重新谈判预付款。

为了应对挑战，一些出版社不得不采取新的销售策略。目前，许多出版商开始采用名为图书大卡车的新型移动书店方式以更好地接近顾客。这些卡车会直接开到学校、办公大楼和礼拜场所[①]。

马来西亚《新海峡时报》的最新报道称，一家名为文语控股的马来西亚图书公司在经历了过去几年的萎缩之后，有望在2019年扭转业绩颓势。该公司通过实施多项成本削减措施来提升公司效率，并开展多元化业务为客户提供定制内容，从而重振业绩[②]。截至2018年11月30日，较2017年同期的净利润238万令吉，该公司的净利润增长了84%，达438万令吉。收入增长归功于公司在宏观经济形势不佳的情况下仍有能力开拓新的收入渠道。

网上盗版内容，包括以未授权的方式扫描、上传和下载的图书，在马来西亚是个棘手的问题。SunDaily.com 于2016年5月31日发布的一份报告引用数字安全公司艾迪德的调查报告称，2016年，马来西亚被认定为东南亚国家中盗版第二严重的国家，其中包括电子书盗版。艾迪德的调查结果显示，2016年第一季度马来西亚图书市场中17%的内容[③]来自互联网盗版。影印图书，尤其是影印进口的中小学、大学教科书等昂贵的图书对马来西亚图书业来说仍然是一个挑战。

[①] 用电子邮件做的个人采访。
[②] 见 Yusof, A.2019 年 1 月 30 日在《新海峡时报》(*New Straits Times*) 的文章《文语业绩预期良好》(*Sasbadi expects to book better results*)。网址：https://www.nst.com.my/business/2019/01/455743/sasbadi-expects-book-better-results，网站访问时间 2019 年 3 月 26 日。
[③] 包括电子书。

四、出版国际贸易及与中国出版业的合作情况

（一）图书进出口

英文作为口语和书写语言在马来西亚很普遍，尤其是那些受过英式学校教育的中老年群体可以直接阅读来自英美的进口图书，包括小说和非虚构等广泛的品种。马来西亚和中国的书业交流很活跃，不仅在版权交易上，也体现在对中国的直接出口上。图书出版商协会没有关于图书进出口的统计数据。马来西亚有一家名为马来西亚图书进出口协会的机构，但是目前处于停滞状态。

（二）翻译及版权交易

马来西亚拥有一些在国际文坛享有盛誉的作家。出生于马来西亚的英籍华裔作家欧大旭的英文书《和谐丝庄》在2005年获得了著名的曼布克奖，该书被翻译成了23种语言。另一位赢得广泛国际读者群的马来西亚作家是陈德黄。他的处女作小说《雨的馈赠》曾进入2007年曼布克奖的长名单。他的第二部小说《夜雾花园》曾入围2012年曼布克奖，同时获得曼氏亚洲文学奖和沃尔特·斯科特历史小说奖两项大奖。他的小说已被翻译成西班牙语、意大利语、罗马尼亚语、希腊语、塞尔维亚语、捷克语、法语、德语、荷兰语、波兰语和汉语。马来西亚作家蒂娜·扎曼和费沙·德拉尼因为参加了乌布作家和读者节而在邻国印度尼西亚有很多读者。总的来说，由于翻译和严肃文学代理机构的缺失，马来西亚文学在走向世界方面还面临众多挑战。

马来西亚的出版物多为契合国内消费者需求而制作。因为语言相似，翻译比较容易，马来西亚的海外版权通常卖给邻国印度尼西亚。另一方面，带有大量插图和少量文字的童书在世界其他地区获得一些关注。例如来自YGL Media的带有当地文化特色的本土童书就受到了德国和瑞士等国读者的喜爱。马来西亚专门从事版权交易的机构很少且规模很小，大多数出版

社依靠内部的版权部门进行版权贸易。

Oyez!Books 出版社的版权销售额在 2019 年有显著增长，在阿拉伯语、法语、德语、韩语、简体中文和繁体中文市场中都成功授权。该社输出的畅销书包括童趣艺术家 Yusof Gajah 的作品《我的红球在哪里？》《路》《在山脚下》《一起搭建吧》和《大象茶壶》，还有埃米拉·尤索夫的《母亲的花园》和 Norico Chua 的《一块冲往天空的蛋糕》。

YGL Media 旗下的两位新晋插画家 Evi Shelvia 和 Chooi Ling Keiong 也备受海外市场的关注。Chooi 用插画的形式复述了安徒生童话《老橡树的最后梦想》，Shelvia 的代表作品有《城堡图书馆》和《婆罗洲的野生树屋》。

在图书翻译方面，马来西亚也参与了一些跨地区合作。例如，2017 年，马来西亚作家和中国台湾作家的 6 本图书在马来西亚翻译和图书研究所与台北经济文化办公室驻马来西亚办事处的合作下被翻译成了马来语和汉语。这些书里包括三本马来西亚漫画书，即达图克·穆罕默德·诺·卡利德的《甘榜男孩》、加法尔·塔伊布和拉西米丁·扎哈里的《小鼷鹿大戏鳄鱼》以及 Isabella Jali 和 Al-Zafran Hassan 的 "Entimuk and Kejuang"①。

另一个跨地区合作的案例是 2018 年马来西亚教育部组织的五本关于伊斯兰金融主题及旅游指南的日语版马来西亚图书，是吉隆坡联合国教科文组织世界图书之都 2020 年纪念活动的重要组成部分②。这些书的翻译是在马来西亚三所公立大学——马来西亚北方大学、马来西亚博特拉大学和马来西亚登嘉楼大学的支持下，与日本马来西亚协会合作完成的。该系列

---

① 见《马来邮报》（*The Malay Mail*）2017 年 12 月 22 日的报道《马来西亚翻译和图书研究所推出马来西亚和台湾作家的作品译本》（*Malaysian Institute of Translation and Books launches translated books by Malaysian and Taiwanese Authors*）。网址：malaymail.com/news/life/2017/12/22/itbm-launches-six-translated-books-by-malaysian-taiwanese-authors/1538583。

② 见《当今大马》（*MalaysiaKini*）2018 年 11 月 6 日的文章《五本马来书被翻成日文并在东京发布》（*Five M'sian books translated into Japanese launched in Tokyo*）。网址：malaysiakini.com/news/450699。

书的发布会在日本东京的纪伊国屋书店举办。

（三）马来西亚对外国内容的接受度

马来西亚出版社对来自海外的图书具有广泛的接受度。如 Fixi 出版社旗下的出版品牌 Fixi Verso 专门翻译国际畅销小说，包括斯蒂芬·金的《乐园》、尼尔·盖曼的《车道尽头的海洋》、约翰·格林的《纸镇》以及《无比美妙的痛苦》。

除了专注于小说翻译的 Fixi 出版社外，PTS 传媒集团主要关注引进商务管理类图书的版权，比如国际商务管理大师戴尔·卡耐基、史蒂芬·柯维、迈克尔·戈尔金、罗伯特·清崎和博恩·崔西的作品。为了满足马来西亚读者对励志类图书的兴趣，PTS 还翻译了由约翰·格雷、芭芭拉和艾伦·皮斯及安东尼·罗宾斯等国际畅销书作家撰写的以励志自助和情感发展为主体的图书。

其他成功的翻译作品还包括：《韦伯斯特简明英语词典和同义词库》《韦伯斯特词汇量英语》、《发现亚洲》系列的《少儿版动物百科全书》。参考书在马来西亚一直很受欢迎。以版权代理公司 Agent Ng 为例，该公司在过去几年里引进了 70 多种参考书的马来语翻译版权，并直接进口了几百种此类图书。

（四）翻译资助项目

马来西亚到目前为止唯一的官方翻译资助计划由城市书苑提供。城市书苑是一家实力雄厚的国营机构，在 2015 年吉隆坡版权贸易展期间，城市书苑作为展会的主办方宣布提供价值 50 万令吉[1]的翻译资助[2]。该项资助的目的是将马来西亚文学作品翻译成外语，每份翻译资助的申请上限为 2500 美元。据展会组织方估计，2015 年的版权及其周边产品销售，尤其

---

[1] 约合 13.80 万美元。
[2] 翻译资助的申请程序请参考吉隆坡版权贸易展的官方网址：http://kltcc.com/events/translation-grant/section-i-%E2%80%93-general-information。

是那些与数字融合相关的产品的销售，为马来西亚的国内生产总值贡献了330亿令吉[1]。

（五）与出版业有关的媒体平台

马来西亚当地作家和文学界没有特定的媒体平台，但是很多马来西亚作家和评论家经常把他们的作品和书评放在东南亚的一些文学艺术平台的当地文学区，如艺术赤道[2]和红毛丹文学杂志[3]的马来文学区。

在创意经济方面，2017年6月1日，马来西亚成立了文化经济发展局旨在促进该国文化经济发展。文化经济发展局通过给国营企业和私营企业牵线搭桥，为文化经济建立起一个充满活力的可持续发展的生态系统，同时也和马来西亚的艺术家们一起促进国内和国际的合作。该机构专注于手工艺品、传统文化、舞蹈、音乐、戏剧和视觉艺术等几个领域[4]。

电影改编和搭售也是图书版权销售的绝佳途径。马来西亚国家电影发展公司的一份报告指出，马来西亚当地电影业在2016年共制作电影47部，观影人数共达716万，2017年制作新电影59部，吸引了450万观众入场。马来西亚数字经济公司也为数字和创意经济的发展做出了一系列努力[5]。

（六）与中国出版业的合作

2018年，中国在马来西亚的外国直接投资（FDI）总额达到1704亿令吉，占2018年马来西亚外国直接投资总额的2.70%。据《星报》[6]称，中国在过去十年中一直是马来西亚最大的贸易伙伴。2018年，中马双边贸易总额达1086亿美元。该报引用中国驻马来西亚大使馆的报告称，

---

[1] 90亿美元。
[2] artsequator.com。
[3] rambutanliterary.com。
[4] 网址：*Cendana.com.my*。
[5] 网址：www.mdec.my。
[6] 见 Foon, H.W. 于2019年5月5日发表于《星报》（The Star）的文章《马来西亚将迎来中国对外直接投资的新浪潮》（Malaysia Set to See New Wave of China FDI）。网址：thestar.com.my/news/nation/2019/05/05/malaysia-set-to-see-new-wave-of-china-fdi/。

2018 年，中国在马来西亚的基础设施、建筑、房地产、银行和制造业等领域的投资为马来西亚人创造了 7.35 万个工作岗位。

中国出版社为马来西亚的中文学校提供进口中文教科书。根据 malaymail.com 的报道，马来西亚共有三种类型的中文学校，即：

1. 私立中文高中

这类学校以中文为主要教学语言，由马来西亚华校董事联合会总会统一组织。它们最初是由来自中国的移民为子女教育建立的，没有联邦政府的资助，董总委员会为这些学校制定教学大纲。马来西亚一共有 61 所这样的学校。

2. 使用普通话教学的中文公立小学

这类中文小学是教育部建立的以普通话为主要教学语言的学校，这些学校使用教育部设立的课程。马来西亚一共有 1298 所中文公立小学。

3. 使用马来语教学的中文公立中学

此类学校是专为马来西亚华人办的中学，由教育部统一管理。尽管有中文课程，但这些学校的主要教学语言是马来语。马来西亚一共有 81 所中文公立中学[①]。

据《中国日报》[②]报道，马来西亚大约有 700 万华人，占总人口的 24%，即大约 24% 的马来西亚人可以阅读中文书。他们中的大多数从孩童时起就接受中文教育，因此，中文书的市场需求旺盛。

九丘书馆位于吉隆坡白沙罗上城的一家购物中心，它是由来自中国的新华书店和马来西亚的大坏狼图书公司合作开办的。这家书店占地 300 平

[①] 见 Lim, I. 于 2017 年 7 月 3 日在《马来邮报》（Malay Mail）发表的文章《你该知道的关于马来西亚中文学校一些信息》（*What You Should Know about Chinese Schools in Malaysia*）网址：malaymail.com/news/malaysia/2017/07/03/what-you-should-know-about-chinese-schools-in-malaysia/1412233.

[②] 见 Kun, L. 于 2017 年 9 月 14 日发表于《中国日报》（China Daily）的文章《新开书店让爱看中文书的马来西亚人一饱眼福》（*Bookstore taps demand for Chinese books in Malaysia*）。网址：chinadaily.com.cn/china/2017-09/14/content_31988973.htm.

方米，24小时全天开放，专门销售关于中国历史、文化和社会科学的图书。书店还设有一间咖啡厅。据书店经理冷文波介绍，书店平均每天接待700多名顾客。目前比较畅销的书主要是非小说类经典读物，如《孙子兵法》和李时珍的《本草纲目》以及一些教科书。

据马来西亚图书出版商协会称，除这家专门的中文书店外，许多马来西亚书店也进口并销售中文图书。由于许多马来西亚人可以阅读中文书，不需要将中文书翻译成马来语。在马来西亚所有销售进口书的书店里，Popular是最为活跃的连锁书店。这家书店从中国大陆和台湾地区进口大量中文图书，并通过其在马来西亚全国的连锁店销售。马来西亚人最喜欢看的中文书是小说和插画小说。

据马来西亚学术出版委员会介绍，该协会正在着手和中国同行进行合作出版的探讨。

马来西亚与中国市场有业务往来的出版社只有少数几家，其图书销售总量为每年100余万册。有些翻译资助项目是在两国政府相关机构合作的基础上进行的，参与的机构包括国家语文出版局、国家翻译和图书研究所等。马来西亚图书出版商协会的数据显示，彩虹出版、Oyez! Book出版社和Ana Muslim出版社等马来西亚出版商也出版中文书译本，主题包括民间传说、童书和传播伊斯兰教的中国穆斯林。

参考文献

1. 马来西亚图书出版商协会网站.
2. 美国《出版商周刊》网站.
3. 《马来邮报》.
4. 《星报》.
5. https://www.mdec.my/
6. https://www.nst.com.my/

南非出版业发展报告

宋 毅

南非是非洲重要的新兴国家，金砖五国之一，具有区位、资源和发展基础三大优势。中国与南非正式建交 21 年间，两国政府交往频繁，积极探索多渠道、多层次的沟通合作模式，例如在家电、矿业、冶炼、金融、电信、新能源、基础设施等领域开展双向投资。[①] 截止到 2018 年，中国成为南非第一大贸易伙伴、第一大出口市场和第一大进口来源地。中国与南非从最初的伙伴、战略伙伴已上升到如今的全面战略伙伴关系。[②] 除了双边合作，两国还在金砖国家、20 国集团、"77 国集团和中国"和其他多边组织中合作，不断加强人文交流合作，例如开设书/影展，举办文化活动，设立新闻媒体机构，创办孔子学院，支持留学教育项目，执行"中非高校 20+20 合作计划"。人文交流是实现民心相通、促进经贸合作的必经之路，而国际出版是人文交流与合作的重要途径。"一带一路"倡议为深化中国与南非关系、推进中国与南非社会共同发展提供了前所未有的历史性良机。为此，本文将对南非社会与图书市场、南非出版业及中国与南非人文交流三方面情况做简要梳理，探讨中国如何能更快、更顺利地走进

[①] 武卉. 行者知其心，共话中非情——新时期中南非和中非人文交流战略研讨会会议综述 [J]. 非洲研究，2017: 261-268.
[②] 多拉娜·姆西曼. 环球时报官方网站. (2017-12-29). http://opinion.huanqiu.com/hqpl/2017-12/11483514.html.

南非，开展国际出版合作。

一、出版业发展背景

南非共和国，非洲大陆最南端的"彩虹之国"，拥有122万平方公里国土（约为中国国土面积的12.67%），略大于中国的内蒙古自治区，北面与斯威士兰、莫桑比克、津巴布韦、博茨瓦纳和纳米比亚五国接壤。2018年，南非人口总数达5450万，其中黑人最多（为79.60%，以祖鲁人、斯威士人、文达人为主），其次为有色人（9%，白人同当地黑人的混血人种）、白人（8.90%，荷兰裔为主，还包括英裔白人和融合法国、德国移民形成的非洲白人民族阿非利卡人）、亚裔（2.50%，印度人和华人）；南非女性（50%）略多于男性（49.50%）。① 南非有11种官方语言，约98%的南非人掌握两种及以上语言，祖鲁语使用最为广泛（23%），英语和阿非利卡语（亦称南非荷兰语）为通用语言。② 80%南非人信奉不同派别的基督教，15.10%人属于无神论或不可知派，在南非的亚裔大都信奉伊斯兰教（1.50%）和印度教（1.20%）。③ 南非有3个首都，9个省，278个地方政府，其中比勒陀利亚为行政首都，开普敦为立法首都，布隆方丹为司法首都。④

南非政府大力发展国民教育。南非实行九年义务教育（7~16岁），87%的中小学教育机构为公立学校。⑤ 受以前种族隔离制度影响，公私立学校教育资源不均。南非私立学校效仿英美国家教学体制，教育质量远好于公立学校。南非在校学生至少学习两种语言（大部分学校教授英语

---

① 中国产业信息网. http://www.chyxx.com/industry/201801/607052.html.
② 世界地图网. https://www.worldatlas.com/articles/languages-of-south-africa.html.
③ 世界地图网. https://www.worldatlas.com/articles/major-religions-in-south-africa.html.
④ 中国一带一路网. https://www.yidaiyilu.gov.cn/gbjg/gbgk/872.html.
⑤ 南非教育网. https://www.expatica.com/za/education/children-education/education-in-south-africa-803205/.

或阿非利卡语）。经过"让我们学习"大规模扫盲运动，目前，南非成人识字率达94.37%。[①] 南非有9所大学排在英国国际教育市场咨询公司Quacquarelli Symonds世界大学排名前700所之列，其中金山大学、比勒陀利亚大学、南非大学、开普敦大学、祖鲁兰大学等最为有名。

（一）政策法律环境

南非政府对外资进入国内出版市场限制不多，一直致力于推进投资自由化，对外国投资持开放态度，鼓励外国公民和企业在南非投资。根据有关外国投资法律条文规定[②]，南非对所有在南非投资的外商和外资企业都提供国民待遇，并保障他们在南非投资所获得的利润可以带回本国。外国投资者可以和本国公民一样，自行委托律师到南非贸易工业部下设的公司注册处注册公司，也可以在南非设立分支机构[③]。但任何企业生产和经营的产品都必须得到南非标准局的认可，并且在环保等方面达到政府规定的标准。贸易与工业部对版权申请进行审批，整个申请过程可能需要3个月的时间。申请者的资格需按照一系列的标准进行评判，包括战略意义、经济贡献度和项目本土意愿等。贸易与工业部、南非贸易和投资部为外国投资者提供援助。他们提供一站式投资支持，并在比勒陀利亚、开普敦和德班设有办事处。TISA提供有关行业的信息、有关监管环境的咨询、投资任务的便利化、与合资伙伴的联系、激励方案的信息、工作许可的协助以及搬迁的后勤支持。下面为四项与国际出版相关的法律规定。

1. 消除双重征税

为了鼓励并方便中国与南非双方相互投资，2001年，中华人民共和国和南非共和国政府制定了关于对所得避免双重征税和防止偷漏税的协定。

[①] 学问网. http://xuewen.cnki.net/CMFD-1017247294.nh.html.
[②] 南非国际贸易管理委员会网站. http://www.itac.org.za/pages/publications/trade-reports/sa-trade-reports.
[③] 相关政策要求外国公司的分支机构注册为"外国公司"，external company，并在注册后的21天内成立。

具体规定如下：

①中国居民从南非获得收入，根据本协议的规定，该收入支付的南非税额，可以抵扣对该居民征收的中国税。但是，信用额度不得超过根据中国税收法律法规计算的中国税收金额；②南非居民根据本协定的规定在中国缴纳的所得税，应根据南非财政法从应缴税款中扣除。但是这种扣除额不应超过与该项所得占全部所得比例相同的所占南非应缴税额。[①]

2. 版权保护

南非的《版权法》规定，属于以下类别的作品有资格获得版权保护：文学作品（例如小说、故事与诗歌作品；戏剧作品、舞蹈指导、电影场景与广播剧本；教科书、论文、历史、传记、散文和文章；百科全书与词典；信件、报告和备忘录；讲座、演讲与讲道；表格和汇编，包括在计算机或者与计算机结合使用的介质中存储或体现出的数据表格和汇编），艺术作品（例如绘画、雕塑、素描、版画和照片；建筑作品，包括建筑物和建筑模型；工艺品；绘图，包括任何具有技术特性的图纸或者任何图示、地图、图表或规划），计算机程序，音乐作品，电影，录音，广播，载有节目的信号以及已发表版本。各作品的版权保护期限一般为 50 年。[②]

值得一提的是，自 20 世纪 70 年代颁布以来，南非的《版权法》始终规定拥有将受版权保护的材料用于教育和学习目的的权利。南非图书价格较贵，为了保证所有人的受教育权利，现行有关教育权利规定，学习者有权利通过现有的"公平交易"权利制作私人副本（包括整本书）以促进他们的学习：20 世纪七八十年代，南非把对外国图书的复制认定为"一套反对审查、抵制、高成本和不充分的分销系统的实用工作方法"，有的大学认为这些复印资料提供了对种族隔离政权提出挑战的研究内容，为正式出

---

① 中国税务网. (2016-12-02). http://www.ctax.org.cn/sszh/201611/t20161128_1050172.shtml.
② 中国打击侵权假冒工作网. http://www.ipraction.gov.cn/article/xxgk/gjhz/gjdt/201903/20190300213330.shtml.

版的教科书提供不同的视野。① 迄今为止，这些做法仍在继续，大学定期提供复制摘录的材料，而不需获得任何版权所有者许可。随着 2000 年后权利人的激进运动，情况发生变化。在种族隔离之后，出版业的主要政策目标是一项集体许可协议，该协议为大学的所有复印设定固定费用。② 目前的南非有关出版权的法律规定可使本地出版商、作家和学生获益匪浅，但让国际出版商面临很多损失。因此，中国出版企业应大力开发数字出版产业，降低成本，通过价格优势提高在南非出版市场的竞争力。

3. 法定呈缴制

南非出版物呈缴法律体系发展完善，是南非信息基础设施的重要组成部分。1997 年制定的《法定呈缴条例》第 8 条规定了南非对各类型出版物（例如一般图书、珍贵文献、重印本、微缩、地图与图片、乐谱、电影制品、电子、音视频和多媒体制品）呈缴的详细规定，根据文献类型和出版份数的不同要求，在规定期限内（文献出版后 14 天）主动自费向不同图书馆或档案馆呈缴相应份数。而条例中所指出版者包括个人或机构，公共或私人发行者，从国外引进或者专为南非市场改编图书的南非出版者。如果中国出口图书到南非或在南非本地独自或合作发展出版机构，也需要遵从这个法律条例。南非拥有五所法定呈缴机构，分别是：国家、国会、城市、纳塔尔社会图书馆和国家影像与声音档案馆，另外，各省还设置其官方出版物呈缴机构。③

4. 企业种族配比

1994 年，南非最大的黑人民族主义政党南非非洲人国民大会（简称非国大）执政初期提出了《黑人经济振兴法案》，以解决黑人经济地位过低、在企业中股权太少的问题。该法案对企业所有制结构中黑人占比数额做出硬性规定：①黑人企业中黑人须拥有公司 51.10% 以上股权；②黑人

---

① 麻省理工学院出版社官方网站．https://mitpress.mit.edu/books/shadow-libraries．
② 同上．
③ 马妮妮．南非法定呈缴制度法律体系研究 [D]．福州：福建师范大学，2015: 50．

授权企业中黑人须拥有公司 25.10% 以上股权；③黑人影响力企业中黑人须拥有公司 5%~25% 股权；④性别平等企业中黑人股份中黑人妇女须占有 30% 以上股权。BEE 按此标准给企业打分，作为企业竞标政府项目和政府企业采购、发放营业执照、公私合作、优惠政策倾斜和国有资产出售中的重要参数。2004 年，南非政府又继续推出了《广义基础上的黑人经济振兴法案》。该法案对所有赴南非投资的外国企业影响深远。中国拟投资南非的企业需透彻理解这两个法案的细则，慎重挑选实力强、信誉好的 BEE 合伙企业①，以避免潜在的纠纷和麻烦。此外，在南非投资建厂的中资企业还需注意当地所有权方面的规定，例如，2017 年推出的一项限制外国所有权的土地改革法案，将外国土地转为长期租赁，避免经济损失。

（二）国民阅读情况

南非的阅读人口基数不大。过去长期的殖民地角色和种族隔离制度使大部分南非人文化和生活水平很低，社会贫富差异显著。由于图书价格高，51% 的南非家庭没有任何图书，很多来自文盲、半文盲家庭的孩子在上学前根本没有接触过图书。据估计，南非真正的图书读者只有 100 万（不到总人口的 2%），其中 50 万南非人（近 1%）每年经常买书阅读。② 南非图书发展委员会于 2016 年对南非 16 岁以上的成人阅读习惯进行了抽样调查。③ 数据显示，与 2006 年报告相比，南非成人的阅读热情有所下降：阅读在休闲娱乐活动中的排名从第一降到第五，落后于听广播、看电视 / 录像、购物、社交。16 岁以上人口（3810 万）中，14% 是忠实型读者，73% 是较难发展型读者。南非人约 6.20% 的业余时间（约 4 小时 / 周）花费在阅读上。35% 的家庭给孩子读书，阅读的图书多为教育性（66%）、儿童故事（34%）、宗教故事（25%）等内容。就休闲活动对需求的满足

---

① 人民网网站. http://saceta.people.cn/a/touzizhinan/20131126/46.html.
② 南非图书发展委员会 2016 报告 [R]. 官方网站. https://sabookcouncil.co.za/.
③ 同上.

角度来看，阅读图书的满意度最高（8.70，满分10），其次为报纸和杂志。在数字阅读方面，相较于台式或笔记本电脑，南非人多用移动手机阅读。在业余时间对阅读材料的选择方面，阅读对象依次排序为报纸72%、杂志47%、图书34%、在线新闻6%、在线杂志3%等。该统计报告显示，约24%的人（923万）阅读纸质图书。从人口统计指标看，社会经济水平越高、生活水平指数越高、受教育程度越高、年龄越小及英语/南非荷兰语能力越强的民众，阅读频率越高。白人女性阅读率最高（53%）。

南非通过政策资金支持发展基础教育设施，完善图书馆藏书建设，开展阅读推广活动。图书馆成为南非降低国民文盲率，提高阅读水平、职业及综合素养的重要场所。根据2016年南非图书发展委员会报告，图书馆阅读图书人较多，约有27%的南非人去图书馆阅读，其中54%的人每月去图书馆2次以上，从事的活动包括读书、看报/杂志/漫画、听音乐、借书、写作业/科研调查、上网等。图书馆的使用存在地域差异。夸祖鲁-纳塔尔省和豪登省图书馆使用率最高，自由邦省和西北省使用率最低。以来自大都市、受教育程度高、使用恩古尼语及英语为家庭语言、16·17岁人群及黑人男性、白人女性去图书馆的频率最高。[1] 南非的图书馆具体分布如下：南非国家图书馆（比勒陀利亚和开普敦市各有一所），南非盲人图书馆，议会图书馆，5家法定呈缴图书馆，9家研究顾问图书馆，23家高教图书馆，1993家公立图书馆（1612家省级，381家市级），约2000家校级和特殊用途图书馆，例如公司、法律、政府、监狱图书馆和独立/私立的图书馆。[2]

为了培养国民的阅读习惯，南非图书业大力推广创建品牌活动。最有名的活动有两个。一个是南非全国读书周。南非图书发展委员会与南非艺术文化部联合于2010年开始在每年9月组织开展全国读书周项目。该项

---

[1] 南非图书发展委员会2016报告 [R]. 官方网站. https://sabookcouncil.co.za/.
[2] 同上.

目旨在鼓励南非人用母语写作,激发人们的阅读兴趣,并将阅读融入日常生活和社会活动中,主要活动包括:各类书展、模拟图书馆、儿童活动、诵读会、诗歌朗诵、读书俱乐部研讨会等。在读书周举办期间,南非国家博物馆配合举办一些适合于各年龄段人的活动,包括讲故事、大声朗读、与作者联合开展公共阅读活动,该项目工作人员会指导父母如何为孩子选书。① 另一个是纸权项目(Paperight)。在南非有 30% 的学生没有足够的教科书,主要原因是农村缺乏基础设施建设,图书馆与传统书店条件较差等。社会企业家 Arthur Attwell 在 2011 年与出版商和各地复印店合作,筹备了纸权项目。南非小复印店随处可见,包括在偏远的地方,其服务以需求为主导。该项目借助复印店将出版商与读者相连,读者可到任意加盟此项目的复印店提出自己的复印需求,复印店找出相关图书,复印后卖给读者,并将复印费的 20% 作为授权费支付给出版社。该项目使出版商在法律允许的范围内赚到图书授权费,减少了销售运输和大量的印刷费用,也间接使南非人以低廉的价格购买、使用图书。

二、图书业发展情况

(一)发展概况

南非的图书市场受其历史与政治体制发展影响,特点独特。印刷图书中最受欢迎的种类依次为宗教、历史、感情、教育/商业、本土故事等。电子图书中最受欢迎的是自传、教育/商业类图书。影响图书选择的因素包括:是否满足读者需求、图书名称、概要、封面、推荐情况、价格、作者、书评、语言(降序排列,分为有形特征如书名、概要等,和无形特质如是否满足需求及推荐情况)。人们选择图书时经常依赖于口口相传。37% 的人通过朋友、家庭、社区,25% 的人通过图书馆、书店进行选择。人们通

---

① 郭敏,张黎,胡青蓉. 非洲四国的阅读推广研究[J]. 图书馆管理,2015: 80-84.

常从零售店、书店购买图书,或从家人、朋友、同事、二手书店及图书馆借阅。人们更倾向于从图书馆获取图书（2016年为24%,约2300万人）。与2006年相比,2016年通过二手书店及网络获取图书呈上升趋势。[1]

南非图书出版业深受过去的种族隔离制度影响。以出版社作者的种族和性别为例：过去白人和黑人在不同大学接受教育,南非大学出版社作者基本是白人男性,直到20世纪80年代白人女性作者数量才开始比较显著地增长,但数量上男性仍然占据绝对优势。进入21世纪,南非大学出版社作者群开始多样化：黑人男性作者数量增多,白人和黑人男性作者数量差异降低,白人女性作者数量稳定增多,黑人女性作者开始出现。[2] 南非近80%的人口为黑人,他们在隔离制度下缺少机会接受高品质的教育,这也形成了如今庞大的基础教育图书消费市场。根据2017年的《南非出版商协会年度报告》,南非出版业收益最多的是教育类（60%）,随后为贸易类（23.19%）、学术类（9.51%）、成人基础教育和培训（7.13%）和职业技术教育和培训类（0.17%）。南非的教育出版基本被一些大、中型出版商和诸多小型出版商控制。图书销售总额一半以上来自教育出版,本地出版商受政府支持,在中小学教育方面获得了95%的市场份额,仅不到1%的收入源于进口图书（其中英文教育和印刷出版物占主导地位,多由大型国际和南非出版商主导,跨国出版商通过多个经销商为南非市场进口图书）。高教学术出版业部分由南非大出版社和进口教材主导（国际出版巨头的市场份额高达60%）。南非的学术图书大多在本土印刷,其中英文图书占主导地位。专业图书数字化发展迅速,在现有的进口专业图书中,多于一半是数字产品。[3]

---

[1] 郭敏,张黎,胡青蓉.非洲四国的阅读推广研究[J].图书馆管理,2015:80-84.
[2] Elizabeth le Roux. Open minds and closed systems: An author profile of South Africa's university presses. 2015, 29 (6), Critical Arts Projects & Unisa Press.
[3] 同上.

南非最畅销的书大都与南非的种族隔离政治斗争主题相关。表 1 列出了近年来 10 本最畅销书及其内容。[①]

表 1　南非最畅销的 10 本书

书名	内容
Burger's Daughter	反种族隔离斗争历史的小说。讲述了一位革命女士（罗莎）努力维护殉道父母遗产的故事。
A Beautiful Place to Die	犯罪小说，创作于 20 世纪 50 年代种族隔离的南非，讲述一名男侦探陷在种族紧张和对权力的渴望困境中的危险生活。
My Traitor's Heart	自传。讲述了一名非洲建筑师的故事，他因厌恶种族隔离斗争的恐怖和邪恶而逃离南非，故事揭示了有关种族隔离可怕和惊人细节。
Kaffir Boy	自传。讲述了南非种族隔离的生活故事——年轻的马克如何与种族隔离和贫困的所有毁灭性胜利斗争。
Country of My Skull	非小说类图书。描绘了真相与和解委员会职能的复杂性。
Waiting for the Barbarians	小说。讲述了一个小型殖民城镇的一位地方法官如何管理一个小型边境定居点的事务。
Life and Times of Michael K	小说。讲述在非官方的种族隔离内战期间，一位名叫迈克尔·K 的年轻人带着母亲所经历的悲惨逃亡故事。
Long Walk to Freedom	自传。记录了纳尔逊·曼德拉反对种族隔离的斗争。
Cry, The Beloved Country	小说。讲述了祖鲁牧师斯蒂芬·库马洛和他的儿子押沙龙如何在受到种族不公平待遇时保持尊严，运用爱与希望，勇气和忍耐斗争的故事。
Disgrace	小说。讲述一位离异中年教授与妓女和学生的情感纠纷。

数据来源：Buzz South Africa

（二）企业情况

1. 出版企业

南非出版市场领域划分清晰。南非主要的出版载体是纸张，拥有三个出版市场领域，即学术、教育和大众图书，南非的出版社（活跃在南非的

[①] Buzz South Africa 网站．https://buzzsouthafrica.com/top-10-most-popular-and-must-read-south-african-books/．

出版商约为 230 家）通常专注于这三个市场领域中的一个或两个。学术出版物为高等教育提供学习材料；教育出版的目标是基础教育（从学前班到 12 年级），为学生提供学习材料和教师支持材料；大众图书提供购物中心书店所见的各种图书。南非的出版物以英语和阿非利卡语为主，四分之三的在售图书由外国跨国公司出版，南非白人出版社占 15% 的图书销售额。受过去种族隔离制度时期教育政策的影响，南非只有 1% 的人经常去买书和读书，买书的人几乎只有白人，白人购书群体的趣味极大地影响了出版业的倾向，鲜有黑人作品成为畅销书。受此影响，南非黑人出版公司只占 8% 的市场份额，黑人出版业整体状况继续萎缩。[①]

南非图书出版业在撒哈拉以南的非洲规模最大，其传统出版、互联网和数字出版业务均走在非洲国家的前列，整体处于蓬勃发展阶段。南非 35 家本土出版公司根据业务主题类型分布如下：以商业为主题的出版社 7 家、幼儿 5 家、艺术 4 家、诗歌 3 家、时事 3 家、工艺 3 家、教育 3 家、文艺评论 2 家、文学 2 家和历史题材 2 家；出版物包括图书 11 家，报纸 10 家，网络 7 家，电子书 4 家，杂志 3 家，日历 2 家，学术期刊 2 家，海报 2 家，地图 1 家；出版语言包括英语 9 家，祖鲁语 2 家，索托语、西斯瓦提文、法语、科萨语、聪加语、南非荷兰语和茨瓦纳语各 1 家。这 35 家公司主要聚集在约翰内斯堡城 (8)，开普敦市（4）和梅特兰市（2），提供插图、排版、校正、发行、合同出版、印刷、平面造型设计、编辑、摄影和翻译服务。表 2 列举了南非 12 家有代表性的图书出版机构，表 3 为南非 7 家主要在线出版公司。[②]

[①] Buzz South Africa 网站．https://buzzsouthafrica.com/top-10-most-popular-and-must-read-south-african-books/．

[②] 全球出版商网站．http://www.publishersglobal.com/directory/south-africa/publishers-in-south-africa/．

表2　有代表性的南非图书出版机构

名称	业务
南非兰登书屋（Random House South Africa）	企鹅兰登书屋（Penguin Random House）公司驻南非机构，出售发行大西洋书局（Atlantic Books），埃格蒙特和卡农盖特（Egmont and Canongate）等机构的书，下设乌穆兹（Umuzi），斑马出版社（Zebra Press），斯特罗伊克旅游与遗产（Struik Travel & Heritage），斯特罗伊克自然（Struik Nature），斯特罗伊克生活方式（Struik Lifestyle），斯特罗伊克儿童（Struik Children），蕨木出版社（Fernwood Press）等分支出版机构。产品涵盖主题有管理，领导力，营销，商业叙事，投资，个人理财，经济学，技术，销售，创业和职业建议，纪实和虚构写作图书，旅游风景，文化遗产，鸟类，动物，树木和花卉，海洋环境，地质学，天文学，一般野生动植物和儿童，居家，生活方式，插图非虚构作品，南部非洲的文化和自然历史等。
开普敦媒体公司（Cape Media Corporation）	南非领先的专业企业对企业杂志出版商，其产品涵盖所有主要行业领域。其领导力杂志是南非杂志的一个机构，自1978年以来提供智库服务并负责管理南非医学协会的出版工作。
拉帕出版社（Lapa Publishers）	出版南非荷兰语图书以及数字内容。翻译英语和其他土著语言图书，出版婴幼儿、青少年和年轻人图书。
奋斗商业杂志（Strive Business Magazine）	讲述企业家成功故事的平台，例如企业家面临的艰辛和挣扎、他们的成功和成就。
诗人印刷术（Poets Printery）	参与南非和南亚诗歌出版。
黑信传媒有限公司（Black Letter Media [Pty] Ltd）	出版令人振奋、富有想象力、具有现代感、具有高度文学标准、反映出南非/非洲身份的故事。
威茨大学出版社（Wits University Press）	致力于为学术和普通读者出版创新图书，重点领域包括艺术和遗产、科普、历史和政治、传记、文学研究、女性写作和精选教科书。
奈利达出版（Nelida Publishing）	企业与企业之间通过专用网络进行数据信息交换，发售自定义标题和行业特定出版物。
神圣艺术有限公司（Deja Vu Divine Arts [Pty] Ltd）	平面设计和编程的图书出版商和分销商，音乐制作、复制和发行活动管理，艺术作品制造商和出口商。
生产者之角贸易企业（Producer's Corner Trading Enterprise）	目标是成为南非音乐家的最佳和最方便的出版管理员。通过数字技术提供最实惠的分销和营销形式。
奥尔德瓦克出版物（Aardvark Publications）	出版关于非洲生态环境的儿童活动图书，例如《与野生动物相遇》《遇到海洋生物》和《后院野生动物》。
加卡纳出版社（Jacana Publishers）	出版非虚构、生活、心理自助、儿童读物和野生动物方面图书。多出版黑人作家作品，题材多为非洲社会生活。

数据来源：全球出版商网站

表3 南非主要在线出版公司[①]

名称	业务
带阿斯普职业网（DiaspoCareers）	非洲的第一职业委员会和职业建议平台，连接雇主、招聘人员和求职者。全球超过100万注册非洲专业人士每天都会搜索上面新的职位列表。
诗人印刷术（Poets Printery）	出版南非和南亚诗歌。
黑信传媒有限公司（Black Letter Media [Pty] Ltd）	出版令人振奋、富有想象力、具有现代感、具有高度文学标准、反映出南非/非洲身份的故事。
神圣艺术有限公司（Deja Vu Divine Arts [Pty] Ltd）	平面设计和编程的图书出版商和分销商，音乐制作、复制和发行活动管理，艺术作品制造商和出口商公司。
生产者之角贸易企业（Producer's Corner Trading Enterprise）	目标是成为南非音乐家的最佳和最方便的出版管理员。通过数字技术提供最实惠的分销和营销形式。
南非国际数据连接集团（IDG Connect South Africa）	提供来自整个地区的新闻，评论和其他本地IT和业务内容，包括访问IDG Connect的全球白皮书库（包含6000多种IT和商业图书）。
大都会太阳传媒（Sun Media Metro）	高等教育市场和私营部门的综合内容管理员，出版、设计和印刷服务的专业供应商。

数据来源：全球出版商网站

南非拥有蓬勃发展的外资出版企业。近几年，南非的出版市场逐渐向世界开放，四分之三的在售图书都是由外国出版公司出版，南非的外资出版商主要来自英国、荷兰、美国等国。近些年外国很多学术图书出现在南非市场上并受到当地出版商的青睐。牛津大学出版社南非有限公司高等教育和贸易业务部门的负责人玛丽安·格里芬认为尽管南非的高等教育教科书市场小，主要集中在本科生，并受到中学毕业生性质和缺乏财政资源等挑战的阻碍，但它又是一个至关重要的行业。南非本土和国际出版商正在为开拓教育图书市场努力。[②]（见表4）

[①] 全球出版商网站.http://www.publishersglobal.com/directory/south-africa/publishers-in-south-africa/.
[②] 全球出版商网站.http://www.publishersglobal.com/directory/south-africa/publishers-in-south-africa/.

表4 南非主要外国出版机构

名称	业务	国籍
罗克斯伯里出版公司（Roxbury Publishing Company）	一所独立大学出版社，出版社会科学领域的创新图书，教科书和选集（社会学，犯罪学，刑事司法和语言交流），每年出版20~25本书。	美国
托马斯西南出版（Thomson South-Western）	提供全方位的会计、税务、商业法、商业通讯、决策科学、经济学、金融、管理、市场营销、专业/职业发展和房地产产品。	美国
皮尔逊·阿林&巴肯（Pearson Allyn and Bacon）	隶属皮尔逊教育（Pearson Education），出版主要集中在教育，人文科学和社会科学领域。	美国
高尔出版有限公司（Gower Publishing Limited）	世界领先商业和管理出版商之一。大多数图书为国际读者设计，通常有翻译版权。	英国
艾迪托拉·刚特卡托（Editora Contexto）	由Jaime Pinsky教授于1987年创建。目的是让专家们公开建立知识，将更新的搜索与可访问的语言相连结。第一批出版物系列有很大的反响。	巴西
梅什切里亚科夫出版社（Meshcheryakov Publishing House）	出版儿童、青少年图书、艺术专辑、俄罗斯和世界各地的古典小说。	俄罗斯
火星出版社（Mars Publishing House）	阿拉伯语、学术、学校教科书和图书馆儿童图书出版商，图书馆设备和家具的供应商，国际图书商代理商。	沙特阿拉伯

数据来源：全球出版商网站

除了以上出版社，荷兰的多家出版公司也在南非开展业务，例如爱思唯尔（Elsevier），约翰·本杰明出版公司（John Benjamins Publishing Company），克特出版社（Kit Publishers），荷兰音频网络有限公司（Audio Network Holland BV），威科（Wolters Kluwer），迪克·布鲁纳图书（Dick Bruna Books），迪克·布鲁纳公司（Dick Bruna Inc.），摩西斯出版社（C/O Mercis Publishing），佩平出版社（The Pepin Press），比尔创意图书（Bill Idea Books）。

2. 书店

南非图书零售业为少数销售商垄断。南非有500多家书店，大多数的热销图书是教育类图书和工具书，非小说类图书占据了45%。南非的图书零售业主要被3家销售商垄断：中央新闻署连锁书店、南非专有图书公司（约有26家分店），以及一家大型的图书俱乐部Leisure Books。在南非，除了在几个主要城市，其他城市稍具规模的书店不多。由于南非的犯罪率比较高，出于对顾客安全的考虑南非的书店多设在购物中心，大城市以外的地方书店非常少。南非黑人大多因收入较低和教育水平有限，很少去书店购书。南非没有实行固定书价制，各出版公司有推荐零售价，但实际售价和折扣由书商自行决定。在图书支出方面，41%的南非人每月从书店或零售实体店购入图书，大多数人每次购入一本图书，平均而言，69%的消费者消费值小于200兰特（约96元人民币）。约47%的人每月在线购入图书，大多数人每次购入一本图书，平均消费187兰特（约89元人民币），59%的消费者消费值小于200兰特。58%的社会经济水平较低、受教育较少的家庭中没有藏书。家中拥有的图书平均数量为4本，电子图书平均数量为0.70本，多数家庭没有电子书。①

（三）书展情况

南非出版业通过举办具有国际影响力的书展，大力发展其图书业。最著名的是由南非出版商协会和法兰克福书展联合举办的南非开普敦国际书展，目前是非洲地区最受欢迎的图书行业展览会，世界著名的图书出版商每年参展并开展版权贸易谈判与交易，例如麦克米伦、朗文、企鹅、培生等出版集团。

（四）出版协会

在出版业管理方面，南非的出版业协会组织充当了一定的行业自律与管理角色。南非出版商协会拥有180多家出版商会员单位，由南非艺术和文化部创建的南非图书发展委员会，是南非出版业的代表。南非出版业其他的主要协会组织包括南非出版商协会，南非书商协会，南非印刷媒体协会，是南非媒体行业组织的管理机构，下辖南非报业协会、南非杂志出版商协会、独立出版商协会，南非印刷工业协会，南非图书馆与信息业协会，

---

① 南非图书发展委员会2016报告[R]. 官方网站. https://www.sabookcouncil.co.za/.

南非纸业协会和南非全国编辑论坛。政府新闻办公室是南非政府新闻业务的主管机构。南非印刷媒体协会、南非全国编辑论坛及南非记者协会共同设立了该独立的新闻媒体调查官办公室，监督媒体，加强政府与新闻从业人员之间沟通。

三、报刊业发展情况

南非的杂志报刊种类繁多，其数量居非洲之首。其平面媒体基本上由独立、乔尼克、全国、新非洲和卡克斯顿五大传媒集团控制，主要杂志出版商有媒体 24 小时、卡克斯顿、乔尼克、联合杂志。其中，媒体 24 小时是南非杂志出版业的市场主导者，有 50 多种杂志，分为家庭、女性、运动、财经等主题。《金融周刊》是南非最大英文商业周刊，是南非第一家以商业、财经、金融为主的杂志，内容兼涉时事政治，它发行的主要对象是南非商界上层和大公司、银行职员等，且以英文读者居多。表 5 和表 6 分别列举了南非主要的杂志出版商和杂志。①

表5 南非主要杂志出版商

名称	业务
开普敦传媒集团（Cape Media Corporation）	南非领先的专业企业对企业杂志出版商，其产品涵盖所有主要行业领域。其领导力杂志是南非杂志的一个机构，自1978年以来提供智库服务并负责管理南非医学协会的出版工作。
企业社会发展机构（The Institute for Corporate Social Development）	推出首个企业社会评论、商业新闻杂志，为公司/组织/政府及其机构提供各种媒体和通信平台，以宣传和推广其企业社会投资计划和倡议，可持续性努力，环境承诺和公司治理以及其他相关新闻和信息。鼓励并促进公司业务投资与培训和发展、环境、健康与安全以及商业和教育的各个方面相关的各种计划。通过有针对性的企业慈善事业在非营利组织和公司之间建立互利关系。
Buka 出版社（Buka Publications）	南非公司，还在英国、加纳和西非进行了国际注册，出版了许多消费者杂志和图书。

数据来源：南非期刊网站

---

① 南非期刊网站．http://www.magazines.co.za/category/motoring3/all.html．

表6 南非主要杂志

内容类型	杂志名称
商业	Fast Company South Africa, Forbes Africa, The African Professional, Wealthladder
家庭	Marriage Life Magazine
食物和生活方式	GINJA Food & Lifestyle Magazine
健康与健身	Fitness (His Edition), Fitness Magazine, Muscle Evolution, Natural Medicine Magazine
家居和园艺	Die Tuinier, The Gardener
儿童	Supernova
文化遗产	Mfenendala
生活方式	My Leader, Sea Rescue Magazine, South, Trend Frenzy, Destiny Man
采矿	Inside Mining
驾车	Automotive Business Review, Bike SA, Car, Leisure Wheels, Naked Motoring, Offroad & Adventure SA
育儿	Mamas & Papas
科学与技术	Stuff
体育	Africa's Bowhunter, African Outfitter, Compleat Golfer, Wild & Jag/Game & Hunt
交通与物流	FleetWatch Magazine, Taxi Magazine
会务、旅游和休闲	Meetings, The Intrepid Explorer, Wildside Magazine
女性	Destiny Magazine, Essays of Africa

数据来源：南非期刊网站

南非日报、周报各20余种，200多家省和地方性报纸，800多家各类杂志。发行量较大的报纸有《每日太阳报》《星期日时报》《报道报》《索韦托人报》《城市报》《公民报》和《星报》。除了《报道报》(阿非利卡语)，其他的都是英文报纸，其中《星期日时报》《报道报》和《星期日独立报》是全国性报纸（详见表7）。除传统图书和报刊出版外，南非的数字出版业务走在非洲国家前列：南非有600多种网络杂志，在线出版商协会内部所有会员的网站访问量为每月460万,其中媒体24小时数字网的访问量约占40%,是南非和全非洲最大在线出版商。[①]

表7 南非主要报纸

名称	特点/内容	发行范围
《每日太阳报》（Daily Sun）	南非发行量最大的日报,以社会新闻和广告为主,在南非中下层社会影响较大。	南非黑人和工薪阶层
《星期日时报》（Sunday Times）	南非发行量最大的周报。	南非、博茨瓦纳、莱索托、斯威士兰和津巴布韦
《索韦托人报》（Sowetan）	南非最大一家以黑人为发行对象的综合性报纸。种族隔离时期,该报重点报道黑人群体在南非经济发展和社会等方面所发挥的作用,和当地黑人生活变迁消息。新南非成立后,报纸加大指导黑人消费、理财和运用法律保护自己的内容,内容贴近黑人,是当地经济效益最好的报纸之一。	南非黑人
《城市报》（City Press）	发行量最大的黑人英文周报,97%读者是黑人。	南非以及莱索托、博茨瓦纳和斯威士兰等周边国家
《公民报》（The Citizen）	主要面向白人的英文报纸。	豪登省
《星报》（The Star）	南非最有影响的英文日报之一。	中上阶层和受过良好教育、经济宽裕及国内有影响的人士,主要在豪登省
《开普时报》（Cape Times）,《开普守卫者》（Cape Argus）	英文姊妹日报,分别在上、下午发行,开普敦市最有影响的英文日报,着重刊登经济新闻和时事评论。	开普敦市
《商报》（Business Day）	面向银行家、企业家、外交官和政府高级官员,以刊登政治、经济重大新闻为主,国内国际政策分析,公司、时事信息为报道重点。	豪登省,扩及西开普、东开普和夸祖鲁-纳塔尔省
《映象报》（Beeld）	最有影响的阿非利卡语报纸。	豪登省,扩及姆普马兰加、北方、西北和夸祖鲁-纳塔尔省

数据来源：中国一带一路网

[①] 中国一带一路网. https://www.yidaiyilu.gov.cn/gbjg/gbgk/872.htm.

值得一提的是南非的华文媒体，包括报纸、杂志和电子传媒。目前主要有三家华文报纸：南非第一份华文报纸《侨声报》（由"台湾领馆"资助筹资，2005年关闭）的主编冯荣生创办了非洲大陆上第一份民营华文报纸《华侨新闻报》，以大中华的宏观角度满足来自海峡两岸暨香港、澳门的信息消费需求；目前，该报为非洲大陆发行及广告量最大的华文报纸。《南非华人报》由来自中国的新侨民创办，隶属南非华人报业集团股份有限公司，目前，为南非发行量最大的华人报纸。《非洲时报》由南非3名侨领合资兴办，主要读者为20世纪90年代以来到南非的中国新移民，引导华人融入当地社会。华人杂志主要有两家：①《虹周刊》，深入介绍南非社会万象，帮助华人了解、客观评价和融入南非社会；②《南非华裔》，是南非中华工商总会创办的第二份华文杂志。成立于1996年的侨声广播电台是南非唯一华语广播电台，以约翰内斯堡和比勒陀利亚为播音范围。一些华文媒体开通了与纸质媒体配套的电子版，例如《华侨新闻报》开设南非中文网，《虹周刊》网络版为"Rainbow's Space"。①

四、中国与南非出版业交流合作情况

随着近年来中国和南非在经贸、人文领域交流合作越来越广泛和深入，中国与南非出版业的交往日益增加。"一带一路"倡议的提出大大促进了中国出版机构进入南非图书市场的步伐。中国出版机构与南非开展多种国际交流合作，例如推进国民阅读兴趣，建设实体书店，大力开发数字出版、中国题材图书等，大力拓展海外市场，鼓励中国企业到南非投资合作，与南非连锁书店合作以拓宽海外华文出版物营销渠道，实施中国品牌战略。②中国商务部公布了"2017—2018年度国家文化出口重点企业公示名单"和"2017—2018年度国家文化出口重点项目公示名单"，共有30多家出

---

① 中文百科在线网站. http://www.zwbk.org/MyLemmaShow.aspx?lid=227753.
② 中国一带一路网. https://www.yidaiyilu.gov.cn/ghsl/gnzjgd/75626.htm.

版企业和近 20 个出版走出去项目入选。中国政府配套实施了经典中国国际出版工程、中国图书对外推广计划、中外图书互译计划、数字出版产品走出去工程、中国出版物国际营销渠道拓展工程和重点新闻出版企业海外发展扶持工程。为了满足南非的商人、官员、公司职员、老师和学生读者群希望阅读到原汁原味、讲述真实中国的图书的需求，2017 年 7 月，中国出版集团和南非最大的实体书店之一 Exclusive Books 达成初步合作意向，与 Jacana Publishers、New Africa Books 等两家出版社洽谈了版权合作。同年 9 月，南非国际书展上，中国国际出版集团展出的各语种版本《习近平谈治国理政》和有关中国历史、语言、学术研究、文化和经济发展的图书受到广大南非书商和读者的关注。① 为了推动中国网印和数字印刷企业在南非的发展，2018 年，中国丝网印刷行业协会还组织国内企业赴南非参展考察。

中国与南非国际出版合作的际遇和挑战共存，两国国际出版合作前景并非一帆风顺。在物质条件方面，受从前种族隔离制度影响，南非大都市以外的许多地方图书馆、博物馆等公共文化设施落后，出版印刷业不发达，出版物价格昂贵，普通老百姓买不起，南非许多公立学校教育设施落后，普遍存在教材不足的问题。近年来，孔子学院在非洲迅速发展。截至 2018 年年底，已在非开设了 43 所孔子学院和 59 个孔子课堂，其中与南非的斯坦陵布什大学、开普敦大学、罗德斯大学、德班理工大学和约翰内斯堡大学合作成立了 6 所孔子学院，开设 5 个孔子课堂（例如开普数学科技学院孔子课堂、威斯福中学孔子课堂以及中国文化和国家教育交流中心孔子课堂）。教育图书可以成为中国出版业在南非的突破点。目前，南非的孔子学院教学还存在缺教材、教材编写缺少针对性、脱离南非现实影响学习效果等问题，这成为联合国 2030 年教育可持续发展目标实现过程中无法逃

---

① 人民网网站. http://world.people.com.cn/n1/2017/1025/c1002-29607219.html.

避的硬件障碍。① 所以，大数据时代，中国出版企业可以在南非加强数据平台建设，联合中外语言教学机构探索语言差异化出版物，投入研发成本低的电子阅读设备，大力发展数字出版、互动新媒体、移动多媒体等产业，积极开发南非的出版市场，加强数字文化内容产品和服务开发，加强中南非在教育、医疗和媒体领域的信息知识服务（例如培训教育和资讯提供），通过平台互动、大数据分享、云服务等方式及时了解当地读者对中国图书和关联产品的需求，开发基于数据分析和图书推荐体系方便快捷的搜索技术和有效的物流系统②。

除了物资条件挑战，南非对中国的认知也有待改善。由于南非当地媒体对中国和中国与南非关系的报道多转引自第三方的西方媒体，其中存在许多不实、片面和夸大事实的报道，例如指责夸大中国企业在南非的劳资矛盾等。南非民众对中国文化的了解主要停留在诸如武术、春节等文化符号层面，缺少对当代中国社会深入的认知、认同和喜爱。③南非出版市场上，来自中国的图书、杂志和音像资料很少，唯一面向非洲（含南非）受众的中国杂志是外文局出版的《中国与非洲》（英、法双语）。因此，面对南非广大读者介绍中国国情和中南非合作的文化教育类图书是值得中国出版机构关注的目标市场。目前，英文出版物占据了南非的主要出版市场，尽管其他10种官方语言使用人群数量较大，这些语言的出版物目前缺乏竞争力。④所以，中国可以为广大南非读者提供更贴近的多语种教育信息服务，提升他们的职业教育素养和对中国的认知。

"一带一路"倡议为中国的文化和学术提供了绝佳的国际交流平台，为中国出版业带来蓬勃发展机遇。作为实现走出去途径，开展中非人文交

---

① 刘秉栋，楼世洲.非洲2030教育可持续发展目标[N].中国社会科学报，2017-06-22.
② 王京山，包韫慧，侯欣洁，等.数字出版前沿[M].北京：知识产权出版社，2018.
③ 吴传华，郭佳，李玉洁.中非人文交流与合作[M].北京：中国社会科学出版社，2018：33.
④ 付海燕，刘松.中国出版物出口潜力与对策研究[M].北京：知识产权出版社，2017.

流的重要渠道之一，中国出版业出口贸易需要大力开展出口和版权贸易、海外直接投资与国际合作出版等模式的业务。[①] 目前，行业普遍赞同本土化战略与资本运作的策略（例如在对象国落地生根，建立分支机构）。这种经营模式可以帮助出版机构向所在国市场的读者推介中国的优秀作品和作者，输出出版社优秀原创图书的版权。此外，还可利用对象国优势出版资源，打造适合细分目标市场需求、具有较强竞争力的优秀图书，树立母体出版社品牌，同时把优质出版资源引进到国内。要想实施本土化战略，出版企业需要了解对象国的宗教、政治和文化环境，形成清晰的、有针对性的行业应对策略、盈利模式，研发针对对象国的图书产品线。例如针对南非教育出版领域，中国企业可以将基础教育、职业培训与出版相结合，针对南非本土特点，研发多语种不同人群的对外汉语教材，辅以汉语教师培训和教育管理，实现实体＋网络分销渠道的本土化。

"兵马未动，粮草先行。"中国出版业在进入南非出版市场之前，需要充分了解南非社会与文化、其图书市场、出版业和民众的阅读习惯以及相关的国际出版法律，以实现平等双赢的合作目标。若要进一步扩大在南非出版市场的投资，中国需要利用南非本地出版物市场和商业网络制作、翻译、推介中国文化出版物（包括影视剧和中文图书）品牌，提升中国文化在南非的认知度、影响力、深度和广度。中国与南非的国际出版合作要有清晰明确的目标，明确合作项目的社会和经济价值特性，找准自身战略定位和优势，需要培养具有国际视野的经贸与文化教育传播人才，发展一批掌握南非多种语言的国际化作者队伍，做好教育和学术出版，夯实自身出版品牌，加强中华文化跟南非文化的交融交流，促进经贸合作，实现"五通"的设想。中国出版业应以"一带一路"国际出版示范平台为契机，以重大出版项目和特色资源为抓手，发挥合作伙伴在资源、市场方面的互补

[①] 付海燕，刘松. 中国出版物出口潜力与对策研究 [M]. 北京：知识产权出版社，2017.

优势，探索国际出版新模式，用事实促进舆论沟通。① 通过精准的渠道建设和推广，借助融媒体技术，本着本土化、差异化、以客户需求为中心的原则，在产品细节和服务品质上下苦功，整合资源，合理布局，出版机构搭建的跨文化交流平台才能使南非人民愿意了解、认识中国，最终增强中国的国际影响力和话语权，实现合作共赢。

参考文献

1. 多拉娜·姆西曼. 环球时报官方网站.（2017-12-29）. http://opinion.huanqiu.com/hqpl/2017-12/11483514.html.

2. 南非教育网站. https://www.expatica.com/za/education/children-education/education-in-south-africa-803205/.

3. 南非图书发展委员会 2016 报告 [R]. 官方网站. https://sabookcouncil.co.za/.

4. Buzz South Africa 网站. https://buzzsouthafrica.com/top-10-most-popular-and-must-read-south-african-books/.

5. 南非期刊网站. http://www.magazines.co.za/category/motoring3/all.html.

（作者单位：北京外国语大学）

---

① 吴传华，郭佳，李玉洁. 中非人文交流与合作 [M]. 北京：中国社会科学出版社，2018: 33.

泰国出版业发展报告

甄云霞　王香云

文化产业的发展程度是一个国家文化软实力的重要衡量标准，而出版业是文化产业的一个重要组成部分，因此，出版业的发展对于国家文化建设十分重要。泰国出版业发展整体较为落后，在产业规模、产品质量和市场竞争力等方面与西方发达国家相比存在较大差距。这与泰国政府没有对出版业足够重视有关，具体表现为没有专门的管理机构，行业协会发挥的作用又相对较小，使得整个行业的发展较为混乱。

另一方面，由于科技的快速发展，数字化时代的到来，泰国出版业面临巨大的挑战和机遇。数字出版给泰国的传统纸媒带来致命性打击，每年都会有相当数量的出版社倒闭；与此同时，也有大量的出版社积极调整，发展数字出版产业，因此能够保持良好发展态势。近年来，泰国出版业的发展速度较缓慢，所占国内外市场的比例也在降低；泰国出版业能否抓住机遇，迎来高速发展的时期仍是一个未知数。

一、出版业发展背景

（一）泰国国家概况

泰王国，通称泰国，是东南亚的君主立宪制国家；泰国国土面积为513120平方公里，国土东临老挝和柬埔寨，南接暹罗湾和马来西亚，西靠缅甸和安达曼海，是东南亚国家联盟创始国之一。泰国人口总计6593万，共有20多个民族，其中泰族为主要民族，占人口总数的75%；另外，泰国有14%的人口为华裔，其中相当一部分来自中国广东省潮汕地区。泰国的官方语言为泰语，约有5000万人将泰语视为母语。泰国全国共有76个一级行政区，其中包括75个府和直辖市首都曼谷；泰国主要分为5个主要地区，分别为北部、东北部、东部、中部和南部。在宗教方面，大多数泰国人信仰佛教，佛教徒占全国人口95%以上。[①]

（二）经济社会背景

首先，在经济方面，近三年来，泰国经济整体持续增长，人均GDP也不断提高，失业人数也相应减少，家庭可支配收入增加，但人们在教育和个人能力提升方面的消费在家庭消费的所占比例仍然较低；另外，虽然泰国经济处于持续增长的状态，但由于人们对经济发展的信心不足，尽量缩减消费，购买力就呈现降低的态势。根据泰国国家银行发布的年度经济报告，可以看出泰国近三年（2015、2016和2017年）的经济持续增长，其中2015年经济增长3.20%，2016年增长2.80%，2017年增长3.90%；另外，根据世界银行发布的数据，2015年泰国人均GDP约为5846美元，2016年的人均GDP约为5979美元，2017年泰国的人均GDP约为6595美元；可以看出近三年泰国人均GDP也在不断增长。在就业方面，根据泰国国家统计局最新发布的2018年第二季度的就业数据，就业人数为3788万人，失业人数达41.10万人，与上一年同期相比失业人数减少5.40万人。根据图1可以看出，与2016年同期相比，2017年大部分月份的商品销售额和商品销售总量都在降低，表明人们的购买力在不断降低。根据泰国统计局发布的数据，2015年泰国家庭每月可支配收入为21157铢（合4559元人民币），2016年泰国家庭每月可支配收入为21144铢（合4557

---

① 资料来源：https://zh.wikipedia.org/zh/%E6%B3%B0%E5%9B%BD。

元人民币），2017年泰国家庭每月可支配收入为21437铢（合4620元人民币）；另外，2015年占家庭消费比例最大的是饮食消费，为33.70%，教育和个人娱乐消费分别占1.70%和1.10%；2016年饮食消费所占比例提升为36.10%，教育消费与2015年相比所占比例不变，个人娱乐消费所占比例为1.20%；2017年占家庭消费比例最大的仍是饮食消费，为35.10%，教育消费所占比例有所提高，为1.80%，个人娱乐消费与上年相比所占比例不变。

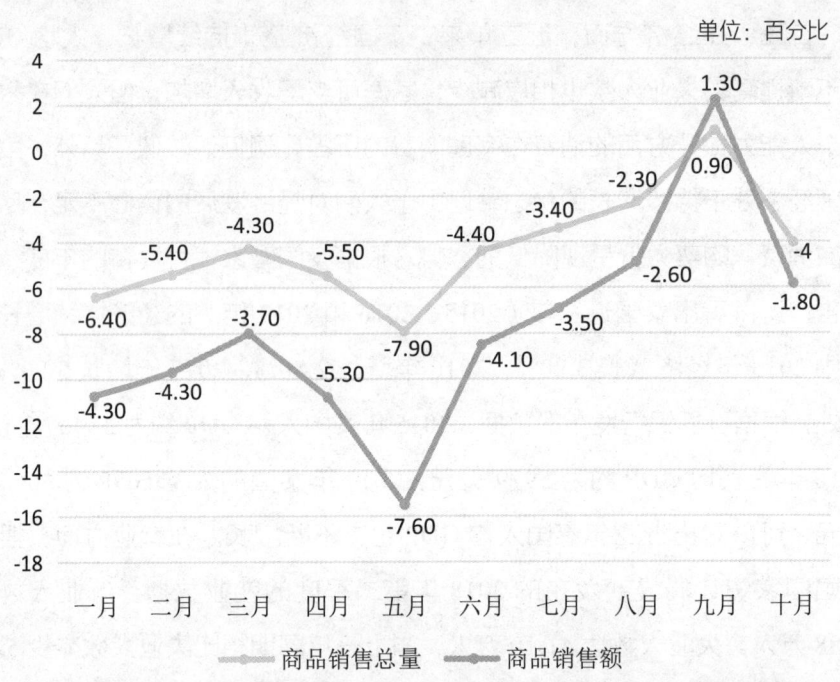

图1 泰国2017年前10个月商品销售额和销售总量与2016年同期对比图

数据来源：The Nielsen Company (Thailand)

在政治方面，在2014年泰国军事政变后，巴育·詹欧差出任代理总理，组建国家维和委员会；同年8月，泰国九世王普密蓬签署御令，任命其为泰国第29任总理。在巴育总理上台之后，禁止各个政党及人民进行所有政治活动（现已取消这一命令），并以修复宪法草案为由，四次推迟泰国大选。泰国相关媒体称，泰国实际上进入军事独裁统治时期，但这种统治维护了国家的稳定，这却正是泰国人民所希望的。

在以上的经济和政治环境下，泰国出版业不够发达，具体表现如下：

泰国是一个缺少阅读文化的国家，泰国人不喜欢阅读，这与他们的性情有关；因为泰国人更加喜欢倾听和讲述，不太习惯一个人静坐下来读书；另外，阅读兴趣的培养缺失，也使得泰国没有良好的阅读氛围；泰国政府倡导阅读兴趣要从家庭开始培养，但这一建议并没有取得相应的效果。因为一方面大部分的父母没有足够的时间来陪伴孩子，另外，对于很多家庭来说，父母的收入不能够负担起孩子阅读图书所需要的费用，这也使得泰国人不能从小培养足够的阅读兴趣。

私营书店的经营难度大。小型私营书店得不到政府的财政支持，加上新书出版的速度太慢，使得这些书店的经营愈加困难，很多书店在短时间内倒闭，导致人们能够买书的地方越来越少，买书的难度加大。另外，泰国出版业主要由年收入超过1亿泰铢的大型出版商控制，这也一定程度上阻碍出版业管理机构的设置，因为管理机构的设置必将损失行业内相关集团的利益，不利于社会的稳定。

（三）政策法律背景

在法律方面，泰国法律极大地保障了公民新闻自由和出版自由，使得泰国媒体以私营为主，按市场规律运作。另外，泰国法律对图书和报刊的出版都有相应的规定。根据2007年颁布的《泰国出版管理条例》，出版印刷从业者必须年满20岁，无任何违法犯罪行为；图书出版社相关信息，例如地址，需要详细记录；另外，禁止印刷和传播一切冒犯国王和皇室的信息以及影响社会稳定的消息。关于报刊出版的规定，更加详尽和严格；规定每份报纸必须清晰地印有印刷者姓名、印刷工厂位置，报纸编辑姓名及报刊出版社所有者的姓名和地址等信息。最后，该条例还规定了违反相关规定的处罚。虽然对出版印刷方面做出了相关的规定,但泰国的宪法是保障新闻自由的,泰国的新闻自由度高于很多亚洲国家。

在政策方面,泰国4.0战略[①]积极推动出版印刷的数字化生产,希望通过创新以及运用高新技术手段,来促进泰国出版印刷业的发展。

(四)出版业机构情况

出版印刷业主要有两个规模较大的行业协会,分别为泰国印刷行业联合会与泰国出版商和书商协会。

泰国印刷行业联合会成立于1993年1月7日,因为多个出版印刷业协会的共同需要而成立,旨在帮助解决政府和行业私营企业之间长期且较为复杂的问题。之前印刷行业在出现问题时,政府主要听取行业工会的看法和意见;因此,出版印刷业多个协会一致认为,应该共同合作,采取同一种思路,建立印刷行业联合会,增大协会的影响力。在成立之初,联合会由7个行业相关协会组成,后来又有2个协会加入,现在共由9个行业相关协会组成。联合会的主席由每个协会的会长轮流担任,每届主席任期一年。泰国印刷行业联合会的宗旨和主要作用为:①维护联合会成员在从事印刷业时的共同利益,维护行业公平;②在发生税收、人才和技术传播等与印刷行业相关问题时,促进协会间的沟通联系,及时解决问题;③促进印刷及其相关行业的发展和相关学术研究。

泰国出版商和书商协会成立于1959年,是由泰国教育圈中几位重要的人物经商量讨论最终决定成立的。该协会旨在提高泰国人的阅读兴趣和发展泰国图书出版印刷和销售业。在协会成立之前,为了能够得到各大出版商和书商的支持,特意邀请当时有名的出版商和书商来共同商建协会。1965年11月,协会正式在公安局注册,使用泰国出版商和书商协会这一名称,原办公地点坐落于京畿府,现迁移到泰国首都曼谷。在接下来的20

---

① 泰国4.0战略是巴育政府于2016年提出的未来20年泰国经济社会发展远景规划,旨在通过科技和创新推动泰国经济的发展;并且这一战略是长期的,不会随政府更换而终止。

年间，协会不断调整内部管理制度，进而不断促进泰国图书出版业的进步和发展。泰国出版商和书商协会的主要职能和作用为：促进泰国图书出版印刷和销售业的发展；举办各大图书展览和相关图书活动，例如泰国最大的图书展览泰国国家图书展就由该协会举办；密切与国内外各大出版社及图书销售业的联系，促进泰国图书印刷出版业的国际化发展。

（五）国民阅读情况

泰国国民阅读图书的方式因年龄的不同而有较大差异。从泰国国家统计局发布的2015年泰国国民阅读情况（最新数据）来看，年龄低于6岁的幼儿，有270万人阅读图书，占这一年龄阶段人口总数的60.20%，比2013年提高了1.30%；平均每人每天的阅读时间为34分钟，在阅读方式方面，77.60%的幼儿选择只阅读纸质图书，1.70%只阅读电子图书，另外20.70%既看纸质图书，也看电子书。对于年龄处于6~14岁的孩子，90.70%的人会阅读图书，平均每人每天的阅读时间为71分钟；至于年龄15~24岁的青少年，共有860万人阅读图书，占这一年龄阶段人口总数的89.60%，平均每人每天的阅读时间为94分钟；对于正在工作的人群，79.10%的人会阅读图书，平均每人每天的阅读时间为61分钟；另外52.80%的老年人会阅读图书，平均每人每天的阅读时间为44分钟。因此对于年龄大于6岁的人群，会阅读图书的人占这一年龄阶段人口总数的77.70%，总计4840万人会阅读图书，这一数据比2013年的81.80%有所下降，但比2011年的68.60%有大幅度提高；在阅读种类方面，报纸占最大比重，其次是网络信息、百科知识类图书、期刊、宗教方面的图书、杂志和小说，所占比例最低的是教科书。

二、图书业发展情况

（一）发展概况

从图书的国内销售总额来看，根据泰国出版商和书商协会发布的2017

年泰国图书业整体情况报告，2014年销售总额为293亿泰铢（合63.10亿元人民币），2015年为279亿泰铢（合60.10亿元人民币），2016年为271亿泰铢（合58.40亿元人民币），2017年，泰国图书业销售总额为239亿泰铢（约合51.50亿元人民币）。从这组数据可以看出，近几年，泰国图书业销售总额在持续下降。另外，从出版新书的情况来看，2017年，泰国总共出版新书6750种，出版新书的速度有所下降，由之前平均每天出版40种新书变为现在平均每天出版18种新书；在所有出版的新书中，文学图书所占比重最大，为23%，其次为教辅类图书和儿童图书；泰国图书的销售价格较高，2017年所出版的新书，平均每种的销售价格为233泰铢（约50.21元人民币）；在此次调查中有21%的出版社在2017年没有出版新书，出版新书最多的出版社为NANMEEBOOKS，共出版392种新书。

图书的销售方式主要以通过书店销售为主，图书展览及其他图书活动销售的图书也占了35%的比重，另外，网上销售图书也逐渐成为一种重要的方式。大部分读者到书店购买图书，是由于知道会有新的图书出售，因此，新书是读者到书店购买图书的重要动力。在购买新书的同时，60%以上的读者都会选择购买其他图书。2017年，泰国全国大约有783家书店，这个数字比之前有所减少；其中614家为连锁书店，另外169家为独立私营书店；泰国各个地区书店分布的密度不同，泰国南部书店数量最多，共有57家；西部地区较少，只有9家书店；另外，书店在向小型化方向发展，对上架图书的质量有更加严格的要求；2017年，泰国读者购买书的种类中所占比重最大的是儿童图书和爱情小说。

作为重要的图书销售方式之一，每年都有多次图书展览活动举行；例如国家图书周（已举办46次）和国际图书周（已举办16次）等；其中最大的图书展览为泰国国家图书展。国家图书展由泰国出版商和书商协会主办，从1996年到2018年已举办23次，每年举办时间为10月份，举办地点为诗丽吉王后国家会议中心。根据泰国出版商和书商协会发布的第23次国家图书展总结报告，共有376家出版社、书店参加此次展览，与往年相比，数量减少；与此同时，参加此次展览的人数也由2017年的1635256人减少至1382749人；另外，此次展览销售的图书总量也相应减少，共销售277866672本图书。

对于泰国图书的外贸情况，根据泰国工业经济办公室发布的数据，2017年，泰国图书和其他印刷物的出口总额约为7000万美元，与2016年相比增长了1.01%，2018年出口额预计会增长21.43%，主要为对印度尼西亚和中国香港的出口额增加；2017年，泰国图书和其他印刷物的进口总额约为3.33亿美元，比2016年减少24.54%，2018年进口额预计会增长7.15%。2017年，泰国图书主要的进口国为韩国，这与掀起的韩国热有很大关系。

关于泰国对外资进入本国出版市场的特殊规定限制，没有找到具体的内容。但泰国投资促进委员会BOI对外资有一些规定，例如外商在某些行业的持股不能超过49%；在投资项目过程中，对生产标准和环境保护等方面也有相关规定。

（二）细分市场

2017年，少儿类图书市场中，销售总额超过1000万泰铢（合215.50万元人民币）的出版社占44%；与2016年相比，销售额增长的只占19%，有30%的销售额有所下降。

文学类图书市场中，销售总额超过1000万泰铢的出版社只占26%，有31%的出版社，销售额不超过100万泰铢（合21.55万元人民币）；与2016年相比，销售额增长的占41%。

实用类图书市场中，销售总额超过1000万泰铢的出版社占35%，有30%的出版社，销售额不超过100万泰铢；与2016年相比，销售额增长的只占21%，有40%的销售额有所下降。

二手图书市场中，销售总额超过 1000 万泰铢的出版社只占 14%，有 64% 的出版社，销售额不超过 100 万泰铢；与 2016 年相比，有 57% 的出版社表示销售额没有太大变化。①

（三）数字内容生产

随着人们的通信、工作方式的改变，人们的消费喜好也在不断变化，对纸质出版物的需求减少，对电子图书等数字出版物更加感兴趣。泰国工业部称 2016 年纸质印刷物的出口总量和出口总价值都有所减少；近三年来，泰国的数字出版市场在不断扩大，但存在起步晚、规模小、技术不够成熟等问题。2007 年至 2014 年，泰国的数字出版产业的产值增长 2.75%，在这一段时期数字出版发展较缓慢。

泰国资讯和通信技术部提出的数字经济政策是推动泰国数字出版发展的重要因素。泰国 Fuji Xerox (Thailand) 公司意识到出版数字化的发展趋势后，在发展数字印刷机器的同时，也积极促进数字化服务的发展。另外，数字出版本身的优点，也使这一行业发展更加迅速；对于消费者来说，数字出版物使用方便，快捷，价格便宜，有利于环境保护；对于出版商来说，数字出版物质量更好，并且节省时间和成本。随着私人客户和小型客户的增多，数字出版行业的发展更加具有优势。

泰国的数字出版行业在发展的同时，也推动了泰国中小企业的发展；因为随着科技的快速发展，图书出版行业不再是"大鱼吃小鱼"，而是"快鱼吃慢鱼"的时代。

三、报刊业发展情况

（一）发展概况

随着科技发展，数字化时代的到来，泰国报刊业的发展受到前所未有

---

① 数据来源：泰国出版商和书商协会。

的挑战；近几年来，泰国很多报社和杂志社纷纷关门倒闭，其中历史长达61年的杂志《泰族》也在2016年10月宣布停刊。另外，在广告行业营业额增长的情况下，期刊和报纸的广告收入却在不断降低，从The Nielsen Company (Thailand) 发布的2017年期刊和报纸的广告收入来看，报纸的广告收入为113.36亿泰铢（合24.43亿元人民币），与2016年相比下降19%，而期刊的广告收入为21.42亿泰铢（合4.62亿元人民币），与上一年相比下降了33%。另外，期刊和报纸的印刷成本也在逐年上升，特别是占用成本的40%至50%的纸张价格，也在不断提高。

泰国整体的报刊发行量、发行收入数据仍未找到，但从泰国最大的报刊集团The Vacharaphol Co.,LTD. 近三年的收入和利润数据①来看，泰国报刊行业整体处于低迷状态。

图2 泰国The Vacharaphol Co.,LTD. 集团近三年的收入和利润额

（二）细分市场

在报业方面，泰国报纸根据内容可分为综合性报纸（如《泰叻报》）、商业报纸（如《曼谷商报》）、体育报纸和娱乐报纸；根据发行的周期可

---

① 数据来源：https://money2know.com/ไทยรัฐ。

以分为日报、周报和半月报等，泰国主要的日报约有15种，重要的周报约有5种，3~4天和半月一期的报纸较少；地方性报纸主要以半月一期或一月一期为主；另外，还有一些在泰国较有名的外语报纸，例如《星暹日报》和《曼谷邮报》，都是以日报的形式发行。

在期刊方面，期刊的种类繁多，在维基百科（数据较全）中，泰国的期刊和杂志根据内容被分为47种，其中时尚类和汽车类杂志的数量最多，商业和旅游类杂志数量也相当多；另外，在泰国还有大概15种免费发放的杂志。[①]

（三）企业情况

泰国Jamsai出版公司成立于2000年，致力于出版适于青少年阅读的高质量口袋书，出版的图书种类较全面，包括娱乐、励志、百科等类图书。公司旗下的泰国Jamsai出版社成立于2002年，是泰国最大的青少年浪漫小说出版商，最大的读者群为女性青年；每年的泰国国家图书展，该出版社都会有大量图书展出。

Jamsai出版社除了出版泰国人写的小说，还翻译出版优秀的外国作品。出版社的书不仅受到读者的喜爱，一些作品还被影视公司购买版权，拍摄成电视剧。目前，出版社主要出版三大类图书，爱情小说（针对18岁以上女性读者），Jamsai爱情系列（针对10~24岁的女性读者），从中国翻译引进的中国古代爱情小说（针对青少年和成人读者）。

从下表数据可以看出，近三年来Jamsai出版社的收入不断减少，主要原因有三点：一是图书售卖收入减少；二是有强劲的对手瓜分同类图书的市场，主要是Satapornbooks公司；三是出版社关闭大量的线下书店。

---

① 数据来源：https://th.wikipedia.org/wik

表1 Jamsai 出版社 2015、2016 和 2017 年收入

年份 \ 收入	泰铢（铢）	人民币（元）
2015	264018769.53	56896044.83
2016	263382235.80	56758871.81
2017	243407867.09	52454395.36

数据来源：泰国商务部

为了应对科技发展给图书出版业带来的挑战，Jamsai 出版社采取了以下的相关策略：在维护原有的读者基础的同时，扩大新的读者群；为了满足读者多样化的阅读需求，出版图书种类增多；与 GDH 电视台合作，将小说改编拍摄成电影，第一部合作拍摄的电影为《天才枪手》；推动数字出版发展，利用社交媒体宣传活动和新书等；举办小型图书展览，在轻轨站销售图书，开展图书降价等活动。

四、中泰出版业交流合作情况

中国与东南亚各国正式的出版文化交流始于20世纪90年代，为了响应国家走出去的战略，中国出版业开展与东南亚各国出版业的合作，其中泰国是重要的国家之一。自2002年中国-东盟自由贸易区启动建设以来，中国与泰国的经济贸易快速发展，两国的出版业交流合作日益频繁；2005年9月，"泰国-中国广西图书文化展"在曼谷举办，展出国内优秀图书、音像制品约1万个品种，共计3万余册，码洋约110万元。[1] 随着"一带一路"倡议的推广，中泰出版业合作再度掀起热潮；2018年10月17—19日，第二届东南亚中国图书巡回展在泰国曼谷举行；此次书展，不仅展览和销售上万本内容丰富的中文图书，还组织了具有特色的文化活动；此外，

---

[1] 资料总结自：https://ipr.fjut.edu.cn/02/15/c4716a66069/page.htm。

两国的出版社还针对图书版权贸易进行交流，希望能够推动双方出版业的合作。目前，双方出版业的主要合作方式有图书进出口贸易、图书展销会、版权贸易、中外合资、合作出版等。

关于中泰版权贸易合作情况，没有找到整体的数据，有一些具体的合作案例：2018 年，Glory Forever 公司旗下的 Kawebook 出版社从中国和日本购买 28 本小说的版权，共投入 6500 万泰铢（合 1404 万元人民币），大部分用来购买图书版权。① 2006 年，接力出版社的蔡骏系列悬疑小说《地狱的第十九层》《荒村公寓》《荒村归来》、刘墉作品等多种图书的版权首次输出到泰国。2017 年，中国数字出版企业掌阅科技与泰国红山出版公司签署协议，9 部中国网络小说将被翻译成泰语在红山的网站上供当地读者付费阅读，后续还将有 40 部中国网络小说输往泰国。

关于泰国对中国影视剧的引进，主要有两种形式：一是进行翻拍，例如正在翻拍的电影泰版《匆匆那年》；另外一种形式是引进中国影视剧，然后进行配音发行，例如泰国 GUT Co 工作室配音发行过《天天有喜》《醉玲珑》等电视剧。从最近几年泰国引进的大部分中国电视剧来看，引进的电视剧题材主要为古装剧和奇幻题材的电视剧，例如《武媚娘传奇》和《少年神探狄仁杰》等古装历史剧及《幻城》和《九州天空城》等奇幻题材剧。泰国 3 台和 7 台近年都引进多部中国电视剧，为中国电视剧的泰国主要引进方。中国电视剧在泰国的播放有一定的文化基础，因为泰国 6800 万人口中有很多人有华裔血统；但由于近年影视题材缺少创新和在海外宣传力度小等原因，产生很大社会影响力的作品不多，令泰国人印象深刻的中国影视剧还是《上海滩》《还珠格格》等经典作品。②

目前，泰国出版业的国际影响力仍然较小，但地区影响力正在加强，尤其是对印度尼西亚等周边国家。泰国政府推行的泰国 4.0 战略，鼓励通

---

① 资料来源：https://www.prachachat.net/ict/news-204960。
② 资料总结自：褚大业：《中国影视剧出口泰国为何难现爆款》，《环球时报》。

过科技和创新推动经济发展，这一战略必然会推动泰国的数字出版业的发展。泰国行业协会和一些出版社正在积极促进泰国出版业与其他国家出版业的合作，但泰国出版业的国际化道路还很长。

参考文献

1. [泰] 新一代消费者推动电子书发展，让新老作家增收 [N]. 民族商业报, 2018-08-15.

2. 中国出版业开拓东南亚市场的现状 [EB/OL]. (2017-05-07). 东南亚知识产权信息网.

3. 褚大业. 中国影视剧出口泰国为何难现爆款 [N]. 环球时报，2018-08-03.

4. 泰国出版商和书商协会. 2017 年泰国图书业整体情况报告、第 23 次国家图书展总结报告.

5. 泰国统计局. 2015 年、2016 年和 2017 年泰国家庭收入和支出情况报告、2015 泰国人口阅读调查、2018 年第二季度就业报告.

6. 泰国工业经济办公室. 2016 年、2017 年和 2018 年工业发展报告.

7. 泰国教育部. 2016 年泰国教育数据.

8. 另有部分数据来源：世界银行、世界数据图册、泰国商务部和 The Nielsen Company (Thailand).

（作者单位：中国新闻出版研究院、北京外国语大学）

乌克兰出版业发展报告

王卉莲

乌克兰地理位置优越，是连接独联体和欧洲两大市场的重要的交通枢纽。"一带一路"宏伟蓝图的提出，为中乌两国带来了新的发展机遇。加强中乌两国在出版领域的交流与合作，增进两国人民间的理解与互信，对加深两国的全面合作具有重要的战略意义。本文主要介绍乌克兰的出版、发行、出版机构、从业人员、主要书展、国民阅读、相关立法等方面情况，以期较为全面地呈现乌克兰出版业的现状，供业界参考。

乌克兰位于欧洲东部，黑海、亚速海北岸，北邻白俄罗斯，东北接俄罗斯，西连波兰、斯洛伐克、匈牙利，南同罗马尼亚、摩尔多瓦毗邻。面积60.37万平方公里，人口4240万（截至2019年1月，不含克里米亚地区），首都基辅。全国分为24个州，1个自治共和国，2个直辖市（首都基辅和塞瓦斯托波尔市）。全国共有一百一十多个民族，乌克兰族占72%，俄罗斯族22%。居民主要信奉东正教和天主教。官方语言为乌克兰语，俄语广泛使用。货币单位为格里夫纳。2017年乌克兰国内生产总值约950亿美元，同比增长2.50%；外贸额1073亿美元，同比增长18.50%，其中出口523.30亿美元，进口549.60亿美元。

在乌克兰，非连续出版物出版主要包括图书、小册子、学位论文提要、造型艺术出版物、地图出版物，以及乐谱出版物五大类；连续出版物主要包括报纸和期刊两大类。近年来，乌克兰出版业呈现以下发展态势：

一是乌克兰出版业集中程度较高。2016年基辅市、哈尔科夫州的出版量占到全国图书、小册子总印数的85%；出版种数排名前10的出版机构的出版量超过图书、小册子总印数的五成；印数排名前4的出版机构的出版量超过图书、小册子总印数的四成。

二是乌克兰非国有出版机构在市场上占据主导地位。2016年非国有出版机构占图书、小册子总出版种数的73%，占总印数的95%；占造型艺术出版物总出版种数和总印数的96%；约占乐谱出版物出版种数和总印数的80%。

三是乌克兰没有发行中盘，出版物发行系统一直未恢复到苏联解体前的水平。目前较大的发行企业，大多为出版机构自办发行，其次是中小型书店，还有超市的图书销售部，以及由大量个体企业主组成的图书集市等。

四是俄罗斯一直是乌克兰图书、小册子等进出口排名第一的对象国，但近年来对俄罗斯的进出口量逐年递减。其中，进口额所占比重由2014年的43%降至2016年的28%，出口额所占比重由2014年的77%降至2016年的40%。对中国的进出口量虽然每年增幅不大，但是稳步增长，所占份额逐渐达到10%左右。

五是乌克兰出版从业人员工资水平较其他行业低，国民阅读情况也不容乐观，国民家庭藏书较20世纪90年代大幅减少，亟待出台相关政策法规，进一步促进本国出版业发展，大力推广国民阅读。

一、出版物出版情况

1. 图书、小册子出版情况

据乌克兰书库统计，2016年乌克兰出版图书、小册子21330种，总印数4897.81万册，分别较2015年增长6.90%、34.50%。2016年乌克兰居民人均拥有图书1.14册，2015年为0.85册，2014年为1.28册。

按出版装帧形式、版次等不同口径统计的图书、小册子出版情况如下：2016年乌克兰出版图书18229种，印数4253.23万册，小册子3101种，印数644.58万册；精装书7699种，印数2919.33万册，平装书13631种，印数1978.48万册；新版书20207种，印数4400.17万册，再版书1123种，印数497.64万册；系列书3800种，印数1107.85万册；翻译类出版物2277种，印数831.17万册；带光盘的图书、小册子39种，印数2.81万册。

按印数级别统计的图书、小册子出版情况如下：年印数在500册以下的图书、小册子12582种，印数308.69万册，主要是学术类、高校教科书与教学法类、成人文学艺术类出版物；年印数在500~1000册的图书、小册子2494种，印数237.92万册，主要是科普类出版物、政府出版物；年印数在1000~5000册的图书、小册子4308种，印数1273.19万册，主要是教科书与教学法类、少年儿童类、宗教类出版物；年印数在5000~1万册的图书、小册子1008种，印数828.85万册，主要是普通教育学校教科书与参考书、外国文学类出版物；年印数在1万~5万册的图书、小册子647种，印数1363.74万册，主要是休闲娱乐类、参考类出版物；年印数在5万~10万册的图书、小册子50种，印数359.93万册，主要是1~4年级的教科书与指南；年印数超过10万册的图书、小册子30种，印数525.49万册，主要是5~9年级的教科书与参考书。

按主题划分，乌克兰图书、小册子主要分为教育与文化类、政治与社会经济类、艺术类、技术类等类别。教育与文化类出版物是市场主体，2016年出版该类出版物4907种，印数2655.03万册，占总出版种数的23%，总印数的54.20%，出版种数和印数较2015年分别增长30.60%和74.50%；出版政治与社会经济类出版物4884种，印数449.16万册，占总出版种数的22.90%，总印数的9.20%，出版种数和印数较2015年分别减少8.40%和18.10%；出版艺术类出版物3805种，印数813.15万册，占总出版种数的17.80%，总印数的16.60%，出版种数和印数较2015年分别增长 23.10% 和 45.30%；出版技术类出版物 2293 种，印数 101.41 万册，占总出版种数的 10.80%，总印数的 2.10%，出版种数较 2015 年增长 2.70%，印数较 2015 年减少 63%。

按目的功用划分，乌克兰图书、小册子主要分为教材与教学法类、学术类、文学艺术类、少年儿童类、科普类等类别。2016 年出版教材与教学法类出版物 7098 种，印数 2714.61 万册，占总出版种数的 33.30%，总印数的 55.40%，出版种数和印数较 2015 年分别增长 4.10% 和 67.30%；出版学术类出版物 4494 种，印数 129.73 万册，占总出版种数的 21.10%，总印数的 2.60%，出版种数和印数较 2015 年分别增长 2.60% 和 1%；出版文学艺术类出版物 3805 种，印数 813.50 万册，占总出版种数的 17.80%，总印数的 16.60%，出版种数和印数较 2015 年分别增长 23.10% 和 45.30%；出版少年儿童类出版物 1626 种，印数 383.77 万册，占总出版种数的 7.60%，总印数的 7.80%，出版种数和印数较 2015 年分别增长 8% 和 8.80%；出版科普类出版物 1250 种，印数 255.70 万册，占总出版种数的 5.90%，总印数的 5.20%，出版种数较 2015 年减少 8.30%，印数较 2015 年增长 2.60%。

按语种划分，乌克兰图书、小册子主要以乌克兰语出版，约占总出版种数和总印数的七成左右。2016 年出版乌克兰语出版物 14900 种，印数 3400.40 万册。出版种数在 20 种以上的外语出版物主要有：俄语出版物 3964 种，印数 1216.48 万册；英语出版物 514 种，印数 119.38 万册；德语出版物 70 种，印数 32.92 万册；罗马尼亚语出版物 65 种，印数 9.29 万册；波兰语出版物 30 种，印数 2.31 万册；法语出版物 27 种，印数 5.76 万册；摩尔多瓦语出版物 26 种，印数 5100 册。在乌克兰，2015—2016 年均出版汉语出版物 1 种，印数分别为 500 册和 300 册。

按地域划分，乌克兰图书、小册子出版较多的城市和地区有：基辅市，2016 年出版种数 7082 种，印数 1931.70 万册，较 2015 年分别增长 8.10% 和 34.10%；哈尔科夫州，2016 年出版种数 5262 种，印数 2242.04 万册，较

2015年分别增长11.20%和46.60%；利沃夫州，2016年出版种数1509种，印数149.33万册，较2015年分别增长8.60%和28.60%；捷尔诺波尔州，2016年出版种数844种，印数197.91万册，较2015年分别增长15.50%和26%；敖德萨州，2016年出版种数771种，印数22.42万册，较2015年分别减少4.10%和14.20%；第聂伯罗彼得罗夫斯克州，2016年出版种数654种，印数21.10万册，较2015年分别减少11.40%和23.50%。

2. 其他非连续出版物出版情况

2016年乌克兰出版学位论文提要6234种，总印数62.34万册，均较2015年减15.20%。其中：博士论文提要852种，总印数8.52万册；副博士论文提要5382种，总印数53.82万册。

2016年乌克兰出版造型艺术出版物1052种，较2015年增加347种，总印数284.14万册，较2015年增加86.40万册。一是儿童类造型艺术出版物793种，印数245.14万册，占总出版种数的75.40%，总印数的86.30%。其中：教科书与教学法类出版物196种，印数55.03万册；玩具书149种，印数27.73万册；涂色书448种，162.38万册。二是图书类造型艺术出版物227种，印数34.66万册。三是活页类造型艺术出版物23种，印数2.97万册。

2016年乌克兰出版地图出版物171种，总印数69.91万册，分别较2015年增加6.20%、83.90%。2016年乌克兰出版乐谱出版物159种，总印数6.07万册，分别较2015年减少10.20%、4.10%。其中：声乐类乐谱出版物64种，印数2.13万册；器乐类乐谱出版物58种，印数1.64万册。

此外，2016年乌克兰还出版小批量印刷出版物636种，总印数169.84万册；活页出版物388种，总印数259.52万册；电子出版物127种，总印数9100册。

3. 连续出版物出版情况

2016年乌克兰出版报纸1656种，总期数45192期，年印数13.27亿份；

出版期刊 2617 种，总期数 14960 期，年印数 1.65 亿册。

在乌克兰，期刊主要包含杂志、汇编、专刊、书刊简介类出版物、日历等。2016 年，乌克兰出版杂志 2217 种，总期数 12116 期，年印数 1.09 亿册；专刊 199 种，总期数 2441 期，年印数 5450.54 万册；日历 100 种，年印数 140.91 万册；汇编 71 种，总期数 112 期，年印数 2.90 万册；书刊简介类出版物 30 种，总期数 191 期，年印数 2.22 万册。

二、出版物发行情况

1. 发行市场概况

目前，乌克兰出版物发行系统不够发达。1993—1995 年间，乌克兰国有、市政、合作社的贸易连锁网络（如乌克兰图书，下辖 1400 家书店，6 家大型批发基地）、地区市政连锁商店（下辖约 1000 家书店）、乌克兰消费者协会中央联合会（下辖约 800 家书店）取消后，乌克兰图书贸易系统就一直没有能够恢复到必要的程度。

在乌克兰，缺乏发行中盘这一环节。出版社直接与小型图书贸易网络和实体书店联络发行相关事宜。乌克兰尚未实行图书统一定价制度。因此，图书贸易企业所处地段、公有私有属性的不同，使其所销售图书的价格也不尽相同，差价在出版社定价的 60%~200% 之间。

据乌克兰出版商与图书发行商协会的专家估算，目前乌克兰图书发行总规模约在 7500 万欧元。据专家估算，在乌克兰有大约 400 家实体书店。乌克兰主要的发行企业情况如下：

家庭闲暇俱乐部出版社，是乌克兰最大的出版机构，成立 15 年来一直从事俱乐部目录售书和订购图书业务，零售自己出版社的图书和来自俄罗斯的图书。该出版社下辖 75 家书店，是目前乌克兰最大的连锁书店。受禁止进口俄罗斯图书的影响，旗下书店开始用乌克兰其他出版机构的图书来填充货架。

其次是字母连锁书店和 Є 连锁书店，以较大差距位列家庭闲暇俱乐部出版社之后，旗下分别有 26 家和 25 家书店。

再次是出版机构设立的小型实体书店，数量在 3~35 个不等，一般地跨 2~3 个州。教科书—波格丹出版社旗下有 22 家书店，其中 20 家位于乌克兰西部。清晨出版社旗下有 35 家书店，主要位于乌克兰东部。

最后，一些出版机构通过超市里设的图书销售部发行图书。此外，大量的图书通过图书集市、书报亭等个体企业主来发行。最大的图书贸易市场有位于基辅的彼得罗夫卡和位于哈尔科夫的天堂角。

2. 有声书、电子书发行情况

乌克兰国民对有声书的需求量很小。因此，近 3~4 年来一些乌克兰有声书生产企业改变了业务方向或者停产了。目前，乌克兰市场上少量的有声书主要来自俄罗斯。

电子书则较受乌克兰消费者的青睐，目前大多通过登录盗版网站免费下载。禁止传播非法文学类电子内容的相关法律尚未出台。相关政府部门禁止非法电子内容传播的执法效果不佳。免费盗版电子书的大量传播，影响了付费合法电子书的生产与销售。因此，目前乌克兰电子书出版数量较少，市场规模不大。据乌克兰出版商与图书发行商协会的专家估算，2016 年乌克兰文学类电子书发行总规模仅占纸质书发行总量的 0.30%。

乌克兰电子书发行机构主要有两大类：一类既生产、发行自身电子内容，也发行其他出版机构的电子书，主要有 Yakaboo、Booxters、Andronum、BookLand、双 A 出版社等。其中，Andronum 主营 12 万种俄语、乌克兰语、英语电子书，此外还免费提供超过 2.70 万种电子书，电子书格式多为 fb2、epub、mobi、pdf 和 txt，与 litres、itunes（Apple）、Nook（Barnes&Noble）、GoogleBooks 等各国大型电子书发行平台均有合作关系。另一类为出版社自办发行，在自己网站上发行本社的电子书，主要有清晨出版社和家庭闲暇俱乐部出版社。

三、出版物进出口情况

乌克兰国家国库局对进出口业务进行官方统计，涉及出版业的相关统计，主要集中在印刷类图书、小册子和明信片类别下。

乌克兰进口印刷类图书、小册子和明信片的情况如下：2014年进口总额 2640 万美元，主要进口对象国及进口总额占比为：俄罗斯占进口总额的 42.80%，德国占进口总额的 19.07%，中国占进口总额的 8.74%；2015年进口总额 920 万美元，主要的进口对象国及进口总额占比为：俄罗斯占进口总额的 32.78%，中国占进口总额的 10.59%，德国占进口总额的 10.06%；2016年进口总额 1260 万美元，主要的进口对象国及进口总额占比为：俄罗斯占进口总额的 27.98%，德国占进口总额的 12.45%，中国占进口总额的 12.08%。

乌克兰出口印刷类图书、小册子和明信片的情况如下：2014年出口总额 2720 万美元，主要出口对象国及出口总额占比为：俄罗斯占出口总额的 76.83%，白俄罗斯占出口总额的 11.64%，中国占出口总额的 4.76%；2015年出口总额 2180 万美元，主要的出口对象国及出口总额占比为：俄罗斯占出口总额的 55.86%，中国占出口总额的 9.26%，白俄罗斯占出口总额的 9.20%；2016年出口总额 1840 万美元，主要的出口对象国及出口总额占比为：俄罗斯占出口总额的 39.70%，缅甸占出口总额的 32.17%，中国占出口总额的 6.84%。

四、相关机构、人员情况

1. 出版机构情况

2016年国有出版机构出版图书、小册子 5704 种，印数 241.94 万册，分别占总出版种数和总印数的 26.70% 和 4.90%，较 2015 年分别减少 1.40% 和 29.70%。其中，国家广电委员会管理的出版机构出版图书、小册子 255 种，印数 26.19 万册，分别占总出版种数和总印数的 1.20% 和 0.50%，较 2015 年分别增长 34.20% 和 24.60%。此外，其他所有制形式的出版机构出版图书、小册子 15626 种，印数 4655.87 万册，分别占总出版种数和总印数的 73.30% 和 95.10%，较 2015 年分别增长 10.20% 和 41.20%。

2016 年国有出版机构出版造型艺术出版物 44 种，印数 12.60 万册，分别占总出版种数和总印数的 4.20% 和 4.40%，较 2015 年分别增加 69.20% 和 539.60%。其中，国家广电委员会管理的出版机构出版造型艺术出版物 23 种，印数 11.37 万册，分别占总出版种数和总印数的 2.20% 和 4%，较 2015 年分别增长 14 种和 10.27 万册。此外，其他所有制形式的出版机构出版造型艺术出版物 1008 种，印数 271.54 万册，分别占总出版种数和总印数的 95.80% 和 95.60%，较 2015 年分别增长 48.50% 和 38.70%。

2016 年国有出版机构出版乐谱出版物 33 种，印数 1.49 万册，分别占总出版种数和总印数的 20.80% 和 24.50%，较 2015 年分别减少 28.30% 和 15.30%。其中，国家广电委员会管理的出版机构出版乐谱出版物 16 种，印数 1.10 万册，分别占总出版种数和总印数的 10.10% 和 18.10%，出版种数较 2015 年增长 1 种，印数减少 300 册。此外，其他所有制形式的出版机构出版乐谱出版物 126 种，印数 4.58 万册，分别占总出版种数和总印数的 79.20% 和 75.50%，出版种数较 2015 年减少 3.80%，印数增长 0.20%。

2016 年国有出版机构出版地图出版物 134 种，印数 60.06 万册，分别占总出版种数和总印数的 78.40% 和 85.90%，较 2015 年分别减少 2.20% 和 81.30%。其他所有制形式的出版机构出版地图出版物 37 种，印数 9.85 万册，分别占总出版种数和总印数的 21.60% 和 14.10%，较 2015 年分别增长 54.20% 和 101%。

2016 年排名前 10 的乌克兰出版机构主要有位于哈尔科夫的家庭闲暇俱乐部出版社、清晨出版社、赞美歌出版社、基础出版集团、对页出版社，位于基辅的起源出版社，位于苏米的科学生产企业萌芽，位于捷尔诺波尔的教科书—波格丹出版社、《教科书与参考书》报纸编辑部，位于利沃夫的老列夫的出版社。上述出版机构出版的图书、小册子分别占总出版种数的 19%，占总印数的 54%。

表　2016 年出版种数排名前 10 的乌克兰出版机构情况

排行	出版机构名称	出版种数（种）	印数（千册）
1	家庭闲暇俱乐部（Клуб сімейного дозвілля）	1128	10366.30
2	清晨（РАНОК）	634	4535.20
3	起源（Генеза）	364	6206.40
4	赞美歌（Віват）	345	1365.10
5	基础（Основа）	333	416.40
6	教科书 — 波格丹（Навчальна книга — Богдан）	312	888.00
7	萌芽（Росток A.B.T.）	264	389.60
8	对页（Фоліо）	251	765.40
9	老列夫的（Старого Лева）	251	708.50
10	教科书与参考书（Підручники і посібники）	220	567.30

数据来源：乌克兰书库

2. 出版从业人员收入情况

乌克兰工作网站（https://www.work.ua/）的调查显示，截至 2017 年 8 月，乌克兰出版从业人员月平均工资为 7878 格里夫纳（约合 307 美元）。出版从业人员平均工资水平，因所处不同地域也有所差异：在乌克兰东部地区（含哈里科夫州）月平均工资水平在 250~500 美元之间；在乌克兰西部地区（含利沃夫州和捷尔诺波尔州）月平均水平在 200~350 美元之间。

与其他行业进行比较，可以发现乌克兰出版从业人员工资水平较低。在下面列举的各个行业中，其平均工资仅高于教育、学术领域从业人员。

建筑从业人员月平均工资为 10792 格里夫纳（约合 422 美元），设计、艺术机构从业人员月平均工资为 9800 格里夫纳（约合 372 美元），工业企业从业人员月平均工资为 9821 格里夫纳（约合 384 美元），文化、音乐、会展领域从业人员月平均工资为 8451 格里夫纳（约合 330 美元），宾馆酒店、旅游从业人员月平均工资为 8339 格里夫纳（约合 326 美元），教育、学术领域从业人员月平均工资为 7665 格里夫纳（约合 300 美元）。

五、书展、国民阅读情况

1. 主要书展情况

国家图书博览会和"图书军械库"国际联欢节是乌克兰出版界一年一度的重大事件。国家图书博览会一般每年 9 月在利沃夫举办，至 2017 年已举办二十四届。"图书军械库"国际联欢节一般每年 4~5 月在基辅举办，至 2017 年已举办七届联欢节。

国家图书博览会是在"出版商论坛"框架下举办的。出版商论坛于 1995 年创立，致力于提高乌克兰国民文化、教育水平，通过举办各类社会和文化项目，推广、发展乌克兰图书、文学与语言，促进跨文化交流。论坛举办方有：利沃夫城市委员会、利沃夫州政府、利沃夫州委员会、乌克兰出版商与图书发行商协会、乌克兰图书馆协会。2017 年 9 月 13 日至 17 日，在该论坛框架下举办了第二十四届国家图书博览会、第十二届国际文学节、第二十三届"论坛最佳图书"竞赛和颁奖典礼、第八届全乌克兰图书馆论坛，以及"第三个百年：阅读的快乐"公益活动。约 200 家出版社、图书发行机构、一千一百多位来自乌克兰和其他国家的作家、艺术家、文化界人士参与论坛的各项活动。

"图书军械库"国际联欢节，2011 年开始举办，尝试突破传统的文学范畴，反映当前技术发展，以及与现实社会文化发生关联的各类视觉、媒体、音乐艺术形式，以各种创新形式，将文学、艺术、社会实践结合起来，鼓励读者走进图书市场，促进全民阅读。2017年5月17日至21日，乌克兰举办了第七届国际联欢节，超过150家出版机构参与，主题是"微笑·恐惧·力量"。选择这个主题主要有三重考虑：一是微笑的自然，当习惯的世界分崩离析的时候，大家还能像以前一样微笑吗？二是乌克兰互联网对政治游行、黑色幽默等相关讨论的嘲讽。三是乌克兰文学代表人物伊万·科特利亚列夫斯基全部出版《埃涅伊达》175周年纪念，联欢节期间可以观看相关剧目，光顾相关主题餐厅。

2. 国民阅读情况

目前，乌克兰尚未进行系统的国民阅读调查，仅由一些私营公司根据业务需要，每两三年进行一些阅读相关调查。

最近的一次调查由消费品市场研究公司乌克兰调查分公司在2013年进行。该调查显示，约51%的乌克兰居民不阅读文学作品；在其他阅读文学作品的49%的居民中，有87%倾向于阅读纸质书，有10%~15%倾向于阅读电子书；在阅读电子书的居民中，仅1%阅读来自合法渠道的电子书；46%的阅读者通过互联网获得新书信息；在阅读的居民中，有20%每年阅读超过10本书，有19%每年阅读少于10本书。

此外，乌克兰科学院社会学研究所的调查显示，乌克兰人的家庭藏书数量明显减少：1994年31%的乌克兰家庭拥有藏书超过100本，2010年上述指标下降至18%。

六、出版相关立法情况

现行调控乌克兰出版业的法律法规主要有《宪法》《信息法》《国家秘密法》《著作权与邻接权法》《乌克兰大众传媒法》《关于对大众传媒的国家扶持与对记者的社会保护》《出版法》《关于乌克兰对图书出版业的国家扶持》《义务上缴文献样本法》等。

1997年《出版法》出台后，乌克兰出台了一系列旨在扶持本国图书出版和发行的法律法规的修订案。2000年2月对1997年4月3日出台的《增值税法》进行了修订，规定免除下列三项业务的增值税：一是销售学生作业本、教材与参考书，二是供给乌克兰生产的印刷类大众传媒定期出版物（不含色情类出版物）、学生作业本、教材与参考书、乌外或外乌词典，三是在乌克兰征收关税的领土范围内送达上述出版物。2014年12月对《税法法典》进行了修订，规定对上述后两项业务，永久免征增值税。

为了对出版市场主体进行登记，1998年9月以《出版法》为基础，乌克兰部长办公室颁布《关于出版物出版者、印刷者、发行者国家目录的规定》。出版市场主体在列入国家目录，并出具被列入的证明后，才能从事相关业务活动。1999年出台的《义务上缴文献样本法》确立了补充乌克兰信息资源的国家政策，是义务上缴文献样本系统发挥职能的法律基础。

2003年3月6日《关于乌克兰对图书出版业的国家扶持》出台，规定了国家扶持图书出版业的原则，为克服图书出版业危机，提供有利条件，促进出版业发展。2003年11月20日对上述法律进行了修订，对从事出版、印刷、发行业务的出版市场主体的优惠措施延长至2009年1月1日。其后，上述优惠措施延长至2015年1月1日。

为发展国内图书出版业，为印刷类大众传媒、从事图书产品出版、印刷、发行的文化机构、经营主体创造良好的经营条件，乌克兰上议院出台了一项决议——《关于对印刷类大众传媒编辑部、文化机构（含图书馆、出版社、书店、书刊发行企业）的迁移实施延期支付》，决议有效期截至2009年1月。

2009年6月乌克兰政府规定，从事出版、印刷、发行的本国出版机构和发行机构，其图书产品中乌克兰语所占份额不少于50%，可不通过竞标租赁国有、市政资产作为营业场所。

2016年12月8日乌克兰上议院出台了法律，对《关于限制含有反乌克兰内容的外国印刷品进入乌克兰市场》进行修订。自2017年5月起，国家广电委员会新增一项职能，限制从所谓"敌对国和临时占领区"引进出版物。该委员会负责对来自上述国家和地区，或者在上述国家和地区生产的出版物，发放引进许可证，对违反规定的行为进行处罚。

此外，还出台了一系列国家计划、行业计划，对调控一些出版活动来说意义重大，如"乌克兰图书"计划对具有重要社会意义的出版物进行扶持。此外，还有一些计划，旨在扶持图书出版、图书发行与阅读，确立国家采购教科书及其他具有重大社会意义的出版物的配置秩序。

参考文献

乌克兰书库统计资料.

（作者单位：中国新闻出版研究院）

希腊出版业发展报告

逯 薇　王锦瑶

希腊共和国，通称希腊，位于欧洲东南部的跨大洲国家，南端紧邻巴尔干半岛，西北与阿尔巴尼亚接壤，北部毗邻北马其顿共和国和保加利亚，东北邻土耳其。希腊总面积为13.20万平方公里，其中15%为岛屿，约1500多个。全国总人口约为1079万人。雅典为希腊首都及最大城市，塞萨洛尼基为第二大城市。早在几千年前，希腊就是世界上最重要的国家之一。孕育在爱琴海畔的古希腊文明，直到现在对欧洲甚至是整个世界都有深远的影响。在哲学领域，古希腊就是神话一般的存在，像苏格拉底、柏拉图、亚里士多德他们的思想还在闪耀着光芒。不仅仅是哲学，古希腊人在建筑、科学、文学等诸多方面都有很深的造诣。希腊属欧盟经济中等发达国家之一，经济基础较薄弱，工业制造业较落后。海运业发达，与旅游、侨汇并列为希腊外汇收入三大支柱。希腊同100多个国家有贸易关系，德国、意大利、英国、保加利、俄罗斯和中国为其主要贸易伙伴，其中，欧盟成员国是其最大贸易伙伴。在希腊，其官方语言为希腊语，英语为最普遍的外国语言。东正教为国教并受国家保护，拥有自治权。此外，还有1.30%的民众信奉伊斯兰教，也是唯一受官方承认的、除东正教之外的宗教。希腊国民基本文化水平较高，据联合国教科文组织提供的数据，2015年希腊识字率达到97.70%，男性识字率为98.50%，女性则为96.90%，两性识字率差异为1.50%。

一、出版业发展背景

（一）政治经济环境

在2008年全球金融危机的冲击下，希腊经济形势急转直下。因希腊国内的产业结构比较单一，当外界对于旅游、海运等支柱产业的需求减弱时，国家收入锐减，导致希腊经济衰退，深陷主权债务危机。从2009年到2016年，希腊国民生产总值连续8年下跌。在国家经济整体衰退的大背景下，希腊居民的实际可支配收入缩减，对非生活必需品的出版产品的支出减少，整个出版市场收益也明显下降。

希腊1974年通过全民公投改为共和制，希腊实行多党制，现政府激进左翼联盟（简称左联）2015年1月上台执政，左联政府上台后针对经济低迷、失业率居高不下的现状，通过税收改革、打击税收欺诈、逃税和腐败一系列结构性改革和措施提振经济，此外，国际债权人自2010年至2018年8月通过三轮救助计划先后共向希腊提供了2887亿欧元的贷款。通过多方努力，希腊经济于2017年开始复苏，世界银行统计数据显示，2017年希腊国民生产总值达2003亿美元，相比2016年增长1.40%。

（二）希腊出版业——文化环境与出版情况

希腊是西方文明的发祥地，早在公元前3000年至前1100年克里特岛就已出现米诺斯文化。图书作为人类学习知识和文化的主要媒介在希腊出现米诺斯文化后也初现雏形。公元1世纪，希腊发现了手抄本的图书，它最初仅应用于传播基督教教义，"圣经"一词原意即指制作手抄本的纸莎草纸。希腊自公元前8世纪起就大量出产文学作品，是名副其实的文学和图书大国。

希腊现代图书出版业起源于20世纪初。20世纪20年代，在雅典、塞萨洛尼基就已经出现一些大型书店和专门从事出版活动的出版社，1920年希腊颁布《版权法》并于11月加入了关于著作权保护的国际条约《伯尔尼公约》。

第二次世界大战后希腊现代出版业进一步发展。许多作者通过出版社小批量的自费出版图书。此外,一些出版商出于回收成本,降低库存的考虑,将成套百科全书、历史丛书、科学专著等系列图书分册售卖,低廉的价格激发了民众的购买热情,进一步促进了希腊出版业的发展。1962年希腊加入《世界版权公约》。

1968年,希腊图书出版业迎来了发展的高峰,首都雅典集中了大量出版社。主要的出版社有大西洋出版社、凯兹罗出版社。当时书刊发行渠道有两种:一是出版商—书商—读者的渠道,二是出版商—批发商—书商—读者的渠道。全国性的出版行业组织有:希腊出版商、书商与文具商联合会。此外,希腊许多知名的出版公司是在1974年军政府统治结束之后逐步建立起来的。

在希腊经济逐渐复苏的过程中,部分出版产业逐步出现企稳迹象。2016年希腊出版商共计有919家,其中3家出版社每年出版200多种图书,占总出版量的13.10%;在阅读方面,希腊主要的阅读群体集中在20岁以上的人群,其中45~65岁的群体对报纸杂志和图书的阅读需求相对较高,而处在10~19岁年龄段的青少年整体阅读情况不容乐观,只有10.74%的阅读率。在报纸销售量方面,2017年较2016年出现了19.60%的下滑,仅宗教类报在普遍萎靡的销售市场中呈现了两位数的增长,其增长幅度达13.20%。同年期刊销售量达到2273.20万份,约为2012年销售额的70%,仅有娱乐类期刊在2017年实现了小幅的销售增长。下降幅度最大的领域主要集中在体育类、信息类、家饰类期刊。体育类期刊在2017年下降幅度达到了42.30%。

(三)出版业相关机构与制度

希腊图书出版官方管理机构是希腊国家文化部以及希腊国家图书中

心，后者是文化部在1994年成立的非营利性机构，旨在执行国家出版业政策，营造希腊阅读环境，向海外推广希腊图书，记录出版业发展历程。

1. 希腊国家图书中心

希腊国家文化部于1994年正式成立希腊国家图书中心，其目的是拟定和实施国家在图书出版发行方面的政策，调查并研究希腊国内图书的发行状况以及读者的需求；建立希腊图书资料库和文档中心以规范希腊国内外对图书资料的需求，建立希腊作家档案及音像资料库，加强国际合作，推动希腊作家作品在境外的出版发行。

2. 希腊文化部文学处

根据文化部的规定，图书和报刊出版由文化部下辖的文学处管理，该处主要职能是组织实施并完善与文学创作有关的政策，参与国家文化生活，指导与文学相关的文化、创造类行业。该处下辖两个部门：图书与文学科；阅读和数字文化科。图书与文学科的主要职能为：①与相关的文化组织和机构合作，加强和促进希腊文学的发展；②与文化部的其他有关部门协同合作，支持现代希腊语的国际研究；③在图书文化领域，负责对文化生产力的评估和对文学作品的评价；④负责推动国内外关于希腊文学、艺术、科学的学术会议的举办以及通过与知识产权协会、立法和议会等部门的合作来保护发展知识产权；⑤支持和鼓励举办各种书展，在国内外推动、宣传希腊图书、文学作品以及作者。阅读和数字文化科的职能主要为：推动和宣传文学创作工作；与图书馆、教育系统以及希腊国家文化其他部门的合作，共同推进全民阅读工作；组织管理希腊图书数据库等。

3. 希腊图书管理行业协会

该协会于1961年成立，总部设在雅典，致力于推进加强图书出版业的发展。该协会的主要任务是支持出版商和书商的发展，并保护其利益。

4. 出版业管理法案和制度

图书定价制度：2018年6月，希腊通过第4549号法律进一步明确了出版商在定价和销售上的权利和义务。主要包括两方面内容：一是出版商有权设定其所出版图书的价格以及可能涉及的折扣，但必须在15日内通知图书经销商、书店等第三方销售主体；二是出版商所销售的图书价格上下波动幅度不得超过10%。

期刊监管制度：在希腊，期刊的创办实行的是"登记制"，任何希腊公民想创办期刊，只要向希腊商业部递交一份创办刊物的申请即可，无须行政审批。政府也不干预期刊的出版、发行以及期刊出版企业的行政事务。

出版业税收制度：希腊政府为了保障国家税收收入，规范税务征收和纳税行为，制定了较为详细的税收政策。为了鼓励、保护本国图书、期刊业的发展，对出版的图书、期刊实行的是免税政策，但对音像制品却实行相对严格的税收制度，实行27.89%~49.38%的税率。

图书评价制度：为了鼓励和发展希腊文学事业，第4549号法律对各种类文学奖项的设立和评选做出规定：文化部奖项表彰的是积极践行"引进来"和走出去政策，将优秀的外国文学作品翻译介绍进入希腊文学界，并将希腊文化推广到国外乃至世界的优秀文学工作者。

（五）国民阅读情况

在希腊，人们有阅读杂志和报纸的习惯，根据2013年希腊国家统计局的调查数据显示，希腊国民每日阅读时间约为15分钟，男性、女性喜欢阅读的人数比例均为21%。但在阅读种类选择上有一定的性别差异：男性更喜欢阅读报纸、期刊，平均阅读时间为9分钟，阅读率16.10%；女性更喜欢阅读图书，平均阅读时间为11分钟，阅读率为15.20%，略高于男性的平均阅读时间6分钟。

表1 希腊不同性别的日均阅读量及阅读方式

主要活动	活动时间（小时）			参与度 %		
	总计	女性	男性	总计	女性	男性
新闻媒体	02:51	02:40	03:04	92.70	92.20	93.20
阅读	00:15	00:15	00:15	21.30	21.10	21.40
阅读周刊	00:06	00:04	00:09	11.70	7.80	16.10
通过网络阅读新闻报纸、杂志	00:00	00:00	00:00	0.00	0.00	0.00
阅读图书	00:08	00:11	00:06	11.50	15.20	7.40
通过网络阅读图书	00:00	—	00:00	0.00	—	0.00
其他阅读活动（宣传册、广告等）	00:00	00:00	00:00	0.40	0.20	0.60

数据来源：2013年希腊国家统计局调查统计

从不同年龄群体的阅读情况来看，主要的阅读群体集中分布在20岁以上的人群，其中45~65岁的年龄群体在报纸期刊和图书的阅读量上都有突出的表现，这也在一定程度上说明处于这一年龄段的群体阅读需求相对较高。其次是20~24岁的年龄群体，这一群体因为学业的需求，整体阅读率达到了21.20%排在第二位。而处在10~19岁年龄段的青少年整体阅读情况不容乐观平均阅读率只有10.74%。

表2 希腊国民各年龄群体阅读时间统计

单位：分钟

年龄群体	宏观阅读情况	报纸杂志	图书	其他读物
10~14	7	4	3	—
15~19	9	4	5	0
20~24	16	6	10	0
25~44	12	4	8	0
45~64	18	7	10	0
65+	18	9	9	0

数据来源：2013年希腊国家统计局调查统计

表3 希腊国民各年龄群体阅读率统计

单位：百分比

年龄群体	宏观阅读情况	报纸杂志	图书	其他读物
10~14	10.74	6.74	4.30	—
15~19	13.39	6.83	6.78	0.16
20~24	21.20	11.86	14.70	0.54
25~44	19.63	9.26	12.33	0.07
45~64	25.09	13.53	13.60	0.76
65+	22.84	15.00	9.61	0.50

数据来源：2013年希腊国家统计局调查

（六）图书馆情况

近年来希腊经济危机同样影响了图书阅读领域。据统计数据显示，2014年国民访问图书馆的人次相对2012年出现了1.90%的下滑。2014年希腊国家统计局对国家图书馆建设情况的数据显示，希腊拥有图书馆共计474家，其中公共图书馆45家，市政图书馆164家，私人图书馆265家。按图书馆的功能分类，其中244家综合性图书馆为大众开放，另外230座专业性图书馆则属于全国的各个高校。

网络信息技术的发展在客观上促进了希腊图书馆电子化的进程。2012年希腊图书馆数据库的访问量相较2010年出现了较大的飞跃，由2010年的64.60万人次上升到了96.10万人次，上升幅度高达48.80%；同时，希腊国民访问图书馆网站的次数也以20%的速度实现增长。

表4 希腊图书馆流量和图书外借情况

单位：人次

年份	2010	2012	2014	变化幅度（%）	
				2012/2010	2014/2012
读者—访客	4547809	4942328	4848431	8.70	-1.90
图书借阅	4032143	3983386	4136525	-1.20	3.80
图书外借	2880921	3099011	3232540	7.60	4.30
电子数据库访问量	645639	960629	956206	48.80	-0.50
图书馆网站访问量	4489889	5411292	7026788	20.50	29.90

数据来源：希腊国家统计局《图书馆调查2014》。

二、图书业发展情况

1. 图书市场情况

根据希腊国家图书中心2013年的统计，希腊全国共有2000多家书店和3500多个图书零售点[①]。在这2000多家书店中90%是规模较小、经营业务多样的书店，主营教辅图书、外语教材、儿童图书、大众类小说等。另外规模较大的280多家专业书店主营文学、社科、历史、地理类图书。

由于经济危机，希腊的图书市场面临着巨大压力。随着消费者日用品价格上涨，人们的日常消费比例增高，购买图书预算降低，导致整个图书市场的销售量下跌。据统计，2016年希腊出版商共计有919家，其中3家每年出版200多种图书，占总出版量的13.10%；10家在80~199种，占比15.30%；146家在10~79种，占比41.30%，接近希腊图书出版总量的一半；其余760家均为年出版9种以下的中小型出版商。希腊出版市场中，出版商数目增加缓慢，整体图书市场仍然由主要的大型出版商、出版企业

---

① 包括出版社经销处、超市、零售点等。

控制，其中匹斯科奥吉斯、迈泰克米奥和迪奥普川三家出版公司就占据了希腊图书出版市场的很大份额。匹斯科奥吉斯出版公司主营业务为文学类图书，目前经营的品种多达1500种，是希腊十大出版公司之一。迈泰克米奥出版公司主要专注于出版教育类图书，2000年之后业务范围扩大到文学、人类学、社科、自传类图书。迪奥普川出版公司聚焦于出版国外犯罪小说、烹饪图书等方面的图书，此外还承接一定量的自助出版。

2. 图书进出口情况

据德国法兰克福书展2016年的统计数据显示，希腊进口图书占总图书市场的比例由2015年的42.50%降到了32.10%，其中英语图书占每年希腊进口图书比例的50%以上，法语图书居第二位占比11%~12%左右，德语、意大利语、西班牙语图书的进口比例则均为4%。希腊的进口图书涵盖了大约33种语言。近年来引进日文和中文图书比例有所提升。

参加和举办国际书展是通过图书展现一国文化魅力，传播国际文化最为有效、便捷的途径。希腊出版企业也意识到这一点，自2001年以来希腊作为特邀嘉宾，先后参加2001年法兰克福、2003年日内瓦、2004年博洛尼亚、2005年马德里、2008年北京、2009年贝尔格莱德、2016年利雅得和莫斯科等多届国际书展。同时希腊负有盛名的塞拉洛尼基国际书展，也先后邀请到法国、德国、塞尔维亚、阿联酋、英国、以色列、俄罗斯等国作为主宾国，协同举办书展，通过走出去"引进来"的方式极大推动希腊图书出版业的发展。

3. 电子书概况

电子书在2010年前后进入希腊市场，据2016年10月德国法兰克福书展统计，希腊电子书数目约为7000部，与纸质图书相比电子书市场占有率不足1%。造成这一情况的原因一是在希腊电子书要缴纳高达23%的增值税，相比只缴纳6.50%增值税的纸版书高出3倍。二是希腊读者更习惯于阅读纸质图书。三是目前市场支持希腊语电子阅读平台稀少。四是苹果、安卓系统的平板设备在希腊销量不佳，导致没有合适的载体提供希腊图书数字化。

三、报刊业发展情况

近几年在互联网、数字传媒和新兴媒体的冲击下，报刊业受到极大影响，据希腊国家统计局对报业的调查结果显示，2017年报纸销售量较2016年出现了19.60%的下滑，2016年销售量较2015年又有15.90%的下滑。仅宗教类报在普遍萎靡的销售市场中呈现了两位数的增长，其增长幅度达13.20%。希腊的期刊销售市场与报纸市场相似，整体呈下降趋势。

（一）希腊报业发展情况

因希腊客观地理条件以及地区经济发展不平衡，全国大多数人口主要聚集在首都雅典地区，行政区划为阿提卡大区。希腊报纸销售比例按区域分为阿提卡地区和其他地区两类。据希腊国家统计局对报刊业的调查数据显示，希腊阿提卡地区报纸的销售量约占全国报纸销量的50%。

表5　2012—2017年希腊年均报纸销售情况统计

单位：份

条目	2012年	2013年	2014年	2015年	2016年	2017年
报纸销售份数	116964789	104733649	95404106	85222397	71641592	57614541
年变化率（%）	—	-10.50	-8.90	-10.70	-15.70	-19.60

数据来源：2017年希腊国家统计局《报刊调查》。

从报纸类型来看，政治类报纸占总销售量的70%以上，体育类报纸位居第二位，这表明希腊国民通过报纸获取的重点信息主要集中在政治和体育两方面。但近年来由于受数字化浪潮的冲击，报纸销售量每年均在大幅下降，这一下降趋势在政治类和体育类报纸的表现最明显。希腊报业在后债务危机时代仍然经历着寒冬，所有种类的报纸都在近年来面临着两位数以上比例的下降，这对希腊报纸出版仍是严峻的考验。

从报纸出版周期来看，希腊的报纸主要分为日报和周报。日报又细分为早报和晚报，在销售数量上日报和周报也有较大差异。以政治类报纸的销售为例，周报的销售额仅为政治类日报的70%左右，这一数据说明日报更符合希腊人们的阅读需要和阅读习惯。

希腊报业的发展基本与其他发达国家同步，目前希腊约有3500种报纸，全国发行量较大的主要日报有：《新闻报》《自由新闻报》和《每日报》等，报纸广告收入通常占希腊报纸总收入的25%~30%。

（二）希腊期刊业发展情况

希腊期刊发行种类较全面，涵盖了女性、公众兴趣、汽车、电视、儿童、宗教、军事等各领域。希腊的期刊销售市场与报纸市场相似整体呈下降趋势，据希腊国家统计局数据显示，2017年杂志年销售量为2273.20万份，约为2012年销售额的70%左右，仅有娱乐类期刊在2017年实现了小幅的销售增长。下降幅度最大的领域主要集中在体育类、信息类、家饰类期刊。体育类期刊在2017年下降幅度达到了42.30%，信息类和家饰类期刊的下降幅度也达到30%以上，在经济危机的影响下图书、报刊消费占人们日常生活支出比例也出现了大幅度下降。

表6 2012—2017年希腊年均杂志销售情况统计

单位：份

条目	2012年	2013年	2014年	2015年	2016年	2017年
杂志销售份数	46717544	39692337	36801123	29518379	26856559	22731970
年变化率（%）	—	-15.00	-7.30	-19.80	-9.00	-15.40

数据来源：2017年希腊国家统计局《报刊调查》。

四、中希图书出版业交流合作情况

1972年6月5日，中国与希腊建立大使级外交关系，两国友好合作关系稳步发展，在联合国及其他国际组织的合作密切。中希之间出版业的密切交流虽始于中希建交的20世纪70年代，但从2008—2010年双方互为书展主宾国起，两国的出版交流更为活跃。

2007年9月至2008年9月，希腊在华举办了"文化年"交流活动。中希在各领域的交往日益扩大，内涵不断丰富。经过友好协商，双方还签订了多个双边合作协定和协议。

2008年6月17日，原新闻出版总署和希腊驻华大使馆在京签订合约，双方用本国语言介绍、翻译、出版对方国家的当代优秀文学作品，以推动两国新闻出版领域的交流与合作。按照协议约定，互相翻译出版的图书包括当代短篇小说精选集、当代诗歌精选集、当代戏剧精选集和当代儿童图书精选集，双方互相资助本国图书译成对方国家文字及由对方国家印制出版。

2008年9月1日至4日在北京举办的第15届国际图书博览会上希腊为主宾国，希腊文化部下属的希腊图书中心，与希腊驻华大使馆、希腊出版商联合会以及希腊作家协会密切合作，组织策划了此次北京图博会的参展工作。在北京国际图书博览会期间，希腊文化风貌通过图书的推广得到了很好的宣传。展览期间希腊刊物发行中文版《伊塔克》在线杂志，刊登了8期中文版专刊，在北京图书博览会期间推出，每期都推荐了可供翻译的希腊图书20种，涉及了古代希腊、图画书、小说、侦探小说、诗歌、儿童读物以及星象类图书。

2010年4月22日至25日，在第7届萨洛尼卡国际图书展上中国为主宾国。此次中国有25家集团和出版社代表在内的约200人参展，通过书展增进了与希腊出版业的交流与合作；同时为希腊读者们带去了3000多册精品图书,包括小说、中国古典文集、汉语学习资料等热点图书;中国还在本次国际书展中召开了主宾国开幕式、"中希文明对话"、中希出版交流研讨会、中国文学之夜等特色文化活动,以突出对话及交流为主旨,追求精致与互动,从出版、文化、艺术等多个领域全面展示了中国主宾国的风采。

2010年8月31日,在第17届北京国际图书博览会召开期间,中国出版集团主办的"千年古国聚首,双向文化交流——中外出版深度合作签约仪式(希腊站)"举行,双方约定邀请希腊儿童文学作家尤金、中国儿童文学作家秦文君以各自喜欢的小动物为主人公创作一部童话作品,再由对方国家著名的插图画家、翻译家进行插画和翻译后同时在中希两国出版发行。

五、未来发展

希腊文化在世界图书市场上仍然占有重要的地位,以古希腊神话为代表的希腊经典文化以及经济危机背景下希腊社会生活为主题的现代希腊著作,仍是当代各国图书市场受关注的作品。与此同时近年来希腊对中国的兴趣有增无减,在经济低迷的形势下"逆流而上"。希腊对中国图书的需求也在与日俱增,两国出版业交流合作发展的前景是美好的。

一百多年前的古"丝绸之路"就为中国和希腊搭建了合作交流的通道,通过这条通道促进了彼此的经济、文化交流,创造、丰富了自己的历史文明。今天,共建"一带一路"倡议为中希两个古老、伟大民族再次携手推动人类文明进步提供了千载难逢的机遇,双方在旅游、文化、教育、科技、新闻媒体、学术等各领域的交流将会日益密切,我们相信更多的交流与合作也将给两国图书出版市场注入新的活力。

参考文献

1. 希腊国家统计局.《希腊数据2018年第二季度》.
2. 希腊文化部.www.culture.gr
3. 希腊国家统计局.《图书馆调查2014》.
4. 希腊国家统计局.《日常活动占用时间调查》（2013年）
5. 中国图书对外推广网.《希腊出版业发展概况》.
6. 希腊国家统计局《报刊调查》（2017年）
7. 希腊第4549/2018号《关于版权和出版商权利、义务的法律》（2018年）
8. 希腊第2121/1993号《版权及相关权利,和其他文化事务法》（1993年）
9. 外交部国家概况.www.fmprc.gov.cn

（作者单位：中国新闻出版研究院、北京外国语大学）

新加坡出版业发展报告

法兰克福书展雅加达办公室

新加坡人口 570 万,是东南亚地区第二小国家,是东南亚最富有的国家。新加坡于 1819 年成为英国殖民地,"二战"期间受日本统治并在"二战"后再次归英国控制。1963 年,新加坡与马来亚联邦合并为马来西亚,1965 年离开马来亚联邦成为一个独立的共和国。在面临严重失业和住房危机的情况下,新加坡从 20 世纪 60 年代末到 70 年代开始实施现代化计划,着重建设制造业、发展大型公共住房和大力投资公共教育。到 20 世纪 90 年代,新加坡发展成东南亚地区最重要的贸易中心,拥有高度发达的自由市场经济和国际贸易,其人均国内生产总值在亚洲名列前茅,并跻身世界最繁荣国家之列。

虽然新加坡有英语、汉语、马来语和泰米尔语四种官方语言,但华人的人口占比最高,约 75% 的新加坡人是讲中文、写简体汉字的华人。新加坡设有 26 所只招收华人学生且以中文为教学语言的特殊援助计划学校。其他学校和机构也教授中文。市场对中文教科书需求较大。

新加坡图书出版商协会拥有 70 家出版商会员,囊括了新加坡所有的重要出版机构。主要的国际出版机构都已在新加坡设立办事处。新加坡国家艺术理事会及图书理事会等政府机构资助的作家节、文学节等活动吸引了众多参与者。新加坡的商业程度很高,但也存在一些挑战。新加坡的数字盗版较为猖獗，目前，政府正准备对其版权法进行修订。总而言之，新加坡拥有完善的基础设施、腐败极少。在商业便利性方面，新加坡在全球排名第二，是东南亚这片蓬勃发展的地区当之无愧的中心。大量华人的存在对中国的出版业来说非常有吸引力。

一、出版业发展背景

（一）概览

新加坡是位于东南亚的一个岛国，国土面积722.50平方公里，南隔新加坡海峡与印度尼西亚相望，北隔柔佛海峡与马来西亚为邻。目前，新加坡有大约570万居民，其中39%是外籍人士。新加坡是一个具有多元文化的移民国家，由三个主要族群组成：马来人、泰米尔人和华人。每个族群的人通常讲自己的母语及英语。尽管新加坡的学校把英语作为主要的教学语言，但也规定学生必须学习各自的母语。针对不同母语学生的三种母语考试也是新加坡国考的一部分。

新加坡在不到30年的时间里从一个落后的小国成长为亚洲最富有的国家之一。新加坡政府统计数据显示，新加坡的人均国内生产总值从1965年的516美元攀升至2004年的22000美元，后升至2011年的50123美元。2018年，新加坡的国内生产总值为3446.59亿美元，人均国内生产总值为61766美元。新加坡在联合国人类发展指数中排名第九位，得分为0.93[1]。这意味着该国在教育、医疗保健、预期寿命、生活质量、人身安全和住房等几个关键社会指标方面表现良好。新加坡还发展成为一个理想的国际商业中心。这不仅得益于其基础设施，而且得益于新加坡作为国际商品全球交易中转站的地位。

新加坡在人力资源发展方面表现出色，这主要表现在教育和医疗保健

---

[1] http://hdr.undp.org/en/countries/profiles/SGP.

等方面。来自中上层阶级的东南亚人，尤其印度尼西亚人，经常送他们的孩子到新加坡学校学习，或者当他们患有重病需要特殊治疗时，比如癌症或自身免疫性疾病等，他们也倾向于去新加坡的医院接受治疗。新加坡被一些专家视为富裕国家中的第四等级，也就是经济社会发展阶段的最高阶段[①]。

新加坡统计局的数据显示，新加坡不同年龄段的人口比例如下：0~14岁：12.82%（男性386139人，女性368874人）；15~24岁：16.56%（男性479683人，女性495649人）；25~54岁：50.53%（男性1448463人，女性1527038人）；55~64岁：10.53%（男性316001人，女性315648人），65岁以上：10.03%（男性274863人，女性326727人）[②]。

新加坡是一个老龄化社会。在过去十年中，老年人越来越多，年轻人越来越少。截至2018年6月底，65岁及以上居民的比例从2008年的8.70%增加到了2018年的13.70%。因为劳动年龄人口与65岁及以上的居民的比例在不断减少，老年抚养比[③]已从2008年的7.60降至2018年的4.80[④]。据路透社报道，为了在人口老龄化的情况下维持经济生产，同时也为了保持人们的身心健康，新加坡政府制定了一项政策，允许公司继续聘用达到退休年龄的员工。自2016年以来，新加坡有650多家公司从政府的重新雇佣计划中获得了最高达30万新加坡元[⑤]的补偿金[⑥]。

[①] 见 Rosling, H., Rosling, O 和 Rönnlund, A.R. 合著《事实真相：我们错误认识世界的十个原因以及为何事情比你想象中要好》（*Factfulness: Ten Reasons We're Wrong About the World – and Why Things Are Better Than You Think*），2018年纽约 Scepter Books 出版社出版。
[②] 资料来源：CIA Worldfactbook.
[③] 即每名老年人由几名劳动年龄人口抚养。
[④] singstat.gov.sg/find-data/search-by-theme/population/population-and-population-structure/visualising-data/population-trends.
[⑤] 约22万美元。
[⑥] 见 Aravindan, A. 和 Ungku, F. 于2019年1月18日发表于路透社的文章《老龄化新加坡：政府帮助企业留住退休员工》（*Aging Singapore: City-State helps firms retain workers past retirement age*）。网址：reuters.com/article/us-asia-ageing-singapore-companies/aging-singapore-city-state-helps-firms-retain-workers-past-retirement-age-idUSKCN1PC08U.

新加坡的出版社由新加坡图书出版商协会统一管理。该协会的 70 多家会员以新加坡的四种主要语言①出版图书。该协会是国际出版商协会的成员。

除了新加坡图书出版商协会以外，为出版业发展提供支持的政府机构还包括：①新加坡旅游局，负责邀请记者参加一年一度的新加坡作家节。②国家艺术理事会，受政府委托赞助图书理事会在 2016 年 4 月 1 日至 2019 年 3 月 31 日期间的活动。此外，国家艺术理事会还是 BuySingLit 活动的主要资助方。该活动旨在推广新加坡的原创作品。③新加坡图书理事会，策划组织各项促进书业发展的活动。④信息通信和媒体发展管理局。⑤新加坡国际企业发展局等。

（二）相关政策及政府参与

新加坡的图书出版、新闻、娱乐等行业都受到新加坡新闻通讯与艺术部下设的信息通信和媒体发展管理局的监管。信息通信和媒体发展管理局按照法律规定负责监测每年 200 多万种的进口出版物，并督促出版商遵守相关的法律法规。

新加坡有一系列约束出版业的法律法规②，其中最重要的是《不良出版物法》，即《新加坡法规》第 338 章，1998 年最新修订版。新加坡的图书发行需遵守《不良出版物法》。此外，在新加坡出版和销售出版物的机构还需要遵守新加坡的《诽谤法》相关规定。电影公映之前需要获得政府有关部门的许可。

在新加坡，图书与任何其他商品一样需要缴纳 7% 的商品和服务税，即当地的增值税税种。电子书也不例外。

---

① 英语、马来语、泰米尔语和汉语。
② 见 Schoppert, P. 于 2012 年 5 月 12 日发表于 *PS Media Asia* 的文章《新加坡如何规范图书出版业》（*How Singapore regulates the book publishing industry*）。网址：psmedia.asia/how-singapore/。

二、出版市场结构及法规

(一) 概览

新加坡图书出版商协会是新加坡出版商的代表[①]。该组织于 1968 年 7 月 19 日由几家出版商联合成立，旨在促进出版业的发展。在 50 年的发展历程中，新加坡图书出版商协会的会员数量已从最初的 22 家创始会员出版社发展到今天的 70 多家。这些出版社以新加坡的四种官方语言出版图书。

新加坡图书出版商协会的活动以新加坡出版商的利益为出发点，涉及新加坡书业的各个领域。为了促进行业发展，协会积极支持出版商的出版、营销和发行活动，不管是纸质图书还是电子书。协会积极与志同道合的相关机构进行合作，共同促进新加坡图书行业生态系统的完善及可持续发展。新加坡图书出版商协会代表新加坡出版业与政府、媒体和其他利益相关者建立了稳固的多边关系，对出版业的生存与发展起着重要作用。协会一直保持着与相关政治、监管和商业部门的联络，及时帮助会员了解行业及利益相关者的最新发展，以便使他们能够尽快适应变化。协会还通过它的活动来影响出版业各种利益相关者的决策和政策。

图书出版商协会协助出版商获取各种政府补助，帮助出版商在国际舞台上推广新加坡原创内容并推动新加坡图书走向全球。协会负责在法兰克福书展、伦敦书展和北京国际书展等重要国际书展上组织新加坡展馆的各项活动。

遗憾的是，该协会目前还不提供新加坡出版业的统计数据，比如每年出版的图书数量、最受欢迎的图书类别、净收入等。据该协会的网站称，此类数据库目前正在开发之中。根据菲律宾国家图书发展委员会发布的一份比较

---

① singaporebookpublishers.sg/page/history.

研究报告指出，新加坡出版商每年出版的图书平均有 8000 至 12000 种[1]。

新加坡的现代《版权法》（共 63 章）以澳大利亚法为基础，于 1987 年通过。之前的英国 1911 年版权法仍然适用于现行法案生效之前产生的版权[2]。受新加坡版权保护的作品必须是原创作品，并以录制或书面等有形的形式表达。原创只是意味着在创作作品时有一定程度的独立完成，并不取决于这个创作是否具有创新价值。

在新加坡，作者一旦以有形形式创作和表达其作品，就会自动享有版权保护，也就是说，作者无需申请注册即可获得版权保护。新加坡版权法保护文学作品、计算机程序、戏剧、音乐和绘画等作品。根据该法规定，个人或公司若侵犯版权属于刑事犯罪。

目前，新加坡法律部和新加坡知识产权局正在着手修订《新加坡版权法》。修订意见一共有 16 条，其中非常重要的一条是创作者应默认拥有在受雇佣情况下创作的作品版权，除非事先签署放弃此权利的书面协议。按照目前版权法的规定，雇佣方持有默认版权。

修订建议中还包括两条以维护重要的公共利益为目的的版权保护豁免。第一条豁免是允许非盈利学校和学生以教学的目的免费使用线上资源。目前的豁免允许非盈利学校和学生使用受版权保护作品的一部分复印件。第二条豁免是指使用自动技术分析文本、数据和其他内容而获得的新内容。目前，在使用自动技术分析文本时，需要复制大量没有授权的内容，具有法律风险。新加坡法律部和新加坡知识产权局将于 2019 年向公众公布修订意见[3]。

---

[1] http://booksphilippines.gov.ph/state-of-the-book-industry-address-2/。该报告称，这一数据来自各协会的数据汇总。

[2] 资料来自一家新加坡商业资讯网站：guidemesingapore.com/business-guides/managing-business/trademark-registration/an-introduction-to-copyright-law-in-singapore.

[3] 见 Lai, L. 2019 年 1 月 18 日《海峡时报》（*The Straits Times*）文章，标题为《版权保护呼唤更加强硬的措施》（*Tougher measures planned to strengthen copyright*）。网站地址：straitstimes.com/singapore/tougher-measures-planned-to-strengthen-copyright.

新加坡有几家本地的图书发行公司，其中最重要的几家分别是：

Select Books Online，主要业务是将图书发行到新加坡的大型和独立书店。该公司和各种本地和海外出版商和出版组织合作，经营范围涵盖从成人小说、非小说到专业和技术图书等各类图书。

APD Singapore，主要业务是向新加坡和马来西亚书店发行图书，在新加坡和马来西亚吉隆坡均设有办事处，经营范围包括中小学教材、学术图书，儿童和成人的非小说类图书等。

方盛时信发行公司，主要业务是提供图书销售综合服务。该公司通过在新加坡不同地方的多种渠道[①]帮助商业合作伙伴进行产品的推广和销售，经营范围涵盖发行、零售、仓储。该公司拥有广泛的发行网络，包括书店、报摊、便利店、酒店商店、加油站、图书馆和大学等4000多个销售终端。方盛时信发行的产品包括图书和期刊，以及企鹅兰登书屋、英国DK出版社、费伯—费伯出版社、英国Icon Books出版社、一世界出版公司、安德鲁斯·迈克密尔出版公司、小老虎出版社和工人出版公司等国际出版商出版的进口图书。

新加坡的进口书发行商是进口商注册组织的成员。该组织共有167家发行公司成员。

新加坡有一些文学版权代理机构，例如总部设在新加坡的蓝花楹文学社就是一个国际文学版权代理机构，代理着众多来自印度、印度尼西亚、马来西亚、菲律宾、巴基斯坦、斯里兰卡、中国台湾，甚至美国、英国、肯尼亚和澳大利亚等更远地区的作家。

（二）审查制度

资讯通信媒体发展局规定，印刷材料的进口商需确保他们在新加坡发行的出版物或音频材料不具有可能因道德、种族或宗教原因而引起异议的

---

① 线下和线上商店。

内容，或被视为有损新加坡国家利益的内容。这条规定是该局对新加坡的印刷媒体发行的监管活动的基础①。

《不良出版物法》禁止出版"描述、描绘、表达或以其他方式处理性、恐怖、犯罪、残忍、暴力或毒品等让人沉迷的物质消费等可能对公共利益造成伤害；或引发族群或宗教问题；或可能引起族群或宗教团体之间的敌意、仇恨、恶意或敌对的内容"。最新的审查和查禁事件通常涉及批评政府或涉及滥交、随意性行为或LGBT②等有关内容。

新加坡的《诽谤法》适用于在新加坡流通的出版物。执法人员可以使用《诽谤法》作为依据阻止图书的发行，只要书的内容被认为是对该国政治家或其他的国家级公众人物的侮辱或贬低。该法案还可用于对被视为攻击或诽谤该国政治家或公众人物的作者提起诉讼③。

在影视领域也有被查禁的案例，比如电影制片人Ken Kwek 2012年的影片《性、暴力、家庭价值观》以及新加坡电影制片人Jason Soo 2016年的纪录片《1987年：揭开阴谋》。后者揭示了新加坡执法人员根据《内部安全法》逮捕22位马克思主义人士的事件④。

在引进儿童绘本方面也曾有一起被查禁案例。书的名字是《三口之家》，由美国作家贾斯汀·理查森和彼得·帕内尔撰写，亨利·科尔绘制插画。这本由美国主流出版社西蒙-舒斯特出版的书探讨同性婚姻的问题，故事主题是两只同性恋雄性企鹅共同照顾小企鹅。2014年，新加坡国家图书馆委员会在进行内部审查后要求下架并销毁书架上所有在售的这本书，原因

---

① 资讯通信媒体发展局的网站称，"进口商需参与监管并评估所进口的材料是否适合在当地发行，若有疑问可咨询媒体发展局。"
② 女同性恋、男同性恋、双性恋和跨性别的统称。
③ 见Schoppert, P. 于2012年5月12日发表于 PS Media Asia 的文章《新加坡如何规范图书出版业》（How Singapore regulates the book publishing industry）。网址：psmedia.asia/how-singapore/.
④ 见Oh, E. 于2017年5月19日在Mustsharenews.com上的文章《新加坡八起不必要的审查事件》（Eight draconian censorships in Singapore that were unnecessary）。网址：*mustsharenews.com/censorship-in-singapore/.*

是不认同这本书的家庭立场，以及收到了一些父母的投诉①。该决定宣布后曾受到一些公众的强烈抗议，委员会最终允许该书出现在当地图书馆的成年人图书区域。

（三）阅读推广活动

BuySingLit计划，即购买新加坡文学图书运动，由新加坡图书出版商协会组织和策划，旨在鼓励当地作家进行原创，并让新加坡人阅读更多的新加坡文学作品。BuySingLit计划于2017年推出，本身就像是一场一年一度的小型书展或文学节，同一时间举办的还有新加坡作家节②。与新加坡作家节不同的是，BuySingLit计划并不邀请外国作家参加，只专注推广本地作者的作品。2018年的BuySingLit计划在两个周末的四天时间里一共组织了80个项目。

BuySingLit计划举办的活动多彩纷呈，比如在当地农场和动物园举办图书推广活动、在新落成的芽笼士乃大厦中心地带举办马来语书展、与当地作家一起喝下午茶、音乐表演、多肉景观工作坊、木偶戏等，很多活动是专门为家庭参与而设置的。

新加坡国家图书馆定期组织专门为儿童、青少年、成年人、老年人而设计的阅读推广活动，比如图书讲座、讲故事大会以及邀请作家艺术家和扫盲活动家参与的主题讨论。图书的出版商和书商通常是这些活动的合作伙伴。新加坡的其他图书馆，比如成三公共图书馆和森港公共图书馆等，也定期举办扫盲活动。

新加坡图书理事会的前身为新加坡国家图书发展理事会。该理事会成立于1968年，旨在为新加坡作家和文学发展提供支持。理事会现在每年在新加坡组织6项文学奖和3个不同的文化节，其中包括亚洲儿童读物节。

---

① 见2012年7月的《审查记录——知识自由通讯》（Censorship Dateline. Newsletter on Intellectual Freedom）61 (4)：第153–184页。
② buysinglit.sg/about/.

图书理事会还通过其学院举办各种培训计划，为新兴作家、插图画家、出版商和教育工作者提供培训与指导。该理事会还资助本地人才参加全球各地的书展，比如伦敦书展、法兰克福书展和新德里书展①。

为支持当地文学的发展，新加坡图书理事会提供了丰富的文学奖项，以表彰不同领域作家的卓越表现②。这些文学奖项是：

新加坡文学奖：这个两年一度的文学奖项对新加坡公民和永久居民开放，可申请参赛的作品包括小说、诗歌和非小说。作品的语言必须是新加坡的四种官方语言之一，对出版时间也有一定的限制。

黑德维稀·安华童书奖：黑德维稀·安华童书奖每两年颁发一次给一本由新加坡公民或永久居民撰写的优秀童书。

学乐亚洲绘本奖：由新加坡图书理事会和学乐亚洲联合设立的奖项，每两年颁发给一本由亚洲作家和插画家创作的具有鲜明亚洲特色的尚未出版的绘本。

学乐亚洲图书奖：由新加坡图书理事会和学乐亚洲联合设立的奖项。该奖项的设立旨在促进具有创造性和创新性的亚洲经验和作品，颁发对象是与世界其他地方的人们分享亚洲独特的生活、精神和思想体验的亚裔作家。

新加坡图书奖：由新加坡图书出版商协会设立的一年一度的新加坡图书奖，从2012年开始，颁发对象是出版社，并向新加坡所有的图书出版公司开放。申请该奖的出版社提供的图书须具有以下特征：以新加坡四种官方语言之一出版；拥有新加坡的ISBN，并且合法存放在国家图书馆委员会；纸质书必须在本地和/或海外的零售店有售；必须是在上一年1月1日至12月31日期间在新加坡出版的图书。符合上述标准的翻译作品（从

---

① bookcouncil.sg/home/page/about-sbc.
② bookcouncil.sg/awards.

外语翻译成新加坡官方语言之一）也可以申请①。

Epigram 小说奖：该奖项于 2015 年启动，旨在促进新加坡的当代创意写作并奖彰新加坡文学界的优秀作家。从 2020 年起该奖项扩大到东盟作家。大奖获得者获得价值 25000 新加坡元的现金奖励和一份出版合同。其他三位入围短名单选手各获得价值 5000 新元的现金奖励和一份出版合同。该奖项对所有是东盟国家公民和永久居民的作家开放。

（四）书展和文学节

新加坡作家节是新加坡最重要的文学活动。该活动每年举办一次。2018 年的作家节曾邀请到了克拉丽莎·古纳汪等新加坡作家以及苏格兰小说家欧文·威尔士、美国漫画书策展人保罗·格拉维特、印度作家基兰·德赛以及传媒研究专家米里亚姆·梅克尔等外国作家。一年一度的作家节也为新加坡的三种母语创作提供了推广的机会。据《海峡时报》的一篇报道称，2018 年的作家节吸引了 27000 人参与，比 2017 年的 25500 人有所增加。除了参加免费项目的人数增加外，2018 年参加作家节付费项目的人数也从 2017 年的 3700 人增加到了 7000 人。新加坡作家节每年都邀请一个主宾国参加。2018 年的主宾国是德国。作家节的活动场所通常是文化遗产所在地，比如新加坡国家美术馆、国家图书馆大楼以及滨海文化中心等。

新加坡书展以售卖大众类图书和期刊为主，展商是本土的出版商和经营进口图书的渠道商。最近一次的书展在 2019 年 5 月 31 日到 6 月 9 日举行。

新加坡亚洲儿童读物节由新加坡图书理事会组织，从 2000 年开始举办。该活动旨在为学者、作家、插画家、编辑、出版商、代理商、发行商提供举办活动的机会，探索商业合作，开发孩子们的思维。2019 年的儿童读物节将于 9 月 5~8 日举行，将包括演讲、研讨会等活动。读物节每年都邀请一个主宾国，到目前为止，中国、印度、马来西亚、印度尼西亚等都

---

① singaporebookpublishers.sg/page/book-awards.

举办过主宾国活动。儿童读物节的目标群体包括父母、儿童、专业媒体从业者、图书馆管理员，每一天的活动都具体针对一个特定的目标群体。儿童读物节在新加坡国家图书馆内举办，其中还包括一个向公众售书的小型书展。

购买新加坡文学图书运动是一个一年一度的图书推广计划，是一个以行业为主导的推广新加坡文学作品的运动[①]。2019年的活动于3月8~10日和3月15~17日举行。

连锁书店如纪伊国书屋和Popular书店也会邀请一些新加坡作家和外国作家举办图书发布会和读书讲座。

从今年开始，国际漫展将与新加坡媒体节一起举办。

由法兰克福书展和新加坡图书出版商协会联合举办的故事驱动亚洲是一年一度的出版行业专业活动。故事驱动亚洲通过演讲和商务洽谈活动为出版从业者提供专业见解，帮助其了解如何利用多平台的合作伙伴关系来开发多媒体内容，从而支持其出版生态系统的发展。第一届故事驱动亚洲活动于2017年举办。

三、图书出版及细分市场分析

（一）图书出版发展概况

新加坡图书出版商协会拥有70家出版商会员，囊括了新加坡所有的重要出版机构。该协会成立于新加坡独立后不久的1968年。新加坡的教科书，尤其是科研领域的教科书，已达到非常高的品质，并出口到很多亚洲国家。国际出版机构，尤其是科学医疗技术领域的出版社，都已在新加坡设立办事处，并把东南亚甚至整个亚洲地区的图书发行和版权贸易总部设在新加坡。新加坡有许多商业出版社，比如2018年刚刚建立子公司的

---

① 资料来源：buysinglit.sg/about/。

企鹅兰登书屋。文学出版社在新加坡并不多，其中 Epigram 是最为知名的一家。几年前，许多书店不得不关门歇业，尤其是像 PageOne 这种规模较大的连锁书店。近年来，许多新的小型书店重新焕发了生机。新加坡国家艺术理事会及图书理事会等政府机构资助的新加坡作家节、亚洲儿童读物节等文学活动吸引了众多参与者，已成为国际知名的盛会。以亚洲电视论坛为主要活动的新加坡媒体节见证了新加坡作为该地区媒体中心的地位。新加坡的商业程度很高，但也存在一些挑战，例如新加坡本身的市场很小、几乎每个地方都是高成本区、新加坡的公寓空间有限以及版权问题。新加坡的数字盗版较为猖獗，目前，政府正准备对其版权法进行修订，以加强用户保护，但同时有可能会损害一些出版商的利益。

（二）主要出版社

以下是根据新加坡出版商协会网站提供的信息列出的新加坡主要出版社名单：

表 1　新加坡主要出版社名单

序号	类别/子类	出版社
1	商业小说 成年人	Epigram Books 玲子传媒（Lingzi Media）【中文】 名创教育国际亚洲分公司（Marshall Cavendish International Asia）【英文和中文】 企鹅兰登书屋（Penguin Random House SEA Pte Ltd） Pustaka Nasional【马来文】 实践出版社新加坡分社（Praxis Publishing Singapore） 小学馆亚洲（Shogakukan Asia Pte Ltd） 海峡时报出版社（Straits Times Press）【英文和中文】 塔里斯曼出版社（Talisman Publishing）【英文和马来文】 联合图书有限公司（Union Book Co. Pte Ltd）【中文】 世界科学出版社（World Scientific Publishing Co）【英文和中文】

续表

序号	类别/子类	出版社
2	商业小说 儿童 青少年	Epigram Books 玲子传媒（Lingzi Media）【中文】 Marshall Cavendish International Asia（名创教育国际亚洲分公司）【英文和中文】 Penguin Random House SEA Pte Ltd（企鹅兰登书屋） Praxis Publishing Singapore（实践出版社新加坡分社） Pustaka Nasional【马来文】 Scholastic（学乐出版社）【英文和中文】 Shogakukan Asia Pte Ltd（小学馆亚洲） Straits Times Press（海峡时报出版社）【英文和中文】 Union Book Co. Pte Ltd（联合图书有限公司）【中文】
3	商业非小说 传记与回忆录 时事 食品和饮料 历史 宗教 旅游指南 游记	Asiapac Books（亚太图书）【英文和中文】 Cambridge University Press（剑桥大学出版社） Epigram Books ISEAS Publishing（东南亚研究所出版社） Lingzi Media (Chinese)（玲子传媒）【中文】 Marshall Cavendish International Asia（名创教育国际亚洲分公司）【英文和中文】 National Gallery Singapore（新加坡国家美术馆）【英文和中文】 NTU Centre for Contemporary Art Singapore（新加坡 NTU 当代艺术中心） NUS Press（新加坡国立大学出版社） Oxford University Press (Singapore)（牛津大学出版社新加坡分社） Penguin Random House SEA Pte Ltd（企鹅兰登书屋）Praxis Publishing Singapore（实践出版社新加坡分社） Pustaka Nasional【马来文】
3	商业非小说 传记与回忆录 时事 食品和饮料 历史 宗教 旅游指南 游记	Singapore Academy of Law (Academy Publishing)（新加坡法学出版社）【学术出版】 Straits Times Press（海峡时报出版社）【英文和中文】 Talisman Publishing（塔里斯曼出版社）【英文和马来文】 Union Book Co. Pte Ltd（联合图书有限公司）【中文】 World Scientific Publishing Co（世界科学出版社）【英文和中文】
4	教材 教科书 考试用书 补充教材	Marshall Cavendish International Asia（名创教育国际亚洲分公司）【英文和中文】 Praxis Publishing Singapore（实践出版社新加坡分社） Union Book Co. Pte Ltd（联合图书有限公司）【中文】

续表

序号	类别/子类	出版社
5	学术资料 教科书 教师参考书 学生参考书	Bloomsbury Digital Resources（布卢姆斯伯里数字资源公司） Cambridge University Press（剑桥大学出版社） Elsevier Singapore Pte Ltd（新加坡爱思唯尔出版社） ISEAS Publishing（东南亚研究所出版社） John Wiley & Sons Singapore Pte Ltd（新加坡约翰·威利父子出版公司） LexisNexis（律商联讯） McGraw Hill Education (Asia), Singapore（麦格劳·希尔教育＜亚洲＞新加坡分社） NUS Press（新加坡国立大学出版社） Oxford University Press (Singapore)（牛津大学出版社新加坡分社） SAGE Publications Asia-Pacific Pte Ltd（世哲出版社亚太分社） Singapore Academy of Law (Academy Publishing)（新加坡法学出版社）【学术出版】 Springer Nature Singapore Pte Ltd（施普林格·自然新加坡） Taylor & Francis Asia Pacific（泰勒—弗朗西斯＜亚太＞出版公司） World Scientific Publishing Co（世界科学出版社）【英文和中文】
6	漫画和杂志 教育漫画 教育杂志 畅销漫画 畅销杂志	Adept Learning Chips and Toon Pte Ltd（Chips and Toon 出版社） English Corner Publishing Pte Ltd（英语角出版社） Ilovereading.sg Pte Ltd（新加坡我爱阅读出版社） Nurture Craft International Pte Ltd（新加坡 Nurture Craft 教育集团） Shogakukan Asia Pte Ltd（小学馆亚洲） Union Book Co. Pte Ltd (Chinese)（联合图书有限公司）【中文】 V-Ventures Pte Ltd（V-Ventures 出版社）
7	有声读物、电子书、具有增强现实（AR）和虚拟现实（VR）内容的图书	Bloomsbury Digital Resources（布卢姆斯伯里数字资源公司） CommonTown Pte Ltd（CommonTown 公司） Micromaker Pte Ltd（迈客美客公司） MXR International Pte Ltd（MXR 国际公司）【VR】 Tusitala (RLS) Pte Ltd（图西塔拉 (RLS) 公司）【电子书和有声读物】

数据来源：新加坡出版商协会网站

下面是新加坡主要出版商的简介：

Epigram 出版社是新加坡为数不多的文学出版商之一，出版成人和儿童小说、烹饪和食谱书、饮食指南和摄影等视觉艺术类咖啡桌图书。该公司有几本比较著名的获奖作品，如获埃斯纳奖的漫画小说《陈福财的艺术》、全球销量已超过 24 万册的系列作品《李阿莫的日记》、获新加坡英文小说文学奖的《道德恐慌部》是李琬婷的短篇小说集处女作。

名创教育是一家新加坡公司，专门做用于课堂内外学习的教辅书。该出版社在新加坡、中国香港、泰国、智利和美国设有办事处，已向60多个国家和地区卖出各种语言版本的教辅书，包括英语、汉语和西班牙语等。作为其数字化转型工作的一部分，名创教育推出了一个名为Spark的全球学习辅导平台。该公司还出版用于英语学习的经典英文文学作品。

新加坡国立大学出版社，主要出版学术图书、学术期刊以及非虚构图书[1]。该出版社每年出版约25种书，每一种都有纸质印刷版和电子书。

东南亚研究所出版社，是东南亚研究所[2]的一部分。该研究所是一个专注于东南亚地区研究的智库组织，学术研究范围涵盖经济、社会文化、战略政治以及国家研究等领域。

世界科学是一家学术出版社，1981年建立之初只有5名员工。现在世界科学出版社在全球拥有450名员工，其中200名在新加坡总部。海外办公室包括新泽西、伦敦、慕尼黑、日内瓦、东京、香港、台北、北京、上海、天津、清迈。在30年的发展过程中，世界科学成为世界领先学术出版社之一，亚太地区最大的学术出版社。世界科学每年出版600种新书，140本期刊。很多图书都是世界著名高校的推荐书目，比如哈佛大学、加州理工学院、斯坦福大学、普林斯顿大学。

MXR国际私人有限公司是一家专业的增强现实和虚拟现实服务提供商，主要为教育、培训和出版活动提供支持。该公司起源于新加坡国立大学内的MXR实验室。通过其SnapLearn应用程序和平台，该公司致力于通过数字出版[3]、游戏和设计提高阅读和学习的体验。

玲子传媒是一家集出版和发行于一体的公司。公司成立的目的是为了

---

[1] 通常是回忆录。
[2] 即尤索夫伊萨东南亚研究所（Yusof Ishak Institute）。
[3] 电子书和有声读物。

在新加坡推广中文。在过去的二十年里，玲子传媒与作家和教育机构合作，制作了大量的文学和非小说图书，并已发展成为新加坡出版、文化和教育领域的领军公司。近年来，玲子传媒一直在寻找适合新加坡市场的国际内容，特别是儿童和青少年图书，希望通过联合出版或授权出版的方式在新加坡推出这样的作品。

Tusitala 是一家为自媒体作者提供出版服务的公司。出版品类广泛，覆盖青少年文学、文学、非虚构等领域，既有纸质书，也有电子书。该公司除了自己开发内容和应用外，也通过亚马逊、OpenTrolley、GooglePlay、iBooks 等电商平台来销售电子书。

很多外国出版公司的亚洲分部在新加坡设有亚洲或东南亚总部。为了更好地服务庞大的中国市场，这些出版商通常会在中国建立一个单独的中国市场办事处。2018 年，企鹅兰登书屋把亚洲总部设在新加坡。企鹅兰登书屋的新加坡办公室希望发现和出版来自新加坡和马来西亚以及泰国、菲律宾、印度尼西亚、越南、文莱和缅甸当地的以及国际上的英文读物，包括成人的、儿童的小说和非小说[1]。

很多以教科书和 STM 为重点的国际学术出版社也把亚洲总部设在新加坡，比如麦格劳—希尔教育、约翰威立出版社、学乐出版社、企鹅出版社、泰勒—弗朗西斯出版集团、世哲出版社、施普林格·自然集团、霍德教育出版社、博睿学术出版社、剑桥大学出版社等。在新加坡建立东南亚总部的主要原因是，新加坡是国际教育中心，而且拥有强大的国际贸易基础设施。此外，新加坡政府也为出版商在新加坡设立办事处提供税收等优惠措施。

---

[1] 见 Ho, O. 于 2018 年 10 月 11 日发表于《海峡时报》(*The Straits Times*) 的文章《企鹅兰登书屋在新加坡设立区域总部》(*Penguin Random House to set up regional headquarters in Singapore*)。网址：straitstimes.com/lifestyle/arts/penguin-random-house-to-set-up-regional-headquarters-in-singapore.

新加坡本土的教育出版也颇具实力，比如世界科学出版社和名创教育均为东南亚地区的国际学校和大学提供教材。Shing Lee 出版社是一家占据领先地位的教育类图书出版社，出版物包括互动式图书和遍布亚洲、大洋洲、非洲、欧洲、北美、拉丁美洲的 40 多个国家和地区的数字平台。目前，该出版社还提供针对教师的培训课程和各种线上的教材教辅。

（三）教育市场及相关材料

新加坡教育部对该国教育体系的分类为：学前教育和幼儿园、小学（1 至 6 年级）、初中和高中（1 至 6 年级）、高等教育（包含大专、理工学院和艺术学院在内）。新加坡有 194 所小学、149 所中学以及 18 所大专院校。2018 年的入学数据如下：总人数为 510714 人，其中小学为 263906 人，中学为 214388 人，高等教育为 32420 人。

新加坡的主要教学语言是英语，于 1987 年被正式指定为当地教育系统的第一语言。英语是半数儿童在达到学龄前所学习的第一语言，也是他们进入小学以后的主要教学语言。虽然马来语、汉语和泰米尔语也是新加坡的官方语言，但英语是除了官方母语及其相关阅读课之外的所有科目的教学语言。通常，其他官方语言的母语课程不使用英语授课。

新加坡学生使用的汉语普通话图书由名创教育和明星出版等新加坡出版商出版。马来语图书和马来语学习所使用的图书和童书由 Pustaka Nasional 出版社出版。泰米尔语的字典从印度直接进口，辅助教材由当地出版商提供，比如 Raji 出版社。总的来说，在新加坡说泰米尔语的人比较少，所以，很难找到泰米尔语的出版商。

接受特殊援助计划的中学鼓励学生更多地使用母语，尝试语言科目与数学和科学科目相结合，使用英语和第二语言授课。

新加坡有 52 所国际学校，提供外国教育课程，其中包括三种体系：针对学业能力超过其实际年龄的学生的大学预科体系，通常称为美国体系；国际文凭体系；英语国家体系。其他的教育体系或课程包括蒙台梭利教育和来自不同国家的各种课程。许多学校提供的都是各种体系相结合的教育。

新加坡有6所国立大学，包括新加坡国立大学和南洋理工大学等。很多外国大学也在新加坡设立了分校，比如德国科学技术研究所设立的慕尼黑工业大学亚洲分校以及法国索邦—阿萨斯国际法学院分校。

新加坡人使用剑桥、名创、培生教育、麦格劳—希尔和牛津等国际出版社出版的大学教科书，同时使用当地的马来语、泰米尔语和汉语出版商提供的相关母语教材。教育部针对新加坡学生的需求制定教科书清单，但是学校可以自由选择出版商。新加坡出版的本地数学教科书享有国际声誉，已广泛出口到邻近的亚洲国家，以满足邻国国际学校的需求。

（四）图书销售情况

新加坡书业主要依赖三大需求：地方图书馆的采购；个人消费者的娱乐需求；以教育为目的的购买，比如大中小学课本。其中以教育为目的的营业收入对于书业举足轻重。2011年，新加坡图书出版社协会的统计显示，英语大众类图书的销售额为1.84亿新加坡元[1]左右[2]。

（五）畅销书

2018年，新加坡的畅销书以成功人士的回忆录和传记为主[3]。首位的是马来西亚亿万富翁罗伯特·库克与安德鲁·坦泽合著的回忆录，该书在新加坡销售了10万册。另一本畅销书是白胜晖为新加坡第二任总理吴作栋撰写的传记，名为《高难任务》，在上市后不到四周就卖了2万册。与大多数畅销书不同的是，《高难任务》一书纸质版和电子书同时发行。

---

[1] 约1.36亿美元。
[2] 这是唯一可以找到的公开数据。
[3] 见 Ho, O.2018年12月10日在《海峡时报》(The Straits Times) 发表的文章《金钱与回忆录：新加坡人今年抢购的当地非小说畅销书》(Money and Memoirs: the local non-fiction bestsellers that Singapore snapped up this year)。网址：straitstimes.com/lifestyle/arts/money-and-memoirs-the-local-non-fiction-bestsellers-that-singapore-snapped-up-this.

除了传记和回忆录之外，社会研究和管理方面的书也出现在 2018 年新加坡畅销书榜上，比如社会学家张优远关于新加坡贫困问题的《原来不平等长这个样子》，已售出 2 万册。Lorna Tan 的《精明退休》是一本关于退休之前如何理财的指南书，在海峡时报畅销书排行榜上保持了 36 周。

畅销书榜单是由新加坡四家主要的连锁书店①所提供的数据汇总而成。

新加坡图书市场上还有一些长销书，比如新加坡已故领导人李光耀的图书。李光耀的《新加坡赖以生存的硬道理》（2011 年出版）的中英文版本加起来已经售出超过 20 万册。

出版于 2016 年的《非公非仆》是一本关于经济发展局原主席杨烈国的传记，由白胜晖撰写。该书曾占据畅销书榜单 68 个星期。《罪名成立》是一本由海峡时报副新闻编辑 Abdul Hafiz 编纂的新加坡真实犯罪故事合集，2018 年曾在畅销书榜单上保持了 28 周的时间。新加坡国立大学出版社去年年初出版的马凯硕和孙合记合著的《东盟奇迹》英文版销量超过 6000 册，而其他语种的译本，包括意大利语、越南语以及繁体和简体中文版，已经在全球售出了 18000 册。

纪伊国书屋书店官网公布的实时更新畅销书榜单里提到了一位实力派新加坡作家的最新非虚构作品《不可思议的舍吉尔姐妹历险记》，作者是 Balli Kaur Jaswal。Jaswal 在 2016 年和 2017 年的作品也都上了畅销榜，尤其是 2016 年出版的小说《遗产》从一上市就长销不衰。

Epigram Books 网站公布②的畅销书包括一些在新加坡市场比较畅销的本土作家的小说，比如 2018 年新加坡文学奖得主 Jeremy Tiang 的《紧急状态》、Yeoh Jo-Ann 的《蛋糕非实用指南》、Inez Tan 的短篇小说集《在这里我不会孤独》、May Seah 的《没人看过的电影》、Sebastian Sim 的《为了刘吉米永不言弃》、Simon Vincent 的《反对者图书俱乐部：你需

---

① 纪伊国书屋、Times 书店、WH Smith 书店、Popular 书店。
② Epigram Books 网站并没有公布相关图书的销售数据。

要知道的 26 个新加坡人》。

童书领域的畅销书有：Quek Hong Shin 的绘本《令人惊叹的纱笼》，曾入围 2018 年 Hedwig Anuar 童书奖短名单，获得 2016 年新加坡图书奖最佳童书奖。Ken Kwek 的作品《蒂莫西和低头族》、Lesley-Anne 和 Monica Lim 合著的《新加坡的秘密》也是畅销书。

（六）博客、数字平台、电子、有声读物

很多新加坡出版商内设自出版部门，比如 Partridge Publishing 和 Notion Press。其他自出版平台包括 Superskill 和 Straits Consultancy and Publishing[1]。

在线自助出版平台 Wattpad 还有一个名为"新加坡故事"的专栏，其中有新加坡作家撰写的几本书。2019 年，Wattpad 还宣布计划与新加坡最大的内容创作者和跨媒体平台 Mediacorp 合作，评选通过网上平台发布过作品的有潜力的新加坡作家[2]。

许多新加坡博主也已经开始顺应国际上的趋势，通过撰写时尚、食品、旅游和娱乐等生活方式类博客文章，链接大品牌的产品和服务，利用自己的博客赚钱。

Peggy C. 就是这样一位博主。她的博客[3]和 Instagram 账户吸引了大约 2.55 万粉丝。她撰写的各种关于生活方式的文章涉及不同领域，包括时尚、食品、旅游等。她还在新加坡经营着自己的两家咖啡馆。

新加坡另一位受欢迎的博主是专注于时尚、美容和摄影的 Vivian Tian。她的博客[4]和 Instagram 账户大约有 5900 位粉丝。

---

[1] 这家公司和新加坡报业控股有限公司的《海峡时报》无关。
[2] company.wattpad.com/blog/2019/4/23/wattpad-and-mediacorp-partner-to-bring-singapore-stories-from-written-word-to-national-screens.
[3] sixpegs.com.
[4] dokivee.blogspot.com.

虽然新加坡没有公布电子书的销售数据，但《海峡时报》[1]2017年的一份报告称，由于图书馆会员阅读电子书的增加，从新加坡的图书馆借出的实体读物[2]的数量从2012年的约3800万下降到2016年的约3200万，降幅超过15%；而图书馆会员的电子书使用从2012年的750万次[3]增加到2016年的1170万次。作为新加坡国家读书运动的一部分，为了与电子书的使用趋势相配合，新加坡国家图书馆委员会去年刚刚推出了一个NLB移动应用程序，其中包含国家图书馆的电子书库，以方便用户在可负担的会费下借阅更多的电子书。

（七）书店

新加坡的几家大型图书零售连锁店在过去几年中都出现业绩下滑的现象。纪伊国屋书店是一家经营多语种图书的综合性大型书店。据纪伊国屋书店在新加坡的网站显示，这家日本零售书店在新加坡共有四家分店，分别在乌节路、河谷路、维多利亚街200号和裕廊门路50号。来自马来西亚的热门书店在新加坡的商场、学校和大学等地方设有多家连锁书店。来自马来西亚的时代MPII集团在新加坡有七家书店，同时和新加坡的一家电商Goguru[4]合作经营网上书店。新加坡主要的连锁书店也都有自己的电商平台，售卖英文和中文的图书，其线上书店的品种数比实体店要丰富。新加坡的一些出版商，比如Epigram出版社和Ethos出版社也通过自己的官网售卖侧重于社会主题的非虚构图书和文学类图书。

新加坡消费者使用来自美国的亚马逊、新加坡本土平台OpenTrolley、来自英国的Books Depository等网购方式购买图书。Books Depository每

---

[1] 见Leow, A. 于2017年5月11日发表于《海峡时报》(*The Straits Times*) 上的文章《电子书的普及降低了实体图书馆的借阅量》(*Physical library loans fall as e-books gain popularity*)。网址：straitstimes.com/singapore/physical-library-loans-fall-as-e-books-gain-popularity.
[2] 包括杂志和视听材料。
[3] 包括页面浏览、下载、登记借出。
[4] goguru.com.sg.

年销售上百万册的以英文为主的外版图书，全部免邮。亚马逊也销售英文和中文的外版图书，通常是进口图书，但是也同时销售电器、服装、电脑、光盘等。新加坡本土的另一个电商平台 Fishpond 也兼营图书，并且把业务扩展到了英国、美国和新西兰。Fishpond 只卖海外出版社出版的英文书。新加坡图书出版商协会 2011 年的一次图书市场问卷调查显示，来自海外的电商平台占有新加坡图书零售市场的比例最少为 22%[1]。

新加坡至少有六家专门销售童书的书店，分别是：My Greatest Child 书店，以优惠的价格卖书，大部分的书和文具是从澳大利亚、英国、美国进口；Bookaburra 书店，销售针对青少年的文学入门书，书店还定期举行适合青少年的小型图书节，目的是希望青少年在数字时代也能培养好的阅读习惯；Junior Page 书店，主营青少年文学；Woods in the Books 书店，主营儿童绘本；Kingdom 书店，销售立体书、文学入门书等；The Closetful of Books 书店，主营由新加坡作家创作的儿童文学和青少年文学。

小众书店在新加坡呈现蓬勃发展趋势，其中独具特色的有以下几家：The Moon，位于清真街，2018 年刚刚开业，主营咖啡馆概念图书，配有几张舒适的沙发供客人阅读；The Basheer Graphic Books，位于贝恩大街，主营平面设计、室内设计、工艺品等视觉艺术图书；GOHD 书店，位于明古连街，主营绝版和稀有图书；网上书店 OpenTrolley.com，主营来自英国和美国的进口书；BooksActually，位于永锡街，主营全球知名和新兴作家撰写的文学作品；Books Aho，位于乌节路，主营童书；Littered with Books，位于达士敦路），主营精美的文学作品（包括小说和非小说），同时还接一些实体书店满足不了的特殊订单；Huggs-Epigram 咖啡书店，位于麦克斯韦路，是 Epigram Books 和 Huggs Coffee 的概念店。它占地 980 平方英尺，是目前唯一一家只销售新加坡作家作品或以新加坡为主题

---

[1] Ho, O. Aug. 10, 2017. *The Straits Times. Amazon poses threat to Singapore retailers but may help grow readership.* From: straitstimes.com/lifestyle/arts/amazon-boon-and-bane-for-local-booksellers.

的作品的书店,这家书店目前有超过 400 种各种类别的书,包括童书、短篇小说、小说、传记、非小说、诗歌。

销售中文图书的书店有:书斋友谊书店,位于百胜楼书城;华文成功媒体书店,位于百胜楼书城。位于百胜楼书城里的 Union Bookstore 也有很多中文书,还有一些英文书,这家书店从中国内地、中国香港、中国台湾、新西兰、马来西亚等地区采购图书,并与几家主流出版社有密切的业务联系,主要从事中文图书的零售和批发,也卖一些文具和礼品。

(八)挑战

新加坡出版商所面临的挑战包括人口稀少、市场规模小、图书的价格比较高等。年轻人的阅读习惯下降是出版业面临的新挑战。国家艺术理事会 2016 年的一项调查发现,56% 的人表示他们全年都没有读过任何文学图书。

实体书店的租金成本增加也对一些实体书店的生存造成威胁。Popular 书店集团首席执行官兼执行董事 Chou Cheng Ngok 表示,由于租金成本的增加,还有越来越多读者选择在线上购书,书店不得不增加一些文具类商品来维持生存[1]。

在线电子书的盗版对当地出版业来说也是一个挑战。《今日在线》[2]的一篇文章引用了伦敦 Muso 公司 2017 年的一份报告称,新加坡在盗版严重程度方面排名世界第九,白俄罗斯盗版最厉害,其次是立陶宛和格鲁吉亚。安永会计师事务所 2017 年的一项有 1000 名新加坡人参与的调查显示,其中 51% 的新加坡人从网上盗版电视节目,51% 的新加坡人非法下载电影。大约 48% 的新加坡人表示他们非法下载过音乐,而 38% 的新加

---

[1] 见 Zhang, L.M. 于 2018 年 1 月 7 日发表于《海峡时报》(*The Straits Times*) 的文章《Popular 首席执行官努力维持书店经营》(*Popular CEO on a mission to sustain bookstores*)。网址:straitstimes.com/singapore/popular-ceo-on-a-mission-to-sustain-bookstores.

[2] todayonline.com/singapore/singapore-online-users-are-ninth-worst-internet-pirates-world-reports.

坡人承认非法下载过游戏，30%的新加坡人表示他们从网上非法下载过电子书。

四、出版国际贸易及与中国出版业的合作情况

（一）图书进出口

新加坡图书出版商协会目前正在与尼尔森图书数据公司合作开发一个关于该国图书进出口的数据库。据已经公布的 2012 年市场数据来看，68% 的销售额来自出口，主要出口国为马来西亚、泰国、印度尼西亚。这三个国家在 2012 年进口新加坡图书的总量超过 5 亿新加坡元[①]，远远超过新加坡本土的销售总量。

把进口的英文和中文图书再一次出口到周边国家是新加坡渠道商重要的生意来源。由于新加坡市场的周转能力足够大，书商有机会通过低买高卖一些廉价库存书来盈利。再出口图书包括文学、童书、科普、非虚构等大众类简装书和大众类精装书。再出口的图书里也有相当数量的学术书和教材。

新加坡的几家大学出版社的学术出版在东南亚享有很高的声誉，尤其是新加坡国立大学出版社。这些大学出版社的图书通常是针对东南亚地区的研究成果，比如印度尼西亚学者 Ariel Heryanto 的研究报告于 2014 年由新加坡国立大学出版社以《身份与快乐：印尼电影文化政治》为题出版。随后该书被影评家 Eric Sasono 翻译成印度尼西亚语，由 Kepustakaan Populer Gramedia 出版社在印度尼西亚出版。

新加坡国立大学出版社出版的美国传媒学者珍妮特·斯蒂尔的《伊斯兰调解：东南亚穆斯林地区的国际记者》在印度尼西亚和马来西亚也卖得很好。该书的印尼语译本由专门出版伊斯兰图书的印度尼西亚米赞出版社

---

① 3.68 亿美元。

出版。

东南亚研究所出版的书也在东南亚地区广泛发行，比如其最近在印度尼西亚最为畅销的书是印度尼西亚前外交部长马提·纳塔莱加瓦撰写的《东盟是否重要——内部观点》。

从很多新加坡书店的线上目录可以发现，来自中国的进口图书种类繁多，最受欢迎的是儿童绘本、词典、语言学习、烹饪和食谱、民间故事以及小说等。2012年，新加坡图书出版商协会的数据显示，来自中国内地、中国台湾、中国香港的图书仅占进口图书的9%。比例低的原因有二：一是中文阅读所占市场比例比较低，二是本土出版社也出版中文图书。

（二）翻译及版权交易

由于新加坡市场对英文和中文进口书完全开放，很少有出版社为了当地市场的需求而购买翻译版权。市场的开放性也使得当地出版的图书不得不面临海外进口书的直接竞争。政府对本土的出版商没有扶持或保护的政策。由于大部分新加坡人可以使用英文和中文，而大部分优秀的图书也都有英文和中文的版本，新加坡市场对购买翻译版权没有兴趣。

一些用英文写作的新加坡作家曾成功地售出翻译版权，比如 Amanda Lee Koe、Thea Lim、Rachel Heng、Sharlene Teo 等。Sharlene Teo 在2018年出版的《庞蒂》被翻译成德语、法语、意大利语、土耳其语，分别由德国 Aufbau 出版社、法国 Buchet Chastel 出版社、意大利 E/O 出版社、土耳其 Hep Kitap 出版社出版。著名作家林素琴2013年的小说《河流之歌》被翻译成泰米尔语和马来语，并计划在印度出版。国家艺术理事会已将该书翻译成菲律宾语，并将用于菲律宾的学校教材。新加坡诗人 Jee Leong Koh 的诗歌被翻译成日语、汉语、越南语、俄语、拉脱维亚语。

许多新加坡作家用英语写作并获得国际知名度，例如克拉丽莎·古纳汪。她的小说处女作《过境之鸟》获得了2015年的巴斯小说奖。到目前为止，这部小说至少已被翻译成汉语（北京白马时光出品）、法语、希伯来语、德语、希腊语、印度尼西亚语、波兰语、西班牙语和土耳其语。

新加坡 16 岁的作家加比·泰曾为小读者编写了一部名为《捉迷藏》的少年科幻三部曲。其中文翻译权于 2016 年被出售给中国的童趣出版公司。据该公司副总经理史妍介绍，科幻小说在中国是非常流行的一个图书类别。

李光耀 2011 年出版的《新加坡赖以生存的硬道理》的英文版和亿万富翁 Robert Kuok 的传记也输出版权到马来西亚和印度尼西亚。

（三）新加坡对外国内容的接受度

新加坡的书店出售大量进口图书，其中以英文、中文和日文的进口书为主。以大型连锁书店纪伊国书屋为例，其销售的一千多种图书中大部分都是进口书，包括由企鹅兰登书屋、霍顿·米夫林、麦克米伦、西蒙-舒斯特等出版社出版的涉及社会政治问题、历史、地区研究、文学、流行小说、咖啡桌图书等各种类别的书。纪伊国书屋还有大量的日本漫画、图书和杂志在售。另一家大型连锁书店 Popular 书店除了销售进口英文书外，还以其精美的中文藏书而闻名[1]。Popular 书店在新加坡一共有 27 家分店，在一些大学里还设有教材专卖店。纪伊国屋和 Popular 书店也出售 Epigram、Lingzi Media、Marshall Cavendish、NUS Press 等新加坡出版商出版的书。

（四）翻译资助计划

2018 年，新加坡国家翻译委员会公布了一项针对翻译人才的补贴计划，即承担获选作品高达 90% 的笔译或口译费用。无论在新加坡国内还是在国外完成的项目，任何新加坡译者都可以申请该计划。符合条件的申请项目可以是短期课程学习、工作坊、研讨会或可以获取学士或硕士文凭的长期课程学习。该计划仅向具有至少三年相关工作经验的新加坡笔译和口译

---

[1] 据下面旅游指南网站的介绍，"Popular 书店是新加坡中文书种类最多的书店"thebestsingapore.com/best-shopping/the-best-5-bookstores-in-singapore/.

从业人员开放，每位获奖者的资助上限为 10000 新元①②。

新加坡国家艺术理事会和国家图书理事会共同组织两个与促进文学翻译相关的奖项，一是新加坡文学翻译学徒奖，二是嫩叶翻译奖。新加坡文学翻译学徒奖为获奖者提供为期 12 个月的翻译培训费用。获奖者可以选择中译英或者英译中培训。该奖学金不仅对新加坡公民和永久居民开放，而且也对非新加坡人的中英文译者开放。该翻译培训课程每年的费用为 6000 新元③，奖学金仅覆盖总金额的 50%④，剩下的部分需要申请人自己支付。

（五）与出版业有关的媒体平台

在媒体融合时代，很多出版商正努力进行多媒体合作，以使其内容产品获得最大效应，比如把畅销书改编成电影或开发成游戏，反之亦然。新加坡信息通信和媒体发展管理局非常重视信息通信和媒体融合的整体发展。作为新加坡政府设立的法定理事会，该管理局通过促进人才、研究、创新和企业发展，努力打造一个充满活力的市场环境⑤。信息通信和媒体发展管理局的网站显示，截至 2019 年 3 月，该机构已经赞助了超过 1500 个政府和企业数字和创意项目，拨付资金达 2.80 亿新元⑥。

信息通信和媒体发展管理局组织一年一度的新加坡媒体节，旨在搭建跨平台的数字创意合作。2019 年，新加坡动漫节将首次参与新加坡媒体节，为媒体节带来大量的漫画、插画小说、动漫、日本漫画、视频游戏、玩具和各种角色扮演⑦。动漫节的参与将为新加坡媒体节注入流行文化，并进一步加强其作为亚洲内容平台的地位。今年的媒体节将于 11 月 21 日至 12

---

① 7293 美元。
② channelnewsasia.com/news/singapore/translator-new-scheme-support-grant-10-000-9900200。
③ 4377 美元。
④ 3000 新元，合 2188 美元。
⑤ imda.gov.sg。
⑥ 2.04 亿美元。
⑦ imda.gov.sg/infocomm-and-media-news/sgmediafestival。

月8日举办。

亚洲电视论坛是提供跨媒体合作的另一个重要平台。参加论坛的有来自亚洲和世界各地的电视和制片公司高管、编剧和其他创意多媒体工作人员。论坛举办一系列商业洽谈配对活动,以帮助与会者发掘潜在的商业伙伴,促进图书改编成电视剧以及网络电视和电视内容的发行。2018年的亚洲电视论坛于12月4~7日举办,主题是印度付费多屏电视系统的成功。2019年的亚洲电视论坛将于12月3~6日在新加坡滨海湾金沙酒店举行。

故事驱动亚洲是法兰克福书展国际全媒体平台故事驱动大会的亚洲分会之一。自2011年以来,故事驱动大会已在法兰克福、阿根廷、新加坡和中国举办过多次。故事驱动旨在反映当前内容产业发展的最新趋势和变化,并探索跨越媒体界限和文化障碍的新商业模式与协作。2018年的故事驱动亚洲大会于11月19~20日在贸易协会中心举行。大会吸引了来自澳大利亚、奥地利、中国、丹麦、德国、印度尼西亚、马来西亚、菲律宾、新加坡、西班牙、英国和美国等十多个国家和地区的130多名出版、软件和游戏、摄影、电影制作和数字媒体专业人士。下一次故事驱动亚洲活动预计于2020年举行。

(六)与中国出版业的合作

中国和新加坡多年来保持着稳定的经济合作关系。据《海峡时报》报道,2019年,选择新加坡作为其开展国际业务据点的中国公司有所增加。中国在新加坡的直接投资存量自2010年以来平均每年增长约10%。新加坡贸易与工业部部长陈振声表示,截至2017年底,中国在新加坡的投资达到363亿美元[1]。这些投资大部分进入了新加坡的房地产业。反过来,中国是新加坡海外投资的最大接收国。《新加坡商业评论》的报道称,根据荷兰SEO阿姆斯特丹经济研究所的一项研究,2018年,中国是新加坡

---

[1] straitstimes.com/politics/parliament-chinese-direct-investments-in-singapore-rose-10-per-cent-per-year-on-average.

最大的外国直接投资接收国[①]，其次是印度尼西亚，达620亿美元[②]。

2018年，新加坡人口总数的约74.30%为华人。因为教育系统要求学校必须教授学生母语，即为华人学生教授普通话，为泰米尔学生教授泰米尔语，为马来西亚裔学生教授马来语，新加坡的华人学生都学习汉语，为普通话中文图书创造了广泛市场。新加坡华人普遍会说普通话，新加坡学校教孩子们学的是简体中文。

新加坡还有所谓的特殊援助计划学校，其教学语言是中文（普通话）。新加坡全国有26所这样的学校，包括15所小学和11所初中/高中。这些学校通常使用中文教科书。新加坡教育部的数据显示，新加坡学校使用的教材由当地出版商出版，如名创教育出版社和明星出版社。这些出版社也出中文版教材。新加坡多数大学教材是英文版，除了一些母语课程，如汉语课、泰米尔语课和马来语课。

除了中小学教科书外，各种类别的中文图书，比如童书、小说、非小说类图书等在新加坡也很受欢迎，目前还没有关于中文图书销量的统计数据。

来自中国的中文图书由新华文化私人有限公司进口到新加坡。新华文化成立于1982年，办公地点位于百胜楼书城。新华文化不仅是新加坡中文书的进口商，也是新加坡中文书的出口商。该公司还拥有一家出版社。

参考文献

1.http://www.singaporebookpublishers.sg

2.http://www.bookcouncil.sg/home/page/about-sbc

3.http://www.buysinglit.sg/about/

4.http://www.straitstimes.com

---

① 外国直接投资额达9760亿美元。
② sbr.com.sg/markets-investing/in-focus/where-did-singapores-us503b-overseas-investment-go.

匈牙利出版业发展报告

黄逸秋　赵师航

匈牙利是国际出版商协会的创始国之一，也是欧洲历史上较早拥有自己出版业的国家。时至今日，图书出版业仍然是匈牙利最大、最多样化的文化产业。

匈牙利是第一个与中国签署"一带一路"合作文件的欧洲国家。在"一带一路"倡议、"16+1合作"机制引领下，中匈两国在经贸、投资、人文等领域的友好往来不断。有力的政策保障和良好的合作环境，为两国出版业的交流合作奠定了良好基础。本报告对匈牙利出版业发展背景、图书业与报刊业发展状况进行了简要介绍与分析，以便出版从业者参考借鉴。

一、出版业发展背景

（一）匈牙利概况

匈牙利是一个位于欧洲中部的内陆国家，地处多瑙河冲积平原，西部是阿尔卑斯山脉，北部被喀尔巴阡山山麓覆盖，与奥地利、斯洛伐克、乌克兰、罗马尼亚、塞尔维亚、克罗地亚和斯洛文尼亚接壤，著名的多瑙河从斯洛伐克南部流入匈牙利。全国总面积93030平方公里，2017年总人口979万人，首都为布达佩斯。官方语言为匈牙利语，是欧洲最广泛使用的非印欧语系语言。匈牙利居民主要信奉天主教（66.20%）和基督新教（17.90%）。

匈牙利实行多党议会民主制。总统是国家元首，每5年由国会选举产生。总理由国会最大党的主席出任，作为政府首脑行使行政权力。国会是立法机关和国家最高权力机构，实行一院制。国会每年定期召开春季和秋季会议，亦可视情况举行特别会议。政府是国家最高行政机构，现政府于2018年5月组成，设有内务部、外交与对外经济部、财政部、国防部、创新与技术部、司法部、农业部、人力资源部8个部门。各部部长由总理提名，总统任命。

（二）经济投资环境

匈牙利属中等发达国家，是经济合作组织成员国。2017年匈牙利国内生产总值1293亿美元，国内生产总值增长率2%，人均国内生产总值13196美元，通货膨胀率0.40%，失业率5.10%。

匈牙利政府积极鼓励吸收外资，并通过立法对非匈牙利居民的投资者的投资和商业给予充分保护。2017年匈牙利吸引外资总额29亿美元[①]，投资领域主要集中在加工业、汽车制造业、贸易、运输和通信、金融、房地产等行业。欧洲国家是外资主要来源地。其中，德国为匈牙利第一大外资来源国，其次为卢森堡、荷兰、奥地利和法国。亚洲地区主要对匈投资国为韩国、日本、中国、新加坡和印度。目前，匈牙利全国约有3万多家外商投资企业，主要集中在布达佩斯和匈牙利西部地区。

匈牙利政府在2010年提出"向东开放"政策，旨在特别关注发展与亚洲国家的经贸关系，中国是其重要的合作对象国之一。在两国政府的积极推动下，近年来，中国和匈牙利的经贸合作有了空前发展。据欧盟统计局统计，2017年匈牙利与中国的双边货物贸易额为80.90亿美元，增长

---

① https://en.portal.santandertrade.com/establish-overseas/hungary/foreign-investment.

10.30%，其中，匈牙利对中国出口17.80亿美元，增长18.00%；匈牙利自中国进口63.10亿美元，增长8.30%。匈牙利成为中国在中东欧地区最大投资目的国。

（三）文化教育环境

匈牙利在文化领域也为世界添上了浓艳一笔。这里不仅是裴多菲、李斯特等众多文学和音乐巨匠的故乡，也是发明家辈出的地方，圆珠笔、电脑、冰箱、彩色电视机、有声电影等大量发明创造均出自匈牙利。匈牙利还诞生了15位诺贝尔奖得主。

匈牙利15岁以上公民中，有98.90%的人具有基本教育水平。匈牙利虽然只有不到1000万人口，却有42所高等教育机构，其中有11所公立综合性大学、十余所专业型高校、约20所私立高等教育机构。多所大学开设有汉语和中国文化专业，已建成的4家孔子学院均提供汉语、中国文化和中医教育。这体现出匈牙利人对中国文化的浓厚兴趣。

（四）国民阅读情况

匈牙利人对阅读抱有较高的热情。欧盟统计局2008年至2015年间针对欧盟15个国家的20至74岁居民的阅读状况进行了调查。[1]此次调查显示，匈牙利人平均每天花10分钟阅读图书，位居第4。爱沙尼亚人平均每天阅读时间最长，为13分钟。其次是芬兰人和波兰人，12分钟。匈牙利人紧随其后，超过法国、罗马尼亚和奥地利等国。在经常阅读的匈牙利人中，平均每天花费在阅读上的时间为1小时37分钟。（见图1）

---

[1] Eurostat, World Book Day, https://ec.europa.eu/eurostat/web/products-eurostat-news/-/EDN-20180423-1.

单位：分钟

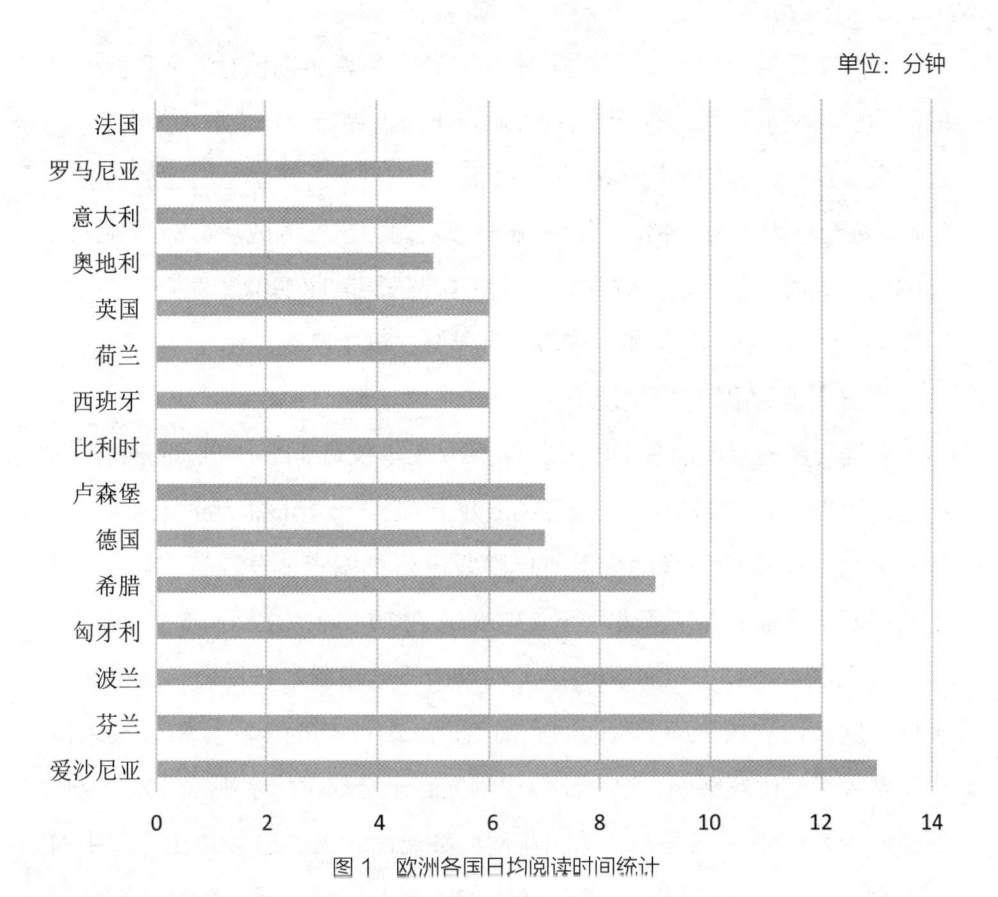

图1 欧洲各国日均阅读时间统计

数据来源：欧盟统计局

除官方调查外，一些针对青少年的研究性调查也有开展。目录学家贝雷克·茹然瑙通过对中学生群体阅读情况进行调查发现，不同年龄阶段、不同性别的学生在阅读问题上表现出差异。在被问到"你喜欢读书吗？"的问题时，有77.22%的初中生给予了肯定回答，职业高中生中表示喜欢读书的比例仅为54.44%；有77.48%的女生表示喜爱读书，而男生中喜爱读书的比例只有49.53%。在回答"喜欢什么类型的书目"时，学生们的兴趣较为一致，最常见的答案是《哈利·波特系列》《指环王》《达芬奇密码》《1984》等畅销书。

卡波斯瓦尔大学教育学院副院长宫布什·彼得教授也对匈牙利青少年的阅读状况表示乐观。[①]他指出，匈牙利本土作家在青少年人群中颇有人气。近年来最受欢迎的匈牙利作品是《圣约翰娜中学》。这套丛书已经出版了9本，甚至连附录及人物介绍也一并出版发售，这样的成功案例在匈牙利国内图书市场十分少见。被改编成影视作品的原著图书也是青少年感兴趣的类型，例如《冰与火之歌》在匈牙利年轻人群中广受喜爱。

（五）互联网使用情况

根据最新的互联消费者研究调查，2013年仅有34.30%的匈牙利人拥有智能手机，而2017年的数据已经上升至67%，5年时间增长近1倍。[②]有研究者对初次使用移动设备的年龄段进行了调查，发现有1%的人在0~9岁期间获得手机等移动设备，23%的人在10~19岁之间初次使用手机。大部分人在20~49岁之间拥有第一部个人移动设备。移动设备的快速普及使得网络用户数量和上网时间大幅上扬，2017年匈牙利有81%的人口出于私人目使用互联网，这一比例也明显高于全球平均水平（77%）。数据还显示，匈牙利45岁以上人口中网民数量占45%，55岁以上人口中网民数量占43%；匈牙利网民中有89%的人每天都要上网，其中20~29岁居民上网时间最长，平均每天约7.60小时。[③]

（六）图书馆建设及使用情况

匈牙利的图书馆可分为国家图书馆、地区公共图书馆、其他专业类图书馆、学校图书馆。

2000年匈牙利全国共有大型国家图书馆27所，之后逐年减少，2016年时仅有12所。图书馆数量在15年内减半，馆藏数量却显著增加，由

[①] Cultura-MTI, https://cultura.hu/aktualis/mennyit-olvasnak-a-fiatalok, 2014.02.07.
[②] A magyarok 67%-a már mobilon netezik, Birkás Péter, https://24.hu/mobil/2018/05/16/connected-consumer-study-2018-magyarorszag/, 2018.05.16.
[③] 《2016年匈牙利国民网络使用情况》 *Lakossági Internethasználat 2016,* http://www.median.hu/object.b28bc0d6-0483-4294-b9a5-a006ce40891f.ivy.

2000 年的 1370.90 万册增至 2016 年的 1733.30 万册。读者数量自 2000 年起逐年降低，2010 年至 2015 年间虽然出现缓慢上升，但 2016 年又呈下降趋势。随读者数量降低的还有出借馆藏本数，2016 年出借藏书数量比上年减少 17.30 万册。值得注意的是，自 2015 年起，各国家图书馆使用数字化技术，方便了读者们借阅和使用。便利化的网上图书馆服务从侧面解释了读者数量及借阅数量减退的原因。（见表 1）

表 1　2000—2016 年匈牙利国家图书馆发展情况

年份	2000	2005	2010	2015	2016
图书馆数量（所）	27	17	13	13	12
馆藏数量（万册）	1370.90	1376.60	1485.50	1778.60	1733.30
读者数量（千人）	84	88	56	62	60
出借藏书数量（万册）	30.20	20.30	83.30	78.40	61.10
数字化使用[①]（千次/月）	—	—	—	27627	23111

数据来源：《匈牙利 2016 年年鉴》

与国家图书馆的情况相比，地区公共图书馆的使用情况明显较好。自 2010 年起图书馆的数量稳定在 3500 所左右，馆藏数量在近 5 年内也呈现较大幅度的增加。与国家图书馆相似，随着数字化图书馆的普及和使用，出借的藏书数量有所减少，但是注册读者数却依旧保持上升趋势。（见表 2）

---

① 包括电话、传真、e-mail、互联网、OPAC 馆藏目录。

表 2 2000—2016 年地区公共图书馆发展情况

年份	2000	2005	2010	2015	2016
图书馆数量（所）	3132	3230	3474	3671	3574
馆藏数量（万册）	4390.60	4504.80	4380.60	4405.60	4512.90
读者数量（千人）	1357	1454	1540	1482	1514
出借藏书数量（万册）	3449.40	3075.50	2652.70	2253.10	2185.30
数字化使用（千次/月）	—	—	—	30016	34131

数据来源：《匈牙利 2016 年年鉴》

专业类图书馆的数量在 2010 年前后锐减，直到 2016 年才有所增加，达到 802 所。馆藏数量多年来维持在 4000 万册以上。2015 年数字化图书馆开通后，使用频率在 1 年内飞速增加，与之相伴的是出借藏书数量从 410.30 万册锐减至 380.40 万册，读者数量也在 2016 年首次出现减少，从 76 万人迅速降至 63.70 万人。（见表 3）

表 3 2000—2016 年其他专业类图书馆发展情况

年份	2000	2005	2010	2015	2016
图书馆数量（所）	1201	1591	903	746	802
馆藏数量（万册）	4473.00	5592.10	4181.10	4092.50	4028.60
读者数量（千人）	425	714	738	760	637
出借藏书数量（万册）	656.50	774.20	570.60	410.30	380.40
数字化使用（千次/月）	—	—	—	30511	36572

数据来源：《匈牙利 2016 年年鉴》

匈牙利的学校图书馆目前尚未提供互联网借阅服务。自 2005 年以来，学校图书馆的数量逐年减少，出借馆藏图书数量也呈现下降趋势。但是，在馆藏数量方面，学校图书馆却是 4 类图书馆中图书数量最多的，可见匈牙利政府和社会对学校图书馆建设和青少年阅读的重视。（见表 4）

表 4   2000—2016 年匈牙利学校图书馆发展情况

年份	2000	2005	2010	2015	2016
图书馆数量（所）	4280	4347	3308	2981	2954
馆藏数量（万册）	4020.00	4729.80	5198.10	5132.30	5186.40
出借藏书数量（万册）	989.00	993.50	910.70	676.70	725.30

数据来源：《匈牙利 2016 年年鉴》

二、图书业发展情况

2000 年前后，匈牙利图书业进入高速发展期，图书市场一派繁荣。尤其是 2005 年，图书市场达到 1990 年以来的巅峰，因此 2000—2005 年被匈牙利图书业内人士称为"大图书时代"。此后十余年来，由于匈牙利国内市场容量有限，数字化进程推进与 Bookline.hu、Libri.hu 等网络销售平台崛起给传统图书出版带来巨大冲击，印制成本上涨大大缩减了图书交易的利润，多种因素作用下匈牙利图书市场逐渐萎缩。加之匈牙利的出版社普遍存在债务问题，图书市场出现了漏账、欠款等情形，进一步加剧了图书业的困境。

（一）整体情况

1. 出版情况

根据《匈牙利 2016 年年鉴》《匈牙利 2017 年年鉴》，2000 年至 2005 年，匈牙利图书出版能力快速提高，出版种数从 9592 种增长至 13599 种，增幅达 41.80%。此后十年间，市场趋于稳定，出版种数仅有小幅波动。2015 年以后出版种数日趋下滑。2016 年，出版图书 12649 种，较上年减少 2.30%。2017 年出版种数更是创近十年新低，共有 12287 种图书出版，

比上年减少 2.70%。（见图 2）

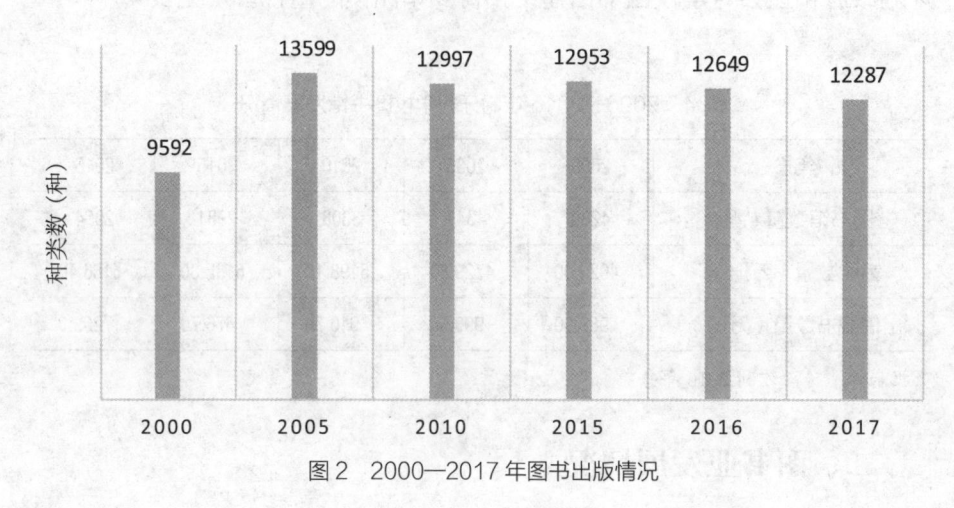

		13599	12997	12953	12649	12287
9592						

种类数（种）

2000　　2005　　2010　　2015　　2016　　2017

图2　2000—2017 年图书出版情况

数据来源：《匈牙利 2016 年年鉴》《匈牙利 2017 年年鉴》

2. 印刷情况

与图书出版情况相呼应，匈牙利图书总印数在 2005 年达到峰值，从 2000 年的 3699.50 万册猛增到 4262.40 万册，增幅为 15.20%；此后 5 年印刷量锐减，到 2010 年已降至 3441.60 万册，比 2000 年的总印数还要低。此后发展较为平稳。2015 年印刷图书 2889.40 万册，2016 年印刷图书 3263.10 万册，比上年增长 12.90%。但 2017 年未能保持良好的增长势头，图书总印数仅 2691.50 万册，较上年降低 17.50%。（见图 3）

图3　2000—2017年匈牙利图书印刷情况

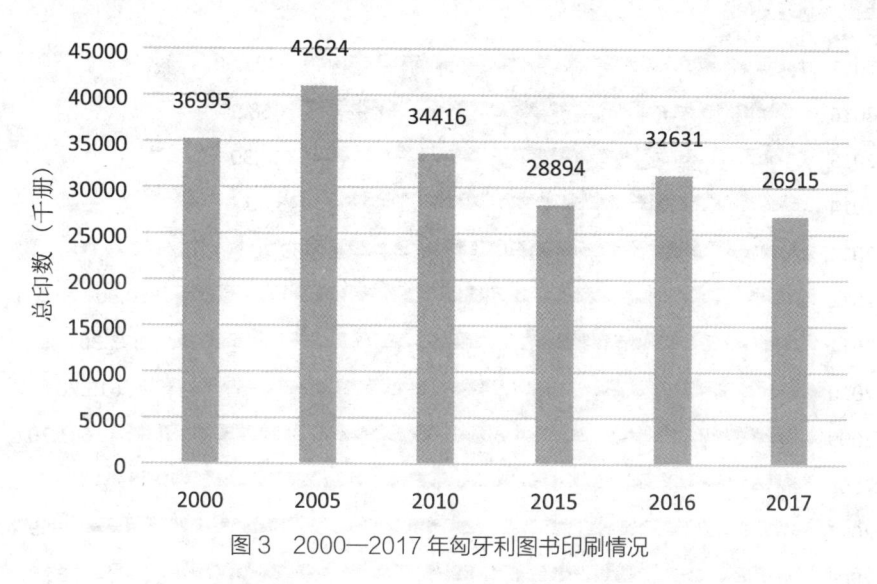

数据来源：《匈牙利2016年年鉴》《匈牙利2017年年鉴》

3. 销售情况

根据匈牙利图书出版及传播协会统计，2000—2008年，匈牙利图书销售市场蓬勃发展，销售额不断提升。2008年市场规模达到676.10亿福林（约合2.40亿美元）。此后开始小幅回缩，但整体仍较为稳定。由于自2013年起匈牙利政府实施教科书市场国有化，教科书销售额不再计入年度营销额中，因此在统计层面而言，2013年匈牙利图书市场销售额较上年出现断崖。剔除这一因素，2013—2017年匈牙利图书销售市场稳定，销售额呈小幅上升状态。2017年匈牙利图书市场的销售额为473.90亿福林（约合1.64亿美元），与2016年相比营业额增加了2%。（见图4）

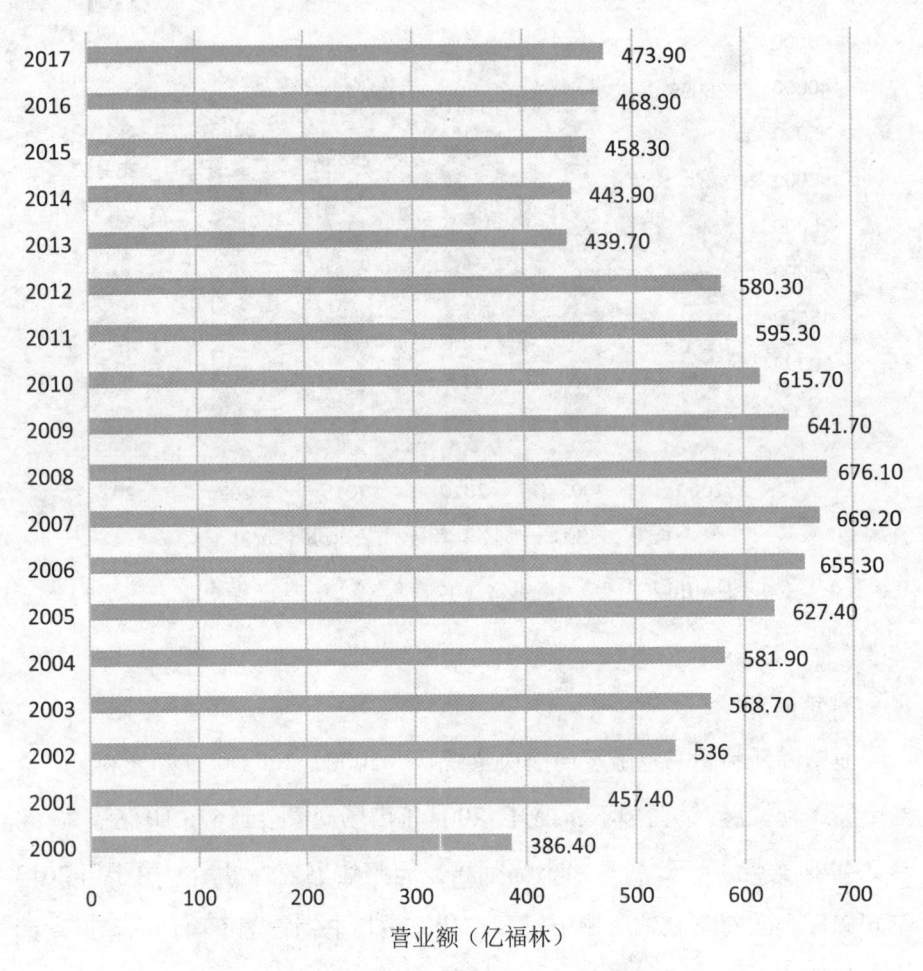

年份	营业额（亿福林）
2017	473.90
2016	468.90
2015	458.30
2014	443.90
2013	439.70
2012	580.30
2011	595.30
2010	615.70
2009	641.70
2008	676.10
2007	669.20
2006	655.30
2005	627.40
2004	581.90
2003	568.70
2002	536
2001	457.40
2000	386.40

图4 2000—2017年匈牙利图书销售情况

数据来源：匈牙利图书出版及传播协会

（二）细分市场情况

1. 出版情况

按目的功用划分，匈牙利图书主要分为科学类、教育类、专业类[①]、经典文学类和青少年文学类。自2000年以来，匈牙利图书出版总体规模

---

① 包括自然科学作品，数学、宗教、神学类作品，词典及其他高等教育出版物等。

尽管经历了高速增长到低速徘徊的震荡，但图书出版市场结构十分稳定，各类图书种数所占比重变化不大，专业类图书始终是最大的图书出版类别，高峰时约占图书出版总种数的"半壁江山"，经典文学类图书次之，科学类图书种数始终占比最低。

科学类图书出版呈现波浪式发展。出版种数在经历了2005年和2015年两次大幅度上升后，2017年回落至61种，占出版总种数的比例比2000年还要低。2000年科学类图书出版量占比为0.80%，2017年仅为0.50%。

教育类图书的出版种数自2000年以来持续下降，2017年更是跌至最低点，共1166种，占出版总种数的9.50%。

专业类图书出版种数在2000年至2010年十年间迅速增长，从2968种增至4734种，占图书出版总种数比例从30.90%提高到36.40%，成为此间支持匈牙利图书出版种数增长的最重要力量。此后专业类图书出版种数持续小幅下滑，2015、2016、2017年分别为4100种、3902种、3808种，但市场份额始终保持在30%以上。

经典文学类图书一路高歌猛进，从2000年的2122种增至2015年的3336种，占图书出版总种数比例从22.10%提高到25.80%。2016—2017年，在匈牙利图书出版总种数持续下滑的背景下，经典文学类图书出版种数仍基本保持稳定，显示了这类图书较强的出版能力。具体来看，2017年共出版经典文学作品3382种，其中70%为叙事类小说，共2367种；戏剧类35种，与上年基本持平；诗歌选集类18种，是上年的3.50倍。2017年出版的经典文学作品中，55%为匈牙利作家作品，30%为美国作家作品。

青少年文学类图书从2000年至2010年翻倍增长，此后的5年间仍保持稳定发展。2015年出版种数开始呈下降趋势，市场份额约12.10%。2017年再次回升至1621种，较上年增长8.30%。（见表5、图5）

表5 2000—2017年匈牙利各类出版物出版情况

单位：种

年份 类别	2000	2005	2010	2015	2016	2017
科学类	79	182	106	175	98	61
教育类	1778	1700	1174	1564	1471	1166
专业类	2968	4544	4734	4100	3902	3808
经典文学	2122	2745	3064	3336	3310	3382
青少年文学	546	956	1229	1562	1497	1621
总计	9592	13599	12997	12953	12649	12287

图5 2000—2017年匈牙利各图书类别出版情况

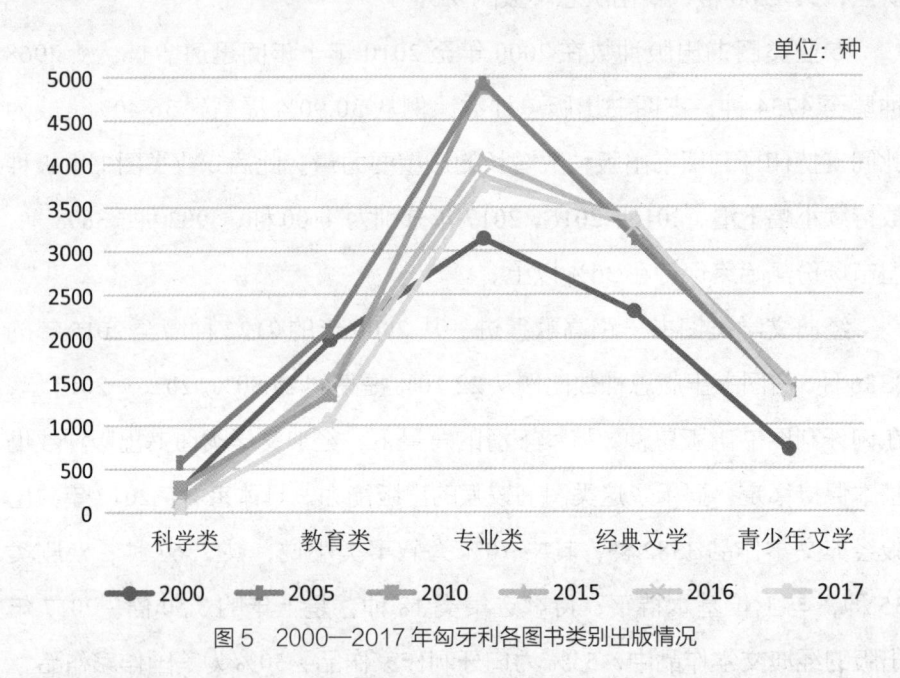

数据来源：《匈牙利2016年年鉴》《匈牙利2017年年鉴》

2. 印刷情况

总体来看，自进入21世纪以来，匈牙利图书印刷市场空间愈来愈小，前景不容乐观。

科学类图书的印数和市场份额始终很小。即使在2010年总印数达到峰值时，也仅有12.20万册，当年市场占比3.50%。2017年仅有5万册，市场占比0.20%。

教育类图书的印刷量逐年大幅萎缩，2017年该类别总印数仅为2000年的三分之一，共256.80万册。市场占比9.50%。

专业类图书一直占有图书印刷市场的较大份额。印刷量在2005年达到峰值561.50万册，此后持续减少。至2015年，印刷量已经低于2000年的水平。2017年该类别图书的总印数小幅回升，市场份额从2016年的9.90%增加至12.50%。

经典文学类图书是支持匈牙利图书市场发展的最重要力量，印刷量也始终遥遥领先于其他图书类别。但受整个市场不景气的影响，该类别图书在21世纪初的10年间大幅下滑，2015年以后才稳住颓势。2017年该类别图书总印数为665.80万册，市场占比24.70%。

青少年文学类图书自2000年至2016年情况较好，印刷量保持稳定增加的趋势，但2017年未能继续保持增长势头，当年总印数为434万册，市场占比16.10%。（见表6、图6）

表6　2000—2017年匈牙利各图书类别印刷情况

单位：千册

年份 类别	2000	2005	2010	2015	2016	2017
科学类	41	70	122	109	63	50
教育类	7044	5381	4048	4006	3499	2568
专业类	3991	5615	5429	3591	3234	3367
经典文学	11220	10522	8629	6689	6694	6658
青少年文学	2354	3398	3590	4349	4791	4340
总计	36995	42624	34416	28894	32631	26915

数据来源：《匈牙利2016年年鉴》《匈牙利2017年年鉴》

单位：千册

图6　2000—2017年匈牙利各图书类别印刷情况

数据来源：《匈牙利2016年年鉴》《匈牙利2017年年鉴》

3. 销售情况

近年来匈牙利图书销售市场整体较为稳定，青少年文学类、教育类和经典文学图书三足鼎立，占据了约79.10%的市场份额。

从细分市场来看，青少年文学类图书的销售量逐年增加，2017年更是成为图书销售最大类别，该类别图书的销售额占市场总额的30%，达到142.10亿福林，比上年增加了4.10%。经典文学类图书表现稳定，2017年销售额为126.30亿福林，市场占比26%。受教科书国有化及2017年的销售数据不再计入图书销售总额的影响，教育类图书市场份额由2007年的38%锐减为29%，但该类图书仍是匈牙利图书销售市场的主要支柱之一，2017年销售额为138亿福林。专业类图书（包括科学作品、词典和其他高等教育出版物）的销售量情况稳中有增，2017年成交额为60.19亿福林，市场份额为13%，较上年增加2.40%。（见图7）

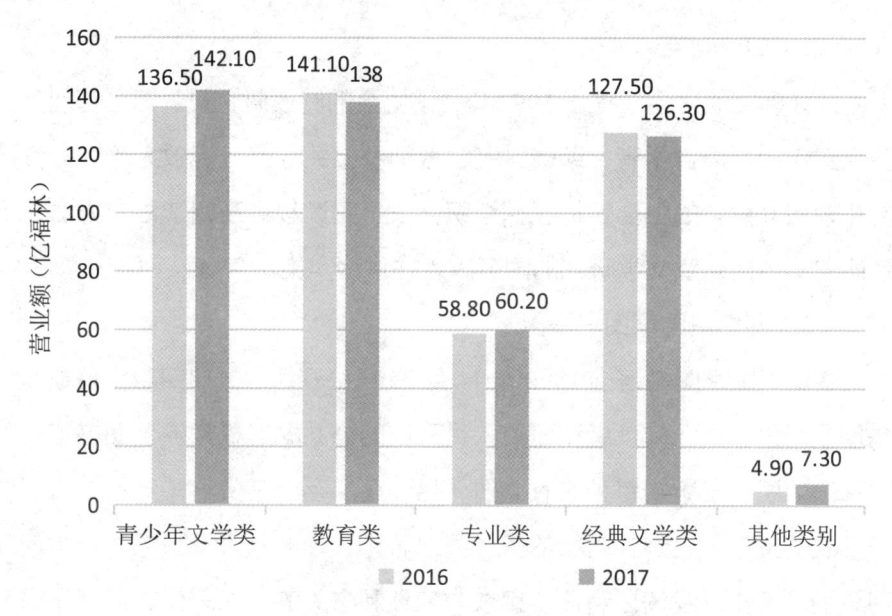

图7　2000—2017年匈牙利各图书类别印刷情况

数据来源：匈牙利图书出版及传播协会

（三）行业组织与机构

1. 行业组织与公益性机构

（1）匈牙利图书出版及传播协会

匈牙利图书出版及传播协会由匈牙利本国、外国及合资机构、出版商、书商组成，现拥有123个成员单位，占匈牙利图书市场90%以上的份额。其前身佩斯书店成立于1795年，是欧洲最古老的专业协会之一，也是匈牙利历史最悠久的民间组织。1878年更名为匈牙利书商协会，1919年改为现名。1952年被当时的政府取缔。1968年重新成立。1988年恢复国际出版商协会成员资格，并自1996年起一直参与国际复制权利组织联合会（IFRRO）的活动。1998年获得欧洲书商联盟和欧洲出版商联盟的准会员资格，并于2001年成为正式会员。

(2) 匈牙利阅读协会

匈牙利阅读协会成立于1991年，该协会的阅读研究员、图书管理员、教育工作者、语言学者、编辑、医学教师及相关专家一直致力于服务阅读文化领域。协会的主要目标包括组织会议、阅读教育及阅读治疗方法、阅读研究、传播儿童文学研究的国际成果并付诸实施。

(3) 赛切尼国家图书馆

赛切尼国家图书馆于1802年11月25日由赛切尼·弗朗茨出资成立，是匈牙利第一个面向读者和研究人员开放的公共藏书机构。该图书馆对匈牙利国内所有出版物每种接收2册，另外还保存非书资料（声像资料、电子形式的文献）、国外出版的匈牙利语著作、匈牙利人撰写的著作、匈牙利语翻译著作以及匈牙利语手稿或与匈牙利有关的一切著作。此外，因为匈牙利人属于芬兰乌戈尔语族，该图书馆还收集有关该语族的文献。

(4) 裴多菲文学博物馆

裴多菲文学博物馆是一座位于布达佩斯的国家博物馆，同时也作为科学研究院和出版社运作，其前身是裴多菲之家，博物馆建筑自1957年起在五区卡洛伊宫附近投入使用至今。该博物馆旨在收集和探索匈牙利文学遗产，多角度呈现并传播匈牙利古典和当代文学，以实际行动保护世界文化多样性，保护母语文化特征。博物馆的目标是实现广泛的社会包容，加强文化记忆，并通过文学和公共艺术与大众对话，不断丰富民族群体的文化体验。

(5) 国家媒体与通信管理局

国家媒体与通信管理局，是匈牙利一个独立的监管机构，每年单独向议会报告。该局主要任务是为全国用户提供无故障的通信频率，筛查不适用的通信设备装置，监管电子媒体和通信服务质量，同时拥有制订立法及提高用户意识的任务。目前约有650名专业人员在布达佩斯的四个区和塞格德、佩奇、德布勒森、米什科尔茨及索普朗这五个外地城市工作。

2. 主要出版企业

匈牙利国内出版社众多，笔者在此处列举的皆为规模较大、影响力较大的出版社。

（1）科苏特出版集团

科苏特出版集团是匈牙利领先的出版集团之一，旗下有科苏特出版集团社、文图思图书出版社、诺兰图书出版社、太阳山出版社及文图思商务出版社这5家出版社，7家实体书店、1家网上书店和科特里斯文化图像机构。集团每年出版新书三百多个品种。集团曾出版过五十余种中国主题图书，并把莫言等中国作家的作品介绍到匈牙利。

（2）欧罗巴出版社

欧罗巴出版社是一家历史悠久的文学作品出版社。其主营业务是出版翻译世界文学经典和代表性当代文学作品。除此之外，该出版社还出版娱乐文学、社会科学及教育类出版物。该社年出版量为200~230种，印刷量保持在80万~100万册。

（3）莫拉出版公司

莫拉出版公司成立于1950年，是匈牙利具有影响力的儿童及青少年图书出版商。该出版社每年出版250~300种图书，印刷量约50万册。出版的图书主要包括学校推荐阅读的书目和匈牙利及世界文学经典，如《保尔街的男孩》《小熊维尼》《小王子》等。该出版社经常与电视和电影公司合作，出版了《美女与野兽》《夏洛特的网》等图书，同时匈牙利剧院创作的戏剧也大多由该出版社出版。

（4）帕拉斯学院出版社及书店

帕拉斯学院出版社及书店成立于1993年，是目前特兰西瓦尼亚地区最大的匈牙利出版商之一，至今出版了超过550种书目，其中包括当代作家所著的有关文学、历史、民俗、地方历史及旅游的作品。主营图书系列有：特兰西瓦尼亚系列书目，口袋书系列，祖父的故事书系列，故事火车系列，艺术工作室系列，珍藏书系列，简易版系列，特兰西瓦尼亚群山系列，旅行、风景、人文系列，生活点滴系列。

（5）科维纳出版社

科维纳出版社于1955年成立，是匈牙利和欧洲境内艺术类、教育类、文学类、美食类及旅行指南类图书出版的权威代表之一。将匈牙利文学经典译成英语和德语出版也是该社的经营亮点，例如伊姆雷·马达可的《人间悲剧》、格扎·盖德尼的《埃格尔之星》、莫尔纳尔·弗朗茨的《保尔街的男孩》等。

（6）玛格威特图书出版社

为发行匈牙利新文学作品，匈牙利文化部于1955年成立玛格威特图书出版社。许多优秀的当代匈牙利文学作品都经由该社问世，如埃斯特哈齐·彼得、曼迪·伊万、纳吉·拉斯洛等人的作品。出版社的主营系列是：《世界图书馆系列》（包括世界文学作品集）、《新作物系列》（包括知名诗人的介绍）、《加速时间系列》（公开教育类）、《事实和证人》（回忆录、备忘录类）。该社曾3次获得"年度出版社"称号。

（7）海利康出版社

海利康出版社成立于1957年，其目的是出版经典文学作品，维护和进一步发展匈牙利传统文化艺术。1965年至1982年被欧洲图书出版社收购，更名为其图书艺术部。1982年起重新以自营出版社和私有企业的性质营业，其官方名称为海利康出版有限公司。尽管公司名称多次变化，但在出版图书中统一以海利康作为标注。

（8）里拉图书公司

里拉图书公司成立于1993年，是匈牙利第一个私有化的图书公司，也是第一个推出互联网货运系统的图书公司，其网上书店名为lira.hu。该公司一直致力于收购小型图书出版社并组合成完善的大规模图书公司。在2017年更是与莫拉图书出版公司一同接管了24家书店，一跃成为匈牙利最大的书店网络。

（9）奥西里斯出版社

自 1994 年成立以来，奥西里斯出版社在匈牙利国内人文及社会科学领域、学术和文学作品类图书出版中发挥着重要作用，并一直作为知识产权研讨机构运行。该社囊括了众多知名学者及编辑，如比哈利·米哈莉、捷尔吉·内梅斯等。该社每年平均出版 200 种图书，其中大部分是匈牙利原创艺术作品，以及小部分翻译作品。

（四）主要奖项与书展

1. 主要奖项

（1）匈牙利优秀图书大奖

匈牙利优秀图书大奖是匈牙利图书出版及传播协会为促进图书出版与销售，提高图书质量而设立的年度奖项。首届奖项于 1929 年由匈牙利藏书家图书展览公司组织，短暂停滞后于 1952 年重新开办。现分为最佳儿童类图书奖、最佳教育类出版物奖、最佳科学及专业类图书奖、最佳文学奖、最佳艺术集与专辑奖 5 个奖项。

（2）科苏克·劳约什奖

科苏克·劳约什奖是由《匈牙利艺术工作室》杂志牵头创办的文学奖，该杂志曾是代表巴黎移民文学、艺术性和批评性的著名杂志。科苏克奖被授予杰出的艺术家，以表彰他们在文学或艺术方面的出色成就。奖项设置分为专业组和业余组。2017 年专业组获奖者及作品为思卡洛斯·安德烈的《哀求兄弟》和卡瑟尔·拉斯洛的《没有衬衫的人》。业余组获奖作家及作品为道尔沃什·拉斯洛内的《雷布斯》和多戈伊·乔鲍的《秋天的悲伤》。

（3）马洛伊·山多尔奖

马洛伊·山多尔奖是一个针对作家终身艺术成就，或颁奖前一年的著名作品，以及获得外国广泛认可的匈牙利作家作品而颁发的国家级奖项。1996 年首次颁发。2019 年的获奖者及其代表作是：作家、诗人福卢迪·阿达姆,代表作《方形的花》;作家费黑尔·贝拉,代表作《蓝色汽车》。

(4)约瑟夫·阿提拉奖

约瑟夫·阿提拉奖由匈牙利部长理事会于 1950 年创立。文化部于每年 3 月 15 日为获奖人颁奖,以表达对其杰出文学作品的认可。2017 年的获奖人包括文学历史学家、评论家沃尔高·伊斯特万,作家查德尔·列文特,诗人、文学历史学家菲利普·托马斯,散文作家嘉博尼·博龙·顿德,诗人克拉尔·阿尔帕德,作家、评论家洛瓦斯·伊尔第科,作家莫尔纳尔·威尔莫斯,文学、历史学家西博思·拉约什。

(5)AEGON 艺术奖

AEGON 艺术奖由荷兰全球保险集团于 2006 年创立。匈牙利 AEGON公司每年捐赠 300 万福林给该奖项,以促进有价值的文学作品的传播及推广全民阅读。该奖项对推动匈牙利当代艺术文化的发展发挥了积极作用。

2017 年 AEGON 艺术奖的获得者克劳斯瑙霍尔凯·拉斯洛也是美国国家奖文学生活奖得主,其代表作为《抵抗的愁绪——囚徒、天空下的幻灭与悲伤》,此书主题是关于作者在蒙古国及中国的经历。

2. 主要书展

布达佩斯国际图书节由匈牙利出版与传播协会于 1994 年创办,是匈牙利重要的年度文化活动。活动主要内容包括出版商展示、交易图书,颁发布达佩斯图书大奖,举行文学晚会、图书签售会、会议和学术讨论会。此外还有孩子们喜爱的游乐场、故事环节、游戏环节、创意任务、木偶表演、儿童诗歌及音乐节目等。该图书节每年邀请一个国家或地区作为主宾国,介绍该国家或地区的文化、文学和出版业发展情况。波兰、捷克共和国、意大利、法国、德国、俄罗斯、西班牙、加拿大、中国、罗马尼亚、以色列、欧盟、北欧地区、土耳其、斯洛伐克都曾担任图书节的主宾国。(见表 7)

表7   2015年以来布达佩斯图书节举办情况

展览时间	届数	参与国（个）	参展出版社（个）	活动数量（个）	主宾国
2015.04.23—26	22	30	150	413	土耳其
2016.04.21—24	23	24	150	300	斯洛伐克
2017.04.20—23	24	28	150	500	V4集团国家（捷克共和国、波兰和斯洛伐克）

三、报刊业发展情况

《匈牙利2016年年鉴》没有对报纸、期刊加以明确区分，而是统称为"期刊类出版物"，并根据出版周期进行分类。日刊即为新闻报纸，其他为期刊。专业文献期刊则主要收录在互联网数据库中。

（一）期刊类出版物

与图书市场的发展周期同步，匈牙利期刊类出版物市场在2000—2005年飞速发展，出版种数从421种跃升至575种，增幅36.60%；总印量从9.82亿册增至11.68亿册，增幅18.90%。此后十余年日渐萧条。至2016年，出版种数为392种，仅为2005年高峰时的68.20%；总印量只有5.91亿册，仅为2005年高峰时的50%。

从细分市场来看，随着匈牙利国内数字化进程的推进和期刊类出版物市场的整体萎缩，各类别刊物的出版种数、印刷量比照2005年的高峰时期均明显减少。日刊出版种数由2005年的36种减少至31种，下滑13.90%；印刷量由6.61亿册减少为3.27亿册，下滑50.50%。周刊出版种数由2005年的172种减少至97种，下滑43.60%；印刷量由3.84亿册减少为2.03亿册，下滑47.10%。半月刊的出版种数在2010年锐减为46种，此后小幅震荡，2016年为49种，比2005年高峰时期的61种下滑了19.70%；印刷量2016年仅有0.29亿册，比2005年时的0.47亿册下滑了38.30%。月刊是最受匈牙利读者喜爱的期刊类出版物，其出版种数超过其他三类出版物之和。从月刊出版种数的变化可以更加明显地看出匈牙利报刊出版情况的萧条之态，2016 年月刊的出版种数只有 215 种，不仅远远低于 2005 年的水平，也不及 2000 年的出版种数；印刷量仅有 0.32 亿册，比 2005 年的 0.76 亿册减少了 57.90%。（见表 8）

表 8　2000—2016 年匈牙利期刊类出版物情况

年份 类别	2000	2005	2010	2015	2016
出版种数（种）					
日刊	35	36	33	32	31
周刊	100	172	176	111	97
半月刊	43	61	46	51	49
月刊	243	306	280	234	215
总计	421	575	535	428	392
印刷量（百万册）					
日刊	579	661	518	401	327
周刊	296	384	286	208	203
半月刊	33	47	30	31	29
月刊	74	76	65	36	32
总计	982	1168	899	676	591

数据来源：《匈牙利 2016 年年鉴》

（二）专业期刊文献收录情况

匈牙利自 2002 年起逐步取消纸质专业文献期刊收录，启用互联网数据库。目前数据库主要有匈牙利期刊类出版物汇编库、匈牙利信息数据库、匈牙利专业数据库、匈牙利农业文献数据库、匈牙利医学文献库等。

匈牙利期刊类出版物汇编库[①]共有 152520 条记录。此数据库自 1993 年起成立，内容包含所有提交给赛切尼国家图书馆的社会、自然科学期刊及文章。展览、会议及活动记录性质的独立出版物不包括在库中，已出版的出版物中不收录应用科学（电子贸易类）、文学作品、评论报告、新闻材料等。数据库也不包括匈牙利农业书目、匈牙利医学书目和匈牙利专业技术类文章等。

匈牙利信息数据库共有 58442 条记录，收录 400 种在国内外发表的与匈牙利有关的匈牙利语及外语期刊出版物，如报纸、杂志、文章、研究、评论、新闻等。

匈牙利专业数据库收录科学和技术类文献，以及一国或一种语言在某专业领域发表的连续性刊物。

匈牙利农业文献数据库是匈牙利农业文献参考书目库，系统地收集、出版和检索当前匈牙利农业文学作品的书目数据。

匈牙利医学文献库是一个可自由访问的医学类在线数据库。该文献库收录了匈牙利现有的 120 种医学类期刊。库中文献数据自 1990 年 1 月份起皆可查询，且每周进行更新。该文献库自 1957 年与赛切尼国家图书馆进行合作，进一步拓宽资料来源。

（三）企业情况

1. 布利克报业公司

布利克报业公司成立于 1994 年 3 月，是瑞士荣格出版有限公司的匈牙利子公司，以出版匈牙利语报刊《布利克报》为主营业务。2002 年《布利克报》在印刷量上首次超越《人民自由报》，此后一直是匈牙利阅读最广泛的报纸。2012 年《布利克报》共拥有 2.20 万名订阅者，平均每天销售 15.60 万份。2013 年起该公司在线报刊的日访问量超过 15 万人次，最

[①] www.oszk.hu.

多时达到20万~22万人次。

2. 中央传媒集团

中央传媒集团是匈牙利领先的印刷及在线出版公司。该公司投资了匈牙利国内大部分知名媒体品牌，娱乐类、科教类及生活类期刊以及数字产品，其中包括《女性杂志》《国家地理》《女性咖啡角》，以及诺萨特美食、家庭药房及匈牙利24小时等网站。该公司业务包含25种纸质杂志、25种针对特定节日或主题出版的特刊及19种在线出版物，受众覆盖匈牙利全国一半以上的人口。

3. 媒体工厂

媒体工厂是匈牙利最大的媒体公司之一，成立于2014年10月1日。2016年9月，经国家媒体与通信管理局及经济竞争管理局批准收购了多瑙河地区最重要的报刊出版机构帕农报业公司。目前媒体工厂及其子公司拥有超过90个媒体品牌，公司运营网络遍布包括布达佩斯在内的58个城市。除传统出版外，还提供与媒体业务相关的其他服务。

参考文献

1. Hungary: Foreign investment. https://en.portal.santandertrade.com/establish-overseas/hungary/foreign-investment

2. World Book Day, Eurostat. https://ec.europa.eu/eurostat/web/products-eurostat-news/-/EDN-20180423-1, 2018.04.23

3. Cultura-MTI. https://cultura.hu/aktualis/mennyit-olvasnak-a-fiatalok, 2014.02.07.

4. A magyarok 67%-a már mobilon netezik, Birkás Péter. https://24.hu/mobil/2018/05/16/connected-consumer-study-2018-magyarorszag/, 2018.05.16

5. A digitális generáció olvasási szokásai-a 2017-es reprezentatív olvasásfelmérés tapasztalatai, Gombos Péter（数字时代的阅读习惯—2017

年代表性阅读调查）

6. Magyar statisztikai évkönyv, 2016（匈牙利 2016 年年鉴）

7. Magyar statisztikai évkönyv, 2017（匈牙利 2017 年年鉴）

8. A Magyar Tudományos Akadémia Könyvtár és Információs Központjának 2017. évi beszámoló jelentése（匈牙利科学院图书馆和信息中心 2017 年度报告）

9. 匈牙利国家概况，https://www.fmprc.gov.cn/web/gjhdq_676201/gj_676203/oz_678770/1206_679858/1206x0_679860/

10. 匈牙利期刊类出版物汇编库（Időszaki Kiadványok Repertóriuma），www.oszk.hu

11. 布利克报业公司 (Blikk). https://www.blikk.hu/

（作者单位：中国新闻出版研究院、北京第二外国语学院）

伊朗出版业发展报告

姜 楠

伊朗是中东地区的重要国家，中伊出版合作也是两国文化交流的重要支点。本文从伊朗的出版业发展历程入手，对伊朗的国民阅读情况、图书出版业情况、报刊出版业情况、伊朗对外出版政策、中伊出版交流等方面进行梳理研究，旨在增强我国出版界对伊朗出版业现状的了解，加强两国的出版合作。

一、出版业发展背景

（一）政治经济状况

伊朗伊斯兰共和国位处亚洲西南部，国土面积164.50万平方公里，人口为8200余万人，主要由波斯人、阿塞拜疆人、库尔德人、阿拉伯人、土库曼人等组成。官方语言为波斯语，首都为德黑兰市。2018年伊朗人均GDP为5219.10美元。

伊朗是一个历史悠久的文明古国，建立了世界上第一个横跨亚非欧三大洲的大帝国。中国与伊朗历史交往的最早记载始于张骞出使西域时期，其副使曾到达古代伊朗的安息王朝，并受到礼遇。在萨珊王朝后，伊朗分别经历了阿拉伯人、突厥人、蒙古人等外族的统治。1979年，伊朗巴列维王朝被宗教领袖霍梅尼领导的伊斯兰革命推翻。伊朗自革命后实行了政教合一的政体，建立成为由什叶派掌权的伊斯兰教国家。现任领袖为赛义德·阿里·哈梅内伊，现任总统为哈桑·鲁哈尼。由于伊核问题，伊朗在近年来始终是国际政治的焦点，长年的国际制裁也给伊朗的经济发展和国民生活水平提高带来了一定的不利影响。但不能忽视的是，伊朗不仅是伊斯兰教国家中的重要代表，在中东地区具有较大政治、经济及文化影响力，更由于历史、民族、语言、文明交融等原因，对中亚地区也有较大的文化辐射力。

（二）国民阅读习惯状况

根据2011年的一份《伊朗城市与乡村人口时间使用情况》报告数据显示，伊朗人平均每天用于自由阅读的时间为12分钟，其中用于读书的时间为7.20分钟，用于阅读其他各类出版物的时间为4.80分钟。用于学习性阅读的时间为35.10分钟（见表1）。

表1 伊朗人阅读时间情况调查（部分调查数据）

调查项目	直接阅读时间（分钟）	人口（百分比%）	间接阅读时间（分钟）	人口（百分比%）
购买图书及文化产品	0.20	0.30	0.00	0.00
非学习类印刷物资源	5.40	5.50	1.50	1.40
非学习类电子及网络资源	0.20	0.20	0.10	0.10
学习类印刷品的资源	34.40	10.60	0.40	0.00
学习类电子及网络资源	0.30	0.30	0.00	0.10
印刷类报刊资源	1.80	3.00	1.20	2.10
非日刊类印刷物	0.60	0.90	0.20	0.20
使用图书馆	0.50	0.20	0.00	0.00
微博阅读等活动	0.30	0.50	0.00	0.00
通过网络渠道阅读报刊	0.20	0.40	0.00	0.10
在新闻网站阅读新闻	0.40	0.70	0.10	0.30
通过网络阅读非日刊类出版物	0.00	0.10	0.00	0.10
通过网络下载读书	0.30	0.50	0.20	0.20
通过网络搜索进行文章研究及学习	0.90	1.00	0.20	0.20

数据来源：数据选自《伊朗城市与乡村人口时间使用情况》报告①。

---

① 《人们使用图书馆及学习的时间情况》，http://readingandreaders.com/?p=28。

经济低迷，消费者用于文化消费的资金减少；出版成本升高，发行量少，导致图书价格高等因素也从另一反面影响着伊朗人的阅读习惯。另外，还有观点认为伊朗人在上千年的文明发展史中更加习惯和热衷于口头文学，因此也降低了伊朗人的阅读兴趣[1]。

（三）图书馆情况

至2017年伊朗共有图书馆3426座，其中城市共有图书馆2660座，占比77.60%，乡村共有图书馆766座，占比22.30%。由表2可见，伊朗的图书馆总数，以及在城市及乡村的图书馆在近三年逐年递增，其中乡村图书馆数的增速高于城市图书馆的增速，为5%左右。根据伊朗统计部2019年3月26日的最新数据，伊朗现有人口82265792人，即平均24012人拥有一座图书馆。

表2 伊朗公共图书馆情况

单位：座

年份	总数	城市	乡村
2015	3278	2585	693
2016	3346	2615	731
2017	3426	2660	766

数据来源：《文化与艺术统计年报·1396年（2017年）[2]》，伊朗文化与伊斯兰指导部，2018年

由表3可见，伊朗的图书馆会员人数在近三年逐年增加，但公共图书馆的到访人次却在近三年递减，且平均每年下降10%左右，国民对公共图书馆的使用频率有所下降。拥有公共图书馆最多的省、市依次为德黑兰、伊斯法罕、法尔斯、胡泽斯坦、拉扎维霍拉桑等。

---

[1] 维基百科，人均每日阅读量，https://fa.wikipedia.org/wiki/عادت_مطالعه.
[2] 伊朗历1396年即公历2017年3月21日至2018年3月20日，为方便阅读本文将伊朗历1396年约记为公历2017年。文中其他年份以此类推。

表3 伊朗图书馆会员及到访人次情况

年度	会员（人）	到访（人次）
2015	2266400	66341999
2016	2377533	58715015
2017	2492862	53159426

数据来源：《文化与艺术统计年报·2017年》，伊朗文化与伊斯兰指导部，2018年

表4与表5反映的是伊朗几个主要省、市的图书馆分布情况、会员情况及藏书情况。以德黑兰为例，每个图书馆平均会员约为749人。

表4 2017年伊朗主要省份公共图书馆分布、会员及藏书情况

省（市）	图书馆数（座）	会员（人）	现存藏书（册）
德黑兰	303	227196	2579671
伊斯法罕	297	173617	3589454
法尔斯	227	129215	2540857
胡泽斯坦	220	140592	2527506
拉扎维霍拉桑	203	223538	2865568

数据来源：《文化与艺术统计年报·2017年》，伊朗文化与伊斯兰指导部，2018年

表5 伊朗公共图书馆藏书情况表

单位：千册

年份	现存图书	借出图书
2016	41686	19770
2017	41666	25382

数据来源：《文化与艺术统计年报·2017年》，伊朗文化与伊斯兰指导部，2018年

二、出版业发展状况

（一）出版业发展历程

伊朗的古代印刷业与中国有着很深的历史渊源，该国学者认为伊朗最早的印刷技术，以"钞"的纸币印刷形式，在蒙古人统治时期进入伊朗，但该技术由于当地人对金属币的钟情并未长久流传[①]。伊朗的现代印刷工业则始于凯伽王朝时期(1779年-1921年)，在当时的阿塞拜疆总督阿巴斯·米尔扎的支持下，于历史名城大不里士开设了第一家现代印刷厂。伊朗的第一位记者米尔扎·萨利赫·设拉兹，也是在阿巴斯·米尔扎王子的派遣下前往伦敦学习欧洲的现代化技术，学成回国后于1837年在伊朗出版了第一份报纸，以月刊形式出版了三年左右。作为伊朗近现代早期的改革者，他们希望通过引进新技术，改善伊朗落后的文化环境，向当时的欧洲看齐。在随后的几十年中，设拉子、伊斯法罕、乌鲁米耶等城市分别建立了印刷厂。现代印刷业的发展在伊朗经历了几十年的兴衰之后，于19世纪下半叶才逐渐兴盛起来，至今已有两百余年的历史。新闻出版在伊朗的近现代史上具有重要意义，报纸的出版间接推动了伊朗的立宪革命进程，更重要的是，它让伊朗人开始更加关注外面的世界。

伊朗伊斯兰共和国成立后，出版印刷业逐渐恢复发展，1982到1984年是伊朗建国后的第一个出版增长期。然而由于后来两伊战争和国际制裁等不利因素，出版印刷业的发展也受到影响。在政府随后几十年的努力下，出版业再次复苏，并取得了较大进步。据统计，在巴列维王朝统治下的1941到1978年，伊朗共出版图书52706种。而在1979—2016年间，该数字达到了1100000种，其中在德黑兰出版的图书占了75%[②]。

[①] 阿里·布扎里 马吉德·古拉米 杰里赛 贾法里·马兹哈卜：《伊朗印刷业简史研究》（波斯文），《全集》，2010年，第152期，第6页。
[②] 《伊斯兰革命后伊朗出版印刷业取得的成果》（波斯文），伊朗通讯社，www.iribnews.ir，2017年1月28日。

(二)图书出版业现状

1. 政府监管

目前,伊朗的图书出版遵循的法规为1988年颁布的《图书出版的目标、政策与制度》,该法规于艾哈迈迪·内贾德总统执政期间进行过修订。伊朗文化与伊斯兰指导部负责组建图书审查小组,对申请出版的图书进行审查。伊朗图书在出版前必须向该部提交样书进行审查,一般审查期为一个月。若书中内容不符合要求则需退回进行修改,最终在获得出版许可证后才可正式出版。图书出版后需向该部提交一定数量的正式出版物,用于分发至各大学及公共藏书机构。据悉,在内贾德总统执政的第二届任期内,政府对图书市场的管控更加严格,一些原已多次出版的图书被禁止再版。

2. 出版市场情况

2017年伊朗共出版图书99155种,总发行量为144188千册,按图书主题分为:教辅图书占总品种数的19%,为18792种,发行量为38336千册;儿童及青少年图书占16%,出版品种为15893种,总发行量为33827千册;其余主题的情况为文学占15%,共发行14943种;应用科学占12%,共发行11952种;社会科学占11%,共发行11092种;宗教占10%,共发行9721种;历史及地理占4%,共发行4031种;哲学占4%,共发行3807种;艺术占3%,共发行3382种;语言占3%,共发行2566种;全集类占2%,共发行1512种;自然科学占1%,共发行1464种。另外,2017年的数据显示,编著类图书为75946种,占比76.60%;翻译类图书为23209种,占比23.40%。目前,伊朗的图书市场呈现出以下几个趋势。

(1)教辅及儿童类图书受到追捧。儿童及青少年图书、教辅图书近年来一直是伊朗图书出版业的支柱,也是受到出版商欢迎的主题领域。伊朗图书出版的数据显示,近五年每本图书的平均发行量呈持续下降趋势,也因此造成了书价上涨,购买力疲软的不良循环。而教辅图书的需求量较大,能够较好的保障出版商的利润,因此受到商家的欢迎。伊朗的儿童青少年读物多次获得国际儿童文学奖项,也在一定程度上保障了儿童青少年读物的市场及海外版权合作。

(2)翻译类图书增长迅速。根据伊朗《文化与艺术统计年报》的数据显示,2015年的翻译类图书为15062种,2016年为18718种,2017年为23209种,近三年平均增速为24%,而编著类图书的近三年增速为7%左右。这从一个侧面说明伊朗的版权贸易较为活跃,主要引进的图书为欧美知名作家作品等。

(3)私营出版社活跃。伊朗的出版社主要分为国有及私营出版社两大类,还有个别出版社隶属于国家公益机构。其中私营出版社在伊朗出版市场中非常活跃,具有较强影响力。但近年来,由于经济不景气带来的负面影响,图书市场举步维艰,个别知名私营出版社也不得不出让股份以保证正常经营。根据伊朗2017年的数据显示,伊朗共有登记出版商15222家,其中活跃出版商为4306家,非活跃出版商[1]为10916家,非活跃出版商占总出版商数的71.70%。同时,2017年的数据显示,年出版能力在100种图书以上,具有较大实力的出版商为96家,仅占总出版商数的0.60%。准入门槛低造成了出版业的资源分散,在一定程度上影响了行业整体竞争力。泉水出版社、莲花出版社、珍珠出版社、科学出版社、语言出版社等都是近年来较为活跃的出版社。

总体而言,伊朗图书出版业存在一些结构性问题,如区域分布不平衡,超过半数的资源集中在德黑兰;市场准入门槛低,缺乏资源整合;政府缺乏整体调控,未能做出危机预警,造成了近年伊朗的纸张危机等。受到经济低迷的影响,伊朗的图书出版业面临着很大的挑战,图书市场艰难发展。

---

[1] 非活跃出版商:一年内一本书都没有出版的出版商;活跃出版商:每年至少出版一本书的出版商。

同时，图书市场整体利润较低，书商压力较大，原创图书的作者收益较低，对知识产权的保护相对薄弱，资金回流慢，投资少等诸多因素影响了伊朗图书市场的繁荣。随着美国重启对伊朗的制裁，图书市场的发展也将再次经受严峻的考验。

（三）出版业对外交流情况

1. 外译出版计划

伊朗政府为了鼓励波斯语作品的世界传播，近年来由政府相关组织主导，推出了一系列波斯语作品外译国家级支持项目。伊朗政府将这类项目作为开展文化外交的重要组成部分。

翻译与出版支持计划：在世界市场翻译及出版伊朗图书支持计划，其宗旨是加强伊朗出版业与国际出版业的联系；在世界领域介绍、传播、推广伊朗的文学、文化与艺术；通过文化及艺术精品来沟通伊朗与世界文化的联系；为文化、艺术企业在世界各个领域更加活跃、积极、持续地推出及展示产品提供支持。该计划支持的出版主题包括伊朗现代文学、艺术、伊斯兰学及伊朗学、儿童及青少年读物。世界各国的出版社均有资格参与申请该项目的支持，并可获得部分或全额资助。在德黑兰国际书展期间，该组织设有专门的展台，展示计划支持下的已有出版成果，并开展与各国出版社的联系。在第32届德黑兰书展期间，该图书外译计划负责人还与中国出版社建立了联系，期望开展与中国的出版合作，向中国读者推介波斯语作品[1]。

波斯语图书外译支持计划：伊朗翻译与出版组织中心推出了"波斯语图书外译支持计划"计划，旨在将波斯语图书翻译成其他语言并予以出版。该计划推荐的图书主题主要包括三个方面：伊斯兰知识和伊斯兰革命、伊朗伊斯兰文化文明与艺术、文学及文学史，内容集中在伊斯兰学、什叶派

---

[1] 参见翻译与出版支持计划官方网站，https://bookgrant.farhang.gov.ir/fa/main。

学、《古兰经》学、波斯文学及文学史、伊斯兰革命和霍梅尼思想、伊朗学、波斯艺术，以及儿童青少年故事等领域。在该项目支持下，出版商将获得从30%到70%不等的翻译出版费用资助①。

2. 境外图书出版

伊朗政府十分重视伊朗文化的外围辐射影响力。有伊朗学者认为对周边地区，如阿富汗、塔吉克斯坦等地的语言文化传播的投资，从长远看将带来更大的收益，如减少警察支出、纠纷处理等政府开销。根据伊朗2017年的《文化与艺术统计年报》显示（见表6），伊朗境外出版销售图书共153种，比上一年增长48.50%，共发行314千册，比上一年增长170.70%。这种情况说明伊朗愈发重视本国在世界范围内的文化传播力度和文化影响力，这也是伊朗文化软实力传播和建设的重要组成部分。

表6 伊朗境外图书出版销售情况表

年份	品种（种）	册数（千册）
2012	109	131
2013	138	143
2014	85	128
2015	103	116
2016	153	314

数据来源：《文化与艺术统计年报·2017年》，伊朗文化与伊斯兰指导部，2018年

3. 国际书展平台

德黑兰国际书展作为伊朗最重要的文化盛事之一创办于1987年，每年夏季举行，为期10天左右，至今已举办32届。伊朗政府十分提倡全

---

① 参见刘慧：《伊朗出台"波斯语作品外译及出版支持计划"》，《世界语言生活状况报告（2019）》，商务印书馆，2019年5月，43~47页。

民阅读，总统也曾亲临现场。据悉，德黑兰书展每天接待人数在十万人以上，由于参观人数太多造成市区道路堵塞而曾一度不得不搬到市郊更大的场地。目前，德黑兰国际书展已经发展成为中东地区极具影响力的图书展销平台。在2019年第32届德黑兰国际书展中，共有2400家伊朗国内出版社和800家其他国家及地区的出版商参与了此次书展。伊朗举办图书展览会由2015年的25场增长为2017年的33场，参加境外图书展览会的次数也从2010年的5次增长为2017年的13次。图书出版作为文化软实力建设及文化影响力传播的重要途径越来越受到政府的重视。

三、报刊出版业现状

（一）政府监管

伊朗对报刊出版活动的监管由伊朗文化与伊斯兰指导部负责，所依据的法律为《新闻法》。伊朗现行的《新闻法》针对的是具有固定名称、固定出版时间、固定出版号的纸质出版物及所有电子出版物。该法除规定须尊重伊斯兰价值观，不得违反《宪法》，不得侮辱他人，不得泄露机密等一些基本条款外，还对出版许可证的申请人条件、出版物内容、许可证的发放、吊销、境外援助，以及违法处罚方式等内容进行了详细规定。特别需要注意的是，《新闻法》规定由伊朗文化与伊斯兰指导部负责组建新闻监督委员会，并对其监管活动负责。该委员会需由司法机构负责人推荐的法官、文化与伊斯兰指导部部长或其全权代表、议会代表、高教部推荐的大学教授、出版人代表、伊朗库姆神学院高级委员会推荐的库姆神学院教授、文化革命高级委员会的推荐成员所组成。该委员会负责裁定出版申请人的申请资格，并对不符合要求的出版社予以吊销出版许可证。

（二）市场情况

1. 纸质媒体规模

根据伊朗2017年《文化与艺术统计年报》的统计数据（见表7），

2017年伊朗的纸质媒体总数为6282种,比上年增长3.90%,但2016年的数据较2015年下降了27%。在发行领域方面,近三年来专门性纸质媒体的数量变化不大,2017年总数略有上升;专业性纸质媒体2017年增长5.50%,但2016年较2015年下降了约49%。综上,2016年各项媒体数量均有较大幅度的下降,说明国家对媒体的管控更加严格。

从媒体的语种分布看,2017年波斯语纸质媒体为4277种,占总品种的68%;非波斯语纸质媒体为2005种,占比32%(见表7)。

表7 伊朗纸质媒体情况表

单位:种

年份	发行领域				语种[①]	
	总数	专门	专业	公共	波斯语	非波斯语
2015	8287	843	3349	4095	7822	2849
2016	6049	818	1704	3527	4066	1983
2017	6282	854	1797	3631	4277	2005

数据来源:《文化与艺术统计年报·2017年》,伊朗文化与伊斯兰指导部,2018年

2.纸质媒体所有权结构

如表8所示,2017年伊朗的6282种纸质媒体中,有4052种来自私人所有的媒体,占比64.50%;有946种来源于各类政府机构,包括政府组织、机构、基金会等,共占比15.10%;有1284种来自非政府机构组织等,共占比20.40%。

[①] 个别纸质媒体出版物被翻译成多种语言,因此语种分类中的两项总和在个别年份大于纸质媒体总数。

表8　2017年伊朗纸质媒体所有权情况表

单位：种

年份	总数	自然人	各类政府机构	各类非政府机构
2017	6282	4052	946	1284

数据来源：《文化与艺术统计年报·2017年》，伊朗文化与伊斯兰指导部，2018年

3. 纸质媒体出版频次结构

如表9所示，伊朗2017年出版的6282种纸质媒体中，报纸类日刊为327种，占比5%，非日刊类纸质媒体为5955种，占比95%。近三年内，日刊比例以1%的速度递增。伊朗的主要知名报刊有《消息报》《伊朗》《世界报》《同城报》《东方报》等，其中《消息报》为伊朗历史最长的报纸，已连续出刊90余年，该报业集团在伊朗也有较大影响力，领域涉及印刷及图书出版等。

表9　伊朗纸质媒体出版频次情况表

单位：种

年份	总数	非日刊	日刊（报纸）
2015	8287	7991	296
2016	6049	5755	294
2017	6282	5955	327

数据来源：《文化与艺术统计年报·2017年》，伊朗文化与伊斯兰指导部，2018年

表10显示，2017年伊朗的纸质媒体出刊频次占比情况为日刊占比5%，周刊占比18.90%，半月刊占比11%，月刊占比26%，双月刊占比4.10%，季刊占比25.70%，半年刊占比8.30%，年刊占比0.70%。按出刊频次的占

比情况依次排列为，月刊、季刊、周刊、半月刊、半年刊、日刊、双月刊、年刊。

表10　纸质媒体的出刊频次类别情况

单位：种

年份	总数	日刊	周刊	半月刊	月刊	双月刊	季刊	半年刊	年刊
2015	8287	296	1108	732	2295	430	2664	699	63
2016	6049	294	1088	662	1717	288	1506	448	46
2017	6282	327	1188	693	1635	258	1617	521	43

数据来源：《文化与艺术统计年报·2017年》，伊朗文化与伊斯兰指导部，2018年

4. 纸质媒体许可证情况

如表11所示，2017年伊朗政府为1072家纸质媒体颁发了许可证，比2016年下降了8%，2016年该数据比2015年下降了22.30%。近三年来颁发许可证的数量呈持续下降趋势。2017年被吊销许可证的纸质媒体达到1138家，较之前两年数据呈激增态势。该情况说明伊朗政府对纸质媒体的整顿，以及对文化监管的力度有所加大。

表11　纸质媒体许可证情况

单位：个

年份	颁发	吊销
2015	1514	42
2016	1167	1
2017	1072	1138

数据来源：《文化与艺术统计年报·2017年》，伊朗文化与伊斯兰指导部，2018年

5. 线上电子媒体结构

根据表12的数据显示,伊朗的线上电子媒体为2592家,比2016年上涨了16.80%,2016年比2015年增长了37%,该数据说明伊朗近年来重视线上电子媒体的发展。新闻网站的数量在2016年比2015年增长了38%。2017年伊朗共有新闻通讯社42家,其中政府性质的新闻通讯社8家,非政府性质的34家,新闻通讯社的数据在近三年内没有明显变化。

表12　伊朗线上电子媒体情况

单位:家

年份	总数	新闻网站	新闻通讯社		
			总数	政府	非政府
2015	1621	1578	43	8	35
2016	2220	2177	43	8	35
2017	2209	2167	42	8	34

数据来源:《文化与艺术统计年报·2017年》,伊朗文化与伊斯兰指导部,2018年

伊朗的主要新闻通讯社有伊朗伊斯兰共和国通讯社(简称伊通社)、法尔斯新闻通讯社、梅赫尔新闻通讯社、伊朗大学生新闻通讯社等。

6. 线下电子媒体情况

根据表13可见,伊朗线下电子媒体总数为383家,较2016年增长了66.50%,近三年均增长明显。其中2017年专门性线下电子媒体为98家,专业性线下电子媒体为197家,公共领域的线下电子媒体为88家,这三个数据比2016年均有大幅度增长,说明伊朗的线下媒体近年来发展迅速。

表13 伊朗线下电子媒体发行领域分布情况

单位:家

年份	总数	专门	专业	公共
2015	128	22	89	17
2016	230	57	126	47
2017	383	98	197	88

数据来源:《文化与艺术统计年报·2017年》,伊朗文化与伊斯兰指导部,2018年

7. 电子媒体许可证情况

由表14可见,伊朗政府2017年共颁发线上及线下电子媒体许可证492个,比上一年减少173个,共吊销电子媒体许可证406个,比上一年增加289个。近三年来,没有线下电子媒体被吊销。政府对线上电子媒体的监管在近三年呈现出越来越严格的态势,2017年被吊销的许可证数高于颁发的许可证数。

表14 电子媒体许可证情况

单位:个

年份	线上		线下	
	颁发	吊销	颁发	吊销
2015	837	0	38	0
2016	593	117	72	0
2017	370	406	122	0

数据来源:《文化与艺术统计年报·2017年》,伊朗文化与伊斯兰指导部,2018年

四、中伊出版业交流合作情况

目前,从中国与伊朗的图书出版合作的内容上看,伊朗方面输出的主题主要以文学及儿童绘本为主。由北京大学张鸿年教授等名家领衔翻译的《汉译波斯经典文库》是中伊出版合作对伊朗古典文学经典翻译的优秀成果。21世纪后,我国对伊朗现代文学的翻译和研究也有所提升。著名研究伊朗文学学者穆宏燕教授翻译出版了伊朗女性作家西敏·达内希瓦尔的《萨巫颂》、阿巴斯·马阿鲁菲的《亡者交响曲》等。值得一提的是,近年来对伊朗儿童文学的翻译成为中伊出版合作和版权贸易的主要内容之一。如湖南少年儿童出版社、山东教育出版社、西南师范大学出版社等均出版过伊朗儿童绘本译作。我国对伊朗历史、文化、政治等主题的翻译相对较少。从我国方面看,对伊朗的出版输出逐渐呈现出系统化、规模化倾向,如五洲传播出版社已向伊朗输出版权60余种,并在伊朗推出了介绍当代中国及中国文化的系列波斯语图书。

在出版社的对接合作方面,近年来通过中国及伊朗国际书展等活动搭建的平台双方也取得了一系列成果。2010年黄河出版传媒集团与伊朗穆斯特法出版社共同签署了战略合作协议及图书《回族民俗学》和《中华英才》版权转让协议。2011年中伊两国签署了《中华人民共和国新闻出版总署与伊朗伊斯兰共和国伊斯兰文化联络组织"中伊典籍政府资助互译出版工程"合作备忘录》,是近年来两国出版业合作的重要成果。在2017年举办的北京国际图书博览会上,商务印书馆和伊朗伊斯兰共和国文化联络组织联合举行了战略合作协议签约仪式,并发布了由商务印书馆引进的伊朗文学经典"汉译波斯经典文库"。该出版社已在哲学、历史学、法学、政治、艺术、文学等多个学科领域与伊朗展开合作,获得伊朗10余种经典图书的授权,并计划出版《新华字典》的波斯语版,在伊朗出版发行。其他各省出版社也与伊朗作家及出版社等有过一些零星的合作。

除了日常的合作交流外，中伊两国的国际书展已经成为沟通两国出版业合作的重要平台。2017年伊朗成为北京国际图书博览会的主宾国后，伊朗出版界更加关注中国市场，在网络平台上刊登了《中国出版业报告》的文章，并表示希望打开伊朗图书在中国的市场，并进而打开亚洲图书市场。2019年5月，中国作为主宾国参加了第32届德黑兰国际书展，带去4000多种共1.50万册各类图书，受到伊朗读者的欢迎。更让人欣喜的是，在中国图书进出口（集团）总公司等多家中国出版单位联合推动下，"中国图书角"于5月1日正式落户伊朗国家图书与档案馆，拥有图书1000余册，今后每年德黑兰国际书展期间都会更新。书展期间还举办了"中国故事"系列图书波斯语版联合签约暨中伊出版新合作启动仪式等50余场展现中国文化和现当代发展的活动。中国现当代文学作品、现当代儿童文学图书的波斯文版也在此次书展上首次亮相。可以说，德黑兰国际书展是伊朗读者了解中国，伊朗出版商与中国出版单位进行面对面沟通交流的重要途径。中国近几年均组成大规模代表团参加了德黑兰国际书展，努力让"阅读中国""讲好中国故事"在伊朗读者中传播开来。

尽管双方在出版领域已经取得了一些成果，但其合作规模和读者普及程度仍与两个大国的相互定位有所差距，双方应借助书展这一平台将双边合作发展成为一种常态，提升合作频次、领域和规模。就此，双方出版机构仍有很多基础工作需要进一步完善。

1. 了解法律法规，厘清合作路径。尽管中伊双方的出版业有过一些合作，但大多数中国出版单位对伊朗新闻出版行业的情况仍感到十分陌生。国内对伊朗出版业态的研究相对匮乏，伊朗特殊的宗教政治环境，以及国际关系的影响等因素都加大了合作的预期难度。双方应增进对彼此的新闻出版法律法规及产业流程、行业特点的了解，同时通过科研立项、研讨会等方式进行跨学科、规模化、系统化的研究。

2. 协助出版社对接，整合供求信息。目前，中伊双方的出版社合作规模仍旧有限，部分地方出版社尚没有与伊朗的出版社有过直接接触或合作，双方尚未建立有效的联系合作机制。可考虑通过出版商协会等组织创建双边合作平台，增进双方的信息沟通和互相了解，在宏观合作层面加大统筹规划。共同构建双方出版合作信息交流平台，定期举办出版供需信息交流论坛，切实促进出版社的直接对接合作，使版权贸易快速、高效、规模化发展。将两国的大学出版社合作作为拓展中伊出版合作的试点，依托中伊共建高校初步搭建大学间出版社的合作平台。如陕西师范大学出版总社、西安外国语大学已与伊朗阿拉梅塔巴塔巴伊大学出版社共同创建了陕西师范大学出版总社伊朗分社。

3. 发挥民间力量，讲好中国故事。在第32届德黑兰书展期间，中国著名儿童文学作家、北京大学教授曹文轩应邀到德黑兰大学与德大师生进行交流，受到了来自德黑兰大学、贝希什提大学、阿拉梅·塔巴塔巴伊大学同学们的热烈欢迎。特别值得一提的是，这届书展期间，由原北京大学伊朗留学生，现任德黑兰大学汉语系教师的好麦特博士翻译出版了中国文学作品《解密》，小说原作者麦家先生也亲临德黑兰，与德黑兰大学师生开展了面对面交流。另外，西南大学伊朗研究中心特聘研究员艾森翻译出版了中国作家路内的小说《慈悲》。这些活动让我们看到了两国民间文化交流的巨大潜力。充分发挥伊朗在华留学生的文化传播力，使之成为在伊朗讲述中国故事的文化使者，这一点在图书的翻译出版领域表现得更加直接具体。

出版业的合作是中伊两国开展深层次文化交流的重要落脚点，在这一领域两国的合作层次仍属于起步探索阶段，尚没有形成一定规模，但不论是通过书展展现出来的双方读者渴望相互了解的热情，还是两国政府对彼此重要性的认可，都说明了中伊两国未来出版业领域的合作前景是十分广阔的，然而从相互了解，到合作平台的搭建，需要做的基础工作仍旧很多。

参考文献

1. 任孟山，张建中. 伊朗大众传媒研究：社会变迁与政治沿革 [M]. 北京：中国传媒大学出版社. 2016 年.

2. 伊朗文化与伊斯兰指导部官方网站：https://www.farhang.gov.ir/fa/home.

3. 陈力丹，樊文波. 曲折发展的伊朗新闻传播历程 [J]. 新闻界，2013 年第 16 期. 第 79~84 页.

4. 大流士·穆特拉比. 伊斯兰革命后的伊朗图书出版概况（波斯文）（全集，1979—2007）[M]. 第 88~97 页.

（作者单位：对外经济贸易大学外语学院）

以色列出版业发展报告

刘叶华

自 1948 年以色列宣布建国到 2017 年历时 70 年。在这 70 年间，以色列在社会、文化和技术等方面都发生了巨大变化和进步，可是不变的是图书、期刊和报纸始终是社会进步、文化发展的风向标，也是社会各阶层主要的信息来源之一。正如以色列国家图书馆为了庆祝以色列建国 70 周年，于 2018 年发布的《以色列图书出版和读者群调查（1948—2017）》所总结的那样：以色列图书出版 70 年来经历了巨大的变革，多元的社会先锋们无私地致力于新民族团结统一，已经形成了共同的民族语言、文化传承和历史表述，乃至独立的民族精神。其中最主要的原因是，以色列建国初期，政府和政党掌控图书出版和平面媒体，政府代理人和各政党拥有全国绝大部分出版社和报社，国家领导人要求作家助力希伯来语大众化，构建统一的民族文化。

一、出版业发展背景

（一）出版市场基本情况

以色列地处西亚，是亚非欧三大洲接合处。以色列北靠黎巴嫩，东濒叙利亚和约旦，西南邻埃及。以色列西边有与地中海相连的海岸线，南边则有埃拉特的海湾。

以色列人口统计处资料显示，2017年1月，以色列人口825万，其中75%为犹太人（多为德系犹太人）、20%为阿拉伯人、5%是其他人种。犹太人中，68%在以色列出生，是第二代或第三代的以色列人，在外国出生的32%的犹太人中，有22%来自欧洲、10%来自亚洲和非洲的阿拉伯国家。

以色列拥有优质的大学教育，以色列人有接受优质教育的传统和积极性，这成为以色列高科技繁荣和经济快速发展的主要推动力之一。24%的以色列人有大学学历，在世界工业化国家中高居第三，仅次于美国和荷兰。12%的以色列人拥有大学以上学历。

以色列是中东地区工业化和经济发展程度最高的国家，在政府的调控下有着发展成熟的市场经济，以知识密集型产业为主，高附加值农业、生化、电子、军工等部门技术水平较高。

以色列书刊发行的主要渠道有三种，分别是出版商—批发商—书商—读者、出版商—批发商—代理商—书商—读者、出版商—书商—读者。全国有两家大型批发公司和400多家书店。全国性行业组织有：以色列图书出版商协会和以色列图书与印刷中心。以色列出口协会作为政府机构，开展扩大本国图书出口的活动。

（二）相关出版政策及平台建设

以色列现行版权法颁布于1911年英国托管时期。1949年，以色列加入《伯尔尼公约》，1955年加入《世界版权公约》。采用国际标准书号，出版区号为965。在图书实物进出口方面，以美国、英国、法国、德国为主要对象。

以色列政府对出版业征收所得税、城市税和8%的增值税。21世纪初的以色列出版业曾经面临增值税率偏高和恶性市场低价竞争的双重挤压，一些特色书店和中小型出版社濒临倒闭。高税率导致图书价格高，比如一本文学读物的平均价格80谢克尔（折合44欧元），一本儿童读物需要50谢克尔（折合28欧元）。消费者对于低价图书的需求引发了"斯杰伊马茨基"和"措梅特·赛法利姆"两大图书中盘商之间的价格恶性竞争。

近年来，为了扶植出版产业的发展、保护本国文化的保护和增强本国文化的国际影响力，以色列政府对于出版产业链上的企业给予扶持，如对出版机构和出版物进行基金资助、信贷支持，以及税收优惠在内的政策扶持。这一方面降低了图书价格，另一方面也促进了中小出版企业的发展。

以色列耶路撒冷国际书展自1963年开始由以色列出版协会举办，每两年举办一届，目前已经成功举办了28届。犹太人喜爱读书的特点在全世界广为人知，而耶路撒冷则有着"图书之城"的美誉。耶路撒冷国际书展不仅是读者的交流平台，为出版商提供了一个交流的贸易平台，是具有一定国际影响力和行业号召力的国际性书展。以色列出版协会是以色列最大的出版商联合组织，拥有机构会员百余家。

2017年耶路撒冷书展吸引了来自俄罗斯、奥地利等世界各地的出版社参展，向读者呈现了多种语言的图书和丰富多彩的文化活动。中国派出了由17家出版单位组成的中国出版代表团参展，共展出9个类别、800余册图书。

以色列最重要的文学奖项是以色列国家文学奖。以色列国家文学奖每两年评选一次，近年来主要颁发给希伯来文作家。

二、图书出版业现状

2017年以色列出版图书（不包括博士论文、学术论文、电子书、有声图书和期刊）7628种，继续保持平稳增长的态势，以图书出版为传播媒介，以色列犹太民族主义精神得以广泛传播和持续发扬，图书出版的社会价值持续提升和外溢效应十分显著。

（一）出版情况

希伯来语在以色列图书出版中已经形成其统治地位。2017年，在以色列国家图书馆登记的新书中，89.50%为希伯来文版，共计7300种，较2016年小幅增长。数量居于第二位的是英文版图书，约占5%。在非希伯来文版图书中，大部分是阿拉伯文版图书，占3%，俄文版次之。此外，还有一些东亚语言版本的图书，如泰文版、他加禄语（菲律宾他加禄人语言）、韩文版和日文版。2017年，希伯来语原创的图书占总品种数的84%，较2016年的82%有小幅增长。2017年，以色列出版的虚构类图书是871种，大部分是希伯来文版，也有相当一部分是俄文版、英文版和阿拉伯文版。2017年，引进版图书中，从英文版翻译出版的图书占60%，次之的是法文版5%，德文版4%，瑞典文版1.50%，阿拉伯文版1.30%。2017年引进版图书共计40种，大部分是从欧洲各国语言版本翻译成希伯来文版的（见图1）。

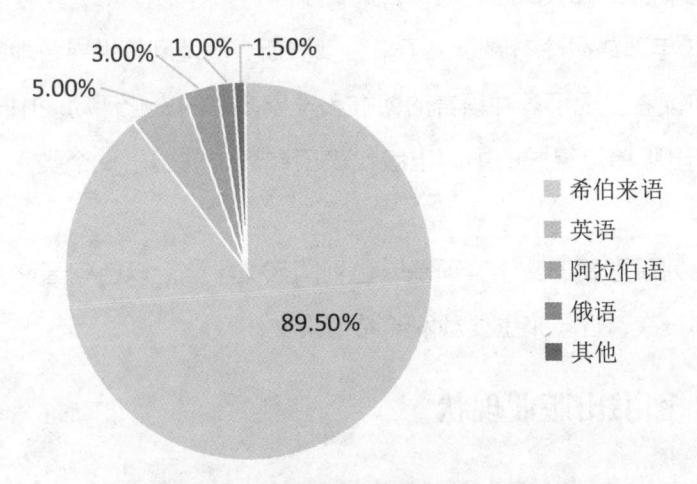

图1 2017年以色列出版物按语种分类的比例

在以色列，图书按体裁可分为虚构和非虚构类，按题材则更为细致，文学、哲学、宗教、自传、自然科学、经济法律、休闲指南等，虽占比不一，但较为丰富。2017年，在以色列国家图书馆登记的新书中，1247种散文（含小说）类和诗歌类图书，较2016年1128种有小幅增长。其中，虚构类图书849种，大部分是小说，97种短篇小说集，387种诗集和11种剧本。2017年，虚构类文学作品涉及主题广泛。其中，14%以浪漫爱情为主题，但情节也是有了其他题材，如间谍、商战和历史事件等。

以色列国家图书馆2017年登记出版的儿童与青少年图书1056种。从儿童文学和青年文学出版数据分析，以正统犹太人为读者对象的图书占比较高，88种儿童与青少年图书的读者对象是正统犹太人。在儿童图书中，以正统犹太人为读者对象的比例更高一些，只有63%的以色列儿童图书不是以正统犹太人作为读者对象的。以色列儿童图书中，希伯来文版占有绝对优势，93%是希伯来文版，3%是英文版，剩下的4%是意第绪文版、阿拉伯文版和俄文版。但引进版图书占比仍很高，在2017年出版的345种儿童图书中，93种是从英文翻译成希伯来文出版的。2017年，以青少年为读者对象的畅销书大部分是与科学相关的小说，共有25种图书。侦探小说比重较高，2017年，另一类儿童与青少年读物的畅销题材是传记类作品，占儿童与青少年图书总品种数的7%，其中包括圣经人物或以色列民族英雄的非虚构类自传，以及代表性人物的历史小说。

2017年以色列非虚构类图书出版1287种，其中大部分是希伯来文版宗教图书和关于犹太教和犹太哲学研究的图书。其中34%是自出版图书，29%由商业出版社出版，3%由学术机构出版。非虚构类图书中自传类图书比重最大，超过300种图书与自传体裁有关。2017年，400种非虚构类图书涉及巴勒斯坦、以色列和犹太人等题材。近年来这类题材图书一直持续增长。

2017年，休闲类和指南类图书出版品种数显著增加。虽然互联网上可以轻而易举地获取有关个人爱好和休闲娱乐的信息，2017年以色列还是出版这类题材图书202种。其中，指南类图书出版46种，其中5种是以色列导游手册。食谱出版44种，类别多样，如速成、简易烹饪方法、健康食谱、素食食谱、家乡菜食谱等。自助类指南112种，其中，52种是健身和自我健康管理，12种是育儿书，6种是减肥和健康饮食指南（见图3）。

颇耐人寻味的是，虽然以色列以科技强国闻名于世，2017年仅出版自然科学类图书50种，而法律、司法、税收和保险题材图书多达133种。

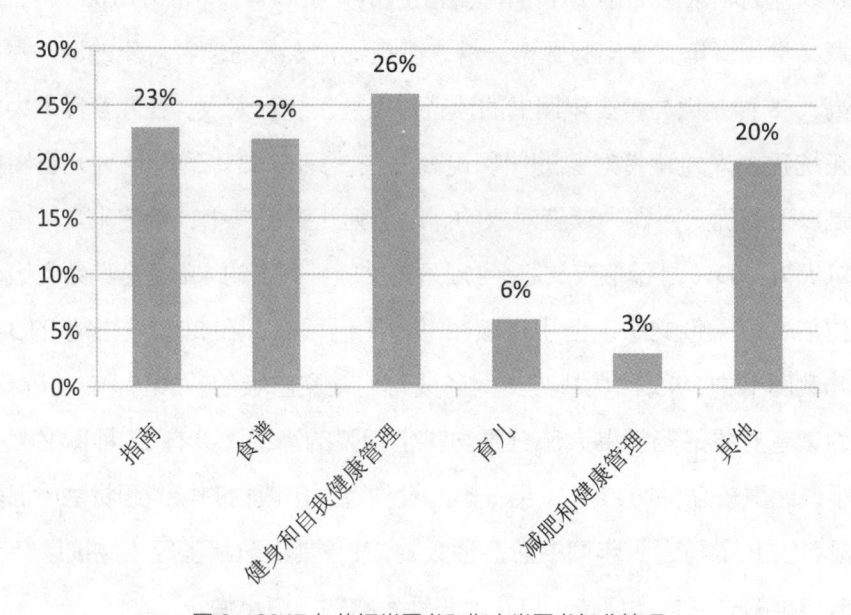

图3 2017年休闲类图书和指南类图书细分情况

2017年，以色列国家图书馆登记电子书230种，较2016年增加10%以上，其中，55%是面向成年人的图书、43%是儿童书，0.70%是诗集。除此之外，还有263种有声图书，值得一提的是，以色列全国各大图书馆对电子书需求量是十分巨大的，现在的出版量远远不能满足馆藏需求。以色列国家图书馆早已开始电子化旧有的新闻报刊、传单和其他出版物，增加馆藏。

(二)企业情况

截至 2017 年,以色列共有 320 家注册商业出版社,十分活跃的出版社占 10% 左右,他们出版的图书占 2017 年图书出版总品种数的将近 40%(见图 4)。各规模出版社能力不同,中等规模出版社的图书品种数在不断增加,从 2016 年的 15% 增加到 2017 年的 20%。促成这一增长的主要原因在于,近年来,中型出版社在保持商业战略和内容选取独立的前提下,巧妙地借用了大型出版社的市场营销和图书发行服务。

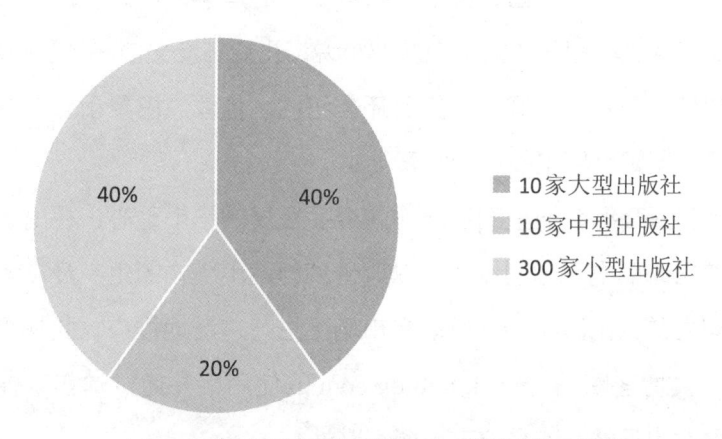

图 4　2017 年图书出版品种数按出版社规模分类

以色列重点出版企业主要集中在特拉维夫和耶路撒冷。规模比较大的有:兹莫拉·比坦出版集团、安奥维德出版社、凯特出版社、马萨达出版社、亚弗恩出版社。

1. 兹莫拉·比坦出版集团

Kinneret 出版社的前身是犹太诗人 Haim Nachman Bialik 创建的 Dvir 出版社,于 1919 年成立于以色列的奥德赛市。俄国革命之后,出版社搬去柏林,1924 年又迁回以色列。1973 年由 Ohad Zmora 成立的 Zmora-Bitan 出版社并购了 Dvir 出版社及其子公司 Karni 和 Megiddo 公司。兹莫拉·比坦出版社的出版领域包括世界与希伯来文学、当代小说与非小说类读物、儿童读物、政治类图书、传记与心理学著作。Kinneret 出版社同时还是最早生产和推广新兴媒介出版物的出版社之一。

兹莫拉·比坦出版集团通过并购成为当前以色列领先的出版交易公司，旗下子公司的各类出版物几乎反映了以色列各个领域最新的发展动态。集团目前有 70 名员工。目前已经出版了 3000 多名作者的 6500 多本著作。出版范围包括名著与当代希伯来小说、世界文学、商业小说、大众科学、历史、社会学、时事政治、辞书与参考书、心理学、传记、励志读物、自学类图书、青少年和儿童类小说及非小说、礼品书及文创产品、旅行指南、设计和建筑学图书等。同时，集团还在纽约、伦敦、巴黎和北京有代理，以保证可以紧跟世界出版业的发展动态。

集团将提高编纂流程的质量作为今后发展的一个重心，在出版的过程中引入按需印刷电子印刷技术，以改善和提高出版物的生产及市场推广，使得集团之前的出版物始终可以在市场上进行广泛地推广。此外，集团还积极推广其博客网站 www.kinnblog.com 的使用，并通过其官网辐射影响力。该网站也是唯一的希伯来语博客网站。

兹莫拉·比坦出版集团与 Iguana 出版社进行合作，共同出版某些读物。合作协议签署后，Iguana 出版社仍旧作为独立的出版商，拥有独立出版的权利。在合作中，无论是独立出版或者是双方的合作出版，兹莫拉·比坦出版集团都作为渠道商负责出版物的市场推广与销售。

2. 帕尔福特出版公司

帕尔福特公司是一家以色列出版公司，创立于 1934 年。公司最初发行明信片、贺卡、旅游纪念品和相关图书，这使其在成立的 30 年间迅速成为以色列最大的礼物、文具生产制造商和学生图书出版商。帕尔福特公司拥有很多重要的国际品牌，并努力打造适应现代市场需求的产品。目前公司有雇员 150 名左右，并拥有一家先进的印刷厂和现代技术设备、一家仓库和相应的物流设备。这使得公司可以向世界各地市场的客户源源不断配送其丰富生产线上的各类产品。公司始终坚持创造性和创新性，同时还注重品质和关怀，这让出版社收获了一大批忠实用户，并获得了良好的口碑。公司非常注重国际合作，其产品以30多种语言输出到世界各国的公司，输出产品中包括有关圣地和圣经生活的图书，并且还往埃及和约旦输了出很多画册。公司生产的文具和日历等产品可以在世界上很多知名的商店中找到。最近公司正在向国外输出新产品线的礼品以及针对年轻厨师的厨房用品。

3. 吉芬出版社

吉芬出版社是一家英语出版社，有着20多年的出版经验。其总部位于耶路撒冷，并在美国和英国有配送中心。出版社出版有关以色列和以色列人民的内容，向美国和以色列读者提供有关新书和折扣书的包邮配送服务。其出版物涉及阿拉伯语学习、艺术和摄影、圣经研究、儿童和青少年希伯来语图书、小说和文学、烹饪、吉芬儿童英语学习读物、成人类希伯来语读物、希伯来语学习教材、有声书和参考书、历史类读物、漫画类读物，以希伯来语、英语或者其他语言出版。

4. 佩恩出版公司

佩恩出版公司创立于1997年，成立初期从事世界经典文学和畅销书的翻译。公司的希伯来语图书主要是对世界经典和畅销书的翻译，囊括了小说以及非小说领域。公司目前是唯一以希伯来语出版海明威全集及巴尼斯和诺贝尔文学奖经典作品的出版社。在与国际合作输出的图书上，出版社的图书以高质量的插图和来自顶尖学者的丰富信息量的文字内容受到了读者的广泛关注，并很快占有了国际市场不可忽视的份额。英语出版方面，公司的旅行和文化、当代生活方式和烹饪类图书都是出版社即将向市场广泛推出的类型。

5. 康坦图国际出版社

康坦图国际出版社是一家以色列出版社，主要利用传统和电子媒体技术在广告、营销和销售领域向世界传播高质量的图书内容。公司目前的业务包含电子营销指导、传统出版、电子书出版、参加图书比赛、文学评论、有声书和音像出版销售。康坦图出版社目前的出版领域是日历、儿童类图书、自传、青少年读物、艺术类图书、小说、建筑类、心理类、哲学类、阿拉伯语学习、汉语学习、德语学习、非小说类读物。康坦图国际出版社始终致力于开展国际合作，通过参加世界各大图书展览来与世界各地的图书出版商建立合作关系。同时，出版社还特别重视与中国的合作，曾与中国人民大学出版社在版权贸易上开展合作，出版了《大国的责任》希伯来语版本。

三、以色列建国 70 年来出版业发展趋势

随着以色列社会趋于安定和文化产品日益丰富，建国 70 年来以色列出版业发生了显著的变化。比如，虚构类图书和儿童书在过去 10 年出版品种数不断增加，而剧本和非虚构类图书在减少；休闲类图书和手册类图书，特别是个人励志手册成为出版热门题材，在 70 年前则没有这类图书。而军事题材图书在 1948 年十分热门，在 21 世纪初的以色列却变得凤毛麟角。教材在以色列建国之初是面向普通大众出版的，而现在主要是面向在校学生。在以色列社会发生改变的同时，如以色列社会生活从节衣缩食到现在的衣食无忧，出版模式和信息传播模式也随之从传统向现代转型，比如，印刷技术的普及、对儿童阅读需求的关注、电视和互联网等非纸质媒体对以色列文化和身份认同产生的影响、图书价格的增长等。

2017 年大部分以色列出版社和各大平面媒体都已经私有化，出版物也开始致力于个人主义的表达、社会批评和以色列社会和文化的多样性，并

更为关注某一社会群体（如少数民族和少数宗教信仰者），为他们出版图书。

出版品种数增长平稳。1948年来以色列面临着巨大的挑战，主要是争取独立的武装斗争，先是反英国托管，接着是应对当地阿拉伯人和反周边阿拉伯国家进攻，然后是促进来自欧洲、亚洲和非洲的大规模移民的融合。然而，当年以色列出版了超过2000种图书，还有大量的报纸。这些成为信息传播的重要渠道。其后，虽然以色列人口不断增长、人民生活水平不断提高，以及科技进步日新月异，但是2017年图书出版品种数仅比1948年增长4倍，并没有发生大规模的、跨越式增长。

希伯来文始终雄居统治地位。以色列建国70年来，希伯来语在以色列始终保持着书面语的统治地位。无论是1948年还是2017年，超过90%的图书都是以希伯来文出版的，即便在英国托管以色列期间，英语在各政府出版物中占有重要地位。1948年图书文版中居于第三位的是意第绪文版，第四位的是阿拉伯文版和俄文版。而2017年，以色列阿拉伯文版图书仅占3%。

从1948年到2017年，出版体裁发生了巨大的变化。比如，2017年，只有11部剧本出版，占图书总品种数的0.10%，而1948年则有17部希伯来文版原创剧本，还有49部引进版剧本出版，占了当年希伯来文版图书总品种数的3%以上。

1948年，剧本占以色列虚构类图书总品种数的28%，而2017年仅占1%。

1948年，诗集这类体裁远比不上戏剧体裁的出版品种数，1948年只有31种诗集出版，而2017年则达到387种。值得注意的一点是，在1948年受欢迎的以色列诗人，他们的作品至今仍然颇有人气，持续保持着的市场号召力（见图5）。

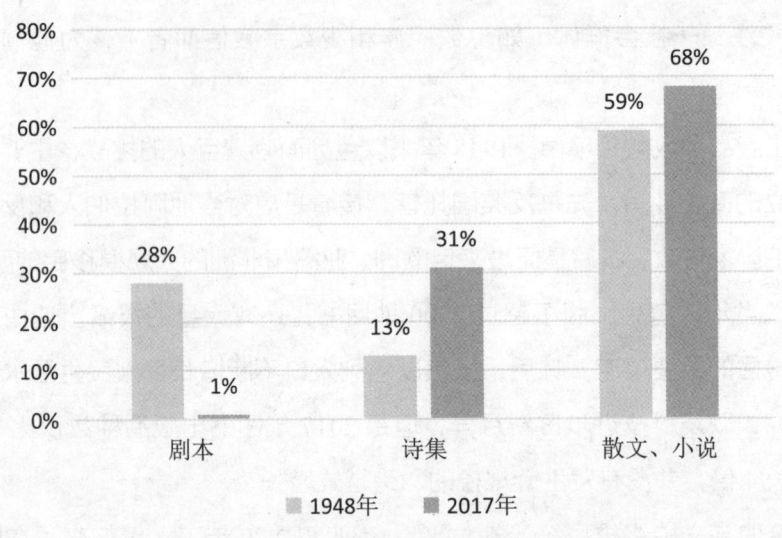

图5　1948年和2017年虚构类图书按体裁分类

另一个引人瞩目的差异是，1948年和2017年的虚构类图书和儿童书的引进版比例。1948年，65%的希伯来文版小说是翻译作品，2017年该比例是31%。而1948年出版的剧本有74%是翻译作品。1948年，31%的希伯来文版儿童书是引进版，仅略低于2017年27%的比例（见图6）。

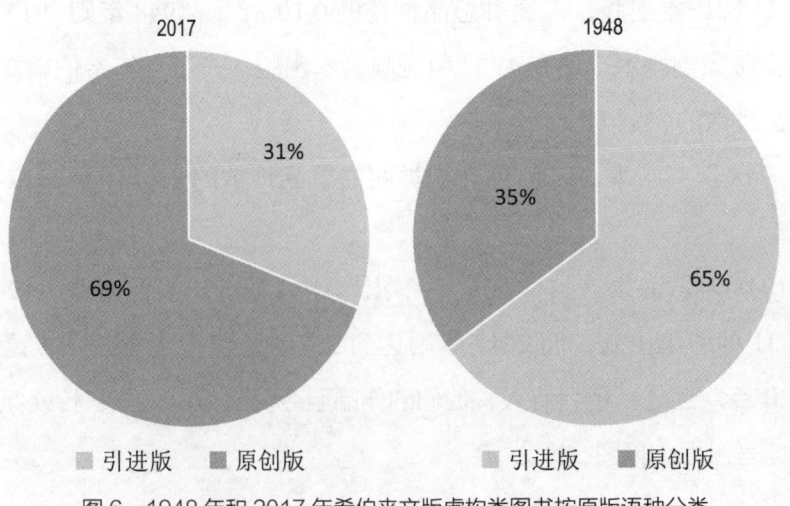

图6　1948年和2017年希伯来文版虚构类图书按原版语种分类

在建国之初的以色列，儿童和青少年文学作品是巩固"新以色列"一代的重要工具之一，也是国家领导人把多元移民群体构建成一个新的、团结的民族的重要手段之一。与此呼应，1948年，133种希伯来文儿童和青少年图书中有93种是原创图书，只有40种是翻译图书。而2017年图书的原创图书也与1948年非常近似：2017年，73%是原创希伯来文图书；1948年，69%是原创希伯来文图书。

1948年和2017年儿童书出版体例也发生了较大的变化：儿童书占出版总品种数的比例增加了8倍，从1948年的6.50%增加到2017年的14%。2017年，绘本、卡片书和拼图书等希伯来文儿童书出版了81种。

1948年和2017年在教材出版方面也产生了重大变化。1948年，以色列出版了110种教材，其中65种是小学、中学教材，45种是基础希伯来语和希伯来语法教材，主要读者群是新移民。有些是供读者学习专业词汇的，比如《60种厨房用具（希伯来文插图本）》《意第绪语-希伯来语短语手册》等。2017年教材出版总品种数是210种。其中，70种是语法和语言学习教材，读者对象是小学、中学学生。

1948年和2017年以色列非虚构类图书出版题材的变化从一个侧面反映出以色列政治局势和社会状态的变化。1948年，大部分非虚构类图书都涉及以色列紧张的社会局势，以及讨论如何建立以色列文化格局。不难理解的是，1948年独立战争期间，9%的图书是与以色列军事和政治相关的。比如，战争期间，有18种关于战争的图书和29种图书是纪念逝去的战士的。

1948年和2017年都有另一个比较常见的非虚构类图书主题，那就是关于犹太人遭受大屠杀的图书。1948年有17种这类主题的图书出版，2017年有135种这类图书出版，增长了近10倍。然而其中也有显著的不同之处，那就是，1948年非虚构类图书几乎都是从大处着眼，比如从民族的角度描述大屠杀，而2017年，四分之一的此类主题的非虚构类图书则是幸存者及其亲属的回忆录。该数据表明，非虚构类图书从聚焦民族和社会等宏大叙事，转向个人经历。比如，1948 年，只有 5 部散文虚构类图书是关于二战和大屠杀的，2017 年这类图书增加至 33 种，其中不乏儿童图书和漫画小说。而且，有 4 种关于大屠杀幸存者儿童的学术研究著作出版。

1948 年出版的非虚构类图书中，有 20% 是关于巴勒斯坦和以色列历史和地理的，包括以色列旅游手册。与之相对，2017 年这类主题的图书仅占总品种数的 5.50%。

1948 年至今，休闲图书和指导手册类图书（尤其是食谱）的统计数据最能体现出以色列社会的转型。1948 年，只有一本食谱出版。一年后，这本食谱就出版了修订版，以适应 1949—1959 年厉行节俭十年的社会需求。1949 年又有一本新的烹饪类图书由妇女国际犹太复国主义主义组织出版，书名简单地取作《烹饪书》。而 2017 年以色列出版了 44 种烹饪类图书，大部分是四色印刷、装帧精美，这表明一个崇尚消费、追求优雅的以色列社会已经开始形成。

2017 年，以色列出版了 52 种自我励志类图书，还有 60 种育儿类、婚姻生活类、家庭类和指南类图书。1948 年则没有这类图书出版。

与军事有关的非虚构类图书，无论是军队机构或者民间机构出版的，在以色列建国初期都十分受欢迎，但是现在已经几近消失。1948 年，这类主题图书有 94 种，大部分是战斗战术手册，以及有关军事的内容，如战斗纪律以及犹太初等学校讲解的军事内容。

早在 1939 年，一家名为 Maarachot 的出版机构开始出版军事期刊，后来逐渐发展成为一家出版原创和引进军事题材，并兼顾历史题材图书的出版社。目前已经出版图书超过 600 种，大部分是关于军事和民族安全的题材。

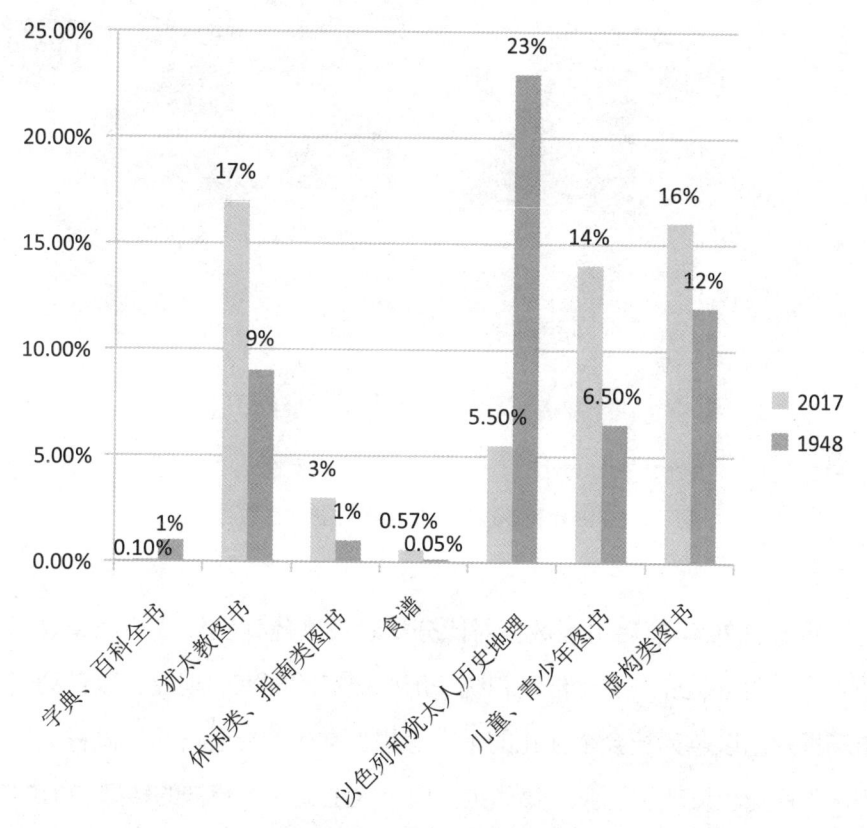

图7 1948年和2017年希伯来文图书按类别和题材分类

作者性别分布更加平衡。以色列女性作家数量的显著增长和文化活动表明以色列社会更加注重男女平等，女性社会地位不断提高。1948年出版的散文类图书，女性作者仅占13%。2017年，42%的散文类图书的作者是女性，58%是男性。这表明以色列女性作家实现了显著增加（见图8）。

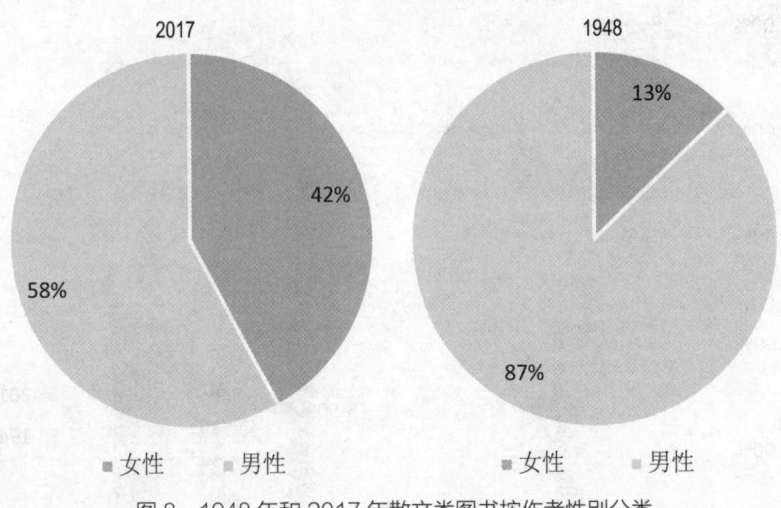

图8　1948年和2017年散文类图书按作者性别分类

从上述70年前后出版数据对比分析看，以色列已经成功地建立起一个有统一语言、统一文化传统和统一历史记忆的国家。现在，以色列图书市场折射出以色列社会个性化的个人思想、文化和社会群体。同样，以色列出版产业也反映出社会从集体主义向个人主义民族精神的转型。2017年，大部分出版机构已经私有化，1948年大部分出版机构则是由政府机构或政治团体所有的。

四、中以出版业交流合作情况

以色列国民对中国非常友好，也非常渴望了解中国历史和文化，了解中国发展的经验，但由于渠道较少，以色列人很难找到有效的方式获得中国内容。在以色列本土图书市场中，关于中国内容的图书很少，中国内容在以色列的需求潜力是非常大的。

中以政府部门之间也有关于出版合作的交流与互动。2016年1月11日至13日，原国家新闻出版广电总局副局长孙寿山率中国出版代表团出访以色列，并与以色列外交部签署《中华人民共和国国家新闻出版广电总局与以色列外交部在文学和翻译领域的合作谅解备忘录》，进一步推动中以两国在新闻出版领域特别是文学翻译方面的合作，让两个民族、两国人民通过图书媒介，互学互鉴，更加相亲相近。

在以色列开展出版活动最多的中国出版社是中国人民大学出版社。2016年1月，中国人民大学出版社以色列分社顺利成立，是中国出版机构在以色列设立的第一家分社。人大出版社以色列分社的目标就是：要积极推进本土化传播，用本土化的方式展现中国价值的内核，尽可能减少"文化折扣"现象。其核心就是在当地通过本土的语言和方式，把我们独特的文化传统、独特的历史命运、独特的基本国情所形成的独特内容完整、正确的传播，引导世界全面客观地认识和了解当代中国。

人大出版社以色列分社成立以后，把中国学术图书在以色列的本土化出版作为核心的出版业务，在国内通过代理的方式获得了10余家中国顶级学术出版社的优质学术图书版权；在国外，通过多种多样的活动，为中国学术图书出版搭建平台。截至2017年，中国人民大学以色列分社已经在以色列图书市场成功推出了"认识中国·了解中国"系列图书希伯来文版10余种。

以色列分社出版的希伯来文版图书得到了各界的认可。2016年中国教育部与以色列高等教育委员会联合主办的中以高等教育论坛暨7+7研究型大学联盟校长圆桌会议上，刘延东副总理把中国人民大学以色列分社的《大国的责任》希伯来文版作为中国学术著作走进以色列的代表性成果赠送给以色列高等教育部长本内特先生。

2018年10月8日，中国人民大学出版社以色列分社新书发布会暨大中华文库《晏子春秋》国际学术研讨会开幕式在中国人民大学举行。该书被列入国家重点出版项目《大中华文库》，这也是中国人民大学出版社以色列分社的最新出版成果。

除了上述有规划的、长期的整体合作之外，其他中国出版社也与以色列出版机构就某些具体项目开展过合作。如 2015 年，北京语言大学出版社与以色列 Sinergia 公司达成了共同开发希伯来语版中文教材合作共识，以版权输出的形式开发《以色列高中中文课本》并被以色列教育部列为学校指定汉语教材，进入论证与考核阶段。该书将成为以色列历史上首套中学阶段系统汉语教材。随后，2016 年 6 月 19~24 日，北京语言大学出版社组织优秀对外汉语教育专家，赴以色列举办了"2016 年以色列中文教材发布仪式暨以色列中文教师研讨会"。2018 年 6 月，南京大学出版社与以色列 Kinneret Dvir Zmora 出版社举办了《南京大屠杀史》希伯来语版的版权输出签约仪式。

这些出版交流活动有效地提升了中国出版在以色列的品牌知名度，极大地促进了中以的文化互鉴和民心相通。

参考文献

1. 以色列国家图书馆. 以色列图书出版年度报告（2017）. http://web.nli.org.il/sites/NLI/English/library/depositing/statistics/Pages/lgd-statistics-2017.aspx.

2. 以色列国家图书馆. 以色列出版商数据库. http://web.nli.org.il/sites/NLI/English/library/depositing/Pages/lgd-publishers.aspx.

（作者单位：中国人民大学出版社）

印度尼西亚出版业发展报告

法兰克福书展雅加达办公室

作为世界人口第四大国，印度尼西亚人口约有2.60亿，年轻人所占比重很大，中产阶级正在崛起，教育水平日渐提高，喜欢阅读的人数不断增长。过去20年以来，印度尼西亚的发展突飞猛进。拥有超过千万人口的首都雅加达已经在很多方面成为了一个国际化的现代化大都市。最近，雅加达的第一条地下轻轨线也已建成并投入使用。

在印度尼西亚创意经济局和教育文化部的支持下，印度尼西亚创立了越来越多的跨学科资助项目。这两家机构同时也是印度尼西亚国际书展和印度尼西亚参加全球书展和创意展会的赞助方。

印度尼西亚出版业一方面有很多积极的发展趋势，另一方面也面临着很多挑战。仅举几例：盗版盛行、书店出售的非图书商品比图书还多，等等。在很长一段时间里，印尼政府曾禁止中文图书的流通，但至少在15年前，这一禁令已被取缔。尽管数以百万计的印尼人拥有中国血统，但他们大多数已经不具备中文的阅读能力，即便有的还会讲中文，但多数人讲的也是方言，而不是普通话。但是，随着作为印度尼西亚经济发展合作伙伴的中国得到越来越多的关注，随着"一带一路"倡议的开展，中文变得越来越重要，越来越多的印度尼西亚学校开设了中文课程，在雅加达等很多地方都可以买到中文图书。中国和印度尼西亚两国的出版业合作在不断增强，印度尼西亚这一市场具有很大潜力。

一、出版业发展背景及市场结构

（一）概况

印度尼西亚位于东南亚地区。据印度尼西亚中央统计局年度人口调查数据显示，2018年，该国总人口为2.65亿。同年，印度尼西亚国内生产总值达到1.48万亿印尼卢比[①]，年增长率约为6%，经济增长呈现出强劲及稳定的态势。尽管2012年的数据显示，印尼人识字率为93.40%，但印尼人的阅读习惯非常低。美国中康涅狄格州立大学2016年的一项调查显示，在阅读兴趣排名上，印度尼西亚位列61个国家中的第60位，排在第59位的泰国之后、第61位的博茨瓦纳之前。

印尼人之所以缺乏阅读习惯的主要原因在于图书销售渠道的分布过于集中，因为印度尼西亚的书店只在大城市里才有，尤其集中在首都雅加达，而且图书馆的利用也没有达到最大限度，导致生活在欠发达地区的人们很少有机会接触到可供阅读的图书。

（二）政府的参与及相关政策

为了通过提高图书的接触度来激发更多印尼人的阅读兴趣，印尼政府开始着手为欠发达地区的村庄提供资金，用于建设村庄图书馆[②]。这一项目由印尼农村、落后地区发展与移民部和印度尼西亚国家图书馆联合主办，目的是希望能提高图书的普及程度，从而提高印尼人的阅读兴趣。

这一扶持项目还会采购一些跟现实生活密切相关的专业技能图书供村民学习，比如农业、渔业以及中小企业管理指南类图书。考虑到生活在这些村庄里的人大多从事农业、渔业或者经营餐饮、零售和手工业等中小企业，这些教授相关技能的书非常重要。

---

① 约合10.43亿美元。
② 共计83184个村庄。

2015年,印度尼西亚教育部发布了一项政策,要求学生以15分钟的课外图书阅读来开启一天的学习。这项政策刺激了中小学对图书的需求。印度尼西亚创意经济局已将出版业列为印度尼西亚最具发展前景的创意产业之一,不过,该局尚未制定支持该行业的具体计划。

印度尼西亚国家图书馆以及全国各大国立和私立大学的图书馆每年都会采购新书作为馆藏图书。随着国民可支配收入的增加,很多个人消费者也经常购买图书。

印度尼西亚出版业的主管机关是教育文化部,下设国家图书委员会。国家图书委员会成立于2015年,当时专门为负责印度尼西亚作为主宾国参加法兰克福书展而设立。现在,国家图书委员会主要负责组织印度尼西亚出版业到世界各地参加书展,并管理一支文学翻译基金,开展作家居住计划等。印度尼西亚国际标准书号局设在国家图书馆。

创意经济局的主要活动包括和出版商协会合作资助一年一度的印度尼西亚国际书展,以吸引来自世界各地的作家和出版商。此外,他们还为国家图书委员会的很多活动提供支持。

在印度尼西亚销售图书需交所得税,进口书需交额外关税。为了符合更多普通消费者的支付能力,印度尼西亚财政部目前正在考虑撤销科学类图书的进口关税。这一措施有望促进印尼识字率的提高。对于年收入低于48亿印尼卢比的出版社,所得税率为总收入的1%。年收入超过48亿印尼卢比的出版社,所得税率则高达10%。印度尼西亚还对图书销售征收10%的增值税。免征增值税的图书包括宗教类图书和教科书[①]。另外,为促进印尼人教育水平的提高,印尼政府对文学类图书也免征增值税。

(三)阅读推广活动

印度尼西亚有许多阅读推广活动,其中有一项叫移动图书馆,它是一

---

① 包括本地的和进口的。

项遍布印尼全国33个省的扫盲活动，由志愿者和社会活动家共同参与，利用马匹、小船、摩托车、公共汽车等多种方式分发图书。这些活动试图让更多的读者能接触到图书，以此激发民众的阅读兴趣。

现在，很多草根社区组织也在印度尼西亚各地开展自己的阅读推广活动，例如主要活跃在雅加达和西爪哇万隆的非政府组织"故事之家"以及南加里曼丹省兰道的朱尔斯书店。后者除了卖书，还通过各种激励活动鼓励当地人参与阅读。

除此之外，印度尼西亚国家邮政服务公司还向整个印尼群岛的社区和学校图书馆免费运送国民捐赠的图书，这一举措大大改善了偏远地区的图书供给情况。国家邮政服务公司也为移动图书馆计划取得成功提供了运输方面的支持。

基于上述这些举措，印度尼西亚现在共有1家国家图书馆、23777家公共图书馆、2743家特殊图书馆，而"移动图书馆"运动也已经在全国33个省建立了312家图书馆。

在社交媒体和网上书店的推动下，印尼人的阅读兴趣也出现了积极的发展趋势。根据《雅加达邮报》报道，2017年[1]至2018年[2]间，印尼人的阅读兴趣，特别是对文学作品的阅读兴趣，在不断增长，文学图书的销量也不断增加，这使得几家大型出版社有了足够的信心去出版新锐作家创作的新书。许多利益相关者都将印尼人对文学作品日益增长的阅读兴趣，归因于社交媒体对文学作品的推广作用。另外一个原因是网上书店的兴起弥补了实体书店的不足，使得整个印度尼西亚群岛的人都能够更为便捷地购买图书。

---

[1] 见2017年12月19日《雅加达邮报》第20页，《文学成了很酷的事》（Literature is the new cool），作者Partogi, S.

[2] 见2018年12月26日《雅加达邮报》第20页，《2018年度回顾：印尼文学界的高峰与低谷》（2018 in review: the peaks and valleys of Indonesia's literary scene），作者Partogi, S.

(四)书展和文学节

印度尼西亚出版商协会每年组织一次印度尼西亚国际书展，邀请印度尼西亚本土和国际出版社参加。2018年，共有来自25个国家的代表以及12万名观众参加了印度尼西亚国际书展。2019年，该书展将迎来38周年纪念。印度尼西亚国际书展有一个很有趣的市场专题，专门为出版社牵线搭桥。此外，书展还组织一些儿童或成人参加的比赛、小组讨论、产品展示以及识字推广活动。

印度尼西亚国际书展不定期地设立主宾国项目，比如沙特、马来西亚、韩国和东南亚其他国家等都曾经是主宾国。还有一些由出版商协会以外的组织者定期在各地举办的类似大型图书市场的区域性书展，主要目的是卖书。例如雅加达的伊斯兰书展和雅加达书展。其他几个大型城市，如西爪哇的万隆、日惹，北苏门答腊的棉兰，西苏门答腊的巴东和亚齐也经常组织区域性书展，每个城市每年大概举办一到四场书展。这些书展的对象是公众，没有专业访客。举办方主要是一些出版商或协会组织，比如印度尼西亚伊斯兰出版商协会、大学出版社以及格拉梅地亚等大型出版社。印度尼西亚国际书展有专门为出版社提供会谈场所的房间，供出版社代表们洽谈商务合作，而印度尼西亚的其他文学节，目前对出版社之间的商业洽谈没有过多关注。

全印度尼西亚目前至少有五个文学节，包括雅加达的萨利亚拉文学节和雅加达邮报作家节、万丹省唐格朗的唐格朗文学节、巴厘岛的乌布作家读者节以及南苏拉威西省望加锡的望加锡国际作家节。在这些文学节中，到目前为止只有乌布作家读者节、望加锡国际作家节和雅加达邮报作家节邀请到外国作家参加。文学节期间，作家和出版社也会展示自己的作品和图书。参加这些文学节的代表有机会与当地的编辑和出版社代表面谈，并发展商业合作伙伴关系。

这些文学节中，乌布作家读者节和望加锡国际作家节最为著名。第一届乌布作家读者节于2003年举办,望加锡国际作家节始于2012年。这两个文学节主要邀请曾获过大奖的文学作家参加小组讨论和活动,另外,还邀请一些记者和社会政治评论家。乌布作家读者节的访客包括来自澳大利亚和印度的外国游客,每年会吸引大约25000名外国观众来访。望加锡国际作家节的观众主要是印尼人。据detik.com的一项报告显示,平均每年有8000人参加望加锡国际作家节。

二、图书出版及细分市场情况

(一)图书出版业发展概况

虽然印度尼西亚出版商协会还未发布最新的印度尼西亚出版业数据,但网站上显示,目前,该协会正在收集有关该行业的数据,包括年销售收入、印尼作家的作品创作量等。

印度尼西亚出版商协会[①]目前拥有1317家会员出版社,其中711家出版社出版业务较为活跃。这其中,只有148家出版社,主要是教科书出版社,拥有区域分销办事处或代表处等自己经营的销售渠道。这些会员中,约60%专注于中小学教科书出版,剩下的40%专注于大众出版和特定内容出版。

根据上述数据来源,印度尼西亚小型出版社每年平均出版新书15种,中型出版社每年平均出版新书100种,大型出版社每年平均出版新书200种。

出版协会所有会员中只有一家出版社是国有出版社,即图书编译。该出版社到2017年已经走过了百年历程。为了能与时俱进并在当今的竞争环境中生存下来,该出版社一直努力举办不同的图书活动,比如在其办公楼的小咖啡馆里组织图书俱乐部等。

[①] 本章中所包含的统计数据来自印尼出版商协会(IKAPI)网站的印尼出版业数据(*Data Perbukuan Indonesia*),http://ikapi.org/2018/01/25/data-perbukuan-indonesia/,此为2019年3月25日访问该网站所得记录。

在印度尼西亚的 33 个省份中，较为活跃的出版社集中在其中的 24 个省。此外，有 1182 家出版社设在爪哇岛上，也就是说，印度尼西亚 90% 的出版社都集中在爪哇岛，特别是首都雅加达、西爪哇、中爪哇和东爪哇。

出版社大多专注于出版中小学教科书、童书、通俗小说和文学小说以及宗教图书。据印度尼西亚出版商协会统计，2007 年至 2012 年间，印度尼西亚出版业的市场营业额增长了 6%。印度尼西亚出版商协会将这一市场增长归因于该国中产阶级人口的增长。中产阶级的增加使得越来越多的人认识到阅读习惯的养成是终身教育的重要组成部分。随着可支配收入的不断增长，人们购买的图书越来越多。印度尼西亚出版商协会因此认为这之间存在着显而易见的关联，也就是印度尼西亚国内生产总值的增长与其国内图书消费的增加之间存在显著的正相关。

据印度尼西亚出版商协会统计，印度尼西亚每年出版的新书约有 3 万种。这一数字仅包含全国大型连锁书店记录的官方数据以及在印度尼西亚国家图书馆登记的国际标准书号 ISBN 发行申请数，不包含自出版以及非出版社实体[1]出版的书。

印度尼西亚国家图书委员会在其 2018 年编写的关于印度尼西亚图书市场的手册中提到，印度尼西亚普通图书的销售额[2]约为 4 万亿印尼卢比，这一结果引用了格拉梅地亚《罗盘报》的数据。该委员会还在手册中指出，2017 年，国家图书馆共登记了 59400 种新书，超出出版商协会此前的预测很多，其中，36082 种通过该国最大的图书零售商格拉梅地亚连锁书店销售。2017 年，国家图书馆记录的新书数量相比 2016 年的 57090 种有所增加，新书首版的平均印数是 3000 册。

---

[1] 非出版社实体是指非政府组织、政府机构、社区、政党、专业协会等。
[2] 不包括中小学教科书。

（二）印度尼西亚的主要出版社

印度尼西亚有几家综合型的出版社①，出版各种类别的图书。如格拉梅地亚出版社的出版范围非常广泛，从管理学、波普艺术、文学、烹饪图书、科普到生活指南等各种类别都有。到目前为止，格拉梅地亚出版社是印度尼西亚最大的出版社，旗下拥有7个子品牌，还拥有1家多媒体内容提供及咨询公司Pijaru。

米赞出版社也是一家综合型出版社。除了上述图书类别，米赞还出版伊斯兰宗教图书。印度尼西亚还有几家专注于虚构文学的出版社，如贾雅出版社和图书编译局。BPK Gunung Penabur出版社和Kanisius出版社主要出版基督教和哲学图书。Yayasan Obor Indonesia出版社则专门出版非小说类文学作品和关于印度尼西亚社会政治、历史的学术类著作。

（三）教育及其他细分市场情况

印度尼西亚多数大学都有专门从事学术出版的出版社，即大学出版社，有的是作为大学的技术部门，有的是大学的事业单位。其中有几家著名国立大学的出版社，如印度尼西亚大学出版社、茂物农业大学出版社、万隆技术学院出版社、艾尔朗卡大学出版社和室利佛耶大学出版社还推出了电子书。

印度尼西亚的大学出版社由统一的协会管理，即印度尼西亚大学出版社协会。该协会目前拥有200家大学出版社成员。

小学教科书是印度尼西亚出版业的重要组成部分。在印度尼西亚出版商协会目前的1368名成员中，约有60%是中小学教科书出版社。

每年，印度尼西亚各地的小学都会为学生订购教科书。在印度尼西亚，学校图书馆并没有可以年复一年重复使用的学生课本，因为印度尼西亚小学的课程和教科书内容一般每四年就更新一次，因此，父母基本上每次都

---

① 不包括后面将详细介绍的大学出版社和中小学教科书出版社。

要为孩子们购买新的教科书。印度尼西亚有几家比较著名的教科书出版社，如艾尔朗卡出版社和地球字母出版社等。印度尼西亚的学校都有自己比较偏好的教科书出版社，一般会批量购买教科书。这些学校必须使用文化教育部批准的最新课本。国内学校的学生通常仍然使用纸质教科书作为主要参考资料，而国际学校的学生则较为广泛地使用电子书以及其他数字材料。采用英文和中文教科书的国际学校通常通过印度尼西亚经销商，如专门从事国际教科书进口的 Spektra Books 公司，从外国出版社进口这些教材。印尼本土部分出版社也出版中文教科书，但国际学校更愿意购买进口图书。

印度尼西亚的几家大型教科书出版社，如艾尔朗卡出版社、地球字母出版社、Grasindo 出版社等，每年会向学校提供最新的可选教材，由教师来决定哪些书最适合学生使用。教师通常在校长的监督下举行年度会议，根据当年的课程决定要用哪些教科书，在做决定的时候会考虑书本的内容是否有非常具体的解释、多种可供教师用于布置学生作业的不同形式的练习题等因素。

在数字教科书方面，印度尼西亚移动应用开发商 Mahoni 2013 年推出了一个名为"电子教科书"的应用程序。该应用程序可让学生免费下载从小学到高中大约 1300 种电子教科书。目前，它的电子书资源价值 1000 亿印尼卢比，每天有 2 万本的下载量[①]。

（四）图书销售情况

格拉梅地亚出版社对印尼图书的销售情况进行了较为全面的统计，并对不同图书种类的年度销售变化做了分析。

---

① 见 2013 年 10 月 18 日发表的文章《印尼八大电子书应用程序和平台》（*Eight digital book apps and platforms in Indonesia*），网址：https://www.techinasia.com/8-digital-book-apps-platform-indonesia，作者 Noviandari, L.，此为 2019 年 4 月 20 日访问该网站所得记录。

表1 2015—2018年印度尼西亚图书销售情况

排名	2015年和2016年分类	2015年销量增幅%	2016年销量增幅%	2017年3~12月分类	2017年3~12月销售数量	2017年3~12月销量增幅%	2018年1~10月分类	2018年1~10月销售数量	2018年1~10月销量增幅%
1	童书/漫画	23.07	21.39	小说	2720757	17.63	小说	3223842	19.14
2	小说/文学	14.10	16.66	宗教/灵性	2044672	13.14	教科书	2125783	13.13
3	宗教/灵性	11.60	13.06	教科书	2041168	13.14	宗教/灵性	2081176	12.96
4	教科书	13.32	11.74	童书	2805505	12.70	童书	2889125	12.82
5	参考书/词典	5.97	6.23	漫画	3054783	10.10	漫画	2844764	9.44
6	商务/经济	5.08	4.02	参考书	795169	6.07	参考书	885990	7.51
7	生活指南	4.49	3.36	商务/经济	589440	4.44	商务/经济	623724	4.49
8	社会科学	2.70	3.31	社会科学	528645	3.30	生活指南	624469	3.79
9	烹饪	2.77	1.83	生活指南	496361	3.24	食品饮料	244025	2.55
10	计算机/互联网	2.35	1.84	词典	264426	2.15	词典	271309	2.14

数据来源：格拉梅地亚出版社

据印度尼西亚出版商协会统计，伊斯兰主题的图书一直是该国最受欢迎的五大图书类别之一。虽然格拉梅地亚等主要出版社也出版宗教图书，但印度尼西亚还有几家专门出版伊斯兰图书的出版社，如米赞、Kautsar和Gema Insani。不过，米赞出版社还出版流行艺术、文学以及科普类图书，包括印尼作家的作品以及国际畅销书译本。

据格拉梅地亚出版社统计，2018年1至10月，宗教类图书，尤其是伊斯兰教图书，共销售2081176本，占此期间图书销量的12.96%。2018年1到10月的图书销量统计中，宗教类图书排在印度尼西亚最受欢迎图书类别的第三位，排在第二位的为教科书，占比13.13%，排在第一位的为小说和流行文学，占比19.14%。

在印度尼西亚，基督教和天主教内容的图书也有很大的需求。BPK Penabur 出版社主要出版新教图书。Kanisius 出版社专门出版天主教图书。此外，该社还出版哲学类图书。

格拉梅地亚出版社的图书销量数据库更新截止到 2018 年 10 月。数据显示，2018 年前 10 个月，印度尼西亚的图书销量达到 22927631 本，平均每月销售 250 万本。

印度尼西亚的出版社目前都致力于产品和服务的多样化，以便在该国阅读兴趣普遍较低的情况下维持业务的发展。其中一家出版社已经将业务拓展到为外部客户提供内容，比如定制出版物或者网页制作。

（五）畅销书

1. 历史回顾

根据格拉梅地亚出版社的统计，在新秩序时期（1966—1998），翻译作品尤其是文学类作品在当地的书店里一直占据主导地位，占图书销量的比重超过 60%。来自海外的翻译作品之所以在这一时期备受印尼读者的欢迎，主要有两个原因：一是新秩序时期的政府严格限制本土文学作家的创作自由，并通过各种方式遏制扶植文学作品产生的生态系统；二是印尼卢比对美元比价低，当时的汇率是 1 美元兑换 2000 印尼卢比。也就是说，本土出版社可以承担购买英文作品版权的费用，尤其是购买来自美国的通俗畅销书，比如丹尼尔·斯蒂尔和玛丽·希金斯·克拉克都在印尼市场中非常受欢迎。

1998 年爆发的金融危机对东南亚国家的打击巨大，尤其是印度尼西亚。印尼卢比的汇率出现了反转，从 1 美元兑换 2000 印尼卢比一路跌到 1 美元兑换 15000 印尼卢比。在很长一段时间里出版社无法支付翻译作品的版权费，尤其是无法支付美国文学代理的费用，出版社开始把注意力集中到本土作家身上。在金融危机中的失败表现导致苏哈托独裁政府下台，随之而来的改革时期为本土作家提供了更多的表达自由。这一时期具有里程碑意义的文学作品是作家亚悠·乌塔米的小说《萨满》。这是一部打破界限、文字优美的作品,由格拉梅地亚旗下的 Kepustakaan Populer Gramedia 出版。

2. 畅销书现状

在畅销书方面,印度尼西亚拥有一位享誉国际的作家——安德利亚·希拉塔。他的通俗小说《天虹战队小学》已经被翻译成英语和德语,并随着译本的发行而轰动整个世界。这本书在全世界的销量超过 500 万册。除英语和德语外,这本书还被翻译成 30 多种语言,在 50 多个国家发行。

除希拉塔之外,印度尼西亚还有很多作家的作品在海外市场跻身畅销书榜单,比如:埃卡·古尼阿弯的《人虎》已被翻译成 6 种语言,并在印度尼西亚之外的 9 个国家发行;他的另外一部作品《美丽是一种伤痛》则被翻译成 22 种语言,并在印度尼西亚之外的 32 个国家发行。

两部印度尼西亚作家的小说以 1965 年发生在印度尼西亚的共产主义清洗运动为背景:莱拉.S.楚多利的《家园》和拉什米·帕穆尼亚克的《红色之疑》。两本书都是国际畅销书,尤其是英文版和德文版。阿尤·乌塔米的《萨曼》被翻译成 9 种语言,在 9 个国家发行。

拉蒂·古玛拉的《香烟女孩》已被翻译成英文和阿拉伯文。新晋作家奴瑞尔·巴斯利的小说《不是圣母》最近被翻译成英文。另一位冉冉升起的文学新星菲比·因地拉尼出版了一部标题类似的短篇小说集《不是圣母玛利亚》也被翻译成了英文。这两位新晋作家的作品因其突破界限的内容而在国内外引起了强烈反响。

用印尼语写作的本土畅销书包括作家哈比布拉曼·艾尔·西拉齐创作的两部伊斯兰风格小说《爱的诗篇》和《当爱被赞美时》、阿古斯提努斯·韦博吴创作的游记《归零地:一段带你回家的旅程》和《边境:在中亚国家的探险》,还有伊卡·那大萨创作的通俗浪漫小说集以及西塔·卡琳娜创作的通俗浪漫小说。

日本漫画在印度尼西亚图书市场上一直非常受欢迎。

（六）博客、数字平台、电子书、有声书

许多印尼作家的畅销书写作生涯开始于博客写作，其中一些人至今仍在写博客。其中一个例子是印尼旅行作家阿古斯提努斯·韦博吴，他在自己的博客网站[a]上记录自己的旅程，同时发表在网站 kompas.com 上。他的书经常出现在格拉梅地亚连锁书店的畅销书书架上。

Wattpad 是一个在线写作平台，作者可以在平台上发表作品，包括短篇小说、连载、非虚构文学、诗歌等。平台的用户是普通读者。目前，全球第二大 Wattpad 写作社区就在印度尼西亚[②]。其中一些作者正是通过在 Wattpad 上发表作品而获得广泛关注。格拉梅地亚以及其他几家印尼大型出版社亦与 Wattpad 有所合作，为 Wattpad 的作者提供出版纸质作品的机会并从中获益。很多新晋作家的作品就源自这个平台，比如伊玛·马达尼安的《你好，我未来的丈夫》、瓦莱丽·帕特卡的《克莱尔》和贝拉·克里斯塔的《雷纳》。印度尼西亚还有一些自出版平台，如 Nulisbuku.com、BITREAD.id 和 Bookslife，其中涉及的类型文学作品包括粉丝小说、投机小说、浪漫言情小说等，这些平台都拥有相当数量的读者。

在印度尼西亚，电子书的销量一直在增加，但目前电子书占当地图书市场的份额还不到 2%。尽管电子书的销量增长对市场总体影响不大，但仍然鼓舞着电子书制作商与各大出版社开展合作，发行 PDF 或 ePub3 格式的电子书。这些电子书制作商包括：与国有电信公司 Telkom 合作的 Qbaca、与移动通信服务商 Indosat IM2 合作的 Bukuon、Wayang Force、Scoop、Aksara Maya、与移动通信服务商 Indosat 合作的 Bookmate Indonesia、与 Remaja Rosdakarya 出版社合作的 eRosda、与 Gramedia 合作的 Gramediana 和与 Mizan 出版社合作的 Lumos。

---

① agustinuswibowo.com。
② 印度尼西亚有 870 万 Wattpad 用户，而美国有 1300 万，菲律宾有 720 万。

有声读物在印度尼西亚还处于起步阶段。一些年轻的印度尼西亚数字创业企业家最近刚推出一个名为 audiobuku.com 的新平台，向印尼消费者出售主要由自出版作家创作的各种有声读物。这个平台的内容可以通过 GooglePlay 下载。据本报告研究人员通过电子邮件做的一项调查显示，有声平台上的自媒体作者已经开始通过举办各种公众活动来吸引潜在客户。

自媒体写作平台在营销方面有时和图书俱乐部合作，以此建立紧密的客户联系，其中有的与现有的图书俱乐部合作，有的直接建立自己的俱乐部。除了培养忠实读者群，这些平台还利用社交媒体上的各种活动来进一步推广自己的产品。

（七）书店

印度尼西亚有 1200 家书店，最大的八家书店分别是：销售印尼语图书的格拉梅地亚书店、古农阿贡书店、TM 书店和主要销售英文等外文进口书的 Aksara 书店、航海记书店、纪伊国屋书店、WH 史密斯书店以及 Books and Beyond 书店。在图书进口方面，印度尼西亚有两家主要的进口商：UniBooks Indonesia 和 Sinar Star Books。此外，总部位于新加坡的网上书店 OpenTrolley.com 和印度尼西亚本土连锁书店航海记书店及其网店 periplus.com 也销售进口图书，同时代理一些特殊订单。

在雅加达南部的圣塔传统市场内有一家名为 Post Bookstore 的印度尼西亚本土小型咖啡屋书店。这家书店是由泰迪·威贾亚·库苏马和麦希·杨夫妇在公司工作之余兼职经营的。这对夫妇经常在出差的时候顺便买一些英文书，这些书给他们提供了多元化的视角，尤其是关于女性、非裔美国人等不同国家的少数民族这些边缘化社会群体的书。当然，在书店里他们也提供一些印尼语的图书。2018 年，他们与专门经营进口图书的 Aksara 书店建立了合作伙伴关系，共同策划图书的销售并共同组织阅读推广活动。

印度尼西亚还有一家名为 demabuku.com 的网上书店，专门销售印度尼西亚非主流文学作品。除此之外，格拉梅地亚和米赞等印度尼西亚主要出版商也分别拥有自己的在线平台。

除了这些网络图书销售平台之外，印度尼西亚版淘宝 Tokopedia 和 C2C 电商平台 Bukalapak 等印度尼西亚各大电子商务网站也向全国各地销售图书，其中包括原版书、二手书，还有盗版书。

（八）挑战

在印尼人还没有建立起稳固的阅读习惯之时，高速互联网以及各种社交媒体的普及使得图书阅读率低的问题更加显著。很多印尼人现在更愿意花钱在社交媒体上美化自己，也更愿意在社交媒体上花费更多的时间，却不愿意为图书花费时间或金钱。此外，印尼出版社严重依赖一家具有市场主导地位的零售书店，而印尼人对移动设备的广泛使用并没有增加电子书的销量。

盗版是印度尼西亚出版业面临的另一个棘手问题。很多人卖盗版[①]畅销书，而且一般是直接在公共场所售卖或通过 Bukalapak 和 Tokopedia 等在线平台销售。很多印尼人还偷偷下载某些不法分子扫描并上传到网上的电子书。印度尼西亚需要建立更为严格的监管和监督机制来打击这类行为，以保护印尼作家或译者的版权和知识产权。

三、出版国际贸易及与中国出版业的合作情况

（一）图书出口数据

印度尼西亚图书最大的出口对象是巴基斯坦、新加坡、英国、尼日利亚和中国香港。印度尼西亚最大的图书进口来源地有荷兰、新加坡、中国香港、美国和芬兰。

---

① 通常是影印本。

表2 印度尼西亚被翻译成外文并在国外发行的图书

序号	类别	地区
1	童书/青少年读物	马来西亚、新加坡、越南、菲律宾、中国、韩国、巴基斯坦、埃及、土耳其、阿拉伯联合酋长国、德国、英国、澳大利亚
2	虚构类文学①	美国、加拿大、英国、德国、荷兰、法国、意大利、西班牙、葡萄牙、波兰、塞尔维亚、马其顿、土耳其、黎巴嫩、阿拉伯联合酋长国、埃及、埃塞俄比亚、印度、巴基斯坦、泰国、越南、中国大陆、中国台湾、韩国、日本、澳大利亚、新西兰、巴西
3.a.	非虚构类—建筑	德国、马来西亚
3.b.	非虚构类—宗教	英国
3.c.	非虚构类—励志	马来西亚、越南
3.d.	非虚构类—外语学习	中国、马来西亚、土耳其、阿拉伯联合酋长国
3.e.	非虚构类—学术、大学教科书	马来西亚、德国
4	漫画/图像小说	日本、俄罗斯、法国、意大利、埃及、马来西亚

数据来源：Nung Atasana - NBC

（二）外文翻译及版权交易

作为2015年德国法兰克福书展和2019年英国伦敦书展的主宾国，印度尼西亚的文学作品受到了广泛关注，越来越多的印尼图书被翻译成外语，版权出售显著增长，出版社的收入也水涨船高。印度尼西亚国家图书委员会的数据显示，2018年1到10月，外国出版社一共购买了233种印尼图书的翻译权，而2017年是226种，2016年是219种。预计2019年的版权输出总量还会有所提高。

印尼图书的版权交易统一由Borobudur版权代理公司代理。这家机构是由印度尼西亚出版商协会为支持印尼文学作品的国际化专门于2013年

---

① 据蓬塔斯文学电影版权代理公司（Pontas Literary & Film Agency）提供的信息，埃卡·古尼阿弯（Eka Kurniawan）的作品已经被翻译成35种语言。

成立的。

2015年的数据显示,印度尼西亚向马来西亚和土耳其的出版社出售了很多与伊斯兰教内容相关的图书。漫画书通常出售给日本的出版社,而图像小说在阿拉伯出版商中很受欢迎。外语学习类图书版权一般授权给中国,烹饪和时尚图书则在马来西亚很受欢迎。

另一方面,印尼出版商也在国际书展上购买外国作品版权,并将其翻译成印尼语。

许多印尼出版商对版权贸易持不同的见解和策略。出版高品质纯文学的出版社通常非常重视版权贸易,他们认为向外国输出版权对于推动印尼纯文学作品走向全球起到了举足轻重的作用,而有些童书类出版社则认为出售图书的电影版权可能比输出翻译版权更有机会。

(三)印度尼西亚市场对外国内容的接受度

印度尼西亚的格拉梅地亚和米赞等几家大型出版社出版的很多书是从外文翻译而来的,其中最受欢迎的是小说,还有科普读物、管理学和自我提升方面的书。这些书一般是从英语翻译成印尼语。引进的图书通常是一些国际上的畅销书,比如J.K.罗琳的《哈利·波特系列》和马克·曼森的《重塑幸福》。格拉梅地亚还出版中文和日文作者的小说,直接从中文或日文翻成印尼语,如中国的余华和日本的夏目漱石的作品。据估计,印度尼西亚图书进口版权的数量大概占40%的市场份额。

很多印尼人喜欢阅读这些外国小说的印尼语译本。据英语教学机构英孚教育于2018年做的一项测试英语水平的问卷调查显示,印度尼西亚在全球88个国家中排名第51位。该问卷调查显示,印度尼西亚在英语熟练程度方面落后于新加坡、菲律宾、马来西亚和越南等东南亚国家[1]。

---

[1] https://www.fimela.com/lifestyle-relationship/read/3812134/peringkat-kemampuan-berbahasa-inggris-orang-indonesia-masih-harus-ditingkatkan.

据《雅加达邮报》①2016年的读者调查显示，具有较高英语识字水平的印尼人较少，他们代表的是来自上层社会受过高等教育的印尼人，可支配收入较高，会购买一些进口的英语书和杂志。尽管印尼人的英语识字率很低，但销售进口英文书的航海记书店在印度尼西亚全国的分店已超过45家。此外，航海记书店将其大量门店集中在国际机场和有很多外籍人士居住的地区，如雅加达南部克芒区和巴厘岛等主要的外国人旅游目的地。因为除受过高等教育并精通英语的中上层印尼人之外，外籍人士和外国游客是主要的英文书目标群体。

航海记书店通常会把科普及流行文学书摆在畅销书书架上。这家连锁书店向印尼大学生出售一些商务、经济和其他主流专业的大学英文教科书，另外，还出售一些中文书的英文译本。这些英译中文图书一般由塔特尔出版社出版，主要是一些关于普通话教材以及中国的短篇小说、文学作品。

（四）翻译资助项目

印尼作家的作品曾长期缺席国际舞台，自印尼著名作家普拉姆迪亚·阿南达·杜尔于2004年去世以来，印尼作家的作品在全球显得默默无闻。直到2015年，印尼小说家埃卡·古尼阿弯的作品《人虎》入围曼布克奖短名单，印尼作品才再次在全球引起关注。埃卡获奖的那一年也恰逢印尼成为法兰克福书展主宾国，也让莱拉.S.楚多利和拉什米·帕穆尼亚克等印尼女性作家获得了全球关注，她们的作品已被翻译成英语和德语等多种语言。

还有很多其他印尼作家的作品也被翻译成英文，如奴奇拉·阿玛拉、阿碧妲·艾尔—卡列奇、奴瑞尔·巴斯利、菲比·因地拉尼、阿古斯提努斯·韦博吴、新都那塔、诺曼·埃里克森·帕萨里布、德维·莱斯塔里等。

鉴于印尼文学界虽然在国际舞台上落后多年，但仍有跻身国际舞台的

---

① 见《雅加达邮报》2017年媒体工具包（*The Jakarta Post's* 2017 Media Kit）。

潜力，最近有很多组织致力于推动印尼作品的翻译，以帮助印尼作家走向国际舞台。以下是几个例子：

1. 郎塔基金会

郎塔基金会成立于1987年，2009年，按照印度尼西亚新颁布的基金会法规重新设立，旨在促进印尼文学的发展并将其推向国际读者，并为该国文学作品作历史记录。

郎塔基金会的业务还包括出版印尼文学作品的英文译本，范围覆盖经典、现代经典以及当代经典等。该基金会拥有一批经验丰富的高级译员，可以将印尼文学作品翻译成英文。

2. 格拉梅地亚国际

格拉梅地亚国际由印尼出版业巨头PT Gramedia印刷集团于2009年成立。2015年，它为印度尼西亚作为主宾国参加法兰克福书展提供了大力支持，为格拉梅地亚旗下的众多印尼作家，如琳达·克丽丝丹蒂、欧奇·马达萨里等作品的英文翻译提供了资金支持。

格拉梅地亚国际一直在履行支持格拉梅地亚旗下作家走向国际化的使命，为这些作品的英文翻译提供资金支持，并让格拉梅地亚出版社出版这些作品，然后在各大国际书展上进行展示，以促进这些作品的国际版权交易。2018年，格拉梅地亚出版了两部印尼作品的英文译本，分别是拉蒂·古玛拉的《暮色药剂》[①]和杰那尔·马艾莎·阿尤的《奈拉》[②]。2019年，英国伦敦书展期间，该出版社向外国出版社提供这两部作品的英文手稿。2019年，格拉梅地亚国际将继续推进翻译项目。

3. LiTRi和作家居住计划

LiTRi文学翻译计划启动于2014年。该计划为购买印尼图书翻译权的外国出版社提供资金支持，以促进印尼文学在全世界推广。获得LiTRi计

---

① 译者Soe Tjen Marching.
② 译者Sebastian Partogi.

划资助资格的作品可以是小说、非小说、童书以及漫画/图像小说，但须具备较高的文学质量。申请资助计划的出版商需提供相关作品的翻译样章以及译者简历等材料。

出版商可以根据作品长度及翻译费自行决定申请所需翻译资金的额度，但每本书的最高资助额度为 7000 美元。英语翻译的平均稿费一般是每个单词 250 至 400 印尼卢比，小语种的稿费可能高一些。

2018 年，LiTRi 计划批准了将在马来西亚、新加坡、法国和德国等国发行的英语、法语、德语、汉语和马来语译本的翻译资助申请。以印尼前副总统兼经济学家布迪约诺的《历史大变局中的印尼经济》为例，其中文译本的翻译[1]便获得了 2018 年的项目资助。

印度尼西亚文化教育部和国家图书委员会也共同设立了一项印度尼西亚作家资助计划。该计划的资助形式是邀请作家加入一个为期 1 至 3 个月的居住计划[2]。每年该计划都会遴选大约 20 位作家，资助他们到印尼各地或欧亚多国短期居留。申请该计划的作家至少需要有一本作为单一作者写作的印尼官方语言或其他印尼当地语言的出版作品。

2017 年，获得该项目资助的印尼作家尼·玛德·布尔纳马·萨利前往澳大利亚短期居留，德维·卡里斯马·米其利亚的驻留地为法国。2018 年，拉蒂·古玛拉前往伦敦。居留期间，这些作家需要研究所在国家与自己正在创作的小说相关的一些问题。

（五）与出版业有关的媒体平台

印度尼西亚有一个名为"印度尼西亚作者"[3]的网站。这个网站致力于建立一个与印尼作家和译者作品相关的综合数据库，包括各种媒体新闻

---

[1] 译者龚勋，北京大学出版社出版。
[2] 见 2016 年 12 月 28 日的《雅加达邮报》第 16 页，印尼图书走向国际（Indonesian book: go international），作者 Emilia, S.。
[3] IDWriters.com。

报道和文章剪辑。印度尼西亚出版商协会在 YouTube 上开通了一个名为 Alinea TV 的频道，专门播放对印尼当地一些知名作家的采访。

电影搭售也是出版社为其作家的图书进行宣传的有益方式，可以增加图书销量。印尼女作家拉什米·帕穆尼亚克的小说《印尼饮食男女》在 2018 年被改编成电影。另一位女作家德维·莱斯塔里于 2001 年发表的小说《超新星：公主、骑士和流星》也于 2015 年改编成电影，重新燃起人们对《超新星》系列小说的兴趣。

莱斯塔里从 2001 年开始以自出版作家身份销售她的超新星系列小说。后来，Bentang Pustaka 出版社注意到这套书销量很好，便决定从莱斯塔里手里购买版权并纳入自己旗下出版。自出版的印尼作家通常会以自己或所在公司的名义到国家图书馆注册 ISBN 书号，每个注册者都是一个法律实体。

印度尼西亚创意经济局的一份报告显示，2016 年，印度尼西亚的创意经济行业产值达 58.31 万亿印尼卢比[①]，贡献率达 6.29%，是该国国内生产总值贡献最大的产业。在创意经济子行业中，图书行业排名第五位[②]。建筑和游戏开发列在出版业之后的第六位和第七位，分别占 2.30% 和 1.77%。不可否认，不同的创意部门会相互影响与促进。很多书是和其他行业一起合作完成的，如西靳卡·苏维博莫和威廉姆·沃恩索等烹饪达人所著的美食书，还有指导人们进行服装制作与搭配的时尚类图书。

尽管其他国家的游戏开发商经常以书中故事情节为蓝本制作游戏，一般是悬疑小说或恐怖小说，如改编自安德烈·斯帕克沃斯基同名小说的游戏《巫师》，但是印度尼西亚的游戏开发商还从来没有将书里的故事改编成游戏。

---

① 40.20 亿美元。
② 第四位是电视和广播（7.78%），第三位是手工艺品（15.70%），第二位是时尚（18.15%），第一位是烹饪（41.69%）。

(六)与中国出版业的合作

1. 历史背景简介

1967年,处于冷战中的中国和印度尼西亚断交。1990年,两国实现了双边关系正常化。新秩序政权期间(1966—1998年),印尼政府禁止中国文化传播的政策使得印尼对华关系比冷战期间还要糟糕。这些因素无疑对中国图书在印尼的流通产生了影响。曾经有很长一段时间,中文图书无法进口到印尼。

根据作者Setiono[1]的观点,新秩序政权延续了荷兰殖民者的分裂政策。在这一政策下,印尼政府一如既往地让印尼华人成为国家经济危机的替罪羊,而实际上,这些危机是由印尼精英阶层的腐败和经济剥削制度造成的。在前总统苏哈托极权统治下的新秩序政权期间,所有的中国文化表现形式在印尼都是被禁止的,包括庆祝传统节日和艺术表达,也包括中国的文学作品。只有一些私自出售或盗版的中国武侠小说和漫画书,如《三国演义》,得以在印尼人中秘密传播,其中还有一些是走私书。

2001年,前总统阿卜杜勒·拉赫曼·瓦希德在任时撤销了对中国文学[2]的禁令,随后格拉梅地亚出版社做的第一件事就是出版备受欢迎的三国漫画书,并将印尼华人作家的文学作品结集出版。

关于印尼国内的华人人口数量,有很多不同的统计数据。该国中央统计局2010年人口普查数据显示,当时大概只有2832510人认为自己是华人,仅占当时印尼总人口[3]的1.20%左右(BPS2015年人口普查结果中的种族比例数据尚未公布)。另一个消息来源显示,在同一年,华人占印尼总人口的3.70%。

---

[1] 雅加达TransMedia,《政治暴动中的印尼华人》(Chinese-Indonesians amid political games,印尼语为"*Tionghoa dalam pusaran politik*"),2003年,作者Setiono, B. G.
[2] 包括汉语和印尼语。
[3] 236728379人。

虽然，统计数据显示华人在印尼人口中的占比并不高，但这并不代表全部事实。因为尽管该国在新秩序政权被推翻以后早已取消了系统性和结构性的种族歧视，但社会偏见和歧视仍然存在，所以，很多印尼华人并不愿意表明自己的华人身份①。

2."一带一路"与中国投资

印尼和中国长期以来是彼此的商业伙伴。《雅加达邮报》的一篇报告曾指出："在流入印尼的外国资本放缓的情况下，据印尼投资协调委员会统计，2018年，中国的1265个项目共向印尼投资18.20亿美元，比2017年602个项目7.82亿美元翻了不止一番。"印尼投资协调委员会指出，2018年，中国是排在日本（第二）和新加坡（第一）之后的印尼第三大外商投资国。

与此同时，路透社2018年的一份报告称，"印尼正利用"一带一路"倡议，向中国投资者提供价值共计高达600亿美元的新项目……"在印尼，最出名的中国"一带一路"项目是连接首都雅加达和万隆纺织中心的一条价值60亿美元的铁路，但这一项目存在诸多挑战。

3.汉语在印尼

实际上，除了中文书的印尼语译本之外，印尼人对进口的中文图书也有一定需求。原因是，现在有很多印尼人将普通话作为除英语之外的另一种重要的国际语言来学习。Tribunnews.com 2018年的一篇报道指出，2017年，全国约有15627名印尼人上中文课②。著名英语辅导机构英孚英语在过去的20年里一直教授中文课程。雅加达还有一个名为"北京语言文化学院"的汉语学习中心。该学院是教育文化部的合作机构，于2001年开始举办汉语水平测试。2017年共计15000多人参加了汉语水平测试，较前一年增长20%。

---

① databoks.katadata.co.id/datapublish/2017/01/28/283-persen-penduduk-indonesia-adalah-etnis-cina.
② tribunnews.com/2018/11/27/tahun-lalu-ada-15627-warga-indonesia-belajar-bahasa-china.

印尼一家华人社区网站①总结的数据显示，印尼全国至少有 13 所大学设有中文系，分别是西爪哇的印尼大学、东爪哇的宝拉维加亚大学、北苏门答腊的苏门答腊大学、日惹的加札马达大学、雅加达的比娜努桑塔拉大学、雅加达的爱资哈尔大学、雅加达的慈育大学、泗水的佩特拉基督教大学、雅加达的印尼基督教大学、雅加达的国际大学、东爪哇的智星大学、西爪哇的玛拉拿达基督教大学和中爪哇的三宝垄州立大学。

在改革时代，前总统阿卜杜勒·拉赫曼·瓦希德发布了第 6/2000 号总统令，允许所有华裔印尼人自由地表达他们的文化，包括使用和传播普通话。此后，更多的印尼人可以自由表达他们研究普通话的兴趣。在此之前的新秩序专政期间，印尼华人的文化身份表达是被禁止的，学校也不允许向学生传授普通话。20 世纪 60 年代后期，该政权还关闭了印尼各地的中文学校，迫使学生父母将孩子送到印尼语的国立或私立学校②。这种系统性歧视是由当时的新秩序制度强制执行的，因为在那个时代的冷战期间，印尼主要与美国保持一致，在新秩序专政期间保持了三十多年。

瓦希德在改革时代颁布新政策之后，这种系统性和结构性的歧视已不复存在。随着印尼华人得以自由表达他们的文化，包括使用和传播／教授他们的语言，许多印尼人对学习中文和购买中文图书越来越感兴趣。

4. 卖中文书的书店和网络平台

雅加达市中心有一家名叫 PT Simpati Jaya Panca Makmur 的实体书店。自 2001 年成立以来，这家书店一直销售进口中文图书。还有一家位于雅加达北部的 Artha Gading 购物中心的文馨书店，专门出售中文高等教育教材。还有另一家名为新知华文书局的书店。

虽然在印尼其他省份，如北苏门答腊省、东爪哇省和西加里曼丹州，也有很多华人社区，但这些地区的中文书店数据基本上无法获得。实际上，

---

① *tionghoa.info.*
② tionghoa.info/daftar-13-universitas-yang-menyediakan-jurusan-sastra-mandarin-di-indonesia/.

大多数印尼书店都集中在雅加达，生活在其他地区的人很难到书店买书。生活在其他城市的人们可以在 Bukalapak、Lazada 和 Tokopedia 等电子商务平台上从各种网店里买到中文书。位于雅加达的文馨书店也在线上平台卖书。印尼著名网上书店 tokobukumandarin.com 进口并主要销售词典、图像小说和中文学习教材。

5. 中文书的翻译与书展的参与情况

最近，随着格拉梅地亚对国际市场的开拓，格拉梅地亚国际外国版权经理 Wedha Stratesti 将中国列为极具潜力且尚未开发的版权目标市场。格拉梅地亚国际近年来每年都到中国参加北京书展，将中国看作一个充满希望和挑战的市场。

格拉梅地亚出版集团已经出版了中国作家余华的小说《活着》《许三观卖血记》和《兄弟》。这三部作品都由曾在北京生活了八年的阿古斯提努斯·韦博吴翻译。这位译者还曾在 2016 年北京书展期间与余华同台，共同讨论他们的作品。格拉梅地亚国际已与湖南少年儿童出版社和清华大学出版社两家中国出版社签订了版权购买协议。

格拉梅地亚有一个专门出版科普漫画和少年读物的子品牌"热门科学"。"热门科学"已经出版了很多中文书的印尼语版本，包括童书、科普漫画书和小说。例如：《大头儿子和小头爸爸》①《植物大战僵尸》②《马小跳发现之旅》和《阳光姐姐》③。此外，格拉梅地亚还出版了一本上海少年儿童出版社出版的少年小说《男生贾里全传》。

作为印尼出版商协会和国家图书委员会的代表，Nung Thomas Atasana 先生表示，每年会有大约四到五家中国出版社参加印尼国际书展。此外，北京国际书展的代表一直在印尼国际书展上代理着中国多家出版社和版权

---

① 童书，接力出版社。
② 科普漫画书，中国少年儿童新闻出版总社。
③ 科普漫画书，明天出版社。

公司，同时积极鼓励印尼出版社参加北京书展。另外，有几家版权代理公司也在印尼国际书展上展示中国作家的作品。

书展委员会积极为中国出版社和版权代理机构与印尼方面的配对活动提供便利，为了成功组织这些活动，也尽可能地多了解中国出版社。Nung先生表示，在印尼最受欢迎的中文书类别包括儿童文学[①]、通俗小说、武林小说和民间传说。此外，印尼人对中文词典的需求量也很大。

6. 印尼市场合作建议

对于如何更加有效地开展与印尼出版业的合作，Nung先生有以下几点建议：

（1）利用已获奖的优秀作品

印尼的出版社非常渴望能够出版外国作家的获奖作品。比如，在米赞出版社翻译出版了《丰乳肥臀》后，2012年，诺贝尔文学奖得主莫言在印尼变得非常受欢迎。印尼出版社对出版曼布克奖获得者的作品也非常感兴趣，比如2016年获奖的韩国作家韩江的《素食者》。

（2）采用多平台搭售

可以借鉴美国和韩国的习惯做法，将国内流行的电影或电视剧改编成图书，出售给印尼读者。或者反过来，可以将畅销书改变成电影或电视剧。这种多平台搭售的办法可以让外国出版社在印尼市场取得成功，变得更为容易，因为影视流行文化对这里的绝大多数人来说是主流文化。

（3）采用合作出版的方式

还可以通过与印尼的出版社建立合作出版伙伴关系进行市场推广。通过合资的方式，中国出版社可以为印尼合作出版社提供资金支持。印尼出版社可以先印刷一定数量的译本，测试其在印尼读者中的受欢迎程度，如果销量好的话再加印。

---

① 童话、民间故事和儿童小说。

参考文献

1. 雅加达邮报.

2. 印尼出版商协会网站.

3. https://www.agustinuswibowo.com

4. https://www.fimela.com/lifestyle-relationship/read/3812134/peringkat-kemampuan-berbahasa-inggris-orang-indonesia-masih-harus-ditingkatkan

5. https://www.IDWriters.com

越南出版业发展报告

张心仪　夏　露

在越南,新闻与出版往往被视为文化、思想战线上的两个极为重要的部分。越南现代出版业起步于上世纪50年代,自加入《伯尔尼公约》(2004年10月)和颁布最新《出版法》(2012年)以来,越南出版市场监管逐渐健全,行业发展日益蓬勃。

中越两国自古在文学交流、图书刊印等方面多有往来。如今,随着"一带一路"倡议和"两廊一圈"战略的对接与合作,双方在推动政策沟通、设施联通、贸易畅通、资金融通、民心相通方面达成多项共识。在中越全面战略合作伙伴关系的框架下,两国出版业在版权贸易、人员往来、译介出版等领域的交流日益加深。本报告旨在对越南出版业发展背景、图书业与报刊业的发展情况进行简要介绍与分析,以便出版从业者参考借鉴。

一、出版业发展背景

越南,全称为越南社会主义共和国,位于亚洲东南部的中南半岛(又称印支半岛)。北部与中国云南、广西接壤,东部和南部则与雷州半岛、海南岛和南海诸岛同中国遥遥相望,西部与老挝和柬埔寨为邻。越南版图呈"S"形,从北到南颇为狭长,两头宽中间窄。越南人口约9400万,有54个民族,其中京族约占总人口的86%,岱依族、傣族、芒族、华人、侬族人口均超过50万。官方语言及主要民族语言为越南语。近亿人口中，73.20%的人信奉民间信仰或无明确的宗教信仰，12.20%的人信奉佛教，8.30%的人信奉天主教，4.80%和1.40%的人分别信奉越南本土宗教高台教、和好教，0.10%的人信奉伊斯兰教等其他宗教。① 根据目前掌握资料，截至2016年，越南识字率为95%。②

在全球经济低迷的背景下，越南经济尤其进出口贸易受到影响，尽管如此，近年来越南宏观经济保持基本稳定。2016年，GDP总量约为2046亿美元，比2015年增长6.21%；2017年越南全部完成13个既定经济社会发展指标，国内生产总值增长6.81%，创下多年来的新高；全年吸引外国直接投资359亿美元，创九年来新高，政府出台多项计划旨在改善投资经营环境，成效显著。据越南统计总局资料显示，2018年越南国内生产总值增速达7.08%，实现自2008年以来的最高值，同时不足4%的通货膨胀率也实现了国会提出的目标，经济发展势头良好。③

越南自称"文献之邦"，素来重视文教事业，早期的图书刊印曾经与中国紧密相联。公元968年越南建立丁朝。在此以前，越南有文字记载的历史与中国实为一体。而丁朝建立以后不久，973年越南即遣使入宋建立宗藩关系，这种关系一直持续到1885年《中法条约》（又称《中法会订越南条约》或《越南条款》）签订之后清政府完全承认法国统治越南为止。在这近千年的历史中，借由外交、商贸、佛教等方面的人员往来，越南不断输入中国图书，同时也将自己的优秀作品推广到中国。十五世纪越南外交官黎文曾坦言图书和药材自古以来便是越南从中国输入的两大宗货物，他说："诗书所以淑人心，药石所以寿人命。本国自古以来，每资中国图书、

---

① 相关数据参见中华人民共和国外交部网站2018年7月更新资料。
② 数据来源：根据越南国家统计局网站2016年人口统计数据整理。
③ 相关数据参见谢林城主编《越南蓝皮书：国情报告（2017）》，社会科学文献出版社，2017年；谢林城主编《越南蓝皮书：国情报告（2018）》，社会科学文献出版社，2018年。

药材以明道理，以跻寿域。"十八世纪越南西山朝曾经下令禁止从中国进口图书①，其主要目的是为了发展本国喃文文学，但也说明当时的图书贸易十分普遍。而据近年来学者们的研究，越南本土的喃文文学作品有相当一部分是在广东佛山刊印，再船运回越南。十九世纪末二十世纪初，越南在法国统治下逐渐实行文字拼音化，汉文和喃文渐渐退出历史舞台，但两国的图书交流却始终没有间断。二十世纪上半叶越南甚至出现中国古典小说翻译热，像《三国演义》《红楼梦》《水浒》等中国古典小说名著以及晚期才子佳人小说和一些鸳鸯蝴蝶派小说等三百多部作品被越南翻译出版。②实际上，除了古典小说，中国的四书五经等儒家经典以及中医名著乃至政治经济方面的著作也都被越南翻译出版，至今仍在再版，滋养了一代又一代越南读者。如今虽然各行各业走向全球化，越南也翻译出版欧美、日韩等许多国家的作品，但是中国的图书特别是网络小说依然在越南有很大的市场，以至于笔者了解不少中国作家作品都是通过越南这一重要渠道。这大约是越南出版业不同其他国家的地方。

在译介其他国家图书的同时，越南一直积极发展本土原创出版业。近些年来，越南国内出版行业发展趋于稳定，行业内各出版社、图书公司、报刊企业逐步适应市场机制、调整结构以满足读者日益丰富多样的精神文化需求，从总体上来看，无论是出版物的数量还是质量都保持着向好的态势。但与此同时，市场上盗版图书层出不穷、出版机构资金缺口大等问题也对出版行业的可持续发展造成了不小的障碍。

（一）法律环境

早在1946年11月，越南民主共和国（1945年9月由胡志明在北部越南建立）颁布的宪法中对人民权利的规定就包括了出版自由的权利："越

---

① 参见【越】陈重金《越南史略》中华书局，1998年，第324页。
② 参见夏露《20世纪上半叶中国古典小说在越南的翻译热》，载《东南亚纵横》2007年第5期。

南公民享有言论自由、出版自由"。此后，越南政府相继出台了一系列法律法规，出版行业相关法律体系不断完善。

1952年10月10日，时任越南民主共和国国家主席胡志明颁布第122号敕令批准成立国家印刷厂，出版印刷报刊、图书及其他政府材料以支持革命需求，越南出版行业自此起步。而且从此以后，每年10月10日成为越南出版行业的传统节日。

1989年12月28日，越南国会正式出台《新闻法》，明确规定保障新闻自由、保障新闻报刊的言论自由，其中新闻产品类型既包括纸质印刷媒介（报刊、时事公告等），也包括广播、电视等其他媒介。1999年越南国会对《新闻法》进行了修订，其中在产品类型中增加了电子报刊媒介，同时在第17条补充道，关于报刊的出版与发行，国家政策将为经济社会贫困地区提供财政支持。2016年4月5日，越南国会正式颁布了最新版的《新闻法》，成为目前越南报刊出版与发行的主要法律依据之一。

1993年7月7日，越南国会正式出台《出版法》，共6章45条，该部法律文本成为规定出版活动（包括印刷和发行出版物）的最主要法律依据。此后，《出版法》分别于2004年、2008年、2012年进行过三次修订，现行《出版法》为2012年第三次修订版本。特别是，2012年修订的《出版法》在原有法律文本的基础之上增加了一章关于电子出版物的出版及发行活动的规定，以适应近几年来出版市场的发展需求。

1996年11月29日，越南政府颁布第76号议定，指导实施《越南民事法典》中对著作权的相关规定，其中包括了对文字作品、艺术作品、摄影作品及计算机软件等对象的保护。2001年政府出台第27项通知明确了对上述议定中具体条例的实施。2002年6月7日，政府颁布第2209号公文，明确规定在市场管理中严厉打击并处罚侵犯知识产权的相关产品，保障权利所有人的合法利益。2005年12月21日，越南政府正式颁布《知识产权法》，共计18章222条，标志着越南知识产权保护上升到新的水平，其中图书等文字作品以及新闻作品的著作权被明确列入保护范围，但同时，这部法律中也包括了工业领域的专利权、商标权、商业秘密权等其他受保护对象。2009年6月19日，越南政府对《知识产权法》进行了修订，其中对受保护对象的范围、受保护期限及国家对知识产权的管理政策做出部分调整，现行知识产权保护以此版本为依据。

2004年10月26日，越南正式加入《伯尔尼公约》，作为成员国之一对文学和艺术作品的知识产权提供保护。

值得一提的是，近年来，越南文化、通讯部与我国新闻出版行政管理部门及相关单位一直保持密切往来，借鉴了中国在出版方面的不少管理经验。

（二）政策环境

自2004年加入《伯尔尼公约》后，越南政府不断完善出版行业秩序，推动越南出版业向国际社会融入，同时出台了一系列面向出版活动的税收优惠政策。2008年越南政府出台《营业税法》，对包括出版、新闻在内的经营活动应缴纳的营业税作出规定。2011年政府第122号议定对出版活动的营业税优惠政策作出补充，指出从事出版活动的经营方在经营活动持续期间缴纳的营业税可享受税率为10%的优惠政策。出版活动包括在《出版法》规定范围内经营的出版、印刷及发行活动。同时，凡是在《新闻法》规定范围内经营的新闻机构从事报刊印刷经营（包括报刊广告）可享受税率为10%的营业税优惠政策。而2013年12月26日，越南政府颁布第218号议定对上述条例的主体适用范围进行调整。条例指出，自2014年起，凡是在《出版法》规定范围内经营的出版社从事出版活动可享受税率为10%的营业税优惠。自此，该税收优惠政策的主体适用范围从原先所有从事出版经营的机构，无论是企业还是事业单位，调整为目前的"出版社"，优惠范围有所减小。

2014年1月16日，越南政府第115号决定批准通过了《面向2030，到2020年图书出版印刷与发行业发展规划》。规划中提出目标，在出版领域，到2020年实现年出版图书量4.50亿册，到2030年实现年出版图书量7亿册。规划同时提出国家将在资金、人力、技术等方面出台配套措施以保证政策的落实。

2014年2月24日，越南政府颁布284/QĐ-TTg号决议，将每年的4月21日设立为越南国家图书日，旨在激励全社会形成全民阅读的良好环境，推动广大众阅读。

2016年9月12日，越南政府总理阮春福批准了关于国家财政经费支持出版物的第1782号决定。同年，33家通过经费支持标准的出版社在国家财政的支持下出版图书216种，印刷量26万余册，总计支持经费达160亿越南盾。①

2017年3月15日越南政府批准颁布了《面向2030、到2020年发展公众阅读文化提案》，肯定了发展公众阅读文化是国家文化教育发展事业中的关键环节，同时提出规划目标：到2020年将经常阅读的国民人数比例由30%提高到65%，将完全不阅读的国民人数比例由26%减少到15%。文件中制定了多方面的措施以促进规划在全国范围内展开，包括与各省市大、中小学连动，改进授课模式及授课质量，提高学生阅读水平；完善各地公共阅读空间，优化图书馆、图书室等阅读环境；提高出版物在思想性、科学性、教育性、多样性等方面的质量；推动企业、社会组织及个人全面参与公众阅读文化的建设。基于该规划的出台，各地方政府分别颁布了针对本地的公众阅读文化发展规划方案。

（三）行业协会和组织机构

目前，越南出版行业在国家政策的统一指导及法律法规的规定范围内开展，各项活动主要由越南信息传媒部和越南文化体育与旅游部两大政府

---

① 相当于460多万人民币，目前越南盾与人民币的币值大约是3458∶1；即1元人民币大约可兑换3458越盾。

部门管理。具体来看，越南信息传媒部设有出版印刷与发行局、新闻局；越南文化体育与旅游部设有作者版权局、图书馆司。这些部门在管理图书出版与发行、著作权的保护与监管、稽查行业内违法违规行为、开展新闻工作、服务大众阅读等领域各司其职，发挥着关键作用。此外，各省级、地方政府也配套信息传媒厅等机关单位配合开展地方工作。

越南出版印刷与发行局，简称出版局，成立于1994年，现隶属于越南信息传媒部，总部设在河内。出版局由局长和副局长领导，下设办公室、出版管理处、印刷管理处、发行管理处、法制稽查处、技术处六大部门，主要职责是管理出版、印刷（包括非出版物）及发行出版物领域的活动开展及相关法律法规的落实。此外，出版局负责汇总各省市信息传媒厅定期提交的出版、印刷及发行三大领域数据报告并整理发布年度行业报告。

越南新闻局，隶属于越南信息传媒部，主要职责是管理印刷媒介和电子媒介的新闻活动，总部设在河内，具体包括纸质报纸、纸质杂志、电子报纸、电子杂志、通讯、特刊，由局长和副局长领导，下设中央通讯处、地方通讯处、法制稽查处、国际合作和指导中心。

越南作者版权局，简称版权局，隶属于越南文化体育与旅游部，成立于2008年，总部设在河内，其主要职责是在全国范围内组织开展保护著作权及相关权利的工作。版权局由局长和副局长领导，下设管理处、登记处、国际合作和通讯处、文化工业管理处，与此同时，版权局在胡志明市和岘港市设办事处。

越南图书馆司，成立于2017年，隶属于越南文化体育与旅游部，总部设在河内，其主要职责是在全国范围内组织开展图书馆管理以及与图书馆相关的公共服务活动。

此外，越南组织开展书报刊印刷出版的四大行业协会包括越南出版协会、越南新闻记者协会、越南印刷协会以及通讯传媒新闻协会总支部委员会。

根据越南信息传媒部出版、印刷及发行局政府网站 2018 年 11 月的数据显示，目前在该网站登记列出的出版社共有 63 家，其中 43 家主要集中在首都河内，此外胡志明市、海防等地均有分布。而进口出版物及发行机构共有 11 家，上述出版及发行机构大多为国家部委或高校直属。与此同时，从越南黄页网站的数据来看，可查询到的越南全国出版、发行图书公司有 127 家，这其中囊括了更多以营利为主要目的、面向市场及大众的商业公司。①

越南图书馆协会，作为一个行业社会组织，经由 2006 年 4 月越南政府出台的第 689 号决议通过而成立。其宗旨是在全国范围内团结从事图书馆行业的组织机构及个人，面向大众开展各项与图书馆业务相关的活动，协调各地图书馆管理，与国外及国际各图书馆组织扩大合作，保证协会会员的权利。越南的图书馆联合组织除全国性的越南图书馆协会外，还包括越南教育及图书馆协会、南方大学图书馆联合会等社会性组织。

作为公共文化服务体系建设的重要一环，图书馆建设事业对图书报刊所承载的大众阅读文化意义重大。目前越南的图书馆网络分为两大类，一类是公共图书馆：包括越南国家图书馆，63 所省级图书馆（例如胡志明市综合图书馆、河内图书馆），626 所县级图书馆以及近万所农村公共图书馆或读书室；另一类是专业图书馆：包括 300 余所大学及专科院校图书馆，近 25000 所中学图书馆以及近 80 所部委、研究院下属图书馆。近几年来，除国家建设的图书馆外，越南政府提倡"文化社会化"的主张也推动了私人图书馆的出现。②

（四）重点企业

这里主要介绍胡志明市图书发行股份有限公司。

胡志明市图书发行公司成立于 1976 年 8 月 6 日，以面向全国、服务

---

① 数据来源：根据越南黄页网站资料整理：www.yellowpagesvn.com。
② 相关数据参见越南图书馆协会网站公布资料：http://www.vla.org.vn。

全民为图书发行理念，经过四十多年的发展，成为越南国内图书发行行业的知名品牌。特别是 2006 年至 2016 年这一阶段，该公司新开设书店 70 家。越南胡志明市图书发行公司通过其庞大的发行网络不断扩展业务，目前该公司拥有 5 个图书中心和印刷厂，直接管理着遍布全国 45 个省市的 104 家书店，其中，胡志明市 25 家、九龙江平原 19 家、东南部 19 家、西原地区 4 家、中南部 15 家、中北部 6 家、河内及北部省份 16 家。此外，该公司的线上图书销售渠道 www.fahasa.com 可提供超过 7000 种图书，每秒可支持访问量 10000 人。

从 1996 年开始，胡志明市图书发行公司获得政府许可直接进出口各类出版物及文化产品。目前该公司与国外 200 余家大型出版机构均保持良好的合作关系，如：Oxford, Cambridge, Pearson, Macmillan, McGraw-Hill, E. future, Little Tiger Press, Penguin Group UK, Hachette Book Group, Penguin Random House, Simon & Schuster, Parragon, Harper Collins, Usborne 等等。

自 2005 年公司股份化以来，营业收入逐年增长。2016 年 FAHASA 实现总营业收入约 2.41 万亿越南盾，同比 2015 年增幅达到 20%，2017 年达 2.73 万亿越南盾，两年的税后利润分别为 173.30 亿越南盾和 217 亿越南盾。2018 年，越南河内证券交易所宣布批准越南胡志明市图书发行股份公司在 Upcom 交易所正式挂牌上市。该公司于 11 月 1 日在 Upcom 交易所正式发行 910.83 万支股票，第一个交易日的基准价为每股 1.58 万越盾，股票的上市定价为 1440 亿越盾。截至 2018 年 5 月 21 日，该公司已拥有 525 个国内股东——其中，包括 522 位个人和 3 个组织。目前该公司最大的股东是西贡文化总公司，持有 30.50% 的股份，相当于 277.77 万支股票。

除了提供种类丰富的图书外，FAHASA 公司同时参与组织众多以推广图书阅读为目标的社会活动，其中包括两年一次的胡志明市图书展，该展会是越南国内图书市场最具有影响力的社会活动之一。

(五)重要书展及活动

1. 胡志明市书展

胡志明市书展自 2000 年开始,每两年举办一次,是越南国内规模最大的书展之一。该书展通常由越南国内的大型出版商赞助,成为出版行业交流宣传出版活动、文人作家沟通介绍优秀出版物的重要场合。近年来,随着政府对全民阅读的重视,各出版商的赞助力度不断加大,胡志明市书展的规模持续扩大,参展活动也日益丰富。2008 年,在第 5 届胡志明市书展上,参展单位仅有 126 家,报名展台 300 余间。到 2018 年 3 月 19 日,由胡志明市综合出版社、胡志明市图书发行图书公司和少年出版社联合赞助,胡志明市人民委员会承办的第十届胡志明市书展隆重开幕时,来自越南国内外的 175 家单位,900 余间展台汇聚于此,几乎是首届胡志明市书展规模的十倍。同时,共计 55 次图书交流会、新书发布会在书展进行的七天内同期举办,成为历年来越南图书行业举办的最大规模书展。

2. "越南图书日"活动

2014 年,越南政府将 4 月 21 日设立为"越南图书日",以促进全民阅读,自此,越南政府每年都会组织"越南图书日"活动,通过开设展位吸引读者参观。以 2016 年为例,4 月 21 日至 24 日期间,越南信息传媒部、越南国家图书馆、河内市人民委员会以及越南出版商协会在河内市统一公园举办"越南图书日"活动,近 90 家国内外出版发行单位参加活动,150 多个展位陈列了不同题材的图书,吸引了数十万读者前来参观,活动文化氛围浓厚。

此外,越南出版局曾积极组织介绍越南出版物赴国外参加书展,包括印度加尔各答国际书展、美国国际书展以及德国法兰克福书展等,推动越南国内优秀的图书、报刊融入国际社会。

（六）重要图书和文学类奖项

1. 越南图书奖／国家图书奖

"越南图书奖"是由越南出版协会组织的全国年度图书评选奖项，自2005年设立，每年由各出版社推荐，由越南出版协会组织专家评审，评选标准主要有"佳作"和"美作"两大项，分别从图书的内容和设计两方面对推荐图书进行审查和推选，奖项设置分为科研、教育、经济、管理、文学、儿童以及最新发现共7个类别，评选出每个类别的"最佳图书奖"和"最美图书奖"。以2016年的评选情况为例，由40家出版社推荐了486本图书参与评选，最终有47本图书被评为"最佳图书"（包括金奖4本、银奖10本、铜奖17本以及鼓励奖16本），43本图书被评为"最美图书"（包括金奖4本、银奖8本、铜奖13本、鼓励奖15本以及最美封面奖3本）。获奖图书在理论、艺术、科学及实践方面均具有很高的价值。

2018年，在"越南图书奖"的基础之上，由越南信息传媒部领导、越南出版协会组织开展全新的第一届"国家图书奖"评选。奖项设置继承和发扬了"越南图书奖"的原有模式，分为"最佳图书"和"最美图书"的评选，其中金奖各3本，分别是生物前沿研究、历史研究、文化研究、考古以及地理著作等六个领域的优秀图书。

2. 越南作家协会年度文学奖

越南作家协会年度文学奖，由越南作家协会每年组织评选，是越南文学界的重要奖项，获奖作品分为诗歌、散文、理论批评、翻译文学四大体裁。越南作家协会是越南官方的作家组织，成立于1957年，历届主席、秘书长都是越南知名作家、诗人。下属有作家出版社、《新作品》编辑部、《文艺周报》编辑部、《外国文学》编辑部、"越南作协电影发行公司""越南作协文学基金会""综合文化旅游公司"等。

3. 河内作协文学奖

河内作协文学奖，是由河内作家协会组织评选的年度文学奖项，是越南文学界的又一年度盛会，奖项设置包括诗歌、散文、理论批评、翻译文学、终身成就等几大项。2015 年，中国作家阎连科的小说《坚硬如水》越南语译本曾获得越南作协颁布的翻译文学奖。

4. 胡志明文学艺术奖

胡志明奖是越南政府给予为文化或科学的研究作出突出贡献者的一种奖励，是目前越南最高级别的国家奖项。该奖项于 1981 年设立，至今共颁发过五次，分别于 1996 年、2000 年、2005 年、2012 年、2017 年颁发给在科学研究或文化艺术领域有突出贡献的人物，被越南人认为是最高级别的国家奖项之一。2017 年，有 18 位作家文人被时任越南国家主席陈大光授予越南胡志明文学艺术奖。

5. 湄公河文学奖

湄公河文学奖初创于 2008 年，起初只覆盖越老柬三国文学作家，目前在湄公河（中国境内河段名为澜沧江）流经的柬、老、越、泰、缅、中六国轮流举办。2012 年第四届湄公河文学奖在越南中部城市岘港举行，2018 年第九届湄公河文学奖在越南首都河内举行。越南多位作家曾获得过该奖项，如越南作家阮北山和诗人黎文望获得第六届湄公河文学奖，2016 年 6 月曾出席在中国昆明举办的颁奖典礼。

6. 东盟文学奖

东盟文学奖由泰国王室于 1979 年赞助设立。每年颁奖一次，旨在表彰东南亚地区各国创作出优秀文学作品的作家和诗人。近年来也有几位越南作家获奖，例如 2015 年，越南作家陈梅幸凭《1-2-3-4.75 战争档案》代表越南文学获奖。

（七）阅读环境

一个国家的公民阅读环境与出版物发行市场的生存环境息息相关。从目前掌握的资料来看，越南民众的阅读热情有待提升。根据越南文化体育与旅游部下属图书馆司于 2015 年展开的一项调查报告数据显示，越南国民的图书阅读量低于世界平均水平,其中完全不阅读的国民比例高达26%,偶尔阅读的比例为44%,经常阅读的比例只占30%,经常去图书馆阅读的比例为8%~10%。在图书阅读数量上,上述调查还显示,越南国民的年平均图书阅读量为4本,其中有2.80本为教科书,人文社科及自然科学类课外图书仅占1.20本。

据资料统计,2015年越南国家图书馆的阅读人数为5万人,省级图书馆的阅读人数为1~2万人,而县级图书馆阅读人数只有500~600人,乡村图书阅读室只有100~200名读者。同年在越南农村推行的全民阅读计划调查结果表明,在6~80岁的3000名访问对象中,90%的青年人(10~40岁)不曾从图书馆借过书或图书馆不允许图书外借。根据越南国家出版印刷与发行局的另一项调查结果,越南国民平均年阅读量为2.80本书/人以及7.07份报/人。

基于上述现状,越南政府积极推出发展公众阅读文化的系列规划,希望改变公民目前的阅读态度和阅读习惯,倡导更多人多读书、读好书,河内市、胡志明市政府联合各大图书发行公司多次举办书展、图书节,设立图书街,旨在提高全民阅读热情。

(八)互联网使用情况

越南在1997年正式开放互联网,经过20年的发展,特别是近些年来随着越南经济增速的示好,互联网使用情况在越南不断改善。据Wearesocial 2018年的数字化报告显示,截至2018年1月,越南的互联网用户数达到6400万,渗透率为67%,其中高达94%的用户每天互联网在线,访问频率非常高。从上网目的来看,社交网络位列第一,占总上网时长的30%,其次是流媒体音乐服务,占比20%。从使用设备来看,智能手机是主流的网络接入设备,占72%的用户;其次是笔记本电脑/台式机,占43%;有13%的用户使用平板电脑,互联网电视机的用户仅占5%。可以说,越南的互联网行业近几年始终沿着积极的方向迅速发展。

二、图书业发展情况

（一）发展概况

近两年来，越南图书业发展规模日益扩大。截至目前，从事图书相关经营的公司有 300 余家，专业出版社 40 余家，持有国家从业资格证的编辑 1300 余名。

根据越南出版印刷与发行局官方统计的《出版物发行与出版活动》年度总结报告[①]，2016 年越南出版纸质图书种数共计 32126 种，3.30 亿册，与 2015 年相比图书种数增长 10.30%，册数减少 8.80%。其中，由出版社出版的图书共计 29390 种，3.28 亿册，种数占比 91.50%，此外非营利性图书出版共计 2736 种，260 万余册。年人均享有图书数量为 3.60 本。2017 年越南出版纸质图书种数共计 30851 种，约 3.12 亿册，年人均享有图书数量为 3.30 本。

根据上述报告，2016 年越南出版社总营业收入达 2201 万亿越南盾[②]，比 2015 年增长 2.70%。其中税后利润约为 149 万亿越南盾[③]，比 2015 年增加 48.50%。具体来看，部分出版社达到了预期指标，实现了营业收入的增长，比如青年出版社（133 亿越南盾）、真理国家政治出版社（185 亿越南盾）、金童出版社（280 亿越南盾）、越南教育出版社（678 亿越南盾）。部分出版社维持了稳定的经营状态，如：人民军队出版社、司法出版社、胡志明市综合出版社、信息与传媒出版社、东方出版社、胡志明市师范大学出版社、胡志明市国家大学出版社、国民经济大学出版社、民族文化出版社、世界出版社、交通运输出版社、胡志明市文化与文艺出版

---

① 越南出版印刷与发行局，年度报告（BÁO CÁO Tổng kết hoạt động xuất bản, phát hành xuất bản phẩm năm 2016 và triển khai nhiệm vụ năm 2017），2016 年。
② 相当于 6364 多亿人民币。
③ 相当于 430 多亿人民币。

社等。但存在部分出版社经营状况不善，如：体育出版社（20.50亿越南盾）、航海出版社（13亿越南盾）等。2017年，越南出版社总营业收入达2893万亿越南盾，比2016年增长31.40%。其中税后利润约为190万亿越南盾，同比2016年增幅为28%。具体到各大出版社，经营良好的典型包括：青年出版社（137亿越南盾）、真理国家政治出版社（197亿越南盾）、金童出版社（303.50亿越南盾）、越南教育出版社（1047亿越南盾）。与此同时，体育出版社、航海出版社等部分出版社的经营状况仍未得到改善。

尽管近几年来越南出版社的数量呈增长态势，但资金匮乏是众多出版社面临的主要困难。根据资料显示，拥有100亿越南盾以上资金的出版社占比不到10%，甚至部分出版社资金不足5亿越南盾，绝大多数出版社维持在20亿资金左右。流动资金紧缺造成出版社的出版能力受限，有的出版社平均每年只能出版10~20种页数大约为300、发行量1000册的图书。部分出版社因资金缺口导致丧失主动权，无法有效实施出版物内容监管等责任。

除各大国有出版社外，目前越南经营出版、发行活动的出版传媒公司规模也日益扩大。从2016年的资料来看，营业收入增幅高、发展势头较快的图书公司有：Alpha图书股份有限公司营业收入同比增长20%、新越文化教育股份有限公司增长35%，主营电子图书的康越图书增幅超30%，东亚文化股份有限公司增长25%。而越南人文文化股份公司也以670亿越南盾营业收入实现了15%的增长。越南图书出版业的发展也吸引了一批新兴公司的加入，他们多发挥自身优势专营目标种类图书。这些新兴公司在购买版权、开拓传媒销售渠道等环节表现突出，因此，尽管目前他们仅限于经营部分类型图书，但仍表现出较好的发展势头。

越南图书商主要出版图书方向有两种：一种是购买国外图书版权并翻译出版，另一种是越南本地作家所著图书出版。从流通情况来看，越南本地图书畅销年限一般在两年之内，而国外图书畅销年限相对较长，在五年左右。通常，新书出版的利润分配比例为：分销环节占50%；图书作者占10%~15%；手续报批环节占7%左右；印刷环节占20%~25%，而出版方只占到3%~5%。如果图书再版则出版社获利相对增加。与此同时，越南图书平均定价低于世界平均水平。

在图书进出口市场，越南以进口海外图书为主。2016年越南进口图书数量约4100万册、报纸杂志860万份（与2015年相比减少3%），其中进口图书种类集中在教育类（50%）、科学类（17%）、经济类（14%）、技术类（12%）、医学类（7%）。出口图书数量达40万册、报纸杂志680万份（与2015年相比增幅为3%）。全年越南图书进出口总金额为2376万美元，同比2015年减少2%，其中进口额为1986万美元，出口额为390万美元。① 到2017年，越南进口图书数量约3000万册、报纸杂志超700万，出口图书数量约40万册、报纸杂志数量为600万份，进出口情况总体与2016年持平。2017年全年越南图书进出口总金额为2550万美元，同比2016年增长2%，其中进口额为2170万美元，出口额为380万美元。② 可以说，在越南图书行业进口图书始终占据着不小的份额，但2017年相比2016年，进口图书减少了1100万余册，一方面这是由于目前越南图书市场上进口出版物开始出现饱和趋势，另一方面部分行业机构开始转向通过购买国外版权、自主出版国外图书，以取代进口图书。出口方面，目前越南出版物主要出口至美国、英国、法国、加拿大、澳大利亚及个别亚洲国家，而非洲、南美洲和亚洲主要国家的市场份额很小，出口对象主要包括各国图书馆、大学、研究院、书店、使馆以及越南领事馆等。出口图书种类以文学、艺术、战争类为主，比较有代表性的图书有《邓垂簪日记》《越南：传统与变化》《越南世界文化遗产》等。

---

① 相关数据参见越南出版印刷与发行局2016年年度报告。
② 相关数据参见越南出版印刷与发行局2017年年度报告。

在发行领域，近两年越南图书发行机构数量不断增加，发行图书数量稳中有进。2016年越南发行图书共计4.14亿余册，同比2015年增长7%，营业收入为39亿越南盾，同比2015年增长10%。2017年越南全国发行图书4.15亿余册，与2016年基本保持持平，营业收入约为39.80亿越南盾，同比2016年增幅为2%。据统计，2017年越南从事发行的图书公司、书店、图书超市等规模不等的发行机构达14000家。

（二）细分市场

近几年来，越南国内出版图书在规模扩大的同时，图书质量也得到有效改善，各出版社在题材的确定以及内容的甄选等方面投入大量工作，有效减少了质量不达标图书的市场投放。

从图书种类上看，越南图书可分为政治法律类、科学类（技术、经济）、文化类（社会、艺术、宗教）、文学类、教材教辅类、少年儿童类、词典外语类等。据统计资料显示，2012年越南出版图书种数共计26596种，约2.95亿册，其中占比重最多的是教材教辅类图书，9915种，约2.24亿册，种数约占37.20%，册数占比高达76%；其次是政治法律类（4206种，1240万册，种数约占15.80%，册数约占4.20%）、科学类（4580种，1181万册，种数约占17.20%，册数约占4%）、文化类（4235种，1440万册，种数约占15.90%，册数约占4.90%）及少年儿童类（3486种，2886万册，种数约占13.10%，册数约占9.80%）。词典外语类相对较少，种数仅为280种，册数为46.50万册。上述数据可见，在越南国内图书市场上，面向少年儿童及中学生的教育教辅图书的种数占极大比例，且相对于其他种类图书印刷需求量大。

从畅销书的市场情况来看，通常畅销图书占比约20%，滞销图书占比约30%，而50%图书销售情况稳定。一般来说，新书销售量达到3000册是一个均衡值，5000册以上则可以相对获利。近几年来，文学类的人生哲理书如《与Tony来一杯咖啡》《在冰上》等作品一度突破10万册销量，成为越南图书市场的热门畅销书。2016年，越南本土最大出版商之一的FAHASA公司表示，国语书销售额同比2015年增长28%，面向年轻人的文学类图书销量火爆，每周热销图书榜连续数周出现文学类图书。目前占据文学类图书热销市场的出版商包括青年出版社、雅南文化传媒、金象娱乐传媒几大知名商家。相比于前几年中国文学特别是言情小说在越南的大热，近来，日本文学成为越南图书市场的新趋势，不少知名的日本文学作品持续畅销。一方面是由于中国文学类图书在越南市场上的相对饱和，购买力有所衰退，另一方面也由于越南出版局出台了相关政策限制国内出版商出版中国言情小说，认为部分言情小说的内容违背当地文化，对年轻读者造成不良影响。

儿童类图书是目前越南图书市场上销售额占比最大的类型，据越南劳动报资料显示，2016年越南儿童类图书占全部图书销售额的1/4，同比2015年增长18%。儿童类图书因其自身制作快、消费快、盗版少、积压少的特点吸引了大量图书商参与出版，几乎越南各大出版社、图书公司均出版儿童类图书。目前越南出版儿童类图书销量较高的出版商包括青年出版社、金童出版社等。

此外，经济类、外语类、心理教育类图书在越南图书市场的销量上也排名靠前，增速较快。经济类图书的主要出版商有Alpha图书、青年出版社、采荷图书等；外语类图书销量较好的出版商有仁智越图书公司、Mcbook图书公司等；心理教育类图书则包括智越创新公司、青年出版社、TGM公司等。与此同时，2016年政治法律类图书也实现同比增长超过70%。

（三）数字内容生产

近几年来，随着信息技术的革新以及互联网使用率的提高，越南图书业的发展中越来越多地受到数字技术的影响。特别是在销售环节，随着电子商务行业的兴起，众多越南图书出版商都启动了网络销售渠道，不仅直接开设网上书店，而且纷纷入驻越南Lazada、Tiki等综合性电子商务购物平台，借助网络支付、物流配送等新兴行业拓展业务。但从生产环节来看，目前越南图书市场数字内容生产占比相对较低。资料显示，2014至2017年，越南电子图书营业收入占整个图书市场营业收入不足1%。据报告，2016年越南电子出版物共计679种（与2015年相比减少42%），销售数量为593万次（与2015年相比增长60%）。2017年越南电子出版物共计217种，销售数量为376万余次。从数量和金额来看，2015至2017年间，越南电子图书出版数量逐年减少，但电子图书的销售额却呈快速上涨趋势。越南政府对电子出版物审查的诸多政策出台限制了电子图书出版市场的盲目扩大，同时版权意识的提高让更多人选择购买正版电子图书。

三、报刊业发展情况

（一）发展概况

越南报刊业由越南政府统一管理，全部报刊机构为国营，不存在私人报刊。根据越南信息传媒部的统计，截至2017年6月底，越南全国具有经营许可的报刊机构共有982家，比2015年增长14.40%。其中，报纸机构占193家，包括86家中央机构和107家地方机构；期刊机构数量相对报纸更多，占639家，包括525家行政单位、大学、研究院等中央机构和114家地方机构，此外还包括150种电子报刊。统计数据中还涉及，越南目前持有记者证的记者有17297人。截至2018年6月，报刊行业从业人员超过36000人。近几年来，越南报刊行业出现商业化的倾向，但传统报刊行业的生存受数字媒体的发展冲击较大。2016年，越南信息传媒部工作报告显示，报刊领域（印刷报刊和电子报刊）总收入约为28720亿越南盾，上缴国家财政总额约为1470亿越南盾。到2017年，越南印刷报刊业的广告数量持续下降，导致部分报刊的经营状况受到较大影响，全年印刷报刊和电子报刊的总收入大约为 26000 亿越南盾[①]，同比 2016 年下跌幅度超过 10%。

（二）细分市场

目前，越南报刊可根据内容分为八大类，分别是综合时讯类、国防安全类、司法法律类、金融经济类、社会民生类、社会医疗类、科教文化类以及体育娱乐类。其中，金融经济类和科教文化类占比最多，科教文化类的报刊大多由各大学、专科院校及研究机构主办。此外还有专门面向青少年的报刊，如《先锋报》《青年报》《越南大学生报》《儿童报》《前锋少年报》《青年杂志》等都是越南著名的青少年报刊。同时还发行面向老人、妇女、少数民族、宗教的报刊如《越南妇女报》《大团结报》《老年人报》等。电子报方面，目前越南阅读量较大的电子报有《越南快讯》《民智》以及《湄公时报》等。以下是在越南报刊业最具影响力的几大报纸及其发行情况的介绍。

表 1 越南几大报纸发行状况表

报纸名称	发行时间	发行量	发行机关
少年报	每日	46 万	胡志明共青团
劳动报	周一至周五	23 万	越南劳动总联合会
人民报	每日	20 万	越南共产党
青年报	每日	36 万	越南青年联合会
先锋报	每日	15 万	胡志明共青团

数据来源：维基百科 "Danh sách báo chí Việt Nam"（越南报刊名单）词条

[①] 数据来源：根据越南信息传媒部公布年度报告数据整理。

学术期刊方面，截至 2015 年，越南全国共有 334 种科学杂志，其中只有 26 种科学杂志是由英文或部分英文出版，占 7.80%。[①] 目前越南国内被 SCOPUS 数据库收录的科学杂志数量不多。一本是 2016 年 1 月收录 ISI-SCIE 数据库的季刊《自然科学进展：纳米科学和纳米技术》，由越南科学技术研究院与英国物理学会（IOP）出版社联合出版，这是越南首本影响因子大于 1.50 的科学杂志。2018 年 4 月，另一本学术期刊《科学杂志：先进材料与设备》正式被 ISI-ESCI 数据库收录。此外，有两本数学研究期刊也被 CSDL SCOPUS 数据库收录，分别是 2011 年由越南数学研究院主办的《越南数学学报》和 2014 年由越南科学技术研究院主办的《越南数学杂志》。

（三）企业情况

这里重点介绍越南最具影响力的报刊之一——《少年报》。

《少年报》是胡志明共产主义青年团的舆论机构，成立于 1975 年 9 月 2 日，成立之初发行量约为 5000 份/周。到 1981 年 7 月，《少年报》改为每周发行两期（周三和周六），发行量为 3 万份/期。1982 年 8 月，增至每周发行三期。1983 年 1 月，周末特刊《周日少年报》发行，发行量为 2 万份/期。到 1990 年，《周日少年报》以 13.10 万份的发行量打破报纸发行记录。1984 年 1 月 1 日，《少年讽刺报》诞生，成为当时越南唯一一份讽刺报。2003 年 12 月 1 日，电子版少年报正式上线，不到两年时间，电子版《少年报》就成为世界上越南语网页访问量排行榜第三名的网站。2006 年 4 月，主刊《少年报》增添了周日日报，正式迈入日报行列。而先前的周末特刊《周日少年报》改名为《周末少年报》，目前发行量约为 6 万份/期。少年报在此基础尚不断创新、拓展业务，随后成立了电视台、实行周末刊彩色印刷、成立英文电子报刊门户等等，成为越南国内的领军

---

① 相关数据参见越南全国教授委员会网站：http://www.hdcdgsnn.gov.vn。

报刊。

目前,《少年报》旗下除主营业务的日报部门外,还包括《周末少年报》《少年讽刺报》《少年在线》《少年新闻》《白衣》《手机少年报》等子刊或电子版、海外版。常规的《少年报》有20版,包括社会政治、世界新闻、经济、教育、数字生活、青年生活、健康等几大板块。

关于《少年报》的经营状况,自1983年起《少年报》就决定实施财政自主方案,不依靠国家拨款来办报。起初,《少年报》尝试通过成立股份公司来发展经营,但子公司成立后并未实现理想的创收。2008年,《少年报》在报社主体大楼旁投资450亿越南盾建设高层写字楼,写字楼除出租办公外,还建有地下停车场、咖啡馆以及商场。同年,《少年报》投资成立自己的印刷厂,用以引进美国进口的最新彩色印刷设备,自此《少年报》结束了印刷外包业务。2009年,《少年报》实现营业收入8000亿越南盾,税后利润为1900亿。在《少年报》的经营收入中,广告占据着重要部分。1992年《少年报》广告收入为18亿越南盾,到2009年其广告收入为5000亿越南盾,占越南全国纸质报刊中广告市场份额的近30%。关于《少年报》广告刊登的价格,以售价最高的《少年报》日报为例,整版(尺寸为260mm×375mm)彩页刊登广告24小时价格为6500万越南盾,黑白页为4200万越南盾。①

此外,《少年报》除在胡志明市设有总社、印刷厂、仓库、写字楼以外,在河内、荣市、岘港、芽庄、归仁等越南多地设有分社,据不完全统计,目前《少年报》所拥有的固定资产市值超过3万亿越南盾。

---

① 数据来源:根据越南《少年报》网站数据整理 https://quangcao.tuoitre.vn/#PrintAds。

表2 2019年越南《少年报》市场订阅参考价格表

单位：越南盾

类型	单价	2019年季价		2019年半年价		2019年全年价	
		总价	优惠5%	总价	优惠10%	总价	优惠20%
日报	5000	445500	423225	946000	851400	1958000	1566400
周末报	8500	93500	88825	204000	183600	425000	340000
讽刺报	8500	42500	40375	93500	84150	195500	156400
春节报	37500	37500	37500	37500	37500	37500	37500
春节讽刺报	27500	27500	27500	27500	27500	27500	27500
总价		646500	617425	1308500	1184150	2643500	2127800

数据来源：根据越南《少年报》网站数据整理 https://order.tuoitre.net.vn/BangGiaDatBao.htm

四、中越出版业交流合作情况

中越两国具有同志加友谊的传统友谊，近年在各方交流合作的基础上，两国的出版行业交流与合作日益深入，合作领域不断拓宽、合作形式更加多元、合作层次和水平持续加深。

在政府层面，近年来两国出版代表团制订了频繁的互访计划。早在2010年6月，越南出版代表团访华，中越双方签订了《2011—2015年人民出版社与越南国家政治出版社出版合作交流协议》，同时达成了《胡志明传》《理论热点面对面2009》两本书的版权合作出版协议。2011年，中国新闻出版政府代表团访问越南，拜访越共中宣部并到胡志明市委机关报《西贡解放日报》报社参观，中越双方签订了《中华人民共和国新闻出版总署与越南社会主义共和国信息传媒部关于新闻出版合作谅解备忘录》，双方提出将在多方面加强合作，包括相互交换两国新闻出版行业政策法规和产业发展的最新信息，相互提供涉及新闻出版版权及侵权等方面的专业支持和信息交换，加强新闻出版人才培养领域的合作，推进新闻出版行业多层次互访等方面合作等等。此后双方互访不断，2014年越南主流媒体代表团访问重庆出版集团，2016 年 10 月，越南真理国家政治出版社代表团访问江苏人民出版社，2018 年 10 月，上海人民出版社代表团访问越南真理国家政治出版社。

版权贸易方面，自中越两国建立互访机制以来，双方合作不断增强，中越版权合作不断向纵深迈进，其中以中国图书在越南大量出版为主。例如，2015 年上海人民美术出版社与越南东亚文化股份公司签订了《三国演义》（60 册）越南版的版权输出协议，该套书已于 2016 年出版，首印 1500 套，深受东南亚读者的喜爱。截至 2018 年，江苏人民出版社向越方输出版权 30 余项，部分图书在越南党员干部中产生了重大影响；2017 年 11 月，广东海燕电子音像出版社与越南文化投资与发展公司就《孤独症儿童训练指南》系列丛书达成版权输出意向；2018 年 11 月 26 日，上海市新闻出版局发布 2018 "上海翻译出版促进计划"入选书目，其中包括《中国古典文学名著（袖珍绘本版）》越南文版，该书由越南教育出版社出版，译者为越南著名中越翻译专家陈有浓。此外，像中华书局的《中国文化的根本精神》、人民日报社组织编写的《习近平讲故事》等众多图书向越南输出版权。其中《习近平谈治国理政》一书越南文版由中国外文出版社与越南国家政治出版社合作翻译出版，越方组织了国内顶尖的翻译出版团队参与翻译出版工作，该书于 2015 年 11 月 4 日在越南河内出版发行。中国广西由于地理位置优势，与越南开展合作尤为便利，广西各大出版社、高校及研究机构与越南出版行业合作密切。2017 年 11 月，广西教育出版社"十二五"国家重点图书规划出版项目《新能源在召唤》系列丛书与越南河内百科出版社达成版权合作并在越南各级学校、图书馆发行。在学术领域，中越两国高校、研究机构的合作出版也层出不穷。2010 年，由复旦大学文史研究院和越南汉喃研究院合作，复旦大学出版社出版的大型文献丛书《越南汉文燕行文献集成（越南所藏编）》正式出版。越南汉喃研究院提供了丛书所收录大部分文献的清晰扫描件，并搜集了部分作者的传记资料，复旦大学方面进行了文献的真伪考订、编年排次、提要撰写和影印出版等工作，可以说，该套丛书是中越双方学术机构和学者通力合作的优秀成果。

此外，中国不少新闻机构、出版社也在越南设立分社或派有常驻记者。如新华社驻河内分社、《人民日报》驻河内记者站、《经济日报》驻河内记者站和中央电视台驻河内记者站等。2018年8月，在北京书博会上，中南出版集团下属湖南人民出版社宣布与越南安乐文化公司合作在越南开办分社，并推出了首部图书《新常态下的大国经济》越南文版。近年来，中南出版集团已有150多种图书被越南引进。此外，中越多家出版机构达成战略合作，在两国设立国际编辑部。随着"一带一路"倡议的逐步推广及深入，在先期合作的基础上，从2016年至今两年多的时间内，中译出版社先后与各国的重要出版社展开合作，签约成立了16家中国主题国际编辑部，其中包括越南丽芝出版社。

与此同时，中越双方积极合作举办文化会展活动。2017年11月，中国国务院新闻办公室和中国驻越南大使馆联合主办，越南图书报刊进出口公司、中国外文局承办的《孔子的智慧》文化展在越南文化艺术展览中心正式开幕，吸引了众多对中国文化感兴趣的越南观众。

在译介情况方面，中越文学作品的译介和交流自古有之，中国各类图书在越南翻译出版众多，深受越南读者的喜爱。根据世界图书馆联机中心（OCLC）收录的数据显示，仅2009—2013年间，全世界翻译中国各类图书的总品种数量越南排名第二，共翻译840种。除像《三国演义》等中国经典名著早已家喻户晓外，铁凝、莫言、阎连科、麦家等中国当代作家的系列作品几乎都出版了越南语译本。此外，影视剧小说、职场小说、言情小说在越南更是风靡年轻人市场，大量网络文学在越南的翻译出版表明新的文学形式在越南所焕发出的蓬勃生机。越南读者与中国读者的阅读偏好非常接近，对中国图书的接受度高。

深入开展中越两国出版交流合作,可以更好地促进两国人民的传统友谊,促进两国出版业的共同繁荣发展。

参考文献

1. [越] 越南出版印刷与发行局,年度报告(BÁO CÁO Tổng kết hoạt động xuất bản, phát hành xuất bản phẩm năm 2017 và triển khai nhiệm vụ năm 2018),2017.

2. [越] 越南出版印刷与发行局,年度报告(BÁO CÁO Tổng kết hoạt động xuất bản, phát hành xuất bản phẩm năm 2016 và triển khai nhiệm vụ năm 2017),2016.

3. [越] 越南全国新闻行业年会总结报告(Tổng kết công tác Báo chí năm 2017, triển khai nhiệm vụ năm 2018),2017.

4. [越]《越南社会主义共和国新闻法》,(Luật báo chí 2016),2016.

5. [越]《越南社会主义共和国出版法》,(Luật xuất bản 2012),2012.

6. [越]《越南社会主义共和国营业税法》,(Luật Thuế thu nhập doanh nghiệp 2008),2008.

7. 一带一路数据库,越南国情报告,www.ydylcn.com

8. 越南国家统计局官方网站(Tổng cục Thống kê Việt Nam)www.gso.gov.vn

9. 越南出版印刷与发行局官方网站(Cục Xuất bản, In và Phát hành),https://ppdvn.gov.vn

10. 越南信息传媒部官方网站(Bộ Thông Tin Và Truyền Thông),www.mic.gov.vn

11. 中华人民共和国外交部官方网站,www.mfa.gov.cn

(作者单位:北京大学)

案例

2017—2018年"一带一路"共建国家出版合作体建立与发展报告

刘叶华

2017年8月,中国人民大学出版社发起成立了"一带一路"共建国家出版合作体(原名为"一带一路"学术出版联盟,2019年4月更名为"一带一路"共建国家出版合作体,以下简称"合作体"),得到中宣部、原新闻出版广电总局、教育部的大力支持,"一带一路"沿线国家学术出版机构、高等院校和学术团体也纷纷响应,加入合作体。在成立大会上,包括中国、印度、蒙古、埃及、黎巴嫩、波兰、尼泊尔、哈萨克斯坦、吉尔吉斯斯坦在内的30个国家和地区,共计94家出版商、学术机构和专业团体成为合作体成员单位。

一、合作体的功能定位和运营机制

合作体的性质是以"一带一路"沿线国家为主的学术和出版机构参与的学术出版合作组织。从"一带一路"国家概念外延包括愿意参与"一带一路"共同建设的国家,以及团结更多有实力、有热情、有理想的出版人的考虑出发,秉承开放包容、合作共赢、广泛多元的组织原则,合作体不排斥欧美发达国家的出版社加入,如美国、英国、日本、韩国等出版业发达的国家;同时积极吸取世界一流的跨国出版集团加入,如圣智学习出版公司、麦格劳-希尔教育公司等。在合作体成员中,各国的出版协会和专业团体发挥了重要的纽带和带动作用,实现了所在国主要出版机构集体加入的良好局面,如吉尔吉斯斯坦出版商与发行商协会、墨西哥出版商协会、苏丹出版商协会等。

合作体以"传播优秀文化、弘扬丝路文明"为宗旨,为中外出版机构搭建互学互鉴、互利共赢的合作平台,从而实现作者、翻译、营销、版权信息、教育培训等资源的自由流动和国际共享。

联合书展、合作出版、多语种互译、学术和文化交流活动是合作体开展活动的主要方式,通过建立双边和多边的沟通机制,实现传播中华优秀文化和价值理念、提升中国国际软实力的目的。

合作体日常工作内容包括但不限于以下四个方面。

第一,搭建平台。合作体为"一带一路"学术出版搭建版权交易、资源共享、成果共享的交流合作平台,加强出版合作,推荐优秀出版物。

第二,业务交流。合作体成员可采取不同方式,举办单边或多边国际书展,推荐优秀出版物,开展人员培训、业务交流、人员互访等活动方式,加强彼此间了解,增进友谊。

第三,资源共享。合作体可围绕涉"一带一路"文化建设,探讨作者资源、版权资源、翻译资源、营销资源等共享的合作方式,实现双赢或共赢。

第四,其他合作。合作体依托大学和其他学术机构教育科研优势,推动文化交流和学术合作,出版合作成果。利用智库和数据库等资源,为国家政府提供政策建议。

二、2017—2018年合作体工作成绩

合作体运营两年来有效地整合了"一带一路"国家的智库资源、学术资源和出版资源,在中国内容图书国际出版和中国文化对外推广方面

进行了有益的探索和成功的尝试，合作体在促进"一带一路"国家民心相同、构建人类命运共同体方面文化"黏合剂"和文化交流平台的效果已经初见成效。

（一）召开两次合作体大会，共商合作体发展大计

1. 合作体成立大会

2017年8月，合作体成立大会在中国人民大学举行。合作体成立大会得到了中宣部、原国家新闻出版广电总局、教育部等上级主管单位的大力支持。各国使馆代表也参加了成立大会，如吉尔吉斯斯坦驻华大使、黎巴嫩驻华大使馆代办、哈萨克斯坦驻华文化参赞、波兰驻华大使馆参赞。来自22个国家的56家出版机构的近百名嘉宾出席会议，加入"一带一路"共建国家出版合作体，如来自波兰马尔沙维克出版社的总裁马尔沙维克、印度皇家柯林斯出版公司的莫罕以及叙利亚出版商协会、麦格劳-希尔教育出版公司、圣智学习集团、埃及智慧宫翻译公司、北京师范大学出版社等代表。

中国人民大学出版社发起"一带一路"共建国家出版合作体是基于中国人民大学和中国人民大学出版社雄厚的国际学术和出版资源的。"一带一路"倡议提出以来，人民大学在智库建设、国家研究、师生互访、学术出版等领域与"一带一路"沿线高等学校与研究机构互动频繁；中国人民大学出版社发力"一带一路"，成效显著，2012-2017年间与21个"一带一路"国家的53家出版机构签署了510项版权协议，举办了多场出版和学术活动，积累了丰富的国际出版资源。

"一带一路"共建国家出版合作体的成立也有深远的战略意义。"一带一路"重大倡议要求中国的国际学术交流合作站在新的起点上，形成多层次、多渠道、多方位的交流格局。成立"一带一路"共建国家出版合作体是中国和国际学术、教育和出版机构的共同愿望，对于弘扬各国优秀文化、扩大文明互鉴具有深远的意义，必将为增进世界各国和人民政治互信、实现民心相通注入持久的生命力。

在未来的工作思路和领域方面，与会代表也达成了一致，即完善合作体职能和定位，突出"一带一路"和"学术出版"两大亮点；聚焦关键领域，在出版选题上加强沟通、形成聚焦，重点支持关于中国课题研究的学术出版；三是提升合作水平，要聚智聚力，汇聚各国学术出版专家学者的力量，做好学术创造的推动者，积极开辟"人类命运共同体"研究的新空间、新境界，在"一带一路"沿线多彩文明的滋养下，共同铸就思想新高峰，平等共享发展新成果。

2. 合作体高峰论坛

2018年8月，新时代"一带一路"学术出版高峰论坛在中国人民大学举行，这是"一带一路"共建国家出版合作体的第二次盛会，也是合作体成立以来的首届高峰论坛，来自全球26个国家和地区的近百名成员代表出席了本次活动。中国人民大学、中宣部、原国家新闻出版广电总局领导出席论坛。本届论坛的突出特色是选优评优，为一年以来贡献突出的成员单位颁奖。"优秀出版奖"由圣智学习集团、黎巴嫩数字未来出版社获得，"优秀推广奖"由哈萨克斯坦欧亚-阿斯塔纳出版社、尼泊尔当代出版社获得，"优秀策划奖"由麦格劳-希尔教育集团、波兰马尔沙维克出版集团获得。阿尔巴尼亚凡·诺利出版社、阿布扎比旅游文化集团、埃及艾因夏姆斯大学、卡塔尔哈马德大学出版社、土耳其环球时代传播集团公司等出版机构加入合作体。

合作体成立以后，国际声誉不断提高，为国际学术交流和出版做出重要贡献，通过搭建学术交流和学术出版平台繁荣了中外学术的交流与合作，拓宽了教育合作渠道，创新了人文交流机制。尼泊尔驻华大使利拉·马尼·鲍德尔等国外代表一致希望今后有更多的合作体成员单位与"一带一路"沿线国家出版商展开深入合作，为促进"一带一路"沿线国家之间文化互鉴、民心相通做出更大的贡献。

3. 合作体成员反馈

吉尔吉斯斯坦驻华大使阿扎马特·乌谢诺夫表示由人民大学出版社发起成立的合作体将搭建更为密切的国际合作共赢平台。他希望吉尔吉斯斯坦的学术出版机构深入参与合作体出版合作，共同推进中吉在文化教育、学术出版方面的共同进步，为全球文化共同繁荣做出贡献。

麦格劳-希尔教育出版公司亚太总裁克拉克表示合作体将为全球学术出版的繁荣发展开创更广阔的合作前景，注入创新发展的新动力。麦格劳-希尔将全力支持人大社开展合作体的各项工作，积极参与合作体在版权贸易、信息资源、合作出版、业务交流等方面的活动，为合作体发展助力。波兰马尔沙维克出版社的总裁马尔沙维克希望合作体可以提供更多的出版合作交流的机会，合作体成员在合作出版、资源共享、学术交流、人才培养等方面开展富有实效的工作，共同促进世界学术出版的繁荣发展。印度皇家柯林斯出版公司的莫罕表示印度学术出版界非常渴望同中国学术出版界展开更为广泛的合作交流，合作体提供了合作共赢的平台，他们将依托合作体更深入地了解中国学术和出版的情况，引进更多的中国学术成果。叙利亚出版商协会主席海赛姆·哈菲兹·莫霍克、圣智学习集团亚太区总裁李联和、埃及智慧宫翻译公司总经理金皓天等合作体成员代表认为，合作体对区域乃至世界学术出版有着积极的促进作用，期待更深入的合作机会。国内出版单位北京师范大学出版社总编辑李艳辉还表示合作体将对中国出版社在"一带一路"沿线国家广泛开展合作起到积极的促进作用，国内出版机构将通过合作体搭建的国际出版平台把更多中国学术出版成果推介到海外。

他们相信，合作体将在人大社的牵头与带动下，为"一带一路"参与国家学术出版的互利共赢搭建起良好的沟通机制和合作平台。作为合作体成员，他们也相信在合作体框架下，成员单位将在教育出版与文化合作方面获得更多发展机会，将为全球学术出版的繁荣发展开创更广阔的合作前景。

（二）强化宣传推广机制，吸纳更多机构加入

合作体通过多种渠道强化宣传推广。到2018年8月，合作体成员数量从30个国家和地区的94家单位发展增加到206家，遍及44个国家，覆盖五大洲各大区域，成员结构涵盖出版商、学术机构和专业团体，出版学科囊括人文社会科学、自然科学等多个领域。

合作体成立的新闻在央视播出后，很多国内出版社慕名而来，申请加入。在海外会员发展中，出版行业内的口口相传让合作体声誉远播。2017年8月北京国际图书博览会刚刚结束，苏丹出版商协会主席穆罕默德·阿尔哈森先生率团专程访问中国人民大学出版社，加入合作体。2017年10月27日，埃及艾因夏姆斯大学在访问人民大学期间，表示希望加入合作体，参与和推动中埃之间学术出版交流活动。2017—2018年人大出版社把合作体的宣传工作带到世界各地的书展上和每一次外事访问中，如古巴哈瓦那国际书展、摩洛哥卡萨布兰卡国际书展等。2018年2月古巴哈瓦那书展期间，合作体成功吸纳古巴哈瓦那大学、新千年出版社等高校和出版机构加入。

（三）推动版贸合作，引导国际出版导向

合作体成立两年来，合作体成员之间中国内容图书的版贸合作十分活跃。据不完全统计，合作体成立以来合作体成员把1500多种中国内容图书翻译成多种文字出版发行。合作体加强对中国内容国际出版导向的引导，反映当代中国政治、经济、文化和社会的主题图书和学术图书是合作体积极推动的合作成果。

习近平主席重要著作由合作体成员单位承担翻译出版和海外发行工作。《习近平谈治国理政》阿尔巴尼亚文版由合作体成员单位阿尔巴尼亚凡·诺利出版社和中国外文出版社合作翻译出版。在阿尔巴尼亚首都地拉那举办的新书首发式上，阿尔巴尼亚总统伊利尔·梅塔在首发式出席并致

辞，梅塔总统与中国外文局局长张福海、中国驻阿尔巴尼亚大使姜瑜等中阿两国嘉宾共同为新书揭幕。梅塔总统在致辞时表示《习近平谈治国理政》阿尔巴尼亚文版的出版，有助于阿尔巴尼亚学者、外交官等专业人士以及广大普通读者更好地认识并深入了解当今中国。同时，阿尔巴尼亚凡·诺利出版社还与上海交通大学出版社签署了习近平主席另外一部重要著作《平易近人——习近平的语言力量》的版权合作协议。合作体成员不仅在中国图书版权交易数量上大幅增长，在图书出版质量上也有明显提升。

在中国主题图书出版方面，围绕党的十九大会议精神由人民大学党委书记靳诺、校长刘伟和副校长刘元春亲自牵头，组织人民大学各领域的十余位专家学者编写了"治国理政新理念新思想新战略"丛书，从治党、中国道路、经济、法治、社会、治理、历史文化、外交、生态、科技教育十个方面，是深入解读、准确反映习近平新时代中国特色社会主义思想的优秀思想理论读物和普及读物。在图书编纂过程中，人大出版社与圣智学习出版公司、阿拉伯数字未来出版公司、土耳其环球出版公司和波兰马尔沙维克出版集团的编辑和中国学者广泛地征集了外国读者的意见和建议，关照和回应外国读者对于"一带一路"倡议、习近平讲话精神的重大关切。因此，图书也顺利地在2018年内完成了英文、阿拉伯文、土耳其文和波兰文等国家的合作出版工作，合作体名符其实地成为推进"一带一路"国家出版机构合作出版的"加速器"。

在学术图书出版方面，合作体把反映中国当代政治、经济和社会发展的学术著作以及中国各领域顶尖学者的扛鼎之作作为推介工作的主要方向，把中国学者解读中国发展、中国文化精神作为进入当地图书市场的重要路径，翻译出版了具有中国特色、中国风格、中国气派的哲学社会科学著作。中国人民大学出版社与圣智学习出版公司合作出版的中国特色社会主义理论研究系列图书《中国特色社会主义理论读本》①《中国特色社会主义理论体系形成与发展大事记》《马克思主义若干重大问题研究》《中国特色社会主义理论体系探源：从邓小平理论到科学发展观》《科学发展观重大理论和实践问题研究》《中国和平发展与构建和谐世界研究》七本图书英文版，这些图书英文版受到中华学术外译项目的资助。出版后获得西方学者的好评，美国学者在《中美书评》2017年夏季号上刊登书评，称李景治的《中国和平发展与构建和谐世界研究》是西方学者了解中国社会指导思想和中国共产党建设理论的重要参考资料，为增进中西方学者的在政治、经济、文化等方面的相互交流提供了良好的议题。

在文学及大众类图书的合作方面，合作体成员单位之间在诗歌和小说领域互相交流、互通有无，借文铭志、以文会友。杨庆祥的爱国诗歌集《我选择哭泣和爱你》深深打动了尼泊尔白莲花出版社社长、诗人尤尤茨先生，决定亲自将之翻译成尼泊尔文。在合作体的推荐下，罗马尼亚作家协会布加勒斯特主席彼得·斯拉格撰写中国之旅感受的《你是一条龙》也将在中国翻译出版。

合作体成员的优秀出版物得到了国际市场的认可，获奖喜讯频传。俄罗斯尚斯国际出版社有限公司翻译出版的《中华文明史话》获得俄罗斯大众传媒署和俄罗斯出版商协会颁发的年度最佳图书奖；翻译出版的《荣宝斋画谱》《在华俄罗斯新闻传播史》《中华经典故事》三种图书同时入选"俄罗斯百种优秀图书奖"。集团下属俄罗斯"尚斯博库书店"荣获"莫斯科最美书店"称号。中国作家劳马《一个人的聚会》《幸福百分百》两部小说由罗马尼亚拉温克斯出版社翻译出版，获得罗马尼亚作家协会颁发的"杰出散文奖"。

---

① 《"三个代表"重要思想学习纲要》《科学发展观学习读本》《社会主义核心价值体系学习读本》《中国特色社会主义理论体系学习读本》等四本合一出版。

（四）整合发行渠道，推动图书进入主流市场

以合作体为纽带，越来越多的中国图书进入海外图书主流渠道和重要馆藏，中国图书海外发行营销能力不断增强。合作体着力加强与贝克泰勒等图书馆配商的合作，把合作体成员的图书销售到斯坦福大学图书馆、哥伦比亚大学图书馆、普林斯顿大学图书馆、哈佛大学图书馆等50余家全球知名大学图书馆，以及新加坡国立图书馆等各国国家图书馆；与阿拉伯出版机构和发行机构的主流渠道开拓合作，推动合作体成员已经出版的《人民币读本》《中国道路》等图书进入黎巴嫩当地最大的连锁书店——安东尼书店上架销售；并促使该书在沙迦书展、科威特书展、摩洛哥书展等阿拉伯国家重要书展上展示，销售到中东和欧洲的11个国家和地区。

在日本，科学出版集团东京分社出版了《跨越战后：日本的战争责任认识》日文版，被明仁天皇、皇太子德仁亲王等皇族就读的学习院大学以及京都大学、国会图书馆、东京都立图书馆等众多日本大学及研究机构购入，实现了主题出版物在日本发行的重要突破。该社还出版了日本国内首套全面梳理北京古建文化的《北京古代建筑文化大系》日文版10卷，在日本最大的超市零售连锁店伊藤洋华堂畅销书建筑类图书排行榜前10中占据4席，成功打入日本主流图书市场。此外，人民大学出版社与该社合作的《中国民族性》日文版通过日本东贩和日贩销售渠道，进入日本最大的公立图书馆——日本国会图书馆和东京都立中央图书馆藏。

据不完全统计，2017—2018年合作体组织成员单位参加各类在国际书展10余次，向各国读者展销合作体出版物。2018年2月，在第23届卡萨布兰卡书展上举办中国优秀图书展，共展出300种1500余册英文、法文和阿拉伯文中国内容图书，受到当地读者的欢迎；2018年4月，在阿斯塔纳书展上举办中国优秀图书展，向欧亚国立大学捐赠中文、俄文、英文、哈萨克文和吉尔吉斯文图书200多册，设立中国图书专架；2018年5月，在华沙书展上举办中国优秀图书展，重点展示了《习近平谈治国理政》，以及数百种有关当代中国政治、经济、文化、艺术、教育等方面的波兰文、英文和中文版图书，使中国文化走进波兰。在阿斯塔纳书展上，哈萨克斯坦国务卿格什拉阿巴卡利卡娃参观了中国优秀图书展。她翻阅了俄文版《习近平谈治国理政》一书，并深入了解了中国人民大学和哈萨克斯坦学者共同研究习近平主席"一带一路"合作倡议与纳扎尔巴耶夫总统"光明之路"经济发展战略融合与发展的情况。她对此表示十分赞赏，并祝愿中哈学者之间有更多的出版成果面世。北京师范大学出版社联合北京外国语大学阿拉伯学院参加沙特利雅得书展，展示英文版和阿文版中国图书。

北京大学出版社《中华文明史》塞尔维亚文版于 2017 年 10 月出版，并在第 62 届塞尔维亚贝尔格莱德书展上举办了新书发布会，塞尔维亚文化和传媒部部长武科萨夫列维奇出席并发表讲话，对于《中华文明史》塞尔维亚文版的出版给予了高度评价。

在保证传统出版持续快速稳定发展的同时，合作体也顺应形势，把数字出版、融合创新作为开拓国际市场的重中之重。《清史图录丛刊》《中国图书出版产业报告》等专业学术图书电子版上线圣智盖尔数据库，与美国 Heinonline 数据库合作开发"中国法律与社会"子数据库，向全球千余家机构用户专版推介中国学术著作。华东理工大学出版社的《重大工程项目建设的环境管理》在施普林格网站的下载次数已近 8000 次，在其环境图书领域处于下载量领先地位。融合了纸质图书、微视频、网上课堂、教育游戏的华东师范大学出版社《华东师大版一课一练·数学》，作为中国融合出版的代表作，与哈伯考林斯出版集团已经进入英国主流图书市场和课堂，同时在美国、法国、德国、澳大利亚等地取得了出色的销售成绩。还有新加坡世界科技出版社开通的专属中国研究、推广中国研究的图书和期刊脸书平台上线不到三个月，已经吸引了数万读者。

（五）推进出版本土化，助力成员单位设立海外分支机构

多家国内成员单位与海外出版机构合作，设立海外分支机构，让中国

文化走进当地，落地生根。2017年至2018年间，外语教学与研究出版社与波兰对话学术出版社建立外研社·波兰中国主题编辑部，与法国映像文库出版社共建"中国主题编辑部"，与匈牙利科苏特出版集团建立"中国主题编辑部"。外研社通过这些合作项目把《中国文化读本》等一批反映中国传统文化的优秀图书译介到海外，受到当地读者的广泛欢迎。2018年4月，由社会科学文献出版社、马来西亚国家语文出版局和马来西亚汉文化中心共同发起的"中马一带一路出版中心"暨"马来西亚中国主题图书编辑部"在位于吉隆坡的马来西亚国家语文出版局大楼正式揭牌成立。中心将为马来西亚人民通过中国主题图书了解中国的历史和现状，加强两国人民的友谊做出积极的贡献。北京师范大学出版社与巴西东进出版社合作建立选题研发中心；云南人民出版社分别与缅甸金凤凰报社、老挝国家出版发行社合作成立云南人民出版社仰光文化交流中心和云南人民出版社万象分社；上海交通大学出版社与印度知名出版集团共同设立中国—南亚科技出版中心等。据不完全统计，一年来，合作体成员海外分支机构已新开近10家。合作体成员实体分支机构将为中国和"一带一路"国家的出版交流打开一条崭新的文化互通之路。

（六）开展学术文化交流活动，促进中外民心相通

学术和文化交流活动一直是合作体促发展、通民心的重要方式。

2017年10月，在法兰克福书展期间中国人民大学宏观团队出访瑞士和德国，《中国新常态宏观经济》等五种学术图书为中瑞德三国经济研究学者开展交流提供了丰富而深入的话题线索。2017年9月，人大出版社在莫斯科大学组织了《在华俄罗斯新闻出版机构研究》的新书首发仪式，作者赵永华到场演讲签售，引起俄罗斯媒体和出版界的关注，最终入选俄罗斯2017年百种好书。

2018年6月15日，中国人民大学出版社社长与意大利路易斯大学签署的意大利中国馆合作谅解备忘录。意大利首个中国馆在路易斯大学宣告

建立，这是继土耳其中国馆之后、世界上第二个中外大学合办的中国馆项目。

三、合作体2019年工作规划

2019年，合作体将不断推动"一带一路"国家文化交流、文化互鉴和民心相通，围绕"一带一路"文化建设，开展联合出版、书展交流、资源共享等工作，进一步促进合作体内外资源整合和信息共享。

（一）搭建"一带一路"中国图书国际版权交易电子平台

拟聚焦"一带一路"国家图书出版需求，建成国际化、专业化、科学化的中国图书对外推广、版权代理、版权交易和实物销售的平台，通过整合中国最优秀的图书和多媒体资源，为中国图书和中国出版社的国际推广、国际出版和国际销售提供交通中外、互通互鉴的平台和渠道，为国外学术机构和研究者和智库提供最全、最新和最有价值的中国学研究成果和出版资源，"一带一路"共建国家出版合作体目前平台策划方案已经完成。

（二）举办"一带一路"共建国家出版合作体成员培训

2019年人大出版社作为发起单位将邀请合作体重点出版社负责人（每期20人左右）来华进行培训，一年为一个周期，全年共举办五期培训项目。以弘扬社会主义核心价值观，介绍中国现状，介绍中国政策、中国经济、中国文化为主义内容，深入探讨"一带一路"国家合作基础和方向，实地走访，深入了解中国本土出版社的运作模式及国际合作方式。培训班采取课堂与实践相结合的形式，课堂面授，并与相关产业（大学、出版社等中国文化特色场地）交叉进行。

（三）创办"一带一路"共建国家出版合作体会刊

探索完善长效工作机制，人大出版社将编写合作体通讯为主的合作体会刊，为合作体成员提供信息服务。第一期会刊正在编纂中，会刊内容包括合作体成立情况、会员反馈及出版信息等，会刊形式为电子期刊，将为合作体成员通过电子邮箱投递。

总之,"一带一路"共建国家出版合作体在中国政府相关部门的支持下,在国内外出版同行的关爱下,一天天发展壮大,成为中外出版交流的重要平台之一,她下一步的发展值得期待!

(作者单位:中国人民大学出版社)

以童书为媒,讲好中国故事

——接力出版社埃及分社的实践与探索

马 婕

在2019年4月的阿布扎比书展上,来自阿联酋等阿拉伯国家的读者络绎不绝,他们被接力出版社最新出版的阿拉伯语图书所吸引,还有很多国外读者在寻找适合自己的中文图书,他们说,中文已经成了他们必学的语言。这是接力出版社第三次参加阿布扎比书展。接力出版社埃及分社在2016年正式成立以后,参加阿拉伯地区的书展,和当地的读者面对面交流、沟通。埃及分社的日常经营工作已经成为接力出版社的常态工作一部分。

2015年3月27日,国家发展改革委、外交部和商务部联合发布《推动共建丝绸之路经济带和21世纪海上丝绸之路的愿景与行动》,"一带一路"倡议逐渐由愿景转变为现实。从地理位置来说,阿拉伯地区22个国家是"丝绸之路经济带"和"21世纪海上丝绸之路"在中亚的西段交汇地带,连接了亚非欧大陆和附近海洋,具有重要的意义。埃及位于非洲东北部,横跨亚非两大洲,是阿拉伯地区的重要国家之一。随着"一带一路"倡议的提出,中国与埃及乃至整个阿拉伯地区的往来愈加紧密,中阿之间的国际交流合作愈加频繁。作为文化交流的重要组成部分,图书出版承担起了两个地区、两种文化交流与沟通的桥梁。在此背景下,接力出版社着合作体成员通过电子邮箱投递。

总之,"一带一路"共建国家出版合作体在中国政府相关部门的支持下,在国内外出版同行的关爱下,一天天发展壮大,成为中外出版交流的重要平台之一,她下一步的发展值得期待!

(作者单位:中国人民大学出版社)

以童书为媒,讲好中国故事

——接力出版社埃及分社的实践与探索

马 婕

在 2019 年 4 月的阿布扎比书展上,来自阿联酋等阿拉伯国家的读者络绎不绝,他们被接力出版社最新出版的阿拉伯语图书所吸引,还有很多国外读者在寻找适合自己的中文图书,他们说,中文已经成了他们必学的语言。这是接力出版社第三次参加阿布扎比书展。接力出版社埃及分社在 2016 年正式成立以后,参加阿拉伯地区的书展,和当地的读者面对面交流、沟通。埃及分社的日常经营工作已经成为接力出版社的常态工作一部分。

2015 年 3 月 27 日,国家发展改革委、外交部和商务部联合发布《推动共建丝绸之路经济带和 21 世纪海上丝绸之路的愿景与行动》,"一带一路"倡议逐渐由愿景转变为现实。从地理位置来说,阿拉伯地区 22 个国家是"丝绸之路经济带"和"21 世纪海上丝绸之路"在中亚的西段交汇地带,连接了亚非欧大陆和附近海洋,具有重要的意义。埃及位于非洲东北部,横跨亚非两大洲,是阿拉伯地区的重要国家之一。随着"一带一路"倡议的提出,中国与埃及乃至整个阿拉伯地区的往来愈加紧密,中阿之间的国际交流合作愈加频繁。作为文化交流的重要组成部分,图书出版承担起了两个地区、两种文化交流与沟通的桥梁。在此背景下,接力出版社着手筹备建立埃及分社,并在2015年8月的北京国际图书博览会上举办了"中阿童书出版论坛暨接力出版社埃及分社创办签约仪式",与埃及的合作方签订协议,共同成立接力出版社埃及分社。作为专业的少儿出版社,接力出版社在国际合作中积累了许多成功经验。如何更好地借鉴这些成功经验,将其运用在原创童书的海外传播上,是接力出版社一直在思考的问题。在"一带一路"和平合作、开放包容、互学互鉴、互利共赢的理念指导下,接力出版社走向埃及,走向阿拉伯地区,介入和融入当地市场的决心更加坚定。接力出版社希望,通过建立接力出版社埃及分社,在向埃及乃至整个阿拉伯地区的青少年读者更好地展示中国童书,展示中国文化。青少年儿童是希望与未来,让阿拉伯地区的青少年读者从小接触中国故事,受中国文化的感染,为中阿青少年读者之间搭建沟通与理解的桥梁,搭建文化交流的桥梁,是接力出版社肩负的重大使命。接力出版社在经营埃及分社的实践与探索中,取得了一定的成绩,更重要的是积攒了许多在童书出版跨国合作方面的经验。在此,本文将从接力出版社埃及分社的成立、经验和未来规划等方面,简要介绍接力出版社埃及分社的实际运营情况。

一、接力出版社埃及分社的成立

(一)建立接力出版社埃及分社的成立与图书出版情况

接力出版社埃及分社的建立缘起于2013年土耳其伊斯坦布尔国际书展。在这次书展上作为主宾国的中国开展了丰富多彩的活动,接力出版社在书展期间与土耳其日光出版社共同举办了"中土儿童图书出版经验交流会"。在这次活动中,接力社与土耳其出版机构深度探讨了中土童书合作的可能性和前景。这本来是一次普通的文化交流活动,却给了接力出版社很大的启发。活动之后,接力社还约见了来自埃及、约旦、突尼斯等阿拉伯国家的多家出版社。在和这些出版机构交流的过程中,接力出版社发现,阿拉伯国家的出版社对中国文化和中国原创的童书非常感兴趣,他们认为中国童书的内容和品质都很好,希望能够大量引进中国的童书翻译成阿语,或者引进一些可以帮助他们学习中文的图书。面对如此热切的合作意向,接力社认为,也许可以和这些阿拉伯国家的出版机构共同探索出一条更高效、更有影响力的合作模式,更好地将中国文化传播到阿拉伯国家。

作为专业的青少年出版社,接力出版社和全世界30多个国家和地区建立了版权合作关系,截至2018年,已经有561种图书版权输出到了26个国家和地区。2016年,接力出版社在伦敦书展上荣获"BOOKBRUNCH国际儿童及青少年出版商奖"。在多年的国际版权合作中,接力出版社不仅积累了丰富的版权贸易经验,还以"诚信"的合作态度在国际出版市场上树立了良好的国际品牌形象。如何利用现有的品牌知名度和优质的产品去开拓国际市场,是接力出版社一直在思考的问题。

土耳其伊斯坦布尔国际书展结束之后,接力出版社迅速组织开展市场调研工作,从政治、经济、文化、童书出版市场规模、销售模式等方面进行了多维度的调研工作,并形成《接力出版社拟定成立埃及分社的调研报告》。在此基础上,接力出版社多次向上级主管部门汇报并认真听取意见,在上级主管部门的支持和鼓励下,接力出版社在埃及建立分社的规划逐步成型。经过一年多的筹备,2016年10月,接力出版社埃及分社在埃及开罗注册成功,并取得了由埃及政府颁发的营业执照,注册名为"埃及接力文化出版股份公司"。截止到2019年,接力出版社埃及分社分两批出版图书共计53种,出版品种初具规模。所出版的图书中,不仅有接力出版社出版的图书,还有从中国少年儿童新闻出版总社、春风文艺出版社、吉林出版集团购买版权的图书。接力出版社充分利用了国内优质童书资源,将中国优秀童书推向阿拉伯国家,扩大中国文化在阿拉伯青少年读者中的影响力。

(二)在埃及建立分社是接力出版社的内在发展需求

原国家新闻出版广电总局发布的《2015年新闻出版产业分析报告》和

《2016年新闻出版产业分析报告》显示，2015年，中国少儿图书出版出现较快增长，出版少儿图书3.7万种，增长11.9%，总印数5.6亿册，增长11.8%。2016年，少儿图书出版继续保持快速增长，品种4.4万种，增长19.1%，总印数7.8亿册，增长40.0%。对比2015年和2016年的统计数据，可以看出，中国的童书市场发展迅猛，资源日益丰富。高速发展的时期更加需要新的变革，新的动力，增强竞争力，才能继续保持市场的繁荣。出版社如何转型，如何依托现有的品牌和综合竞争实力，加入国际少儿出版产业的融合和竞争，做大产业，是少儿出版业所面临的亟待解决的问题，也是接力出版社亟待解决的问题。

作为国内的优秀少儿出版社，接力出版社有着丰富的出版经验、国际合作经验，熟悉国际儿童图书市场的版权贸易及市场运作规则。接力出版社持续发力出版原创图书，发展迅速，出版了许多优秀的原创图书，积累了丰富的选题资源。这些图书在国内经历了市场的检验、读者的检验，获得了较好的市场业绩。如何进一步扩大原创图书的影响力，需要放眼国际，真正地走出去，挖掘海外市场的潜力。

相比于中国高速发展的童书市场，埃及的童书市场尚处于起步阶段。埃及是阿拉伯地区最为重要的国家之一，有9000多万人口，17岁以下的青少年人口约占总人口的30%，人口红利十分可观，青少年读者群体规模巨大。上个世纪80年代之前，埃及几乎没有少儿出版社，到了2015年已有近80家少儿出版社，然而出版社的发展速度、出版规模远远不能满足青少年读者快速增长的阅读需求。依托国内蓬勃发展的少儿图书出版市场，接力出版社建立埃及分社，资源丰富，潜力较大。在做好市场调研的基础上，在与埃及合作方充分沟通之后，接力出版社埃及分社精选了100种童书翻译成阿拉伯语，2017年12月出版了第一批26种阿语图书，2019年出版第二批27种图书，两批图书共计53种。所精选的图书既代表了中国原创图书的创作水平，又兼顾了传播中国文化的功能。在精选的图书中，既包括了接力出版社出版的图书,还包括了国内其他优秀出版社出版的图书,如中国少年儿童新闻出版总社、春风文艺出版社、吉林出版集团等出版的图书;既包括了曹文轩、郑春华、秦文君、沈石溪等儿童文学名家的作品,也包括了韩煦、张宁等新秀插画家创作的图画书。接力出版社埃及分社充分利用了国内优质童书资源,将中国优秀童书译介到埃及等阿拉伯国家,扩大中国文化在阿拉伯青少年读者中的影响力。

阿拉伯地区 22 个国家的出版市场是一个自由流通的出版市场,国与国之间图书贸易自由。在阿拉伯地区任何一个国家出版的图书,可以在整个阿拉伯地区发行和销售。从地理位置来说,埃及位于非洲东北部,横跨亚非两大洲,是亚非欧的交通要冲。在埃及建立分社,便于布局整个阿拉伯地区,利于扩大图书的发行范围。

二、在埃及建立分社的经验

(一)须遵守当地政府政策法规

根据埃及政府的规定,外资企业必须与埃及企业合作,才能进入埃及的出版市场。因此,要进入埃及童书市场,接力出版社的首要工作就是找到在本土市场有丰富经验和优质资源的合作伙伴,借助合作伙伴的力量,优势互补,共同开拓市场。

在成立埃及分社的过程中,接力社了解到埃及境内注册文化出版公司的手续复杂,需向埃及图书管理总局、埃及商务部、埃及安全部提交相关注册材料。为此,接力出版社在国内做好了有关部门的备案工作之后,聘请了埃及的专业律师来操作在埃及境内注册的相关事宜。在经历多次材料审核之后,接力出版社埃及分社在埃及注册成功,注册名为"埃及接力文化出版股份公司",取得了由埃及政府颁发的营业执照、政府批文和公司章程,并在 2016 年 10 月 18 日第 14380 期的《埃及投资报》上进行了公示。2017 年 1 月,接力出版社埃及分社加入了埃及出版商协会,成为协会的正式会员。

(二)须掌握当地经济情况和市场购买力

当地汇率的变化可能会对跨国经营带来极大的影响。接力出版社筹备埃及分社成立事宜期间,以 2015 年 12 月为例,2015 年 12 月 31 日美元对埃镑的汇率约为 1:7.83。2016 年 3 月,埃镑遭遇断崖式的贬值,后续几年埃镑对美元的汇率一直处在下行通道。2019 年 3 月 25 日,美元对埃镑的汇率约为 1:17.25,相比于 2015 年 12 月 31 日的汇率,已跌失 120.38%。埃镑汇率的不稳定,给接力出版社埃及分社的投资、运营带来了很大的困难。为了规避风险,保证资金安全,接力出版社在交通银行申请了一般户外汇业务,作为今后向接力埃及分社进行资金投资转汇的专门账户。埃及分社在埃及境内运营产生的费用,接力出版社按实际所需或实际发生金额专项拨款、分批次分步骤转汇至埃及,以便尽可能地减少埃镑贬值等因素带来的损失。

在制定图书策略时,一定要考虑当地的消费水平。阿拉伯地区 22 个国家不限制国与国之间图书的流通,在埃及出版的图书可以在整个阿拉伯地区 22 个国家发行和销售。然而,阿拉伯地区国与国之间存在着较大的经济差异,发展程度不一,消费能力不一。海湾国家比较发达,国民收入高,非产油国仍处在贫困中或发展中。国情的不同导致了图书消费习惯的不同。在埃及、苏丹、约旦、摩洛哥等国家,由于经济条件有限,家长购买图书时看重的是价格,更愿意选择低廉的图书;在发达的海湾国家,如阿联酋、沙特阿拉伯等国家,家长购买图书时看重的是品质,愿意选择高品质、高定价的图书,看不上价格低廉的图书,对英文原版图书有较大的需求。

国与国对图书定价的期待、对图书品质的要求各不相同。例如,根据埃及 Yahlaym 网站的报道,在 2018 年 1 月埃及开罗书展对埃及 11 家参展单位的图书定价进行的调查结果显示,儿童绘本的定价一般在 5~25 埃镑之间(相当于人民币 1.93~9.65 元),儿童小说的定价一般在 35~60

埃镑之间（相当于人民币13.51~23.17元），成人小说类的定价一般在35~100埃镑之间（相当于人民币13.51~38.62元），当然也有超过100埃镑的图书，但相对较少，例如埃及百纳妮雅出版社出版的经典系列图书《一千零一夜》的定价为275埃镑（约等于人民币106.21元），埃及纳哈塔出版社出版的《伊斯兰宣言》的定价则高达1500埃镑（约等于人民币579.32元）。

在书展上，各家出版社对图书均进行打折销售，一般图书的销售折扣价是定价的70%~80%，若在书店销售，一般图书的销售折扣价在定价的75%~85%，若购买图书的对象是学生，销售折扣价则在定价的50%~75%。埃及市场上，越是低廉的童书，越能得到家长的青睐。其他国家与埃及本土的定价则存在较大的差异。以接力出版社埃及分社出版的"没想到婴儿创意图画书"为例，每册图书在埃及的销售价格是17.8埃镑（约等于人民币6.86元），在阿尔及利亚书展上的销售价格是200第纳尔（约等于11.52元），在沙迦童书展上的销售价格是10迪拉姆左右（约等于18.26元），价格的差异非常大。

由于每个国家销售价格存在差异，在印制图书时无法标明定价，只能是在哪国销售按哪国的市场情况来确定图书价格。定价的不确定性和随机性，导致了图书的发行和结算上存在着一定的困难。为此，接力出版社在图书策划阶段需要综合考量，找准市场定位，因地制宜，出版适合不同市场需求、不同购买需求、不同读者阅读习惯的图书。如出版与"没想到婴儿创意图画书"类似的平装图画书时，应重点在埃及、苏丹等非海湾国家发行；出版高品质高定价的童书时，应重点在阿联酋、沙特阿拉伯等发达的海湾国家发行。

（三）要满足当地读者阅读需求

据埃及《七天日报》2018年7月在埃及较大的专业书店——迪瓦书店进行的调查结果显示，在该书店的畅销榜单上，埃及销售较好的图书板块为宗教类图书、婴幼绘本、少儿文学、科普类以及小说类。婴幼图画书和少儿文学板块排在第二和第三的位置。销售较好的童书有：关于儿童行为规范和习惯养成的《法尔汉老师》、英国经典儿童冒险小说《纳尼亚传奇》、美国畅销青少年小说《暮光之城》等等。在埃及等大部分阿拉伯国家，童书出版尚处于起步阶段，市场远远没有达到饱和状态。从另一个方面来讲，埃及童书市场、阿拉伯童书市场的发展潜力巨大。只要是适合当地儿童阅读的好书，就可以快速地挺进当地的童书市场。

研究当地读者的阅读喜好，找准市场空白，把脉读者需求，然后开展一系列本土化改造工作，或者邀请中国优秀的童书作家画家专门为当地的读者创作童书，是做好埃及童书市场的重要工作。所以，在接力出版社埃及分社的经营中，产品的选择、改造，以及产品线的设计至关重要。为了建构适合埃及童书市场的产品线，打造接力出版社埃及分社的品牌特色，接力出版社具体从以下两个方面着手。

1. 要立足市场需求，填补市场空白

要做好埃及分社等阿拉伯国家的出版工作，首先因地制宜，考虑出版对象国不同的市场格局，了解对象国青少年的阅读需求和阅读喜好，从而打造符合阿拉伯地区青少年读者阅读趣味的内容制作体系。据调研，埃及市场上说教性较强的图书偏多，阅读趣味性强的图书偏少。因此，埃及分社在选择图书时，侧重于从以下三个方面去选择市场欠缺、读者需要的图书，即阅读的趣味性、阅读的功能性和阅读的多样性。埃及分社出书的品类包括了培养孩子想象力的图画故事书、培养孩子良好习惯的故事书和启发孩子独立思考的儿童文学类图书。在选书过程中，既注意有趣有益有用，充分考量内容供给和读者需求之间的关系，又关注市场空白，提供市场欠缺的内容，丰富图书品类。

2. 要注重翻译质量

埃及分社在选择翻译者时，既要求翻译者了解阿拉伯国家的文化传统、

阿拉伯国家读者的接受心理和阅读习惯等,又要求翻译者了解中国文化,了解中阿两个地区的文化差异,既要做到不自说自话,内容不丢失思想不走样,又要做到打破语言壁垒,故事精彩有趣,可读性强。要找到这样的优秀翻译者,又要求翻译的时效性,在操作上的确有一定的难度。为了解决这个困难,埃及分社采取了"翻审互补"的模式。在翻译阶段,通过合作伙伴聘请阿拉伯本土译者来翻译,保证在语言表达上阿拉伯化,贴合阿拉伯读者的阅读习惯;再由另一合作伙伴主要负责的接力埃及分社编辑、校对团队来对文稿进行编辑加工、校对审核,进一步提高翻译文稿的品质;最后聘请了国内著名的阿语专家对所有的文稿进行审译,保证翻译的内容不断章取义、所传播的思想不走样。

(四)要建立多元化的发行渠道

在发行渠道方面,埃及等阿拉伯国家的童书市场主要依靠各地的图书发行商、实体书店以及各地区教育部、基金会和学校等政府机构的发行、采购。要做好图书的发行工作,首先要做好以下3方面的工作。

1. 做好图书的展示工作,提高图书的"曝光度"

好书需要多宣传,多曝光。埃及分社一方面利用阿拉伯地区各重要书展的平台,充分地向各国发行商、读者展示图书,另一方面尽可能地把握机会,利用阿拉伯地区的媒体,提高图书的"曝光度"。2017—2018年,接力出版社埃及分社带着已出版的第一批26种图书和即将出版的第二批27种新书样书积极地参加了阿拉伯地区的埃及开罗书展、阿联酋阿布扎比书展、阿联酋沙迦童书阅读展、摩洛哥卡萨布兰卡书展、阿曼马斯喀特书展、阿联酋扎耶德书展、沙特阿拉伯利雅得书展、伊拉克巴格达书展以及阿尔及利亚阿尔及尔书展等,在各大书展上向各国的图书发行商进行图书的销售和征订,并积极举办相关的图书推荐活动等,加大了图书的展示力度和宣传力度。

此外,接力出版社利用书展的有利时机,邀请作家、画家参加书展,吸引阿拉伯地区媒体的关注和报道，从而提高图书的"曝光度"。2017年4月接力出版社在阿布扎比国际书展上成功举办了"接力埃及分社首批阿语图书发布会暨中国著名作家品诵读会"。2018年11月，接力出版社在阿尔及尔国际书展上成功举办了"阿中童书出版合作的机遇与前景——阿中童书出版合作产业论坛""一个儿童文学作家的文学视野——从'大王书'说起"作品品鉴会和"婴幼儿早期教育的图文认知——没想到婴儿创意图画书给孩子带来了什么？"作者见面会等三场活动，活动现场，读者的参与度高，吸引了媒体的关注。在阿尔及尔国际书展期间，阿尔及利亚多家当地媒体如阿尔及利亚新闻社、阿尔及利亚电视台、阿尔及利亚首都日报以及阿尔及利亚日间新闻频道多次采访接力出版社埃及分社，并在报纸、电视、网络等平台进行了充分的报道。

2. 充分利用官方机构的权威性，增加图书的品牌力

在建立埃及分社图书品牌的过程中，接力出版社积极参与埃及等阿拉伯地区国家的奖项评选，借助官方机构的权威推荐，推广中国童书。接力出版社分别于2017年和2018年积极参与了沙迦童书展插画奖的评选。该奖项由阿联酋沙迦图书管理局主办，旨在促进优秀图画书的创作以及提高儿童图书的质量，奖项每年在阿联酋沙迦童书阅读展期间颁发，并举办相关插画展。接力出版社出版的图书《一个姐姐和两个弟弟》《麻雀》《乌龟一家去看海》《黑焰》《黄昏夜鹰》均成功入选了该奖项的优秀插画作品奖。并获得了由沙迦图书管理局颁发的奖章和证书。通过参与阿拉伯地区奖项的申请和评选，向阿拉伯地区的读者充分展示了中国的优秀插画，吸引阿拉伯国家的青少年读者关注中国童书，关注中国文化。

2018年的埃及开罗国际书展上，接力出版社埃及分社出版的《小饼干和围裙妈妈：第一次分开睡》阿语版获得了由埃及文化部图书总局颁发的最佳儿童图书翻译奖。该奖项是埃及国内最高的，也是唯一的翻译奖项，颁奖活动在埃及开罗书展的闭幕式上举办。《小饼干和围裙妈妈：第一次

分开睡》此次获奖是中国童书首次荣获该奖项，中国童书的品质得到了埃及市场的官方认证。借力埃及文化部图书总局的权威认证和推荐，埃及分社大力推广《小饼干和围裙妈妈：第一次分开睡》等优秀童书，使这些优秀的中国童书通过埃及主流官方渠道走向市场，走近读者。这次的获奖，也为埃及分社建立品牌、推广图书奠定了良好的基础。

3. 拓展新资源新客户

埃及等22个阿拉伯国家的图书市场和我国国内图书市场存在着巨大的差异。在发行渠道上，我国国内渠道较为发达、完善和规范。在阿拉伯地区，没有统一的中盘商，渠道较为分散、细碎。大多数出版社拥有直营书店，各家社之间互相寄卖图书，埃及等部分国家的图书馆也会销售图书。接力出版社埃及分社在渠道建设方面积极拓展，与更多的阿拉伯出版社建立了合作关系，与更多的书店建立了合作关系。除正常的市场销售渠道之外，接力出版社埃及分社还积极拓展各地教育系统、基金会、学校、幼儿园等渠道，例如埃及分社与阿联酋教育部建立了联系，将埃及分社的5套样书提供给阿联酋教育部评估。如果通过评估，埃及分社的图书将通过阿联酋教育部推荐给阿联酋的教育系统，届时埃及分社图书的发行量将会有大的提升。

三、接力出版社的未来规划

（一）建立埃及分社的造血机能

埃及分社的起步阶段，得到政府的重点扶持。国家的支持，为接力出版社探索埃及童书出版市场提供了优越的政策契机。在未来的工作中，接力出版社将围绕以下方面，建立埃及分社的造血机能，让埃及分社稳步发展。

一是根据市场需求，逐步建立完善的图书板块。目前，埃及分社出版的图书主要集中在图画书和儿童文学，在未来的发展中，埃及分社将扩大图书板块建设，逐步建立完善的图书板块，如儿童安全教育板块、成长励志板块、知识读物板块等等，出版各大板块的"拳头产品"，通过"拳头产品"构建各大板块的品牌，通过形成"品牌矩阵"提高读者对埃及分社图书的认可度，从而提高图书的销量。

二是加快幼儿园教材的研发。出版幼儿园教材的投入小、回报高。接力出版社将发力于幼儿园教材的研发、幼儿园教材的渠道开发等，组织中埃两国的幼教专家共同策划适合埃及等阿拉伯国家的幼儿园教材，大力推广幼儿园教材，以高回报的幼儿园教材作为接力出版社埃及分社扩大经营规模的基础，让埃及分社尽快产生造血机能，尽快进入良性循环。

三是采取多元化的发展模式，探索将国内成功的融合发展模式复制到埃及的可能性。近两年，国内的多媒体融合发展迅速，有声产品、交互化产品的研发和销售取得了一定的成绩。由于智能手机等产品在埃及等阿拉伯国家的普及率越来越高，数字出版在阿拉伯世界开始起步。接力出版社将借鉴国内的先进经验，将纸书出版、多媒体产品研发如纸书配套的有声产品、在线课程等进行融合，探索多元化经营的模式。

（二）战略上，整体布局阿拉伯地区、东北亚地区和东南亚地区

根据自身发展的需求，接力出版社在国际出版、版权输出的战略布局上循序渐进，逐步推动，由点到面，从国家向地区拓展。

2016年，接力出版社发力于阿拉伯地区，通过在埃及建立接力出版社埃及分社，在埃及落地，将中国原创少儿图书译成阿拉伯语，在阿拉伯地区出版和发行。通过埃及分社辐射整个阿拉伯地区，介入埃及乃至整个阿拉伯地区的出版市场。

2018年，接力出版社将目光投向了东北亚地区，在海外布局方面，接力出版社迈出了新的一步——与俄罗斯莫斯科州立综合图书馆携手，共同举办"比安基国际文学奖"，每年在中俄乃至全球范围内征集自然文学作品约500部，从中评选出获奖作品，将在中国、俄罗斯同步出版获奖作品的俄语版和简体中文版,并将在中国、俄罗斯共同举办落地宣传推广活动和作家、编辑的出版交流活动,促进两国作家和出版界的沟通与交流,将优秀的自然文学作品带给两国的读者。通过"比安基国际文学奖"这一平台,促进中俄两国文学创作界、评论界、出版界和青少年之间的交流,推动更多中国原创作品走向俄罗斯,走向东北亚地区。

2019年,接力出版社在走出去工作上又有了新思路,计划利用总社位于广西、与东南亚国家邻近的地缘优势,在东南亚积极展开更多合作,并将策划一系列的出版交流活动,推动更多中国原创童书走进东盟国家,促进中国青少年读者与东盟国家青少年读者的交流与互动。

接力出版社埃及分社已经成功地迈出了第一步,虽然在发展前进中遇到各种问题与困难,但接力出版社将继续努力,做好埃及分社的经营、发展工作,加强埃及分社在阿拉伯国家中的知名度,提高埃及分社品牌的传播力,将更多优秀的中国童书推向阿拉伯市场,推向阿拉伯青少年读者,以童书为媒介,以书香凝聚人心,增进中阿青少年读者之间的交流,增进中阿出版行业的交流。

(作者单位:接力出版社)

外语版"文化中国"丛书走进"一带一路"中东欧国家

张怡琮

镜头一

据中新社布拉格 2016 年 3 月 29 日报道，位于捷克瓦茨拉夫广场的中欧地区最大的书店：NeoLuxor 旗舰店，一进门便注意到右手边"畅销书前十名"区的新晋图书——《习近平谈治国理政》英文版。

该书下方专门用捷克文标上了"中国国家主席习近平从本月 28 日至 30 日正在访问捷克共和国"。

移步该店地下一层的外文图书区，"非虚构类畅销书"柜台同样有中国图书的半壁江山。除了《习近平谈治国理政》这样的时政类图书外，这里也有介绍兵马俑、故宫、成吉思汗和中国针灸、园林、中国结等主题多样的中国历史文化的图书。

镜头二

据新华社报道，2016 年 6 月 14 日，"中国主题图书展销月"在华沙启动，多种中国主题图书将在华沙、克拉科夫等 9 个波兰城市超过 100 家书店展销。此次展销图书内容涵盖中国政治、经济、文化、历史等各个方面。除英文版图书外，还有 20 种波兰文版图书同时展出，力求使更多波兰读者感知中国当代社会以及历史和文化，了解当代中国的发展道路和成就。

镜头三

2018年6月,波兰一家教育出版社来信,希望授权《开天辟地——中华创世神话》波兰文版开首两个故事"混沌开辟"和"女娲造人",计划将之纳入波兰6年级语文课本。

故事源起于2017年6月。当时,我公司受托出版文学作品《开天辟地——中华创世神话》的外文版。这本书是文艺创作与文化传播工程的重要组成部分,将看似零乱分散的中华创世神话汇编成有机的体系,对中华创世文明精粹进行集中呈现和艺术表达,让人们清晰地知晓中华民族的源头,了解中华民族开创世界的气韵和精神,与西方文明展开对话。在英语版有条不紊推进的同时,我们还积极推进波兰版,2018年3月两个版本上市。3个月后,该书即受到了波兰教育出版社的关注,得以进入教材,于是波兰孩子可以从他们的教科书中了解到中国文化。

从上述三个镜头不难看出,我公司在中国内容图书国际出版和中国文化对外推广方面进行了积极的探索和尝试,促进"一带一路"中东欧国家民心相通、文化"黏合剂"和文化交流平台的效果已初见成效。本世纪初,我公司通过启动外语版"文化中国"丛书项目,将中华文化走出去而且走进去,持续向海外读者展示中华文化魅力,传播中华文化精髓,扩大中华文化的国际影响力。

一、用一套书建起一个海外书业主流传播平台

外语版"文化中国"丛书是一个开放系列,是我公司坚持了十多年的项目。具体做法是出版优秀的外语版中华文化图书产品,搭建中华文化海外主流传播渠道,二者齐头并进,让中华文化图书从走出去,进一步成功地走进去。

1. 国家工程。外语版"文化中国"丛书发轫于本世纪初。根据中央领导指示,中国出版走出去上海先行一步,2000年,我公司开始践行国家走

出去战略，站位靠前，立足上海服务全国。外语版"文化中国"丛书的工作是在中宣部、原国家新闻出版总署、上海市委宣传部、上海市新闻出版局、上海市外宣办、上海市外办和上海世纪出版集团长期领导、指导和支持下打造的走出去重要战略产品。2005年中共中央办公厅、国务院办公厅文件（中办发〔2005〕20号文）指出："抓好大型对外出版工程《文化中国》……的出版翻译工作。"上海市委也在深化文化体制改革《决定》中指出："扶持《文化中国》系列丛书出版"。

2. 注重实效。丛书以外语出版，坚持中国内容，国际表达，坚持以海外读者的需求为目标，用精密的策划来表现中华文化精髓，辅以精致的视觉形象，目标是覆盖西方主流市场不同的读者群体，让对中华文化没有了解的海外读者也能毫无阻碍地通过愉快阅读了解中华文化，实现中华文化溢出效应最大化。

3. 在发行营销方面，通过整合发行渠道的方式，不断增强有针对性的海外发行营销能力。例如，选取特定国家，在其主流传播渠道陆续开展推广和宣传活动，利用运作成熟的书店、铺货吸引受众和目标读者。运用多元展示形式，突出中国主题特色图书，引起读者关注、翻阅继而发生购买行为，实现中国文化的真正落地。

4. 可持续发展。项目启动伊始，我们的宗旨就是遵循西方图书市场的客观规律，按照国际惯例运作，在主流渠道销售和推广中华文化图书产品。目前，英语版"文化中国"丛书每年两季按时上市新品种，并及时做好重版和补货工作，全系列重版率超20%，2018年重版率超50%。定期持续出口，丛书落地43个国家和地区，以其长久的生命力，搭建起并维护着海外书业的主流传播系统，进入的渠道包括美国巴诺书店、加拿大靛蓝书店、英国水石书店和日本纪伊国屋书店等全球知名英语连锁书店，包括政治与散文书店等在内的独立书店，纽约大都会博物馆等在内的博物馆书店，哈佛大学书店等在内的大学书店，亚马逊在内的网上书店，以及大学图书馆、公共图书馆等各类渠道。

实践证明,积极响应国家"一带一路"和走出去战略,重点开拓中东欧国家的图书市场,利用欧美主流成熟分销手段,搭建主流销售渠道和传播平台,推广中华文化图书产品,不仅使我们很快融入世界,更为国内版权精品"走进去"走出去拓展新疆域。

二、在非英语世界重点拓展中东欧"一带一路"国家

英语版"文化中国"丛书进入海外主流市场正常运转之后,扩大到非英语版本就提上了议事日程。借助英语的良好接受度,他语版不但事半功倍,而且中华文化影响力可以扩大到非英语读者群,使得中华文化在更大范围内推广成为可能。目前,丛书中的39个品种已经或将要被翻译成65种他语版本在各国出版和销售,包括法语、意大利语、俄语、印尼语、荷兰语、波兰语、捷克语等13种语言,共计22万余册。

为响应国家开拓"一带一路"沿线国家和市场的号召,我们经过调研,决定将非英语版的工作重心转到开拓"一带一路"国家,先波兰,后捷克,逐步推进,工作原则如下。

1. 沿袭先欧美的一贯思路,我们在带路国家的开拓始于中东欧国家。中东欧是连接欧亚的重要枢纽和通道,在"一带一路"60多个沿线国家中,中东欧国家占1/4,是全球新兴市场的重要板块。而且,中国与中东欧国家有着"16 + 1"的合作机制,"一带一路"倡议也得到了中东欧国家的积极响应。

2. 采用书业通行的版权输出和合作出版方式。外语版"文化中国"丛书的出版实践经验得出,若能符合海外书业的规律,按照市场原则来运行,阻力最小,效果最好。当然,这一目标得以实现的前提是英语版"文化中国"丛书为"一带一路"国家的合作伙伴和当地读者所接受和欢迎。从2013年开始截至目前,波兰出版商从"文化中国"丛书中共挑选了28个品种,

从英语转换成波兰语出版,并在波兰主流渠道传播和推广,获得了很好的反响,已有6个品种重印;已出和将出版的捷克语版品种累计达到10种,后续将继续推进,扩大合作规模。

3. 遵循产品和渠道并重的策略,推广"文化中国"丛书与在各地建立主流传播渠道并驾齐驱。借助非英语国家当地出版社的出版和销售推广能力,既保证了"文化中国"丛书当地语言版本的质量,让各地读者能读到当地语言的中华文化图书,又借助了当地强大的渠道优势,扩大了中国在带路国家的"朋友圈",传播中华优秀文化和价值理念。

4. 寻找并组合优势资源,以获得较好的传播效果。各国国情不同,书业的运行方式不同,能获得的资源也不同,所以我们因地制宜,包括努力与各国排名靠前的出版社合作,他们有着强大的出版能力,还有规模庞大的读者俱乐部,自有书店或者与主流书店系统有着牢固的合作关系等等,当地语言版本的出版和当地主流渠道的拓展齐头并进。

三、在中东欧国家主流渠道上举办外语版"文化中国"丛书推广活动

外语版"文化中国"丛书推广传播渠道定位于海外主流人群到达的地方。除了常规的连锁书店和独立书店,人流密集的机场、火车站、地铁站等交通枢纽场所的书店也是举办中国主题图书推广的重要之地。

1. "阅读中国"外语版中国图书全球春节联展活动。自2011年开始至今,该活动共举办8次。利用每年春节全球关注中国的契机举办活动,叠加并放大了中国元素影响的作用,不仅达到推广中国主题图书的目的,更加深读者对中国文化的印象和了解。很多中东欧国家包括波兰、捷克、罗马尼亚、保加利亚等都长期参与该项活动。

2. "美丽中国"外语版中国图书全球巡展活动。该活动致力于推广用当地语言出版的"文化中国"图书,拓展英语世界之外的读者群体,增强

当地主流渠道认可度和主流读者群认知度，并建立起所在国的传播平台。与中东欧国家相关活动包括：2014年3月，"美丽中国"巡展首站在波兰华沙举行，其间波兰全国100多家不同品牌店里摆放了中国文化图书专架。2018年"美丽中国"外语版中国图书全球巡展在捷克举行，20多家当地书店参与促销。

3. 配合高访举行"中国主题图书展销月"。如本文开头所述，2016年3月和6月，该活动分别举办了两次，为中国国家领导人出访捷克和波兰营造中华文化氛围，让海外读者有机会了解到中国的政治、历史、经济和文化，向国际社会解读了当代中国的发展实践，传播并扩大了中国主流声音，获得了很好的效果；2018年，举办中国主题图书"一带一路"中东欧四国波兰、捷克、罗马尼亚、保加利亚联展，重点推介英语版《习近平谈治国理政》第一卷和第二卷。

四、结语

十多年来，我们砥砺奋进，按照海外主流市场商业规则，用海外读者的思维方式研发外语版"文化中国"丛书产品，据此打造中华文化海外主流传播平台，同时做好推广和宣传活动，在中华文化走"出去方"面闯出了一条独特道路。由此，丛书建立起品牌影响力，受到国内外书业专业媒体的好评，受到读者的关注和好评。

从英语版本扩展到其他语言版本，将中华文化的影响力从英语世界扩大到非英语国家的读者群。在中东欧"一带一路"国家的实践让我们站在了新的起点上，多层次、多渠道、多方位的交流格局正在形成，这是对"一带一路"重大倡议的积极响应和贯彻落实，也是对中国精品版权内容走出去的精准把握，对于弘扬我国优秀文化、扩大人文交流具有重要意义。

习近平总书记指出："讲好中国故事，必须积极主动、久久为功。"不积跬步无以至千里，我们将继续开拓"一带一路"中东欧各国市场，在"一带一路"沿线多彩文明的滋养下，推动世界文化的互通与繁荣。

（作者单位：上海新闻出版发展有限公司）

附录

各国基本情况

序号	国家简称	国土面积（万平方公里）	人口数量（万人）	官方语言	主要宗教	GDP（亿美元）	币种	汇率（外币/100元人民币）	汇率来源
1	阿根廷	278.04	4385	西班牙语	天主教	6426.96	阿根廷比索	810.84	和讯网
2	奥地利	8.39	881.75	德语	天主教	4168.36	欧元	12.80	人民银行
3	巴西	851.49	20860	葡萄牙语	天主教、基督教福音教派	20540	雷亚尔	56.71	和讯网
4	白俄罗斯	20.76	949.87	白俄罗斯语、俄语	东正教	547.27	白俄罗斯卢布	29.06	和讯网
5	波兰	31.27	3849	波兰语	天主教	5263.71	兹罗提	55.97	人民银行
6	哈萨克斯坦	272.49	1760.80	哈萨克语、俄语	伊斯兰教、东正教	1628.87	坚戈	5493.66	雅虎财经
7	捷克	7.89	1056	捷克语	天主教	2159.14	捷克克朗	330.23	和讯网
8	老挝	23.68	680	老挝语	上座部佛教	168.53	基普	123621.85	和讯网
9	罗马尼亚	23.89	2222	罗马尼亚语	东正教	2114.07	列伊	60.62	和讯网
10	马来西亚	33	3000	马来语	伊斯兰教、佛教、印度教、基督教	3147.07	林吉特	59.63	人民银行
11	南非	121.91	5450	11种官方语言	基督新教、天主教	3488.72	兰特	217.22	人民银行
12	泰国	51.30	6450	泰语	上座部佛教、伊斯兰教	4552.76	泰铢	438.67	人民银行
13	乌克兰	60.37	4555	乌克兰语	东正教、天主教	1121.90	格里夫纳	359.34	雅虎财经
14	希腊	13.20	1079	希腊语	东正教	2030.86	欧元	12.80	人民银行

续表

序号	国家简称	国土面积（万平方公里）	人口数量（万人）	官方语言	主要宗教	GDP（亿美元）	币种	汇率（外币/100元人民币）	汇率来源
15	新加坡	0.07	553.50	英语、汉语、马来语、泰米尔语	佛教、道教、伊斯兰教、基督教、印度教	3384.06	新加坡元	19.75	人民银行
16	匈牙利	9.30	987.70	匈牙利语	天主教、基督新教	1397.61	福林	4166.70	人民银行
17	伊朗	164.50	8000	波斯语	伊斯兰教	4540.13	伊朗里亚尔	596658.71	雅虎财经
18	以色列	2.50	846.20	希伯来语、阿拉伯语	犹太教、伊斯兰教、基督教	3532.68	新谢克尔	50.38	和讯网
19	印度尼西亚	191.36	25550	印尼语	伊斯兰教、基督新教、天主教、佛教、高台教	10150	印度尼西亚卢比	202176.63	和讯网
20	越南	32.96	9170	越南语	佛教、天主教和好教	2237.80	越南盾	329776.65	和讯网

说明：

1. 本表检索时间为 2019 年 8 月 16 日。
2. 本表中国土面积、人口数量、官方语言、主要宗教、GDP、币种等信息，来自中华人民共和国外交部网站"国家（地区）"的相关介绍。
3. 南非的 11 种官方语言为：英语、阿非利卡语（南非荷兰语）、祖鲁语、科萨语、斯佩迪语、茨瓦纳语、索托语、聪加语、斯威士语、文达语和恩德贝勒语。
4. 本表中欧元、新加坡元、林吉特、南非兰特、匈牙利福林、波兰兹罗提、泰铢与人民币汇率比值为中国人民银行中国外汇交易中心公布中间人民币汇率中间价；阿根廷比索、巴西雷亚尔、白俄罗斯卢布、捷克克朗、哈萨克坚戈、伊朗里亚尔汇率比值为推虎财经公布中间价；越南盾与人民币汇率比值为推虎财经公布中间价。
5. 数据均保留两位小数。